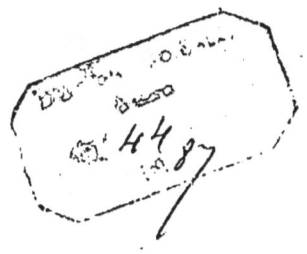

ARCHIVES HISTORIQUES
DE LA GASCOGNE

FASCICULE QUATORZIÈME

SOMMAIRE DESCRIPTION
DU PAÏS ET COMTÉ DE BIGORRE

PAR

GASTON BALENCIE

SOMMAIRE DESCRIPTION DU PAÏS
ET
COMTÉ DE BIGORRE

PAR

GUILLAUME MAURAN
AVOCAT AU SÉNÉCHAL DE TARBES

CHRONIQUE INÉDITE
PUBLIÉE POUR LA SOCIÉTÉ HISTORIQUE DE GASCOGNE

PAR

GASTON BALENCIE

PARIS	AUCH
HONORÉ CHAMPION	COCHARAUX FRÈRES
ÉDITEUR	IMPRIMEURS
8, quai Voltaire, 8	11, rue de Lorraine, 11

M DCCC LXXXVII

INTRODUCTION

I.

« On ne sait pas au juste, dit Larcher (¹), quel
« est l'auteur de la *Sommaire description du païs
« et comté de Bigorre*. Les uns croïent que c'est
« Mr Amadis; d'autres lui donnent un auteur de
« different nom. Le dessein où je suis de ramasser
« tous les materiaux pour faire un jour l'histoire de
« ce païs me l'a fait copier avec soin. »

Vient plus loin la copie annoncée, tracée en partie de la main de l'infatigable travailleur, en partie d'une main étrangère, comme je l'indiquerai dans le texte; elle s'étend de la page 57 à la page 205.

M. Davezac-Macaya a dit à son tour (²) : « Des
« chartes furent jusques aux tems modernes, la seule
« histoire écrite des Bigorrais. Enfin un de nos
« écrivains s'avisa de composer des chroniques : un

---

(1) Bibliothèque communale de Tarbes, *Glanage ou Preuves*, t. IX, p. 1. Ce volume porte la date de 1746.
(2) *Essais historiques sur le Bigorre*, t. I, p. VI de la préface (Bagnères, J.-M. Dossun, 1823).

« avocat à la cour du sénéchal de Tarbes, nommé
« *Mazières*, témoin et peut-être acteur des guerres
« civiles dont la religion fut le prétexte au seizième
« siècle, en écrivit la relation au commencement du
« dix-septième. Il avait vu d'anciennes transactions,
« des chartes de monastères, les archives de quelques
« familles antiques : il consigna dans ses mémoires
« les lumières qu'il avait recueillies de ces titres sur
« des époques déjà éloignées, et composa en 1614 sa
« *Sommaire description du pays et comté de Bigorre*,
« écrite d'un style naïf et simple qui rappelle celui
« de l'aimable auteur des Essais, et divisée en deux
« livres : le premier, descriptif, le second, historique.
« L'auteur parcourt d'une marche rapide et les pays
« et les âges qui ont précédé son siècle ; mais il
« donne une chronique assez détaillée de son temps,
« c'est-à-dire depuis 1567. Cet ouvrage est resté
« manuscrit ; c'est ce que nous avons de meilleur
« sur cette période de nos annales. »

M. Davezac-Macaya a eu la bonne pensée de joindre à son travail plusieurs passages de l'avocat « Mazières, » mais il ne dit pas comment ce nom de Mazières s'est rencontré sous sa plume, pourquoi il a pu le présenter à ses lecteurs avec une apparence de sécurité qui semble défier la critique ; il ne dit pas davantage à quel texte, original ou copie, il a emprunté les extraits qu'il nous a donnés. On remarque seulement que l'orthographe en est plus archaïque que celle de Larcher. J'aurai soin de signaler en temps et lieu les pages de la *Sommaire description* éditées par M. Davezac.

Placé entre un doute et une affirmation, M. de

Lagrèze s'en tire en homme d'esprit : il cite tantôt *Mezieres* (¹) et tantôt *Amadis* (²). Plus récemment, toutefois, il opte pour le premier, sans révéler les motifs de son choix.

Si je me permets de prendre à partie l'honorable M. de Lagrèze, c'est que j'ai un vieux compte à régler avec lui. Il ne s'agit, bien entendu, de mettre en cause ni l'historien ni le littérateur. Mon observation vise ses sources bibliographiques, énumérées notamment dans l'*Histoire religieuse de la Bigorre* (³) et dans l'*Histoire du droit dans les Pyrénées* (⁴). J'y avais relevé les indications suivantes : « MAIZIERE. — « *Sommaire description du pays et comté de Bigorre,* « composé en 1614. Bibliothèque de Tarbes. — « MANUSCRITS DIVERS : *Histoire de Bigorre,* par « Mézière (Bibliothèque de Tarbes). » Or, le jour où je visitai le catalogue de la bibliothèque municipale de Tarbes, dans le but de rechercher la cote du manuscrit en question, le catalogue ne m'apprit rien. J'eus beau procéder ensuite à l'examen minutieux de tous les rayons, soulever des montagnes de livres, cette tâche de manœuvre, qui dura plusieurs semaines, n'aboutit qu'à la déception la plus amère. J'avais bien trouvé un écrit intitulé *Histoire de Bigorre,* mais comme il ne portait ni date ni nom d'auteur, mon attention s'y arrêta peu, et je ne devais m'apercevoir que plus tard qu'il contenait un résumé de la *Sommaire description* et pouvait être l' « *Histoire de*

---
(1) *Monographie de Lourdes*, 1845, p. 183.
(2) *Monographie de Saint-Pé*, 1853, pp. 4 et 40.
(3) P. 11.
(4) P. 509.

« *Bigorre*, par Mézière, » de M. de Lagrèze (¹). En effet, longtemps après, en parcourant le *Glanage*, mes yeux tombaient sur les lignes que j'ai citées en commençant. Le catalogue ne mentionnait pas la *Sommaire description du païs et comté de Bigorre* par l'excellente raison qu'elle n'existait point à la bibliothèque comme ouvrage isolé.

On le devine, la distance qui, dans le manuscrit de Larcher, sépare le préambule de la feuille où commence le récit fut bientôt franchie, et quelques instants suffirent pour me donner un aperçu du petit trésor recueilli par ses soins : çà et là de frais tableaux, une locution du terroir, des sourires d'expression; ailleurs, la phrase nette et dégagée d'ornement de l'historien qui vise à la justesse et jamais à l'éclat, qui ne dédaigne pas au besoin de se couvrir de la poudre du greffe et de prendre une plume de procès-verbal; partout, une allure franche, spontanée, une verve imprégnée de bon sens; pas de pédantisme ni de rhétorique artificielle. Je saluai respectueusement ce grand aïeul de la langue française en Bigorre, et me promis de le rendre toujours jeune en le confiant aux *Archives historiques de la Gascogne*.

N'avait-il pas eu lui-même, du reste, comme un vague et doux pressentiment du gracieux accueil qu'il y reçoit aujourd'hui, lorsqu'il rêvait d'immortalité, non pour ses mérites, mais pour la famille de

---

(1) Bibliothèque de Tarbes, mc. 89. Ms. de la fin du XVII° siècle ou du commencement du XVIII°, 34 feuillets papier, 21 c. de hauteur sur 15 de largeur. M. Dumont, bibliothécaire, a inscrit sur la couverture : « Manuscrit sur la « Bigorre, composé sous l'épiscopat de Mʳ de Poudens, mort en 1716. Donné « à la Bibliothèque de la ville de Tarbes, le 22 avril 1841, par Mʳ Blanchet, « avocat, conseiller de la Préfecture des Hautes-Pyrénées. — F. Dt. »

son bienfaiteur, le vicomte de Lavedan, dont il venait de dresser la généalogie dans son livre : « Que si le « bon ange, s'écrie-t-il, directeur de mes actions, « favorise tant ce petit œuvre, qu'il dure contre les « injures du temps et des siècles, ceux qui viendront « après longues années auront reconnoissance de la « maison de Lavedan » (1). Le bon ange a exaucé la prière de l'honnête homme en procurant à son « petit œuvre » une attrayante et durable édition, et il a daigné aussi exaucer la mienne en m'accordant la faveur de vous présenter non plus maître Amadis ou maître Mazières, qui étaient, je veux le croire, chacun en son temps, de fameux avocats, mais bien maître GUILLAUME MAURAN, leur éminent confrère au sénéchal de Tarbes, auteur de la *Sommaire description du païs et comté de Bigorre*.

Larcher ne s'est pas borné à nous laisser la copie que je livre à la publicité. Il en a fait une seconde, qui appartient à M. Vaussenat, ingénieur civil à Bagnères-de-Bigorre, et directeur de l'observatoire du Pic du Midi (2). J'ignore s'il en existe d'autres; j'ignore surtout s'il sera possible de retrouver l'original.

II.

Lancé à la recherche de la paternité de l'ouvrage, les noms d'Amadis et de Mazières faisaient naturel-

---

(1) P. 101 du ms. de Larcher.
(2) Cette copie est un fragment du *Dictionnaire historique et généalogique* de Larcher, v° *Bigorre*, dont la plus grande partie se trouve, on le sait, aux archives des Hautes-Pyrénées. M. Vaussenat a bien voulu me permettre de corriger, à l'aide de son manuscrit, quelques mots défectueux de la copie du *Glanage*.

lement l'objet de mes préoccupations, et je ne tardai pas à rencontrer le premier dans une riche collection de registres anciens, dont le propriétaire actuel, M. Duguet, notaire à Tarbes, érudit et ami du passé, s'empressa de m'ouvrir l'accès.

J'appris là et ailleurs que Me Blaise Amadis était en 1612, 1614 et 1616 (¹), docteur et avocat à la sénéchaussée de Bigorre, siège de Tarbes; que dans le courant de l'année 1615, la communauté de Tarbes le députa avec le sieur Larroy vers M. de la Force, pour permettre à ce dernier d'entrer dans la ville, après s'être préalablement engagé par serment à n'y laisser aucune garnison et à ne pas rançonner les habitants (²); que le 3 juin 1642, il remplissait les fonctions de magistrat royal « en la judicature de « Goudon » (³). Des actes divers me révélèrent son mariage, antérieur à ces dates, avec d^lle Marie de Barrère, fille du sieur Arnaud Barrère, maître apothicaire et bourgeois de Tarbes, et de d^lle Jeanne Ducasse (⁴); les prénoms et la position sociale de ses enfants : 1° Arnaud, né dans la rue Longue, le 4 mars 1612; 2° Jean, né au même domicile, le 15 décembre 1613; avocat comme son père; marié, suivant contrat du 18 février 1642, à d^lle Catherine de Salhan, sœur de noble Arnaud de Salhan, de Sarrancolin (⁵); décédé le 29 juin 1659; 3° Clément, docteur en théologie, chanoine, official et vicaire

---

(1) Sébastien Noguès, notaire de Tarbes, reg. de 1614, f° 127; Pierre Dufourc, notaire de Tarbes, reg. de 1616 (étude Duguet).

(2) Arch. communales de Tarbes, reg. des délibérations, BB. 1.

(3) Jean Mauran, not. de Tarbes, reg. de 1638-1642 (étude de M. Theil, not. à Tarbes).

(4) S. Noguès, reg. de 1630, f° 146 recto (ét. Duguet).

(5) Arch. des Hautes-Pyrénées, reg. des insinuations, B. 1640-1642.

général de Tarbes, décédé le 1ᵉʳ mai 1671; 4° Jeanne, née le 22 septembre 1619, femme du sieur Dominique d'Abbadie, marchand, suivant contrat du 18 avril 1638 (¹); 5° Catherine. Blaise Amadis mourut avant sa femme, dont l'acte de décès, du 4 janvier 1667, porte qu'elle était veuve et âgée de 87 ans (²).

En rapprochant ces données de celles que fournissait la *Sommaire description*, il paraissait difficile d'établir entre elles une concordance suffisamment probante et de se prononcer en faveur d'Amadis. Voici, en effet, les précieux jalons, posés par l'auteur dans le courant de son récit, à l'aide desquels j'ai pu me mettre sur sa trace et arriver à le découvrir.

On lit :

1° *Page* 64 *du ms. de Larcher :* « Sur icelui compromis — il s'agit « d'une transaction en matière de pacage entre la vallée de Broto « (Espagne) et les vallées du Lavedan (Hautes-Pyrénées) — fut pro- « noncée sentence, le samedi 2° jour à l'entrée du mois de juillet *en* « *l'an* 1390, et les parties furent si bien reglées à leur contentement, « que *depuis en ça, par l'espace de* 224 *ans*, ils (les habitants des vallées) « ont toujours renouvellé d'an en an l'acquiescement baillé à ladite « sentence. »

Donc l'auteur écrivait en 1614.

2° *Page* 69 : « Or ayant fait la description des montagnes et du païs « de Lavedan, qui est en partie possedé par le seigneur vicomte de « Lavedan, il me semble fort à propos d'inserer la genealogie des « seigneurs vicomtes predecedés, ainsi que je l'ai pu recueillir en « feuilletant le *Livre censuel* et autres documens de ladite maison, « *à quoi faire je suis invité particulierement par les singulieres obliga-* « *tions que j'ai au susdit feu messire Jean Jaques de Bourbon, lequel* « *m'a fait l'honneur, tandis qu'il a vecu, de m'employer en ses plus grands* « *et importans affaires.* »

---

(1) Arch. des Hautes-Pyrénées, reg. des insinuations, B. 1636-1639.
(2) Pour les naissances et les décès, voir l'état civil de Tarbes.

Il résultait de là que si le nom d'un homme d'affaires, conseil ou témoin, se trouvait associé habituellement à ceux de Jean-Jacques de Bourbon, vicomte de Lavedan, ou des membres de sa famille, dans les contrats intéressant ces derniers, ce nom devait être retenu.

3° *Page* 108 : « Le catalogue des evesques de cette eglise (l'église « de Tarbes) n'a pas eté curieusement extrait des anciens titres et « documens d'icelle, ce qui est cause aussy que je ne vous le presente « pas pour une piece entiere, mais comme un echantillon que j'ay tiré « de tous les anciens documents qui sont venus à ma main, *depuis dix « huit ans que je hante le barreau de la senechaussée de Bigorre.* »

Ainsi le chroniqueur exerçait la profession d'avocat, et il était inscrit au tableau de l'Ordre depuis dix-huit ans, c'est-à-dire depuis 1596, puisqu'il donne ce détail biographique en 1614.

Sur les trois conditions requises, deux manquaient à Amadis. Une longue exploration d'archives, dont le résultat est consigné dans la notice qui le concerne, me l'a suffisamment démontré : il ne figurait pas au barreau avant le commencement du XVIIe siècle; il ne le « hantait » pas depuis dix-huit ans en 1614, et s'il était alors d'âge à se livrer à une composition historique, il ne fallait pas moins l'éliminer comme auteur présumé de la *Sommaire description*, car les titres de la maison de Lavedan ne le mentionnent jamais. Aucune particularité ne le signalait à mon attention et ne m'autorisait à le préférer à maîtres Jean de Fornets, Jean Larroy, Charles de Lucia, Vital Vénessac, Antoine Vergez, Fortanier Aleman, Jean Carrière, Jacques de Portepan, ses contemporains et ses confrères. Mais parmi de plus anciens à la barre, à la même époque, maîtres Symphorien Vorriol, Jean Vénessac, Guillaume Mauran, Pierre Dulac, Pierre Lacase, Arnaud Lafont, un nom m'avait déjà frappé, c'était celui de Mauran. J'en dois toutes les raisons à la vérité historique :

26 octobre 1592. M° Jean Mauran, praticien de Tarbes, est présent à l'acte par lequel messire Jean-Jacques de Bourbon, fils et héritier d'Anne de Bourbon, vicomte de Lavedan, donne le château et la baronnie de Beaucens à d^{lle} Catherine de Tarsac, sa belle-mère (marâtre), pour tenir lieu d'une rente de 800 l. accordée à cette d^{lle} dans son contrat de mariage avec ledit vicomte Anne de Bourbon (1).

19 septembre 1595. Contrat de mariage, au château de Sarniguet, entre Loys Mauran de la ville et cité de Tarbes, assisté de M° Guillaume de Mauran, avocat en la cour de M^r le sénéchal, M° Jean de Mauran, praticien de ladite cour, ses frères ; M° Jean du Casse, lieutenant particulier en ladite cour, et M° Arnaud la Tapie, son beau-frère ; M° Jacques du Casse, maître apothicaire de ladite ville, ses bons amis, d'une part, — Et noble Bernardine de Sarniguet, dudit lieu de Sarniguet, assistée de noble Rose de Sarniguet, sa sœur, et de noble Roger de Berné, capitaine, seigneur de Sarniguet, son neveu, d'autre part. Les futurs mariés promettent de célébrer leur mariage selon le rit de l'Eglise romaine et constituent pour avocats à l'effet d'insinuer leur contrat : M° Guillaume Mauran et M° Jean Berné (2).

21 novembre 1595. Honorables hommes Mes Jean Ducasse, lieutenant particulier, et Guillaume Mauran, avocat à la cour de M^r le sénéchal de Bigorre, sont choisis comme arbitres par m^{lre} Etienne de Coarraze et de Castelnau, seigneur de Laloubère, pour trancher un procès existant entre ledit seigneur de Laloubère et Jacques Castet, d'Azereix, au sujet du terroir d'Avillac, sis à Juillan (3).

... 1600. Accord entre messire Jean-Jacques de Bourbon, vicomte de Lavedan, et d^{lle} Madelaine de Bourbon, sa sœur, au sujet des droits légitimaires de celle-ci, « ladite Magdalene procedant de l'autorité de « M° Guillaume de Mauran, advocat en la senechaussée de Bigorre, et « curateur en ceste partie par elle nommé. » La transaction fut faite moyennant la somme de 4,666 écus sol et deux tiers, en paiement de laquelle somme ladite d^{lle} reçut la seigneurie de Siarrouy en Bigorre (4).

---

(1) S. Noguès, not. de Tarbes, reg. de 1592 (ét. Duguet).
(2) Mota, not. d'Aurensan, reg. de 1595 (ét. Duguet).
(3) Nogués, 1595, f° 128 recto.
(4) Manaud de Lucia, not. de Tarbes, reg. de 1600, à moitié détruit par la moisissure (ét. Duguet).

22 août 1603. Mᵉ Guillaume Mauran, licencié et avocat à la cour de Mʳ le sénéchal de Bigorre, signe comme témoin la quittance d'une somme de 85 écus sol deux tiers, donnée par dˡˡᵉ Marguerite de Faudoas, veuve du sieur de Lahitte (cᵒⁿ de Lourdes), à mˡʳᵉ Jean-Jacques de Bourbon, vicomte de Lavedan (1).

10 février 1605. Dans la cité de Tarbes, maison des héritiers d'Odet de Baget, noble François d'Ibos, de Saint-Pé de Générès, déclare avoir reçu comptant de dame Marie de Gontaut et Saint-Geniès, fiancée de messire Jean-Jacques de Bourbon, vicomte de Lavedan, la somme de 2,800 l. tournois, et moyennant ce, fait cession et transport en faveur de ladite dame du moulin de Siarrouy, précédemment engagé à d'Ibos par le vicomte de Lavedan. Présent : Mᶜ Jean Mauran, notaire de Tarbes (2).

8 novembre 1637, cité de Tarbes, maison de Mᵉ Jean Mauran, procureur à la cour de Mʳ le sénéchal de Bigorre : contrat de mariage entre Jean Casenave, de ladite ville, assisté de Mʳ Mᶜ Jean Durdez, conseiller du roi, juge de la ville de Vic, son cousin germain; de César Bouchotte, de Vic, son beau-frère, d'une part; — et dˡˡᵉ Marguerite de Mauran, assistée du susdit Mᶜ Jean Mauran, son père; de dame Marie de Gontaut et Saint-Geniès, vicomtesse de Lavedan, sa marraine; de Mᵉˢ Guillaume Mauran, docteur et avocat, son oncle paternel; Jean-Pierre Mauran, aussi avocat, son cousin germain; Bertrand d'Abbadie et Arnaud Sentaigne, avocats, ses beaux-frères; Nicolas Vorriol, procureur à ladite cour, son cousin germain, d'autre part. Dot : 1600 livres, représentant tous les droits que la future épouse peut avoir sur les biens de son père et sur ceux délaissés par feu Jeanne de Baget, sa mère. Présents : Mᵉ Cyprien Galosse, curé de Saint-Jean de Tarbes, et Jean Minet, régent au collège dudit Tarbes (3).

Mes notes renfermaient d'autres renseignements sur Guillaume Mauran et sur sa famille lorsque j'eus achevé mes recherches chez M. Duguet; mais la preuve établissant la qualité d'historien de la Bigorre en faveur de mon candidat était encore trop incomplète. Il fallait s'adresser ailleurs. Informé par notre excellent archiviste, M. Durier, de l'existence dans l'étude de M. Theil, notaire à Tarbes, des minutes de Jean Mauran, frère de Guillaume, je fus tout

---

(1) S. Noguès, not. de Tarbes, reg. de 1603, f° 77 recto (ét. Duguet).
(2) S. Noguès, not. de Tarbes, reg. de 1604-1605, f° 119 (ét. Duguet).
(3) Nicard, not. de Tarbes, reg. 1635-1649, f° 72 recto (ét. Duguet).

heureux de profiter de cette planche de salut qu'un accueil courtois et charitable mit bientôt à ma portée. Je secouai d'une main fébrile les registres poudreux du vieux Mauran, qui dormaient sur une étagère confinant au plafond leur sommeil deux fois séculaire et que plusieurs générations d'araignées avaient illustrés de leurs arabesques.

Le premier de ces registres va de l'année 1596 à l'année 1607. Guillaume Mauran, *avocat au sénéchal,* y est désigné plusieurs fois : le 13 juillet 1596, le 18 novembre 1597, le 24 février 1598, etc. Je pourrais faire savoir que la « chambrière » de sa femme, en 1598, s'appelait Marie de Fontan; mais l'essentiel, pour le moment, est de noter les circonstances de sa vie qui répondent au programme tracé par les points de repère de la *Sommaire description :*

31 octobre 1605. Mᵉ Guillaume Mauran, avocat en la sénéchaussée de Bigorre, est présent à la quittance de la somme de 60,000 livres, montant de la dot de dame Marie de Gontaut et Saint-Geniès, quittance consentie à celle-ci par messire Jean-Jacques de Bourbon, vicomte de Lavedan, son mari. Jean Mauran, notaire, rappelle dans cet acte que c'est lui qui a retenu le contrat de mariage du vicomte et de la vicomtesse, en date du 6 février de la même année 1605.

Le registre des années 1623 à 1627 — les minutes intermédiaires ont disparu — contient une énonciation du même genre :

7 mars 1627. Guillaume Mauran, docteur et avocat, assiste à la vente d'une pièce de terre en faveur de la dame de Saint-Geniès, vicomtesse de Lavedan, par dˡˡᵉ Claire de Pouey, veuve de Mᵉ Pierre Gerde, lieutenant principal à la sénéchaussée de Bigorre.

Après avoir dépouillé un troisième registre (1631-1633), j'arrivai à l'avant-dernier de l'exercice de

Jean Mauran (1638-1642). Au feuillet 122ᵉ recto — les feuillets ne sont pas numérotés, — se trouvait l'acte suivant. Je le transcris en entier; c'est une pièce d'une grande valeur dans mon argumentation :

« TARBE. — Come soyt ainsin que dame Marie de Gontaut et Saint
« Geniès, viscontesse de Lavedan, par son dernier testement, retenu
« par Mᵉ Pierre Bernac (1), notaire royal de la presente ville, ayt legué
« en faveur de feu Mᶜ Guillaume Mauran, advocat quand vivoyt en la
« cour de monsieur le sen[esch]al de Bigorre, la some de deux cens
« livres payables après le decès de lad. dame, et d'autant que par le
« decès dud. feu de Mauran, legataire, led. leguat soyt caducque, nean-
« moins *pour l'affection que lad. dame porte à la memoyre dud. feu de*
« *Mauran pour les services qu'il huy avoit fait en ses affaires,* elle, de
« sa franche volunté, veut collocquer lad. some de deux cens livres
« pour faire prier Dieu pour led. feu de Mauran. Est il que aujourd'huy
« vingt et neufvi[esm]e du mois de novembre mil six cens quarante,
« en la ville et cyté de Tarbe, maison de lad. dame, environ midy,
« pardevant moy notaire royal, et en la presance des tesmoeins bas
« nommés, en personne ladite dame de Gontaut et Saint Geniès, vis-
« contesse de Lavedan, a compté, baillé et delivré, à la presance du
« Reverend Pere Anselme Tarbelle, gardien au comvent de l'observance
« monsieur Saint Françoys de la presente ville, entre les mains de
« damoiselle Jeanne Dufau, faisant pour le pere spirituel dud. convent,
« lad. some de deux cens livres en monoye d'Espaigne et autre, nombrée
« et comptée à veue de moy notaire et tesmoeins, pour estre employée,
« sçavoir quatre vint livres au proffit dud. convent à la charge par
« led. gardien et religieux dud. comvent dire et celebrer pour l'ame
« dud. feu de Mauran deux messes toutes les sepmaines pendant l'année
« que [suit son decès], l'une messe haute le mardy, et une messe basse
« le mercredy chesque sepmaine, et de fournir le luminere quy sera
« necessere pour dire lesd. messes par lesd. religieux, sens que lad. dame
« soyt tenue d'y contribuer pour led. luminere, et le surplus de six
« vingts livres pour parfaire lesd. deux cens, lad. dame veut et entand
« icelles estre employées en fons solvables pour en estre tirée la rente
« par lesd. gardien et religieux quy seront à l'advenir, [à tiltre] d'au-
« mone, et à la charge par lesd. religieux dire anuellement pour tel
« jour que led. feu de Mauran desceda, quy estoit le jour de mardy,
« quinsi[esm]e de ce mois, qu'estoit sur la fin de la seconde sepmaine

---

(1) L'étude de M. Duguet ne renferme qu'un seul registre de Bernac, et le testament de la vicomtesse de Lavedan ne s'y trouve pas. Celle-ci fit, le 17 février 1643, un autre testament devant Izaac Nicard, notaire de Tarbes (arch. des Hautes-Pyrénées, G. 229).

« dud. mois, une messe haute de *Requiem*, et le landemain mercredy,
« une messe basse pour l'ame dud. feu de Mauran, et à la charge aussy
« par lesd. religieux de fournir la chandelle necessere pour lesd. messes,
« comme dessus. Ce que led. Reverend Pere, en acceptant lad. charité
« et aumosne a promis tenir et observer puntuellement, suivant lad.
« volunté de lad. dame, et faire metre et incerer extrait du present acte
« dens le livre du couvent contenant memoire de autres charges et
« euvres piies qu'ils ont, pour estre à l'advenir observée lad. voulunté
« de lad. dame et satisfait au contenu d'icelle. De quoy lesd. dame et
« Reverant Pere ont requis acte à moy notaire, que leur ay concedé
« et fait en presance de Pierre Venessac, m^e appothicaire, et Me Pierre
« Soubervielle, escolier, natifz du lieu de Viela en Barege, et habitant
« de Tarbe, soubsignés avec lad. dame et reverant gardien et moy.

« M. DE SAINCT GENIES; F. ANSELME TARBELLE, gardien de
« l'Observance de Tarbe; P. DE VENESSAC, p^{nt}; JEANNE DUFAUR;
« MAURAN, notaire. »

En marge de cet acte se trouve la modification suivante :

« Advenu le vingt septiesme jour du mois de avril mil six cens
« quarante un, en personne dame Marie de Gontaut et Saint Geniès,
« viscontesse de Lavedan, declare qu'elle concent que les susd. six vingts
« livres contenues an cest acte pour estre employées en fons à l'effet
« dudit acte soient employées à la reparation du refectoire dudit
« comvent et autres quy sont necessaires aud. comvent, à la charge
« neanmoins de faire le service ordonné par led. acte et pourté par
« icelluy. A ce present et stipulant le venerable pere Enselme, gardien
« aud. comvent, soubsigné avec lad. dame et moy notaire.

« M. DE SAINT GENIES; F. ANSELME TARBELLE, gardien; MAURAN,
« notaire. »

Et maintenant si l'on veut bien se rappeler : 1° que l'auteur de notre histoire écrivait en 1614; 2° qu'il est entré au barreau de la sénéchaussée de Bigorre dix-huit années avant le jour où il écrivait, c'est-à-dire en 1596; 3° qu'il jouissait de la confiance toute particulière de Jean-Jacques de Bourbon, il sera difficile de refuser à Guillaume Mauran la part glorieuse qu'une inexplicable indifférence lui a ravie.

Le plus ancien document où son nom se retrouve, le contrat de mariage de son frère Louis, le qualifie, il est vrai, avocat le 19 septembre 1595, tandis qu'il ne devrait, d'après notre calcul, figurer avec ce titre qu'en 1596. Mais ici, je n'hésite pas à l'affirmer, un écart de trois mois n'a aucune importance et personne n'aura de peine à le juger sans portée. Cet écart tient évidemment à un manque de précision absolue de la part de Mauran, qui a dû donner, en chiffre rond, le nombre de ses années passées au barreau. Il ne pouvait pas s'exprimer autrement; il ne pouvait pas dire : dix-huit ans, tant de mois et tant de jours!

Ce qu'il y a de certain, c'est que l'avocat se révèle à nous, pour la première fois, dans la période déterminée par son écrit.

Ce qui est indiscutable, c'est son intervention presque constante dans les affaires de la maison de Lavedan; il assiste tantôt le vicomte, dont la mémoire lui sera chère; tantôt la vicomtesse, qui lui témoignera en retour des sentiments exceptionnels de gratitude; quelquefois tous les deux. A défaut de Guillaume ou à côté de lui, nous voyons Jean Mauran, son frère. Toujours enfin dans l'aride nomenclature d'actes authentiques soumis à l'appréciation du lecteur, apparaît le nom de Mauran.

Le doute, semble-t-il, n'était plus possible. Ma conviction était formée, quand me parvint l'introduction à l'*Histoire inédite de la province et comté de Bigorre*, attribuée à l'abbé Jean-Paul Duco et publiée avec autant de goût que de savoir par M. l'abbé Duffau, directeur au Grand Séminaire de Tarbes. Duco, disait son éditeur, cite les *Mémoires de Mauran* (¹). Il n'en fallait pas davantage pour éveiller ma curiosité, et je me reprocherais de ne pas ajouter que M. Duffau mit la plus parfaite obligeance à la satisfaire. Ce qu'il m'apprit alors, il le consignait en ces termes peu de temps après : « Il résulte de « la comparaison des textes que les *Mémoires* de « Mauran ne sont autre chose que la Sommaire des- « cription du païs de Bigorre, écrite vers 1614 et « reproduite par Larcher dans le *Glanage*, t. IX, « p. 57-205. La plupart de ceux qui ont parlé de « cet ouvrage l'ont attribué soit à l'avocat Amadis, « soit à un autre avocat du nom de Mazières ou « Maizière. Le témoignage de Duco étant plus ancien « a par lui-même plus de valeur. Il se trouve con- « firmé par les patientes recherches de M. Gaston « Balencie » (²).

L'*Histoire de la province et comté de Bigorre* a été écrite vers 1740 (³).

M. l'abbé Duffau a raison de nous rappeler Mazières. Tandis que nous nous attachions à deman- der leurs secrets aux vieux papiers du XVIᵉ et du XVIIᵉ siècles, l'ombre de cet avocat planait sur ceux du XVIIIᵉ et plaidait en désaveu de paternité.

Quelques mots à ce sujet :

Le sieur Jean Mazières, maître apothicaire juré,

---

(1) *Souvenir de la Bigorre*, t. III, p. 204.

(2) *Ibidem*, t. IV, p. 147, note 1. Duco renvoie aux « mémoires manuscrits « du comté de Bigorre, attribués au sʳ Mauran. » Voir aussi dans ce volume les pages 154, 327 et *passim*, et conférer avec les passages de notre historien relatifs aux mêmes faits.

(3) Depuis la rédaction des lignes précédentes, M. l'abbé Duffau a constaté chez M. Vaussenat, à Bagnères, que l'*Histoire de la province et comté de Bigorre* est de l'abbé Colomez et non de l'abbé Duco ; il nous fera part de sa décou- verte dans la préface de l'ouvrage qu'il édite. Nous serons également renseignés sur l'œuvre de Duco.

et bourgeois de Tarbes, habitant la rue Longue (actuellement rue Saint-Louis), paroisse Saint-Jean, et demoiselle Jeanne de Vidal-Lafont, mariés, eurent pour enfants : 1° Bernard, qui suit; 2° Catherine; 3° Paule, née le 28 juin 1685, qui testa devant M⁰ Dutilh, avocat en parlement et notaire de Tarbes, le 21 mai 1752, fit héritier M⁰ Jean Mazières, avocat en parlement, son neveu, habitant dudit Tarbes (¹), et fut inhumée dans l'église des Pères Cordeliers, le 24 août 1753; 4° Jean-François, né le 17 mars 1688, filleul de messire Jean-François de Castelnau, marquis de Laloubère, et de dame Jeanne-Rose de Foix, sa femme. — Demoiselle de Vidal-Lafont décéda à la fin de février ou au commencement de mars 1693; son mari, le 11 octobre 1711; il était âgé de 70 ans.

Bernard Mazières, maître apothicaire, fils aîné de Jean et de Jeanne de Vidal-Lafont, naquit le 26 décembre 1671 et fut baptisé le lendemain; il épousa demoiselle Marie de Mascaras, d'où : 1° Jean, né le 1ᵉʳ juin 1699, tenu sur les fonts baptismaux par son grand-père Jean Mazières et par demoiselle Catherine de Mazières, sa tante; 2° Jeanne, femme de M⁰ Pierre Duprat, docteur en médecine (²); 3° Pierre, né le 14 juin 1702, baptisé le 15, maître apothicaire le 19 février 1726, décédé le 22 août 1739 et inhumé le 23 aux Cordeliers; 4° autre Jean, né le 10 janvier 1706, baptisé le lendemain, filleul de demoiselle Jeanne de Mazières; 5° Christine, mariée dans l'église Saint-Jean de Tarbes, le 27 avril 1729, à M⁰ Domi-

---

(1) Dutilh, reg. 1751-1752, p. 226 (ét. Duguet).
(2) Dutilh, reg. 1749, p. 285.

nique Lacay, avocat en parlement; 6° Catherine, mariée au sieur Jean Colin, docteur en médecine; 7° Jacques, né le 16 décembre 1712, baptisé le 18, filleul de M⁰ Jacques de Mascaras, avocat en parlement, et de demoiselle Jeanne de Lafont, sa femme; il était étudiant en philosophie le 19 février 1726; devint marchand et maître apothicaire; désigna pour son héritier universel dans son testament mystique du 6 novembre 1756, remis à M⁰ Dutilh et ouvert le 12 avril 1768, son frère Jean, avocat en parlement (1). — Bernard Mazières, père commun, déposa son testament mystique dans l'étude de M⁰ Lacay, notaire de Tarbes, le 20 mars 1745, et ses héritiers n'en requirent l'ouverture que le 29 février 1768 (2); il était décédé le 28 janvier 1752 et avait été enterré aux Cordeliers, le 29. La mère mourut le 25 décembre 1754, âgée d'environ 78 ans, et son corps fut placé dans la même sépulture.

Bernard Mazières perdit un fils le 27 septembre 1714; l'acte de décès ne porte ni le prénom, ni l'âge de l'enfant. Ce ne peut être que l'un des deux Jean qui précèdent. Le survivant fut l'avocat qui nous occupe. On le destina tout d'abord à l'état ecclésiastique : M⁰ Jean Mazières, prébendier de l'église Saint-Jean de Tarbes, habitant de cette ville et pourvu de la chapellenie dite de Ferron, fondée dans l'église de Lannemezan, baille en cette dernière qualité, le 4 novembre 1731, à titre de ferme, pour neuf années, moyennant 45 livres par an et une paire de chapons à la Toussaint, à Barthélemy Lagleyse,

(1) Dutilh, 1767-1769, p. 142.
(2) Dutilh, 1767-1769, p. 106.

de Lannemezan, toutes les terres dépendant de ladite chapellenie et situées au terroir dudit lieu (¹). M° Jean Mazières, prébendier de Saint-Jean, assiste au mariage de M° Jean-Baptiste de Sales, avocat en parlement, et de demoiselle Madelaine Sempé, célébré à la Sède le 8 février 1741. Il ne reçut pas les ordres sacrés, mais entra au barreau où nous le trouvons inscrit peu de temps après; il se consacra aussi à l'administration de la cité : M° Mazières, avocat, consul, puis premier consul, figure sur les registres des délibérations du corps de ville de Tarbes, de 1742 à 1764 inclusivement (²). Sa santé chancelante l'oblige à se retirer vers la fin de cette dernière année. Il rédige ses dispositions testamentaires dans sa maison d'habitation, sise rue Longue, le 18 mai 1765, et les remet, sous pli cacheté, à M° Dutilh, notaire de sa famille (³). Le 29 février 1768, il ne peut signer la réquisition d'ouverture du testament de son père, « à cause du tremblement de ses mains, » et meurt avant le 9 décembre suivant, jour de l'ouverture et de la transcription de son propre testament; il y lègue 200 livres aux prébendiers de Saint-Jean dont il avait été « autrefois confrere, » et nomme pour héritier général et universel le sieur Pierre Colin, maître apothicaire, son neveu (⁴).

Ainsi, j'acquis la certitude, soit par l'état civil de Tarbes dont j'ai poursuivi l'exploration depuis l'ori-

---

(1) Cazalas, not. de Tarbes, 1729-1732, f° 312 recto (ét. Duguet).
(2) Archives municipales de Tarbes, reg. des délibérations du conseil de communauté, 1729-1747, pp. 125, 158 et 172 ; 1756-1764, *passim*.
(3) Dutilh, 1767-1769, p. 266.
(4) Les renseignements sans indication de sources, relatifs à la famille Mazières, ont été puisés dans l'état civil de Tarbes.

gine (1611) jusqu'en 1790, soit par un dépouillement scrupuleux de plusieurs centaines de registres notariaux, que le barreau de notre sénéchaussée n'avait possédé aucun avocat du nom de Mazières dans l'espace de temps correspondant à la vie de l'auteur de la *Sommaire description* et même beaucoup en deçà. Nous venons de faire connaissance avec le seul Mazières qui ait défendu la veuve et l'orphelin sous les balances de la Thémis du vieux château comtal de Bigorre, et il n'y a plus à rechercher les motifs, erronés sûrement, qui ont déterminé M. Davezac-Macaya à le mêler à cette histoire. Les lecteurs des *Archives* me pardonneront, je l'espère, d'avoir mis leur patience à l'épreuve, mais il importait de détruire toute équivoque.

III.

La famille MAURAN OU DE MAURAN — on trouve indifféremment l'un et l'autre, la particule n'ayant sous l'ancien régime aucune signification nobiliaire — était originaire de Tarbes, où elle habita en Carrère Longue (aujourd'hui rue Saint-Louis) et ensuite au Bourg-Vieux ([1]).

Sire JEAN MAURAN, marchand de Tarbes, acheta le 17 janvier 1568, suivant acte retenu par Jean de Lassalle, notaire de Tarbes, à M° Arnaud de la Tappie, prêtre, quatre journaux de terre, sis à Bours, quartier appelé *Les Fontanieus* ([2]). Le 28 novembre

---

(1) *Sommaire description du païs et comté de Bigorre*, copie de Larcher, p. 119; — arch. municipales de Tarbes, *Livre terrier* de l'année 1658.
(2) Reg. de 1568, f° 5 verso (ét. Duguet).

suivant, il fit une acquisition semblable au même lieu, quartier du *Camy Besiau* (¹).

C'est probablement le même Jean Mauran qui était receveur des décimes lorsque Montamat assiégea la ville de Tarbes, et qui périt victime d'une méprise du chanoine Possino, dans la nuit du 20 au 21 janvier 1570. Notre historien raconte les circonstances qui entourent cette mort (²), sans permettre à sa plume de trahir l'émotion, mais avec des détails qui, loin de l'exclure, prouvent au contraire combien ce deuil le touchait : « Or il fut question d'ensevelir « le corps de Jean Mauran que l'on trouva nud sur « l'echarpe du fossé ayant eté depouillé par les « ennemis, lesquels lui prirent aussy cinq chevaux « qu'il avoit à l'etable, mais il n'y eut moyen de « trouver aucun prestre pour dire les obseques. « Neantmoins la veuve dudit Mauran procura la « sepulture le plus honorablement qu'il luy fut pos- « sible, etant assistée de quelques voisins et voisines, « et le corps fut mis dans la chapelle de Lautrec en « l'eglise Saint François où depuis leurs descendans « ont retenu la sepulture » (³).

Serait-ce le fils qui parle du père? Serait-ce sur les genoux et de la bouche même de sa mère que Guillaume Mauran a recueilli les souvenirs si précis qu'il retrace?

A cette présomption s'en ajoute une nouvelle, tirée du testament mystique de Jean-Pierre Mauran, petit-fils de Guillaume : Je lègue, dit-il, aux RR. PP.

---

(1) Lassalle, reg. de 1568, f° 36 verso.
(2) Copie de Larcher, p. 120.
(3) Copie de Larcher, p. 121.

Cordeliers « la somme de dix escus petits pour estre
« employée en messes qui se diront à l'autel de Notre
« Dame de leurdit couvent de Tarbe, pour l'ame
« tant de mon grand pere que de sa famille, le corps
« duquel repose dans la sepulture dans laquelle
« repose de plus le corps aussi de feu ma grand mere
« et six de mes oncles, ladite sepulture estant à
« costé et un peu plus bas du marchepied dudit autel
« dans ladite chapelle de Notre Dame » (1). Ce
testament est daté d'Aurensan, le 17 octobre 1673.

On aurait la vérité tout entière si l'on parvenait à
établir que la chapelle de Lautrec était consacrée à
Notre-Dame, mais il est sûr, dans tous les cas, que
le point de départ de l'inhumation des Mauran dans
l'église Saint-François ou des Cordeliers remonte à
Jean, car c'est là que « depuis, leurs descendans ont
« retenu la sepulture, » et notre écrivain y a été
enterré, nous en avons la preuve formelle.

Pour répondre à l'objection que fait naître le
silence de l'auteur sur des liens aussi intimes que
ceux qui le rattacheraient, selon ma conjecture, à
Jean Mauran, il faut dire qu'il garde une semblable
réserve à l'endroit de deux parents rapprochés,
Manaud de Prat et Mr de Mont, dont j'établirai le
degré d'affinité dans mes notes; il se dérobe le plus
possible à l'expression de sentiments personnels et
ne consent à se dévoiler à demi que lorsque la
reconnaissance envers la maison de Lavedan ou les
exigences de son travail lui en imposent le devoir.

« Feu Me Jehan Mauran, en son vivant tresorier

---

(1) François Fontaignères, not. de Tarbes, liasse de testaments mystiques
(ét. Duguet).

« pour le Roy en la comté de Bigorre, » est rappelé dans une transaction du 23 novembre 1582, passée à Bazet entre les héritiers de feu Jean de Darrivière et Bernard de Guatte ([1]).

Maître Guillaume Mauran venait d'entrer au barreau lorsqu'il assista, le 19 septembre 1595, au contrat de mariage de son frère Louis. Un acte du 18 novembre 1597 lui donne le titre de licencié en même temps que celui d'avocat ([2]).

Peu de temps après, le 24 février 1598, il est consul de Tarbes et partage cet honneur avec Manaud de Prat et Arnaud Fourcade. Tous les trois s'emploient à un achat fait en faveur des pauvres des hôpitaux Saint-Jacques et Saint-Blaise par M[cs] Guillaume Carrère, économe et trésorier, et Manaud de Lucia, syndic de ces établissements ([3]).

Citons sa présence à l'émancipation de Guillaume d'Ibos, fils cadet de noble François d'Ibos, de Saint-Pé de Générès, et à la quittance de la somme payée par le père au fils, à raison du contrat de mariage de ce dernier avec Marie de Lanne, de Vic, contrat reçu par Jean Paratge, notaire de cette ville, le 31 mars 1602 ([4]). On verra que la famille de Guillaume d'Ibos s'est fondue plus tard dans celle de Mauran.

Citons encore l'acquisition par notre avocat d'un verger à Aurensan, parsan (quartier) du *Maillo*, le 12 février 1608 ([5]). Aurensan fut son Tibur et c'est

---

(1) Dominique Catau, notaire d'Aurensan, reg. de 1582 (ét. Duguet).
(2) Jean Mauran, not. de Tarbes, reg. de 1596-1607 (ét. Theil).
(3) Jean Mauran, *ibid*.
(4) Manaud de Lucia, not. de Tarbes, 21 juin 1603 (ét. Duguet).
(5) Jean Mauran, reg. 1607-1608.

là, sans doute, qu'il « se delectoit des aspects des « coteaux voisins, tapissés de la ramée des boccages « et des vignes, » et de là aussi qu'il aimait à contempler au loin « les hautes montagnes, lesquelles « blanchissent de nege la moitié de l'an, et durant « l'autre moitié sont ornées d'une plaisante verdure, « et en chacune saison donnent sujet d'admiration « à l'esprit et de plaisir à la vue » (¹). Il s'y reposait des luttes et des fatigues de la vie publique, car les documents contemporains nous disent assez toute l'activité que cette intelligence d'élite sut déployer au service du bien.

Député par la ville de Tarbes aux états de Bigorre, il s'y distingua de bonne heure et mérita d'être élevé par le choix de ses collègues à la dignité de syndic général du Tiers; il en remplissait les fonctions en 1612, avec Jean d'Ibos, fils aîné de François, tandis que le baron Paul de Bazillac était syndic de la noblesse.

Les états, dans leur assemblée générale du 13 août, chargèrent Mauran de se pourvoir contre la poursuite des droits de francs fiefs (²), nouveaux acquêts (³) et amortissements (⁴), exercée par les commissaires réformateurs de l'ancien domaine de Navarre.

---

(1) Copie de Larcher, pp. 57-58.
(2) Le franc fief était l'héritage noble, féodal ou allodial, exempt d'impositions. Toutefois les roturiers pouvaient posséder des héritages nobles en payant au roi une certaine somme d'argent; c'est ce qu'on appelait *droit de franc fief*.
(3) Les nouveaux acquêts étaient des héritages acquis par les gens de mainmorte, sans la permission du roi. On en faisait de temps en temps la recherche et on prélevait en argent sur les communautés le *droit de nouveaux acquêts*.
(4) L'amortissement était le droit que payaient les mainmortables pour posséder une propriété immobilière et la retirer ainsi du commerce. Quand ils ne le payaient pas, ils s'exposaient au *droit de nouveaux acquêts*.

A suite de l'édit du mois de juillet 1607, qui réunit la Navarre à la couronne de France, et dès le mois de septembre 1608, un bail général de tout le revenu des duchés, comtés, vicomtés, baronnies et autres places et seigneuries de cette province, avait été consenti par le roi à Antoine Billard, l'un de ses valets de chambre, pour la durée de neuf ans, à dater du 1er octobre 1608. Depuis, M° Jean de Moisset, subrogé au lieu et place de Billard, fut évincé par arrêt du conseil d'état du 2 septembre 1610, et M° Raymond Martin, conseiller et maître d'hôtel ordinaire de S. M., devint adjudicataire de la ferme de ces droits « comme plus offrant et dernier enche-« risseur, pour en jouir pendant dix années, à partir « du 1er jour d'octobre 1610, moyennant le prix de « neufz vintz huict mil livres chaque année. » Mais il fallait assurer l'exécution loyale d'un bail qui n'était pas sans péril pour les intérêts du pays. Louis XIII y pourvut par lettres patentes, datées de Paris, le 6 décembre 1611. Il nomma commissaire de la réformation projetée Salvat II d'Iharse, évêque de Tarbes, et lui donna comme adjoint Jean de Pujo, juge-mage et lieutenant général au comté de Bigorre. Il leur ordonna de se transporter sans délai sur les terres et seigneuries, de se faire représenter les baux particuliers établissant les droits et revenus de chacune d'elles, de faire procéder à de nouveaux baux au profit de Martin, dans le cas où il serait fondé à les réclamer; de reconnaître les gages des officiers, les pensions et autres charges prétendues sur ledit domaine réuni; les charges auxquelles les tenanciers, acquéreurs ou fermiers seraient obligés

de satisfaire; de visiter les châteaux, moulins et autres édifices; de décrire l'état des lieux et d'en envoyer un procès-verbal au conseil d'état; « et
« d'autant, ajoutent les lettres, qu'il y a plusieurs
« terres vaines et vagues, bois, forêts, cens, rentes
« seigneuriales et autres droicts dont nous n'avons
« cy devant tiré aucun profit, tant par la negligence
« des officiers des lieux, que pour estre controversés
« et en plusieurs endroits usurpés, voulons que par
« vous en soit faicte exacte perquisition et recher-
« che..., et de tout en recevoir les hommages, faire
« et dresser bons papiers terriers pour la confirma-
« tion de nos droits, et proceder à la verification des
« denombremens » (1). Telle est l'origine d'une procédure importante, qui a duré plusieurs années, et dont malheureusement il ne reste que des lambeaux.

Comme nous l'avons vu, les commissaires exigeaient le payement des francs fiefs, nouveaux acquêts et amortissements, et les états de Bigorre confièrent à Mauran le soin de s'opposer à leur prétention. Mauran se rendit par leur ordre dans le comté de Foix pour savoir comment on s'y comportait sur cet article. Il exposa le résultat de ses études et de ses démarches dans l'assemblée du 26 août suivant, et reçut plein pouvoir d'agir d'après des consultations qu'il avait prises à Toulouse. Les états furent de nouveau convoqués, le 12 octobre, dans le couvent des Cordeliers. Le syndic avait mis toute la diligence possible à

---

(1) Extrait de l'original du dénombrement de la vallée de Barèges devant Salvat d'Iharse, f° 26, vol. ms., reliure veau anc., communiqué par M. l'abbé de Nodrest, chanoine de Tarbes et secrétaire général de l'évêché.

l'accomplissement de son mandat; il avait présenté requête aux commissaires pour leur demander de ne point « ebrecher les privileges du païs et ne point « imposer de surcharges; » mais il avait été condamné à 500 livres d'amende, à rayer des mots prétendus injurieux et, sans pouvoir obtenir un délai, ajourné à six semaines devant le roi. L'assemblée lui prescrivit de partir le lendemain en poste pour Paris, de s'entourer de toutes les instructions propres à arrêter l'exécution de la sentence, et, à cet effet, de prendre langue avec les députés des autres provinces.

Les états eurent à se réunir pendant l'absence du syndic. Ils tinrent le 4 décembre, dans la salle comtale de Tarbes, une séance où les avis furent si partagés qu'il fallut renvoyer la délibération au lendemain, dans le réfectoire des Cordeliers. Evidemment, on avait reçu de fâcheuses nouvelles et la discussion dut être très vive sur le parti à adopter. On finit cependant par s'entendre chez les Cordeliers et on résolut de dépêcher à Paris Jean d'Ibos, co-syndic du tiers état, avec mission de se joindre à Mauran, et si celui-ci était déjà en route vers les Pyrénées, de composer avec Martin, l'adjudicataire de l'ancien domaine ([1]).

Ce fut le parti de la transaction qui prévalut, car le 9 mai 1613, noble Raymond Martin promit à messieurs les gens des trois états du pays et comté de Bigorre, assemblés à Tarbes dans la maison de Nicard, hôtelier, de poursuivre et d'obtenir, s'il le pouvait, dans un an, arrêt du conseil d'état contenant

---

(1) Larcher, précis des délibérations des états de Bigorre, feuilles éparses, réunies maintenant dans un carton aux archives des Hautes-Pyrénées.

confirmation de la composition faite, le 17 octobre 1607, par-devant Goudal, notaire de Toulouse, avec le sieur d'Oncle, pour les amortissements, francs fiefs et nouveaux acquêts, afin que ledit pays en demeurât quitte et déchargé; et ce, moyennant la somme de 3,000 livres, remboursable en cas d'insuccès. Cet argent fut payé comptant (¹). Mauran signa le traité.

Jean d'Ibos, au contraire, abandonna son poste pour devenir avec son père, ce même jour 9 mai 1613, par acte passé dans la même maison, sous-fermier d'une partie des droits de Martin (²).

Quatre ans après, en 1617, il soulevait, de son côté, une difficulté semblable à celle dont nous venons de parler, en réclamant à son profit les droits de lods et ventes des biens nobles (³).

Mauran combattit le dire de son ancien collègue et formula l'articulation suivante :

« Pardevant vous messieurs l'eveque de Tarbe et
« juge mage de Bigorre, commissaires reformateurs
« du domaine du Roi au païs et comté de Bigorre,
« le Sindic general dudit païs baille ses faits contre
« Jean Divos, ecuyer, sieur de la Garde, et sous
« fermier des droits extraordinaires procedans de la
« reformation audit comté, joint à lui M. le Procureur
« general du Roi ou son substitut, aux fins bas prises
« et autres de droit plus pertinentes. — I. Dit et
« met en fait veritable qu'en tout le païs de Gascogne
« deça la riviere de Garonne, du coté d'occident,

---

(1) *Glanage*, t. x, p. 414, n° 79.
(2) Dénombrement de la vallée de Barèges, f° 38.
(3) Droit payé par l'acquéreur d'un bien noble à son suzerain.

« y a coutume generale que les acheteurs et vendeurs
« des biens nobles sont exemts de payer lods et
« ventes. — II. Dit que le païs et comté de Bigorre
« est situé sur les extremités dudit païs de Gascogne,
« faisant frontiere des endroits de midi et occident.
« — III. Dit que depuis dix, vingt, trente, quarante,
« cinquante, cent ans et autre tems si long qu'il n'est
« memoire du contraire, ladite coutume a eté observée
« par tout ledit païs et comté de Bigorre; et suivant
« icelle, les seigneurs comtes de Bigorre, avant l'union
« du comté à la couronne, et, aprez l'union, les rois
« de France, leurs tresoriers, fermiers de bailie et
« autres aïant charge de faire recepte des deniers
« domaniaux et royaux, se sont abstenus de prendre,
« lever, exiger et demander les lods et ventes pour
« raison desdits biens nobles, soit que les acquisitions
« et ventes en fussent faites par personnes nobles ou
« roturieres, ains generalement lesdits vendeurs et
« acheteurs ont eté francs et quittes desdits lods et
« ventes. PAR QUOI conclud aux fins qu'en interinant
« sa requete, il vous plaise declarer tous acquereurs
« des biens nobles dans ledit païs et comté de
« Bigorre, francs et quittes desdits lods et ventes,
« avec depens, ezquels il vous plaira condamner
« ledit sous fermier et autrement pertinemment.
« G. MAURAN, sindic en sa cause. »

Les commissaires procédèrent à une enquête sur ces faits les 12 et 18 mai 1617, et reçurent les dépositions de dix témoins qui déclarèrent à l'unanimité qu'on ne payait en Bigorre ni lods et ventes, ni autres droits d'aliénations des seigneuries, fiefs et biens noblement tenus. Ces témoins étaient : M° Gaston

Dumestre, prêtre et chapelain à Saint-Jean de Tarbes, âgé de 95 ans; noble Lancelot de Saint-Paul, seigneur de Lespouey, âgé de 72 ans; noble Jean de Palatz, seigneur de Lhez, 70 ans; M° Arnaud Casaux, prêtre de Laslades, 90 ans; M° Odet de Sentilles, de Pouyastruc, 80 ans; Arnaud Barrère, maître apothicaire, 65 ans; Pierre Noguès, bourgeois, 67 ans; noble Bertrand de Galosse, bourgeois de Tarbes, 64 ans; Pierre Barta, laboureur, de Bordères, 65 ans; Adam Nicard, bourgeois de Tarbes, 58 ans (¹).

Cependant le procès traînait en longueur. Les états de l'assiette, réunis le 15 janvier 1618 dans la maison de ville, décidèrent de le pousser activement. Guillaume d'Ibos, alors co-syndic du pays, frère du sous-fermier, donna sa démission, et Mauran resta seul en cause (²). Il paraît que les commissaires n'avaient pas non plus tranché la question des francs fiefs et nouveaux acquêts; ils attendirent un an avant de se prononcer, mais par leur sentence du 15 janvier 1619 ils acceptèrent sur les deux points en litige les conclusions du syndic général :

« Entre maistre Guillaume Mauran, docteur et
« advocat, supliant par sa requeste du 5ᵉ may 1617,
« comme sindic general du païs de Bigorre, pour
« estre deschargé du droit d'amortissemens, francs
« fiefz et nouveaux acquestz, et par mesme moyen
« relaxé pour le present et pour l'avenir du droit de
« lotz et ventes pretendus des alienations des biens
« nobles dans la presente comté, d'une part; et noble

---

(1) *Glanage*, t. xxv, pp. 277 et suiv.
(2) Larcher, précis des délibérations des états de Bigorre.

« Jean d'Ivos, sieur de Lagarde..., Nous commissaires
« susdits, veu le procez, requeste dudit sindic... dudit
« jour 5ᵉ may, articles baillés par ledit sindic,
« enqueste sur iceulx contenant la deposition de dix
« temoins pour etablir la coutume pretendue de ne
« payer loz et ventes...; ordonnance du 9 mai 1607
« des commissaires ordonnés par S. M. pour la liqui-
« dation desdits droitz d'amortissemens, francs fiefs
« et nouveaux acquets, pourtant la liquidation
« desdits droitz pour ledit païs de Bigorre, à 3,000 liv.;
« extrait de l'obligation passée par Mes François
« Burin, chanoine de Tarbe, et Pierre Lacase, sindics
« dudit païs, du 17 octobre 1607, retenue par Goudal,
« notaire de Tolose; extrait d'arrêt du conseil privé,
« du 23ᵉ septembre 1608, par lequel S. M. ordonne
« qu'en remettant le sindic dudit païs la somme de
« 3,000 liv. ès mains du receveur desdits francs fiefs
« et nouveaux acquets, suivant ladite obligation,
« ledit païs demeurera deschargé de la recherche
« desdits droits; quittance desdits 3,000 liv., signée
« PHELIPEAUX, tresorier de son espargne, du 9 octo-
« bre 1615, enregistrée au controle general des
« Finances, le 31 octobre audit an, signé P. JANIN;
« deliberation des etats dudit païs contenant la
« charge dudit Mauran pour la poursuite de la pre-
« sente instance et deschargement desdits droits, du
« 19 janvier 1618..., conclusions du procureur du
« Roy..., par nostre present sentence, ayant esgard
« à l'ancienne coustume resultant de ladite enqueste
« de ne payer los et ventes des biens nobles dans la
« present comté, et attendu la quittance de 3,000 liv.,
« relaxons ledit Mauran au nom qu'il procede, tant

« desdits amortissemens, francs fiefs et nouveaux
« acquets du passé jusqu'au jour dudit contrat, que
« droit pretendu desdits loz et ventes à l'avenir. A
« Tarbe, ledit jour 15 janvier 1619. — S. Diharse;
« Puio; S. Noguès, greffier » (1).

Cette longue et grave affaire ne fut pas assurément la seule que Mauran eut à conduire, mais la perte de plusieurs feuillets du précis des états, par Larcher, nous empêche de le suivre dans la voie où l'appelèrent ses connaissances juridiques et la haute estime de l'assemblée où il occupa l'un des premiers rangs. Nous savons seulement que le 9 septembre 1623, « Mes Guillaume Mauran, docteur et
« advocat, habitant à Tarbe, et Guillaume Divos, de
« la ville de Vic, sindics constitués par deliberation
« des etats de Bigorre, du 2 aout de ladite année,
« declarerent devoir à Me Charles de Lucia, docteur
« et advocat, habitant à Tarbe, 1600 liv. tournois
« pour pret de pareille somme, destinée à payer les
« frais du voyage à faire par l'abbé de l'Escaledieu,
« le s^r de Begolle et ledit de Mauran, sindic pour les
« affaires dudit païs » (2).

Le 12 février 1630, Mauran achète à Michel de Laine et à Marie de Campan une autre pièce de terre à Aurensan, parsan du *Maillo* (3).

Le 29 mars de la même année, on le retrouve consul de Tarbes avec Antoine Chadebec, Jean Vidal et Arnaud Latapie (4).

---

(1) Dénombrement de la vallée de Barèges, f° 157, recto.
(2) S. Noguès, feuille détachée (ét. Duguet).
(3) Jean Mauran, reg. 1630-1633 (ét. Theil).
(4) *Ibidem*.

Un compte rendu, transcrit par Larcher (¹), des séances des états pendant les années 1633, 1634 et 1635, fournit encore des particularités intéressantes sur le rôle d'homme public joué par notre chroniqueur.

« Mʳ Ducasse, premier consul de Tarbe, fit naitre
« cette question, s'il etoit expedient de demander
« à l'assemblée des etats que l'office du sindic du
« tiers etat fut triennal, et si le sindic pourroit
« etre pris d'autre lieu ou ville de Bigorre hors celle
« de Tarbe. A quoi Mauran repondit que cette
« question etoit problematique et pouvoit etre sou-
« tenue de part et d'autre; mais que son avis etoit
« que les etats pouvoient en disposer à leur plaisir
« et rendre l'office de sindic triennal, et quand il
« vaqueroit, pouvoient aussi prendre le sindic de
« telle ville ou lieu du païs de Bigorre que bon leur
« sembleroit; neantmoins qu'à present il ne jugeoit
« pas qu'il fut à propos d'agiter cette controverse
« dans l'assemblée des etats, car, aussi bien, le sindic
« qui est en exercice trouveroit le moyen de se
« faire maintenir, et que celui qui voudroit aspirer
« à cet office devoit en jetter les fondemens de
« loin, capter les volontés des principaux des trois
« ordres et les disposer au changement. Lequel
« avis fut approuvé de plusieurs assistans, lesquels
« opinerent qu'il n'en faloit faire pour le present
« aucune ouverture. »

Les députés des villes de Bigorre se plaignaient depuis longtemps de la grosse dépense occasionnée

---

(1) *Glanage*, IX, pp. 217 à 243.

par l'affluence des gentilshommes ayant droit d'entrée aux états et par le trop grand nombre de jours consacrés aux séances. Pour mettre un terme à ces abus, on dépêcha à Bordeaux, vers M. d'Épernon, gouverneur et lieutenant général en Guienne, MM. l'abbé de Saint-Savin, de Baudéan, Lucien Lafont, premier consul de Tarbes, et Guillaume Mauran, avec mission de rapporter un règlement; ils l'obtinrent, en effet, dans le courant de l'année 1633, mais il ne fut discuté que deux ans après :

« Les sieurs abbé de St Sevin, baron de Barbasan,
« de Sarriac, Boucarrès, Argelez, Baudean, Vilenvis
« et Bours, Mauran, Abadie, Lafossere, Cassaignard,
« Cantet et Cotture se rendirent chez M^r l'eveque de
« Tarbe ([1]), le dimanche 25e de mars, jour et fete
« de l'Annonciation Notre Dame, sur les huit heures
« du matin, et furent introduits en la chambre
« d'entre la sale et le cabinet dudit s^r eveque, où
« l'on avoit preparé une table tapissée devant bon
« feu, et à l'entour de la table une chaire et des
« bancs, pour asseoir M^r l'eveque sur la chaire et
« les deputés sur les bancs. Et tous etant assis,
« M^r l'eveque fit l'ouverture de la cause pour laquelle
« l'assemblée avoit eté mandée, priant les assistans
« de contribuer leurs bons avis sur les propositions
« qui seront faites, et de dire chacun ce qu'il jugeroit
« etre plus expedient pour le bien public. Tous se
« turent et Mauran, voïant qu'il etoit tems qu'il
« parlat, dit brievement ce qui s'ensuit :

« Messieurs, comme le corps humain, pour bien né

([1]) Salvat II d'Iharse.

« et bien nourri qu'il soit, ne peut s'exemter que par
« succession de tems il ne se charge d'humeurs, et
« que l'amas d'icelles ne lui cause des maladies, de
« meme il advient aux etats, pour bien constitués et
« policés qu'ils soient, qu'à la suite des années beau-
« coup d'abus s'y glissent, comme l'experience nous
« fait voir en nos etats de Bigorre dans lesquels sont
« ecoulées de tems en tems plusieurs mauvaises habi-
« tudes et, entr'autres, d'introduire beaucoup de
« gentilshommes et les defrayer à la grande foule
« de la veuve et de l'enfant orfelin, et de faire durer
« les etats 8, 9 et dix jours pour ouïr les comptes des
« receveurs, lesquels pourroient etre expediés en une
« ou deux journées, les requetes apointées en une
« seance et l'etat dressé du soir au lendemain, telle-
« ment que l'on employe grand nombre de journées
« à faire de la besoigne de deux ou trois jours. Et
« c'est de là que les plus affectionnés au bien public
« ont pris occasion de demander que les etats fussent
« reformés, les abus otés et le peuple soulagé des
« depenses inutiles; ausquelles fins de faire le regle-
« ment nous sommes deputés et ne pouvons manquer
« de suivre la voie des articles dressés, aprouvés et
« confirmés par Mgr d'Epernon, lesquels j'ai en main
« et suis pret, si vous l'agreez, de vous en faire
« lecture. »

La délibération sur les articles dura plusieurs jours;
les séances furent souvent orageuses, quelquefois sans
dignité. Au milieu du débat, M. de Baudéan « aïant
« ouï parler le deputé de Tarbe, lui presenta le mou-
« choir, disant que le nez lui saignoit. »

Une après-midi, « on vint avertir Mr l'eveque de

« l'arrivée de M@@r le senechal (1) pour tenir les etats,
« près lequel M@@r le baron de Barbazan et les autres
« gentilshommes s'acheminerent incontinent pour
« lui faire la reverence. M@@r l'eveque se disposa pareil-
« lement pour l'aller voir et, tant lui que M@@r l'abbé
« de Saint Sevin monterent en carrosse, lesquels
« firent rencontre de M@@r le senechal en la place du
« Trepadé et le saluerent, et à suite les autres deputés
« lui firent aussitot reverence. M@@r le senechal etoit
« indisposé et portoit son bonnet de nuit sur la tete.
« C'est pourquoi il s'avança jusques au courroir qui
« est entre les deux portes de l'eglise Saint François
« et s'appuya des epaules contre l'un des ciprez illec
« plantés, et demeura d'accord avec M@@r l'eveque de
« tenir les etats dans la maison de M@@e Jaques Briquet,
« receveur des decimes. »

Malgré cette entente apparente, le sénéchal, « tra-
« vaillé par la colique passion, » ne se rendit pas chez
Briquet. On perdit un temps infini en pourparlers
ridicules au sujet du local à choisir pour les réunions;
l'évêque proposait « le chateau du roy, nommé la
« sale comtale, qui est le parquet et le siege de la
« justice. » Mauran répondit « que mal aisement
« jouiroit on de la sale comtale, notamment les jours
« des audiences, parce que M@@r le juge mage ni les
« autres officiers de la senechaussée ne voudroient
« pas se priver de l'usage du parquet, ni cesser d'y
« tenir les audiences. » Le sénéchal refusait aussi
d'exposer sa santé dans ce « lieu ruineux, destitué de
« fenetres de bois et de verre et sans aucune che-

---

(1) Marc-Antoine de Campeils, baron de Luc.

« minée. » Il opta pour la maison de ville, et Mauran opina dans le même sens. « M^r l'eveque s'excusa qu'il
« avoit à dire son office et prit le chemin de sa
« maison. »

Mais voilà bien assez de menus détails. Je me bornerai à mettre en relief, une seule fois encore, le bon sens, l'esprit souple et délié du député de Tarbes et l'ascendant qu'il exerçait sans effort en toute occasion : dans la séance du 31 mars 1635, ses collègues et lui réclamèrent aux états une somme de 1,392 livres, exposée par la ville pour affaires communales. Le clergé et la noblesse n'étaient disposés à accorder que la moitié de la somme. Alors « les consuls assemble-
« rent le conseil de ville, et fut deliberé que les
« deputés demanderoient l'entiere quittance des
« arrerages et, s'ils ne pouvoient l'obtenir, qu'ils sor-
« tissent de l'assemblée. » L'événement ne se fit pas attendre; sur le refus des états d'accepter les conclusions du conseil, les députés sortirent. Mais le juge-mage s'étant interposé, obtint des deux ordres restants la promesse de voter 800 livres, et pria les consuls de convoquer de nouveau le conseil de ville et de l'engager à rapporter sa décision. Le conseil accepta cette manière de voir et fut d'avis que les consuls retournassent aux états. « Mr Ducasse faisoit le diffi-
« cile, croyant que l'entrée lui seroit honteuse,
« puisqu'il en etoit sorti comme disgracié de l'assem-
« blée. Mauran, au contraire, dit qu'il ne croiroit
« encourir aucune honte ni autre risque, puisqu'ils
« etoient personnes obeissantes, desquelles l'allée et
« le venir est reglé par la volonté du conseil, lequel
« avoit ordonné qu'ils sortiroient et maintenant veut

« le contraire, tellement qu'il ne faisoit aucune diffi-
« culté d'entrer, puisque le conseil le commande,
« quand meme il seroit assuré de n'obtenir pas des
« etats les 800 livres qu'on faisoit esperer. » Sa résolution entraîna les hésitants.

Depuis ce moment jusqu'à son décès, le silence des documents, à peine rompu par un acte du 26 mai 1638 où il figure comme témoin (¹), l'envelopperait tout à fait dans l'oubli, si les registres de la sénéchaussée de Bigorre ne venaient à propos nous apprendre que « Mr Me Guillaume Mauran, ancien « advocat, » tenait l'audience du 22 août 1640 (²), sans doute à la place d'un lieutenant du sénéchal, empêché, et si un bail à ferme du 13 septembre suivant ne nous le montrait au milieu de ses devoirs professionnels, donnant une signature en qualité de curateur aux causes de Gabriel Monde, de Vic, son neveu (³).

Il avait donc, lorsque la mort l'enleva deux mois plus tard, le 15 novembre 1640, fourni depuis 1595 une carrière de près d'un demi-siècle de talent, de travail et d'honneur.

Guillaume Mauran avait épousé demoiselle Gabrielle de Mont, fille de Bernard de Mont et de Simonne de Souville, habitants de Bagnères-de-Bigorre. Son beau-père et sa belle-mère sont désignés dans l'accord dont nous donnons ci-après la substance :

« D^{lle} Gabrielle de Mont, femme à Me Guilhaume Mauran, docteur
« et advocat en la cour de M^r le senechal de Bigorre, siege de Tarbe,

---

(1) Jean Mauran, reg. de 1638-1642.
(2) Arch. des Hautes-Pyrén., reg. d'ajourn. et d'appel, B. 27, f° 815 recto.
(3) J. Mauran, reg. 1638-1642.

« a plusieurs droits legitimes en supplement sur les biens de feus
« Bernad de Mont et Simone de Soubile, ses pere et mere, contre les
« freres et nepveux de la maison de Demont dont ladite Gabrielle est
« extraite ; pour raison d'iceux droits veut actionner lesdits freres et
« nepveux, particulierement le donataire et heritier contractuel de feu
« Jean de Mont, qui estoit l'ainé de sesdits freres, lequel donataire,
« nommé Bertrand de Mont, est à present sur le point de s'en aller à la
« guerre... » Par l'entremise d'amis communs, une transaction intervient
entre Gabrielle et Bertrand, son neveu, le 10 octobre 1625. Jean Buron,
notaire de Tarbes (1).

On retrouverait peut-être dans les études des notaires de Bagnères le contrat de mariage de Guillaume Mauran et de Gabrielle de Mont. En attendant, voici quelques indications utiles :

« Comme soyt ainsin que noble Pierre de Mont, de la ville de Bagne-
« res, cy devant ayt presté à feu Menaud de Prat, de Tarbe, quand
« vivoyt, la somme de 140 l., et estant le meme de Mont debiteur envers
« Mc Guilhaume Mauran, advocat en la cour de M^r le senechal de
« Bigorre, de la somme de 250 l. pour restes de sa quote part de deux
« mille livres promises et constituées en dot à damoyselle Gabrielle de
« Mont, sa sœur, et femme dudit Mauran... Ce jourd'huy 26 octo-
« bre 1599, ville de Tarbe, maison de Mc Jean de Mont, lieutenant
« principal, constitué ledit noble Pierre de Mont transporte en faveur
« dudit de Mauran, la somme de 140 l. tournoises à lui due par ledit
« feu de Prat ou ses heritiers... Presens : Mes Jean de Mont, lieutenant
« principal de ladite cour, et Arnaud de Mont, freres, de ladite ville
« de Baigneres, à Tarbe habitants... » (2).

« Comme cy devant feu Menaud de Prat fut debiteur envers Mc Jean
« de Mont, lieutenant principal en la cour de M^r le seneschal de
« Bigorre, de 737 l., 18 sols tournois et envers Pierre de Mont, frere
« dudit Mc Jean; et estant lesdits de Mont debiteurs de pareille somme
« envers Mc Guilhaume Mauran, advocat en ladite cour, leur beau frere,
« pour la dot de damoyselle Gabrielle de Mont, leur sœur, femme dudit
« Mauran... Pour ce est il que ce jourd'huy 17 decembre 1599, ville et
« cyté de Tarbe, » cession est faite par Jean de Mont, lieutenant
principal, à Mauran, de la somme de 737 liv. et 18 sous tournois (3).

---

(1) Arch. des Hautes-Pyrénées, reg. des insinuations, B. 1625-1627.
(2) Jean Mauran, reg. de 1596-1607.
(3) *Ibidem.*

Ces deux actes prouvent que le mariage de Mauran est antérieur au 26 octobre 1599 ; ils font connaître de plus les enfants de Simonne de Souville dont la coupable légèreté a laissé une trace douloureuse dans les annales religieuses de la Bigorre.

On sait que la peste désola Bagnères pendant les années 1588 et 1589. En vain une pieuse veuve, du quartier du Pouey, Domenge Liloye, avait-elle, au nom de la Sainte Vierge qui lui était apparue plusieurs fois dans la chapelle de Médous, informé les notables qu'un grand malheur menaçait la ville et qu'il fallait, pour l'éviter, aller en pèlerinage au sanctuaire voisin. On dédaigna ses avertissements et le fléau ne tarda pas à éclater. Les gens aisés prirent la fuite ; les pauvres seuls restèrent et furent frappés dans la proportion de cinq sur six. Cependant l'épidémie finit par ne plus faire de victimes ; les fuyards, se croyant désormais en sûreté, regagnèrent en foule leurs demeures. Ce fut alors que Simonne de Souville, surnommée Mourelle, rencontrant Liloye, lui dit d'un ton railleur : « Tu vois bien que la peste n'a pas « atteint les riches ; si les pauvres sont morts, c'est « parce qu'ils n'ont pas eu assez d'argent pour s'éloi- « gner ou pour se guérir. » Liloye rapporta le propos à Notre-Dame, qui lui répondit : « La peste va main- « tenant sévir contre les riches ; engage cette femme « à se préparer à la mort, car elle succombera la « première. » La peste, en effet, reparut dans le courant de l'année 1589 et la prédiction s'accomplit pour Simonne dont les restes furent ensevelis sur le chemin de Bagnères à Médous, à l'endroit appelé depuis lors la *Montjoie de Mourelle*. Comme un grand nombre de personnes périssaient encore, la population de Bagnères retrouva la foi qu'elle avait perdue et fit le vœu solennel de se rendre en procession à Notre-Dame de Médous. Le mal cessa aussitôt (¹).

Nous ne quitterons pas la belle-mère de notre historien sans rendre grâce à la bonne Vierge qui lui donna le temps de se repentir, et nous nous plaisons à trouver une preuve de sa clémence dans les archives du chapitre cathédral de Tarbes où l'on voit que le nom de Souville a servi plus tard à honorer l'Église.

De son mariage avec Gabrielle de Mont, Guillaume Mauran ne paraît avoir eu qu'un enfant, Jean-Pierre, dont j'ai pu suivre la descendance jusqu'à nos jours (²).

IV.

La *Sommaire description du païs et comté de Bigorre* est divisée en deux livres.

Le premier contient vingt chapitres; il fait connaître la situation géographique de la Bigorre, ses limites, son climat, la montagne et la plaine, les cours d'eau, le caractère et les mœurs de ses habitants. Chaque vallée et chaque ville ont leur place dans

---

(1) Ces événements miraculeux sont consignés dans une enquête officielle du 17 janvier 1648, faite à la requête des consuls de Bagnères, par Roger de Berné, docteur en droit, juge ordinaire et magistrat royal. Quatre notaires en garantirent l'authenticité. L'original de cette pièce très intéressante, que l'on croyait perdu, ne tardera pas à être reproduit dans le *Souvenir de la Bigorre*, à la suite d'une monographie de Notre-Dame de Médous que prépare M. l'abbé A. Théas, directeur au Grand Séminaire de Tarbes. Conférez, en attendant, Davezac-Macaya, *Essais historiques sur le Bigorre*, t. II, p. 226; M. de Lagrèze, *Les Pèlerinages des Pyrénées*, pp. 189 et suiv. (Tarbes, Telmon, sans date); Ch. Lefeuve, *Histoire de Liloye* (Bagnères, Dossun, 1841).

(2) Voir à la fin de cette Introduction (appendice 1), la descendance de Guillaume Mauran et celle de son frère Jean et de son neveu Arnaud.

cette galerie où le trait le plus saillant de leur physionomie se détache dans un cadre restreint, mais est toujours réussi; où l'art de révéler par l'expression les choses de la vie réelle amène la comparaison dans l'esprit du lecteur et l'oblige à s'écrier : c'est bien cela!

Est-il possible, par exemple, de mieux rendre l'aspect des hautains aux environs de Vic-Bigorre : « Son terroir est abondant en bleds et vins de vergers « qui ne ceddent souvent à ceux des vignes et s'y « foisonnent davantage. Les vergers où le vin se « recueille sont terres plantées d'arbres et le plus « souvent et communement des pommiers ou ceri- « siers rangés à la ligne par certains intervalles de « cinq pas pour le plus, au pied desquels arbres y a « deux ou trois seps de vigne qui ont la tige haute « à l'egal des troncs des arbres et reposent les bran- « ches sur iceux. La hauteur du tronc desdits arbres « est pareille à la hauteur du nez ou des yeux d'un « homme de moyenne grandeur qui se tient droit « sur ses pieds, sans rien déguiser de sa hauteur « naturelle. Les arbres et les vignes sont couppés et « ebranchés annuellement, et les sarments qu'on « laisse aux vignes sont attachés par les bouts, d'un « arbre à l'autre, et, tendus en l'air, se chargent de « raisins en abondance » (1).

Veut-on une peinture de mœurs, des détails empreints de couleur locale? Les habitants de la vallée de Salles, « gens belliqueux, qui n'epargnent meme « leurs voisins, » nous donnent l'occasion de les fournir. Les femmes s'y comportent en vraies

---

(1) Copie de Larcher, pp. 126 et 127.

Gauloises : « Durant les derniers troubles ils ont
« guerroyé contre les habitans d'Asson, qui est un
« village de Bearn fort populeux et de grande eten-
« due, pour la montagne de Momula, et se sont
« donnés des alarmes bien chaudes d'une part et
« d'autre. Il advint, en l'année 1569, que les Assonois
« se resolurent d'aller attaquer les Salezans. » Ils
envahirent le territoire de leurs ennemis, et, tandis
qu'ils s'apprêtaient à les surprendre, ils furent
aperçus et surpris les premiers, de sorte que « les
« Assonois, qui etoient partis de leur païs en nombre
« de 1500 hommes, à dessein de mettre à feu et sang
« le village de Sales et d'enlever tout le betail de
« Vergoun pour leur tenir lieu de celui que les
« Salezans etoient allés prendre au lieu d'Asson, peu
« de jours auparavant, se virent arretés court et
« frustrés de leur intention, et en grand soucy de se
« demeler de la difficulté du chemin et de la furieuse
« attaque des Salezans qui firent un merveilleux
« effort sur le premier rencontre; et ayant fouillé les
« Bearnois occis, leur trouverent du pain et des
« cujons pleins de vin dans les poches; meme un
« d'eux y avoit serré pour son diner une poule
« bouillie, bien envelopée dans un linge. Les Salezans
« encouragés de cette premiere victoire et alléchés
« par la douceur des viandes qu'ils avoient trouvées,
« esperant encore en trouver davantage, allerent
« plus rudement à la melée, où ils exploiterent si
« bien, que septante Bearnois demeurerent sur la
« place et les autres prirent la fuite. Les femmes
« de Sales firent preuve de leur courage en cette
« rencontre, car les unes administroient la poudre

« aux hommes, les autres armées de gros leviers
« suivoient courageusement et assommoient, qui à
« coup de levier, qui à coup de pierres, les Bearnois,
« à mesure qu'ils etoient blessés et portés à terre.
« Le gros de la troupe, qui etoit demeurée sur le
« copeau de la montagne, voyant le desordre de ses
« soldats, fit battre le tambour pour la retraite, et ne
« pouvant les secourir, se contenta de recevoir les
« fuyards sous l'enseigne... D'où se void que le
« peuple Salezan, accoutumé de patir et de vivre à
« l'etroit..., est fort propre au metier de la guerre » (1).

Je pourrais citer longtemps et au hasard, mais il ne faut pas empiéter sur le récit. En voilà assez pour donner une idée du procédé descriptif et narratif de Mauran, de son langage plein d'animation et de vérité, de sa manière simple et fort méritoire à une époque où le naturel, qui semble coûter si peu, était une conquête bien difficile.

Le livre second de son œuvre se compose de vingt-un chapitres. L'auteur commence par constater avec regret que la Bigorre n'a pas eu « d'historio-
« graphe; c'est pourquoi l'erection de ladite terre
« en comté, l'origine et succession des comtes, et
« plusieurs autres choses remarquables, advenues en
« icelle, nous sont inconnues et n'est possible d'en
« parler que par conjecture ou bien après les histo-
« riens et analistes des autres pays, ou suivant les
« memoires qui resultent de quelques vieilles char-
« tres » (2). C'est pourquoi, ajouterai-je, les dix-neuf premiers chapitres de ce livre n'auraient aucune

---

(1) Copie de Larcher, pp. 66 et 67.
(2) Copie de Larcher, p. 138.

importance historique si l'on ne faisait attention à la date de leur naissance. Leur valeur relative tient à l'âge. N'oublions pas, en effet, que l'*Histoire de Bearn*, de Marca, n'a vu le jour qu'en 1640, c'est-à-dire vingt-sept ans après la rédaction du manuscrit de Mauran et l'année même de sa mort. Je doute aussi que ce dernier ait appelé à son aide le fatras indigeste quoique instructif d'Olhagaray (¹). Du reste, il nous l'a dit lui-même : il sentait que le terrain lui manquait, et comme il n'aime pas à disserter à vide, il ne laisse pas à ces dix-neuf chapitres d'un intérêt médiocre et dont le nombre était de nature à nous effrayer, l'espace qu'occupent à eux seuls les deux derniers du volume.

Ici tout coule de source ; l'obscurité qui enveloppe le berceau de notre comté, l'existence problématique de ses premiers souverains, la vie à peine ébauchée de leurs successeurs, les principaux faits de la maison de Foix qui a présidé à nos destinées font place à une génération que notre historien a connue, celle qui appartient à la période des guerres de religion et des troubles de la Ligue. Ce XVIᵉ siècle, à qui l'on pourrait prêter en le personnifiant les paroles du vieux poète :

> ... *Ego barbarus adsum;*
> *Templa Deosque simul voret ignis! Sanguine flammas*
> *Restinguam* (2),

Mauran est né dans son sein ; il a entendu tout enfant le bruit des mousquetades et le cliquetis des armures ; des soudarts ivres de sang et des cadavres jonchant

---

(1) L'*Histoire de Foix, Bearn et Navarre* a été imprimée en 1609.
(2) *Frag. Alarici, vet. poem.*

les rues de Tarbes ont souillé ses premiers regards; les pleurs de sa mère en deuil ont mouillé ses joues; il a grandi au milieu de cette calamité générale; et puis, quand l'apaisement s'est produit, il n'a eu qu'à interroger ses souvenirs et à laisser courir la plume sous laquelle ils se pressaient en foule, pour en faire une peinture vivante, un récit animé où l'action, une fois engagée, ne se ralentit pas un seul instant.

Ne l'a-t-on pas endormi en lui parlant avec effroi du passage de « M^r le comte » (1), cheminant en toute diligence vers le Béarn, et des huguenots le suivant « à course de chevaux, hormis un qui montoit un « cheval blanc et portoit autour du col un cercle « d'annaux et de petites croix d'or et d'argent, lequel « fut tué par les gendarmes? » (2). N'a-t-il pas été réveillé en sursaut, lorsque « environ la minuit, » Dominique d'Abbadie, homme de guerre expérimenté, « de grande force et courage, roux de poil, gras et « large d'epaules, feignant et dissimulant tout ce « qu'il desiroit, et fort prompt et adroit à piquer « chevaux et manier les armes, » pénétra par surprise avec la compagnie de Sarlabous dans le Bourg-Neuf de Tarbes, et « mit en peur les habitans... qui tous « effrayés sortirent aux fenetres, et voïant que la « ville etoit prise et la rue pleine de cavalerie, n'ose-« rent sortir pour se joindre, ains demeurerent coys « dans leurs domaines? » (3). Et ces gentilshommes, ces bourgeois, ces artisans qui vont et viennent dans le récit, le capitaine Forgues, Mr de Mansan, Manaud

---

(1) Mongonmery.
(2) Copie de Larcher, p. 167.
(3) *Ibidem*, pp. 185-186.

de Prat, le sieur de Frexe, Imbert et Yvonet les bons arquebusiers du Bourg-Vieux, et tant d'autres, n'avait-il pas serré leurs mains loyales, n'était-il pas le parent de quelques-uns, l'ami de tous? Grâce à lui des épisodes ignorés, cent traits perdus arrivent jusqu'à nous et on ne saurait plus les trouver que là; les événements sont pour ainsi dire pris sur le fait par le témoin oculaire ou par l'écrivain qui a recueilli d'irrécusables témoignages. Ainsi racontée par le menu, l'histoire locale n'est plus une lettre morte; ses mouvements ont la sève de la jeunesse, et il y a de plus, on le verra, un incontestable talent de composition dans ces *Mémoires de Mauran*, — la qualification est de l'abbé Colomez et elle est juste, — qui commencent à l'année 1567 et se terminent à la mort d'Henri IV.

Je ne voudrais pas, en le recommandant, exagérer le mérite littéraire d'un ouvrage qui n'est pas exempt d'imperfections; mais quelques défaillances ne sauraient diminuer les qualités maîtresses qui le distinguent. Si la phrase pèche par instants, c'est, — on me passera une locution familière qui traduit bien ma pensée, — qu'elle s'en va à la bonne franquette, cueillant souvent des fleurs, mais s'accrochant aussi parfois aux ronces du chemin. Fidèle au vieil idiome, elle n'emprunte rien à ce bagage de vocables ridicules, tirés du grec et du latin, dont les réformateurs de la langue au XVIe siècle furent si prodigues. Près de nous, Olhagaray en sature ses écrits, et Nicolas de Bordenave (¹) lui-même, procédant à la façon de

---

(1) *Histoire de Béarn et Navarre*, publiée en partie par M. Paul Raymond.

Tite-Live, met des harangues sur les lèvres de ses héros. Mauran ne tombe jamais dans ces travers; il a toujours la raison pour guide et sait allier les dons les plus heureux de l'esprit, la grâce et une désinvolture de bon aloi à la sobriété de style inconnue à beaucoup de ses contemporains. Ce n'est pas dépasser la mesure que de revendiquer pour lui une place honorable parmi les précurseurs du grand siècle.

Saint-Pé de Bigorre, août 1885.

APPENDICE I.

Maître Jean-Pierre Mauran, Ier du nom, docteur et avocat au sénéchal de Tarbes, fils de Guillaume et de Gabrielle de Mont, est mentionné dans un acte d'obligation consentie, le 16 mai 1629, en faveur de Me Jean Barrère, par noble Jean d'Abbadie, sieur de Poueyferré (1), et dans un autre acte d'obligation reconnue envers lui, le 12 mai 1631, par Simon Junca et Etienne Fourcade, d'Azereix. Jean-Pierre stipule « de l'autorité de Me Guilhaume Mauran, aussi advocat, « son pere » (2).

Il se maria avec demoiselle Jeanne de Carrière, fille du sieur Olivier Carrière, marchand et bourgeois de Vic-Bigorre.

Leurs enfants furent :

1º Jean, *alias* Jean-Pierre, qui suit;
2º Suzanne, née au Bourg-Vieux de Tarbes, baptisée le 31 juillet 1630. Me Olivier Carrière, son grand-père, fut son parrain (3).

Jean-Pierre mourut presque en même temps que son père :

« Comme par contrat du 24 novembre 1637, retenu par moi notaire, Jean Bordes « ait pris en ferme pour un tierne, de feu Me Guillaume Mauran, docteur et advocat, « une sienne metairie, située en la presente ville, qui ont fini à la Toussaints « derniere ; soit aussi que depuis et nagueres, tant ledit Me Guillaume Mauran et « Me Jean-Pierre Mauran, pere et fils, soyent descedés, et le fils dudit Me Jean-« Pierre et son heritier demeure en la maison et pouvoir de Olivier Carrere, son « grand pere, lequel a pris l'administration de ses personne et biens... Ce jourd'huy « 4 juin 1641, à Tarbe, ledit Olivier Carrere a continué l'afferme de ladite metairie « et terres audit de Bordes pour six ans... » On parle aussi dans cet acte de la métairie du même Jean-Pierre Mauran, située au lieu d'Aurensan (4).

Maître Jean ou Jean-Pierre Mauran, IIe du nom, docteur et avocat en parlement, fut baptisé sous le prénom de Jean, dans l'église cathédrale de Tarbes, le 10 mai 1629, et eut pour parrain Me Guillaume

---

(1) Laban, not. de Tarbes, reg. de 1634 (ét. Duguet).
(2) Jean Mauran, reg. de 1630-1633 (ét. Theil).
(3) État civil de Tarbes, reg. de 1611-1654, baptêmes de la Sède, p. 315.
(4) Jean Mauran, reg. de 1638-1642.

Mauran, avocat, son grand-père (1). Il était encore, les 9 février 1645 et 9 mars 1646, sous la tutelle d'Olivier Carrière, qui consentit pour lui en faveur de Thomas Lévesque, Saintongeais, habitant de Tarbes, un bail à loyer d'une maison que ledit Mauran possédait au Bourg-Vieux de cette ville (2). Deux actes en date, l'un du 7 janvier 1667, l'autre du 31 janvier 1668 (3), l'appellent *Jean* et lui donnent le titre d'avocat en parlement; dans le premier de ces actes, dont il ne reste qu'un fragment, Jean Mauran représente demoiselle Isabeau de Pardaillan, veuve de noble Pierre d'Ibos, sieur de Talazac, et noble Guillaume d'Ibos, fils de ceux-ci ; par le second, il vend une pièce de terre, sise à Aurensan, en faveur de messire Jean de Pujo, prieur commendataire de Saint-Orens de Lavedan. Sa signature se trouve au bas de la vente. Nous avons rencontré ensuite dans le testament mystique du 17 octobre 1673, cité en partie au paragraphe relatif à Jean Mauran, receveur des décimes (4), au lieu du prénom *Jean*, les prénoms *Jean-Pierre*; mais la comparaison des signatures nous a clairement démontré qu'il s'agissait d'une seule et même personne.

Jean-Pierre Mauran résidait à Aurensan et jouissait « d'une parfaite « santé » au moment où il y traçait de sa propre main ses volontés dernières. Il ne remit son testament à François Fontaignères, notaire de Tarbes, que le 9 mars 1674. Après avoir exprimé les sentiments religieux les plus profonds, « j'ordonne, ajoute-t-il, que mon corps soit enterré « et ensevely dans la grand nef devant l'autel de Saint Jean (église « Saint-Jean de Tarbes), au tombeau dans lequel les corps de feu mon « pere et de ma mere et deux autres corps ensemble de leur famille « reposent. » C'est à la suite de cette disposition qu'il nous apprend que son grand-père (l'historien) a été inhumé aux Cordeliers.

Le 22 septembre 1679, il se rend à Tarbes à l'occasion d'un procès existant entre lui et noble Pierre d'Arricau, sieur du Colomé, habitant de Monségur. Les parties choisissent pour arbitres M^{es} d'Abbadie et Mascaras, avocats, suivant acte dudit jour, reçu par Jean Perrey, notaire de Tarbes, et signé par les contractants (5).

Jean-Pierre était marié à demoiselle Georgette d'Ibos, fille de noble Pierre d'Ibos et de demoiselle Isabeau de Pardaillan, dame de Talazac. Georgette est mentionnée dans le testament de son mari, ainsi que leur fils unique Pierre-Antoine, qui n'avait pas alors 14 ans.

---

(1) État civil de Tarbes, reg. de 1611-1654, bapt. de la Sède, p. 295.
(2) Nicolas Mauran, not. de Tarbes (ét. Theil).
(3) Nicolas Mauran, reg. de 1667-1669.
(4) Voir *suprà*, p. xx.
(5) Jean Perrey, reg. de 1678-1684, f° 48 verso (ét. Theil).

APPENDICE I.

Tous les trois sont encore rappelés dans un acte qui, rapproché du testament dont je viens de faire l'analyse, ne laisse subsister aucun doute sur l'identité de *Jean* ou *Jean-Pierre* Mauran :

« Comme soit ainsin que lors du mariage de M° *Jean* Mauran, docteur et advocat en parlement, avec damoyselle Georgette d'Ibos, et par les pactes qui en furent passés, resteneus par moy notaire, il fust constitué à lad. damoyselle d'Ibos par feue demoyselle Izabeau de Pardeilhan, mere, et noble François d'Ibos, sʳ de Talasac, filz et heritier à feu noble Pierre d'Ibos, la somme de quatre mille livres, pour trois mille livres aux pacs y exprimés, de quoy led. sʳ de Mauran declare avoir esté paié, comme il en resulte par les quittances qui en a si devant faictes, resteneues par moy notaire; et les mille livres restantes estoit paiable après le dessès de lad. damoyselle de Pardeilhan; et par cest ordre, led. sʳ de Mauran ne doit prendre de lad. constitution que lad. somme de mille livres ; et aiant tesmoigné à nobles Pierre d'Ibos, prestre, et Jean Pierre d'Ibos, sʳˢ de Talasac, freres, qui sont les vrays successeurs des maisons d'Ibos et Talasac, qu'il vouloit estre paié de lad. somme de mille livres, lesd. sʳˢ de Talasac l'auroient prié de vouloir termoier ledit paiement, et de laisser lad. somme entre les mains dud. noble Jean Pierre d'Ibos, pour estre chargé de paier tous les debtes, pour estre la rante d'icelle emploiée à eslever aux lettres et bonnes mœurs à Pierre Anthoine Mauran, son filz, ce que led. sʳ de Mauran leur auroit accordé... jusques à tant qu'il se trouvera occasion d'emploier lad. somme de mille livres ou partie pour licquidation de la terre d'Escaunetz... Est-il que ce jourd'huy, sisiesme du mois de may mille six cens quatre vingtz cinq, dans la ville de Vic, maison dud. sʳ de Talasac..., pardevant moy Jean Pierre de Monde, notaire royal de lad. ville... etc. » (1). On lit dans la suite de cette pièce : « lad. *feue* Georgette d'Ibos. »

PIERRE-ANTOINE MAURAN, né vers 1663, devint seigneur de Talazac et par conséquent noble. Cette terre lui fut donnée par noble Pierre d'Ibos, seigneur de Talazac, prêtre, son oncle maternel, décédé le 29 octobre 1707. Le tableau généalogique de la branche cadette d'Ibos (2) l'appelle simplement *Pierre*, et l'*Inventaire des titres de la ville de Vic-Bigorre*, dressé en 1730 (3), dit aussi que « *Pierre* Mauran, seigneur de « Talazac, fut nommé conseiller de Vic le 15 mars 1716, à la place « de noble Pierre d'Ibos, prêtre, seigneur de Talazac, son oncle. »

Son mariage avec demoiselle Jeanne d'Arricau de Saint-Pée est du mois de septembre 1697 (4).

De leur union naquirent :

1° Marie-Cécile, mariée à noble Jean de Ramonjean, capitaine de dragons,

---
(1) Acte communiqué par M. de Courrèges, ancien magistrat.
(2) Larcher, *Dict. historique et généalogique*, v° *Ibos*, ms. aux arch. des Hautes-Pyrénées.
(3) *Glanage*, t. xv, p. 6.
(4) Larcher, *Dict. hist. et généal.*, v° *Ibos*.

chevalier de l'ordre militaire de Saint-Louis (1), décédée le 1ᵉʳ novembre 1773 (2);

2° Jeanne-Marie-Cécile, mariée le 2 novembre 1731 à noble Guy de Bossost, baron de Franquevielle, en Comminges (3). Larcher qualifie ce dernier : seigneur du Proupiary et coseigneur de Franquevielle (4);

3° Catherine, mariée le 21 janvier 1738 à Charles de Pujo, de Nouillan (5), et décédée le 22 mai 1768 (6);

4° Pierre-Paul-Laurent, qui suit.

Dame Jeanne d'Arricau mourut le 2 juillet 1734 (7), et « noble « Pierre Mauran, seigneur de Talasac, » son mari, le 17 septembre 1753, « âgé d'environ 90 ans; » il fut inhumé le lendemain dans l'église des RR. PP. Minimes (8).

Maître PIERRE-PAUL-LAURENT DE MAURAN D'IBOS, avocat en parlement, seigneur de Talazac, fut reçu conseiller de Vic sur la démission de son père, le 19 août 1743 (9).

Il épousa demoiselle Marie-Jeanne de Castelnau, fille de messire Philippe de Castelnau de Coarraze, marquis de Laloubère, et de dame Marie de Montesquiou d'Artagnan (10), dont il eut :

1° Marie-Thérèse, née le 13 mars 1742, tenue sur les fonts de baptême par noble Pierre de Thalazac (11), son grand-père, et par dame Cécile de Thalazac, veuve de noble Jean de Ramonjean, ancien capitaine de dragons, chevalier de Saint-Louis (12); mariée le 21 février 1770 à noble Simon-Polycarpe d'Armau de Bernède, natif et habitant de Hères (13);

2° Madelaine-Louise, née le 22 septembre 1743, baptisée le 24; sa marraine fut demoiselle Louise-Madelaine de Castelnau (14);

3° Jeanne-Cécile Marie, née le 8 octobre 1744, baptisée le 11; le seigneur et la dame de Franquevielle, parrain et marraine, furent représentés par noble

---

(1) Voir les actes de baptême de leurs enfants Vincent et Jeanne, des 4 avril 1721 et 23 septembre 1722, dans les registres paroissiaux de Vic, déposés au greffe du tribunal civil de Tarbes, et ceux de leurs enfants Jean-Baptiste-Barthélemy et Philippe, des 16 mai 1724 et 16 mai 1726, aux arch. mun. de Vic, reg. paroiss., t. IX. — Je dois aux obligeantes recherches de M. François Abbadie, ancien magistrat, tous les renseignements généalogiques tirés des archives municipales de Vic-Bigorre.

(2) Voir son acte de décès, arch. mun. de Vic, reg. paroiss., décès E. 36.
(3) Voir l'acte de mariage, arch. mun. de Vic, reg. paroiss., t. X.
(4) Larcher, Dict., v° Boussost.
(5) Voir l'acte de mariage, arch. mun. de Vic, reg. paroiss., t. X.
(6) Voir l'acte de décès, arch. mun. de Vic, reg. paroiss., E. 35.
(7) Voir l'acte de décès, arch. mun. de Vic, reg. paroiss., t. X.
(8) Arch. mun. de Vic, reg. paroiss., décès, t. XI bis.
(9) Glanage, Inventaire des titres de Vic, t. XV, p. 6, en marge.
(10) Arch. des Hautes-Pyrénées, E. preuves de noblesse de Jean-Paul-Isidore de Castelnau pour monter dans les carrosses du roi, année 1782.
(11) La famille de Thalazac met un h à son nom.
(12) Arch. mun. de Vic, reg. paroiss., t. X.
(13) Arch. mun. de Vic, reg. paroiss., t. XII.
(14) Arch. mun. de Vic, reg. paroiss., t. X.

APPENDICE I.

Vincent de Ramonjean, lieutenant d'infanterie, et par la veuve de Jean de Ramonjean, capitaine de dragons (1). Elle se maria suivant contrat du 16 décembre 1772, retenu par Dutilh, notaire de Tarbes (2), avec noble Jean-Pierre Ducasse de Horgues, ancien capitaine de grenadiers au régiment de Dauphiné, chevalier de Saint-Louis, seigneur de Horgues et d'Ayné, et décéda le 19 janvier 1786 (3);

4º Jeanne-Josèphe, née et baptisée le 8 octobre 1745. Parrain : noble Charles de Pujo, du lieu de Nouillan ; marraine : demoiselle Jeanne-Josèphe de Castelnau (4);

5º Catherine, née et baptisée le 13 octobre 1746. Parrain : Vincent de Ramonjean, officier d'infanterie; marraine : Catherine de Thalazac, femme de Charles de Pujo, de Nouillan. Présents : messire Guillaume de Labordène, chevalier de Saint-Louis, ci-devant lieutenant dans le régiment des Gardes, et maître Guillaume de Labordène, clerc tonsuré (5);

6º Jeanne-Françoise, née le 20 octobre 1747, tenue le lendemain sur les fonts baptismaux par dame Jeanne-Françoise de Castelnau, vicomtesse d'Uzer (6); décédée le 6 septembre 1753 (7);

7º Guillaume, né et baptisé le 5 avril 1749; parrain et marraine : messire Guillaume de Labordène, chev^r de Saint-Louis, ci-devant lieutenant dans le rég. des Gardes du Roi, et dame Marie-Esther de Castelnau, son épouse; présents : nobles Etienne et Guillaume de Labordène, officiers d'infanterie (8). Il mourut le 27 septembre 1767 (9);

8º Jeanne, née le 11 mai 1750, baptisée le 13 mai suivant; son parrain fut : messire Henry-Philippe, baron de Castelnau, seigneur de Liac, Osmets et autres places; la marraine : dame Jeanne de Rivière, femme de messire Philippe de Saint-Pastou, baron de Bonrepaux, Sarriac et autres places (10). Elle décéda le 4 septembre 1753 (11);

9º Marie-Anne, née le 6 février 1753, baptisée le lendemain; parrain : messire Joseph-Paul de Montesquiou, comte d'Artagnan, officier aux Gardes Françaises; marraine : Marianne Navailles de Ramonjean (12). Elle mourut le 1er août 1753 (13);

10º Jean-Étienne-Marie, qui suit.

« L'an 1775 et le 10e février, le corps de noble Pierre Paul Laurent
« d'Ibos, seigneur de Thalazac, epoux de dame Jeanne de Castelnau de

---

(1) Arch. mun. de Vic, reg. paroiss., t. x.
(2) Reg. de 1771-1772, p. 305 (ét. Duguet). — Voir le certificat de la publication des bans du mariage, donné aux futurs époux, le 14 décembre 1772, par Lanère, curé de Vic, aux arch. de cette ville, reg. paroiss., E. 13.
(3) Arch. mun. de Vic, reg. paroiss., décès E. 37.
(4) Arch. mun. de Vic, reg. paroiss., t. x.
(5) Arch. mun. de Vic, reg. paroiss., t. x.
(6) Arch. de Vic, reg. paroiss., t. xi.
(7) Arch. de Vic, reg. paroiss., t. xi *bis*.
(8) Arch. de Vic, reg. paroiss., t. xi.
(9) Arch. de Vic, reg. paroiss., décès E. 36.
(10) Arch. de Vic, reg. paroiss., t. xi.
(11) Arch. de Vic, reg. paroiss., décès, t. xi *bis*.
(12) Arch. de Vic, reg. paroiss., t. xi.
(13) Arch. de Vic, reg. paroiss., décès, t. xi *bis*.

« Couarraze, decedé d'hier, après avoir reçu les sacremens, et âgé
« d'environ 63 ans, a eté inhumé dans l'église des RR. PP. Mini-
« mes... » (1).

Noble JEAN-ÉTIENNE-MARIE D'IBOS DE THALAZAC, seigneur de Talazac, naquit le 7 novembre 1759 et fut baptisé le lendemain ; son parrain fut : noble Jean-Étienne de Labordène, capitaine dans les milices, représenté par noble Guillaume « d'Ibos, » frère de l'enfant, et sa marraine : dame Marie de Montolieu de Ramonjean (2). Il émigra, devint officier dans l'armée de Condé, fut fait chevalier de Saint-Louis, et épousa le 21 brumaire an XIII (12 novembre 1804), demoiselle Antoinette Bazerque, fille de Charles et de Toinette Pagez.

De ce mariage sont issus quatre enfants :

- 1º Henri, né le 31 octobre 1805, chef de bataillon (major) au 86º régiment de ligne, chevalier de la Légion d'honneur, décédé à Avignon le 26 mai 1856, sans avoir contracté d'alliance ;
- 2º Antoinette-Félicie, née le 22 décembre 1806, mariée le 6 novembre 1826 à M. Charles Courounat, receveur de l'enregistrement et des domaines à Vic-Bigorre, décédée à Marseille sans postérité ;
- 3º Thérèse, qui suit ;
- 4º Marie-Jeanne-Julie, née le 22 mai 1812, décédée le 23 juin 1843.

Jean-Étienne-Marie d'Ibos de Thalazac décéda à Vic, le 16 décembre 1834.

Mademoiselle THÉRÈSE D'IBOS DE THALAZAC, née à Vic, le 20 juillet 1809 (3), domiciliée dans cette ville, représente seule aujourd'hui la descendance par les mâles de notre historien.

Armes d'après l'abbé Monlezun (4) :

« *Ibos de Talazac et de Lagarde*. — D'or au pin de sinople, accosté
« de deux lions rampants et affrontés de gueules ; au chef tiercé, au
« 1ᵉʳ d'azur chargé d'un croissant d'argent surmonté de trois étoiles
« du même ; au 2ᵉ d'argent à la tête de maure de sable tortillée d'argent ;
« au 3ᵉ de sable chargé de trois losanges d'argent surmontées de trois
« étoiles aussi d'argent. »

Ce blason montre que les seigneurs de Talazac du nom de Mauran

---

(1) Arch. de Vic, reg. paroiss., décès E. 36.
(2) Arch. mun. de Vic, reg. paroiss., t. XI.
(3) Pour toutes les dates sans renvoi, consulter les registres de l'état civil de la commune de Vic-Bigorre.
(4) *Histoire de la Gascogne*, supplément, p. 649.

ont adopté comme armes principales celles de la famille d'Ibos (1), et mis dans leur écu un chef qui rappelle encore d'Ibos par le croissant surmonté d'étoiles (2) et nous *parle* de Mauran par la tête de maure.

JEAN MAURAN, FRÈRE DE GUILLAUME, ET SA FAMILLE.

Maître JEAN MAURAN, praticien et clerc au greffe de la sénéchaussée de Bigorre, siège de Tarbes, figure dans des actes en date des 4 février et 17 août 1592 (3); devient en 1596 greffier civil de la sénéchaussée et notaire de Tarbes (4), et associe plus tard à ces fonctions celles de procureur. Ses minutes sont conservées en partie dans l'étude de M. Theil. Sa maison d'habitation était au Bourg-Vieux.

Il épousa en premières noces demoiselle Jeanne de Baget, dont il eut :

1º Anne, femme de Mº Bertrand d'Abbadie, docteur et avocat au sénéchal de Tarbes, qui était veuve le 16 janvier 1643 (5);
2º Marie, femme de Mº Arnaud Sentaigne, docteur et avocat, décédée à l'âge de 65 ans, le 18 décembre 1674 (6);
3º Marguerite, mariée suivant contrat du 8 novembre 1637, analysé ci-dessus, avec Jean Casenave;
4º Nicolas, qui suit.

D'un second mariage contracté avec demoiselle Marie de Villefolet (7), vinrent :

1º Arnaud, tenu sur les fonts baptismaux, le 15 juillet 1618, par Mº Arnaud Mauran, maître apothicaire de Bagnères, et Jeanne de Mont, mariés;
2º Jean, baptisé le 5 juillet 1620, eut pour parrain Jean (lisez Jean-Pierre) de

---

(1) « IBOS (de). — D'or, à un pin de sinople, accosté de deux lions rampants de gueules. » (H. Gourdon de Genouillac, *Recueil d'armoiries des maisons nobles de France.* — Cf. Paul Raymond, *Description des sceaux conservés aux archives départementales des Basses-Pyrénées*, nº 297.)
(2) « Ibos, famille de Bigorre fondue dans Esquille, Mauran-Talazac et qui a possédé les terres « de Sarriac, Lagarde, Talazac, Poey. Elle portoit d'argent au croissant montant de gueules, le « chef d'azur chargé de trois étoiles d'or. » (Larcher, *Dictionnaire*.)
(3) Mota, not. d'Aurensan, et S. Noguès, not. de Tarbes, reg. 1592 (ét. Duguet).
(4) S. Noguès, reg. 1596, 22 février.
(5) Laban, not. de Tarbes, reg. 1643 (ét. Duguet).
(6) Voir état civil de Tarbes pour toutes les indications de naissances, mariages et décès.
(7) Le 21 mai 1595, au château de Bénac, fut signé un accord entre demoiselle Hélène de Caumont, veuve de noble Jean de Villefolet, assistée de messire Philippe de Montaut et de Marie de Saint-Geniès, seigneur et dame de Bénac, d'une part; — et Bertrand Sentaigne, de Tarbes, assisté du sieur Antoine Escoignon, marchand, de Lourdes, et de Jean de Salles, ses cousins, d'autre part; au sujet du mariage projeté entre ledit Sentaigne et Marie de Villefolet, âgée de 10 ans,

Mauran, fils de Mᵉ Guillaume Mauran, avocat, et pour marraine Anne de Mauran ;

3º Jean-Marie (peut-être le même que le précédent), habitant à Siarrouy, quoique possédant au Bourg-Vieux de Tarbes une maison limitée, à l'est, par celle « de Mᵉ Nicolas Mauran, son frere » (1). Gabrielle de Portepan, sa femme, lui donna une fille, nommée Jeanne, baptisée dans l'église cathédrale de Tarbes, le 22 octobre 1656 ;

4º Marie, baptisée le 16 janvier 1629.

Jean Mauran était veuf le 18 août 1640 (2) et mourut vers 1644.

Maître NICOLAS MAURAN, procureur et notaire, fut baptisé le 19 février 1613. L'étude de M. Theil renferme quelques actes de son premier temps d'exercice et les registres des années 1667-1669, 1672-1673.

Femme : demoiselle Jeanne de Maignac.
Enfants :

1º Jean, baptisé le 16 juillet 1650 ;
2º Marie, qui suit ;
3º Marie, baptisée le 10 juillet 1664. Parrain et marraine : Louis Maignac, chirurgien, et Marie de Maignac, frère et sœur, habitants de Bazet ;
4º Gabrielle, baptisée le 16 février 1666, décédée à 17 ans, dans la maison de M. de Fornets, avocat, le 9 mars 1683.

Les obsèques et l'enterrement de Nicolas Mauran, décédé dans sa maison du Bourg-Vieux, eurent lieu dans l'église Saint-Jean, le 17 décembre 1674, la veille de la mort de sa sœur Marie, femme de l'avocat Sentaigne.

Demoiselle MARIE DE MAURAN fut baptisée le 20 janvier 1660. Elle entrait dans sa quatorzième année, lorsque François Fontaignères, notaire de Tarbes, fut chargé, le 30 janvier 1674, de rédiger son contrat de mariage avec Mᵉ Gabriel Fornets, docteur et avocat à la sénéchaussée de Bigorre, alors âgé de 35 ans. Le futur mari était assisté de Mʳ Mᵉ Jean de Fornets, conseiller du roi en ladite séné-

---

fille unique desdits feu Jean et Hélène de Caumont. Le mariage ne devait être célébré que deux ans après, et l'on donna à Sentaigne en représentation de la dot de 1,000 écus sol, promise à la future épouse, sans y comprendre les biens de noble Jacques de Villefolet et de demoiselle Madelaine de Bayon, grand-père et grand'mère de celle-ci, les terres et autres immeubles acquis par ses auteurs dans le lieu de Montaut-Lezadois, diocèse de Rieux, sauf restitution si le mariage ne se faisait pas (S. Noguès, 1595, fº 39 recto). Cette Marie de Villefolet a pu devenir plus tard la femme de Jean Mauran.

(1) Arch. communales de Tarbes, *Livre terrier* de l'année 1658, p. 71.
(2) Arch. des Hautes-Pyrénées, B. reg. d'ajournement et d'appel, année 1640, fº 799 verso.

chaussée; M° Dominique Fornets, docteur en sainte théologie, curé de l'église Saint-Jean de Tarbes, ses frères; noble César de Saint-Paul, seigneur d'Oroix, son beau-frère; M⁰ Blaise Abbadie, docteur et avocat en la même sénéchaussée; noble Louis de Berné, avocat, natif de Bagnères, ses cousins germains; Mʳ Mᵉ Jean de Mua, conseiller du roi en la cour du parlement de Toulouse, seigneur baron de Barbazan-Debat et autres places; noble Jacques de Sos, sieur de Peyrun; Jean Labit, bourgeois; Guillaume et Dominique Ganderats, père et fils, docteurs en médecine; Jean Dufourc, procureur; Mᵉ Pierre Monmejan, secrétaire ordinaire de la défunte reine; demoiselle Claire de Maynial, sa belle-sœur; demoiselle Jeanne de Portepan, femme de noble Jacques de Sos, sieur de Peyrun, et demoiselle Jeanne de Fornets, sa sœur. Du côté de la future épouse se trouvaient son père et sa mère; le sieur Nicolas Casenave, du lieu de Pujo; Mᵉ Guillaume Dejean, prêtre et prébendier de l'église cathédrale; François d'Abbadie, sieur de Cantillac; Jacques de Gourgue; les sieurs Louis et Bertrand Maignac, frères; Jacques Pardimaine; Jean Solancé; Jean Bordères; Dominique Bargues, ses oncles; Jean Lacroix, maître apothicaire de Tarbes; Guillaume Maignac, écolier; Mʳ Mᵉ Louis Ducasse, conseiller du roi et lieutenant particulier; et Mᵉ Charles Forcade, docteur et avocat en ladite sénéchaussée. — Les parents de Marie de Mauran l'instituèrent par ce contrat leur héritière universelle, en réservant toutefois les droits légitimaires de Gabrielle, leur fille puînée; mais celle-ci mourut, comme nous l'avons vu, neuf ans après, sans alliance (1).

Le mariage religieux fut célébré le même jour dans l'église Saint-Jean.

Marie de Mauran était veuve au moment de son décès; son enterrement se fit dans la même église, le 1ᵉʳ février 1729.

Ainsi la branche de Mauran, dont le notaire Jean fut le chef, s'éteignit dans Fornets, famille distinguée de Bigorre.

LOUIS MAURAN, FRÈRE DE GUILLAUME.

Nous n'avons pu recueillir à son endroit d'autre document que celui qui a été cité plus haut, à savoir son contrat de mariage du 19 septembre 1595 avec noble Bernardine de Sarniguet, tante de noble Roger de Berné, capitaine. Ce dernier avait acquis le 30 novembre 1593, pour

(1) Arch. des Hautes-Pyrénées, reg. des insinuations, 1670-1680, série B.

5,500 liv., la moitié de la terre de Sarniguet, par-devant honorable homme Jean Ducasse, lieutenant principal (1). Les Berné étaient de Bagnères-de-Bigorre où deux membres au moins de cette famille exercèrent plus tard les fonctions de juges.

ARNAUD MAURAN, NEVEU DE GUILLAUME, ET SA FAMILLE.

ARNAUD MAURAN, 1er du nom, maître apothicaire, de Bagnères, est mentionné, ainsi que ses enfants, dans un acte de subrogation en date du 21 avril 1682, et y est dit neveu de Me Jean Mauran, notaire de Tarbes (2). Il eut de son mariage avec demoiselle Jeanne de Mont :

1° Pierre, sieur de las Crabères, baptisé à Bagnères le 1er mars 1615 (3), qui prit la qualité de noble dans le contrat de mariage passé le 21 juin 1649 par Jean Carrère, notaire de cette ville, entre demoiselle Marie de Mont, fille du sieur Jean de Mont de Barran, sa cousine, et noble Jean Dufourc, écuyer, de Pouyastruc (4);

2° Guillaume, dont le fils, nommé François-Guillaume, écuyer, natif de la ville de Bordeaux, renonça en qualité d'héritier de feu son père, en faveur du sieur Arnaud Mauran, receveur des états de Bigorre, son oncle, habitant à Tarbes, à tous les droits qui pouvaient lui appartenir sur les biens délaissés par feu demoiselle Jeanne de Mont, mère dudit feu Guillaume Mauran et grand'mère dudit François-Guillaume. Cette cession eut lieu le 17 septembre 1684 moyennant la somme de 410 livres payées au cédant (5);

3° Arnaud, qui suit.

Arnaud Mauran, père, vivait encore le 19 novembre 1638.

ARNAUD MAURAN, IIe du nom, bourgeois de Bagnères, prit le titre d'écuyer dans le contrat de mariage précité de sa cousine Marie de Mont de Barran. Il épousa, suivant contrat du 12 juillet 1676, passé au lieu de Saint-Martin, dans la métairie appelée de *Galaupio*, appartenant au sieur Jean Lacroix, ancien maître apothicaire de Tarbes, demoiselle Marguerite de Lacroix, fille dudit Jean et de feu demoiselle Marie Dufaur, et se fixa au Bourg-Vieux de Tarbes dans une maison

---

(1) Arch. des Hautes-Pyrénées, notes de l'abbé de Vergès, v° *Sarniguet.*
(2) Jean Perrey, not. de Tarbes, reg. 1678-1684, f° 161 recto (ét. Theil).
(3) État civil de Bagnères-de-Bigorre, t. II, p. 7.
(4) Arch. des Hautes-Pyrénées, reg. des insin., 1648-1655, série B.
(5) Jean Perrey, not., 1678-1684, f° 361 recto (ét. Theil).

APPENDICE I.

de sa femme (1). Trésorier de Bigorre en 1684 (2), il exerça cette charge jusqu'à sa mort, survenue vers 1712.

Enfants :

1º Philippe, qui suit;
2º Jean, décédé à 6 ans, le 11 août 1686;
3º Arnaud, né le 6 juin 1686, décédé le 1er avril 1699;
4º Antoine, né le 10 mai 1688, baptisé le 11, décédé le 2 octobre 1699;
5º Raymond, né le 10 octobre 1689, baptisé le 11, eut pour parrain Mº Raymond Dumoret, avocat en parlement, demeurant à Bagnères. Il devint avocat et habita l'île de la Martinique;
6º Marie-Thérèze, née le 9 janvier 1691 (3).

Maître PHILIPPE MAURAN, avocat en parlement, était receveur du pays de Bigorre en 1710 et 1711, en même temps que son père (4). Il épousa demoiselle Françoise Burlotte, de Lourdes, et mourut le 10 septembre 1732. Sa femme l'avait précédé dans la tombe; son inhumation avait eu lieu le 20 mai 1719.

De leur union était née, le 30 août 1709 :

Demoiselle GERMAINE DE MAURAN, qui fut tenue sur les fonts de baptême par le sieur Arnaud Mauran, son grand-père, et par demoiselle Germaine de Lafontaine. Elle porta en mariage les biens de sa famille à Mº Arnaud-Pascal Davezac, avocat en parlement, habitant à Tarbes, paroisse de la Sède. La bénédiction nuptiale leur fut donnée à la cathédrale, le 21 janvier 1738. L'acte qui la constate dit que Germaine est de Lourdes; sa famille maternelle l'avait sans doute recueillie après la mort de Philippe Mauran, son père (5).

---

(1) Laban, not. de Tarbes, reg. de 1676, fº 185 verso (ét. Duguet).
(2) Ibid., fº 345.
(3) État civil de Tarbes.
(4) Arch. des Hautes-Pyrénées, C. 163.
(5) État civil de Tarbes.

APPENDICE II.

Ma préface était mise au net, lorsque j'ai eu la bonne fortune de rencontrer à Lourdes M. Léonce Couture. Le savant directeur de la *Revue de Gascogne* a bien voulu me dire qu'il avait autrefois, dans une note de sa publication périodique, provoqué des éclaircissements sur le présent manuscrit, dont il avait alors entre les mains une copie. MM. Curie-Seimbres, Jules Delpit et Couaraze de Laà s'empressèrent de répondre. M. Delpit signala une copie lui appartenant; M. Couaraze parla de l'auteur anonyme de l'ouvrage, et si ses recherches ne parvinrent pas à le découvrir, elles me donnent du moins le plaisir de constater qu'en plus d'un point mes remarques concordent avec les siennes. Mais au lieu de me borner à une analyse sommaire de ces communications, j'aime mieux les reproduire en entier pour satisfaire la curiosité des lecteurs privés de l'importante collection de la revue d'Auch.

Question posée par M. Léonce Couture.

J'ai entre les mains un cahier in-folio de 40 feuillets, portant pour titre : *Antiquités de la Bigorre* (1). L'écriture est d'une main de femme de ce siècle, et le texte défiguré par une orthographe incroyable et par toutes sortes de bévues de copiste. Mais la rédaction est du commencement du XVII° siècle et offre quelques parties estimables. Voici les premières lignes : « La terre qui est appelée Bigorre et dont « le portrait est mis ci-dessous, porte le titre de comté, duquel l'érection est très « ancienne, et est située sur les extrémités de la Gascogne. Sa plus grande étendue « est depuis le lieu de La Réole jusques à l'hôpital de Gavarnie, sur le sommet des « montagnes, et dans cet intervalle sa longueur est de 14 lieues... » Le chapitre VIII, un des plus longs et des plus soignés, traite *de la vallée de Lavedan et maison des vicomtes de Lavedan*. J'en détache ce passage où l'auteur parle de lui-même : « Il me semble fort à propos d'insérer la généalogie des vicomtes seigneurs de « Lavedan, ainsi que je l'ai pu recueillir en feuilletant le livre censuel et autres « documents de ladite maison, à quoi faire je suis incité particulièrement par les « singulières obligations [que j'ai] au susdit feu messire Jean-Jacques Bourbon,

---

(1) Archives départementales du Gers.

« lequel, pendant qu'il a vécu, m'a fait l'honneur de m'employer en ses plus grandes
« et importantes affaires. »

Pourrait-on me dire le nom de l'auteur de cet ouvrage, dont il doit exister en Bigorre des copies plus correctes que celle qui est sous mes yeux?

L. C.

Réponses de MM. Curie-Seimbres et Delpit.

Trie, le 6 décembre 1872.

Monsieur,

Rien de plus facile que de fournir le renseignement que vous demandez par la Question 74 du dernier numéro de la *Revue de Gascogne*, concernant l'auteur d'un manuscrit intitulé *Antiquités de la Bigorre*. Ce manuscrit, peu répandu, a été transcrit en entier par *Larcher* et se trouve dans le tome IXe de ses compilations en 25 vol., intitulées *Glanage*, lesquelles forment une des collections les plus intéressantes de la bibliothèque publique de Tarbes. Seulement, la chronique en question y porte un titre qui diffère de celui inscrit en tête de l'exemplaire passé entre vos mains; elle y est intitulée *Sommaire description du pays et comté de Bigorre*. On l'attribue communément à un avocat du nom de *Mazières*.

M. Davezac-Macaya la mentionne en ces termes dans la préface de ses *Essais historiques sur le Bigorre*, publiés en 1823 : « Des chartes furent jusqu'aux temps
« modernes la seule histoire écrite des Bigorrais. Enfin, un de nos écrivains s'avisa
« de composer des chroniques. Un avocat à la cour du sénéchal de Tarbes, nommé
« Mazières, témoin et peut-être acteur des guerres civiles dont la religion fut le
« prétexte au XVIe siècle, en écrivit la relation au commencement du XVIIe. »
Toutefois, cette attribution n'était point certaine aux yeux de Larcher, qui s'exprime ainsi dans l'avant-propos, écrit en 1746, dont il fait précéder sa copie : « On ne sait
« au juste quel est l'auteur de la *Sommaire description du pays et comté de Bigorre*.
« Les uns croient que c'est M. Amadis; d'autres lui donnent un auteur de différent
« nom. »

Cette chronique se divise en deux livres, dont le premier renferme dans 20 chapitres la description des lieux et villes du comté. Le deuxième livre est consacré à l'histoire générale, série des comtes, événements militaires, etc. Elle se termine avec le règne de Henri IV, en 1610.

Elle a été dépassée par une autre plus complète et plus savante, composée en 1730 (90 ans après l'apparition de l'*Histoire de Béarn* de P. de Marca), par un curé du village de Loubajac, nommé Duco. De celle-ci, intitulée *Histoire de la province et du comté de Bigorre*, également restée manuscrite, il existe par le pays un grand nombre d'exemplaires. Ne serait-il point souhaitable que la Société académique des Hautes-Pyrénées ou la Société Ramond, de Bagnères, entreprissent la publication de ces premiers essais de notre histoire provinciale?

Agréez, je vous prie, Monsieur, etc.

A. Curie-Seimbres,
Membre correspondant de la *Société historique de Gascogne*.

APPENDICE II.

Izon, 10 décembre 1872.

Monsieur,

Je ne puis pas répondre complètement à la question posée dans le dernier numéro de la *Revue de Gascogne*, relativement au ms. des *Antiquités de Bigorre* que vous possédez, mais je puis vous donner quelques renseignements que vous serez peut-être bien aise de recueillir.

J'ai une autre copie de votre ms., mais fort correcte et beaucoup plus considérable. Cette copie, exécutée au commencement de ce siècle sur de très fort papier, avait été faite pour Philippe Ferrère, l'éloquent avocat du barreau bordelais, qui était originaire de Tarbes; l'éminent avocat attachait sans doute une certaine importance à cette copie puisqu'il avait fait *imprimer* sur le premier feuillet, avec les caractères du célèbre imprimeur Pinard, le titre suivant :

« Antiquités de Bigorre, d'après un manuscrit de 1598 appartenant
« a Philippe Ferrère. »

Le ms. est postérieur à 1598, puisque ses dernières phrases font mention de la mort de Henri IV.

Philippe Ferrère avait fait mettre en tête une vingtaine de feuillets blancs et un nombre encore plus grand à la fin, soit pour continuer l'ouvrage, soit pour y mettre des tables.

Sa copie est divisée en deux livres, le premier contenant 20 chapitres et le second 21 (1); ils occupent 179 pages in-4°.

Sur le dernier feuillet on lit :

« Note importante.

« La maison de Menaut de Prat en 1576 occupoit le sol où sont baties aujourd'huy
« les maisons appartenantes à Mrs Vergez et Barère, avocats. La maison de Fritz
« Palats étoit celle appartenante aujourd'huy à M. Ducasse. — Celle de François
« Palats (etoit) celle de M. Fornets, maire de Tarbes en 1761. »

Agréez, Monsieur, etc.

Jules Delpit.

La réponse de M. Curie-Seimbres, à laquelle la lettre de M. J. Delpit ajoute des particularités intéressantes, donne satisfaction entière à ma curiosité. Toutefois, j'ai trouvé un surcroît de bons renseignements sur le même sujet dans une note beaucoup plus développée de M. Couaraze de Laà, que l'abondance des matières m'oblige à renvoyer au numéro de janvier 1873.

L. C.

(Extrait de la *Revue de Gascogne*, t. XIII, pp. 540 et 579-580).

---

(1) Le dernier, très long, concernant Henri IV, occupe, à lui seul, 43 pages.

APPENDICE II.

Réponse de M. Couaraze de Laa.

I. — *Du vrai titre de l'ouvrage.*

Le vrai titre de l'ouvrage n'est pas « Antiquités de la Bigorre, » mais bien « Sommaire description du païs et du comté de Bigorre, contenant un abrégé de « l'histoire des comtes dudit païs (1). »

Le manuscrit commence ainsi : « La Bigorre porte le titre de comté, duquel « l'érection est très ancienne, et est situé sur les extrémités de la Gascogne. »

En voici la fin : « Durant la belle et heureuse paix qui commença de paraître « au dit an 1594, et se manifesta comme en son parfait et accompli rond en l'an-« née 1598, les murailles et batiments publics de la ville de Tarbe croulerent en « divers endroits, et ont donné grosses dépenses aux habitants pour les réparer, « lesquelles réparations ont été fort avancées au mois de mai 1610, lorsque Dieu « a fait aller de ce monde en l'autre le très grand, très auguste et très victorieux « prince, Henri IV, roi de France et de Navarre (2). »

II. — *Division de l'œuvre.*

Cette œuvre comprend deux livres, dont le premier a pour titre : « Sommaire « description du païs de Bigorre, » et dont le second est précédé de ces mots : « Le livre second de la sommaire description du païs et comté de Bigorre, contenant « un abrégé de l'histoire dudit païs. »

La copie n'a pas été faite entièrement par Larcher; une femme, comme il est facile de s'en apercevoir à la forme de l'écriture, en a transcrit une partie. De plus, l'orthographe du manuscrit original n'a pas été exactement suivie, et, pour s'en convaincre, il suffit de lire quelques lignes au hasard.

Ce travail, dont certains fragments sont très importants, pourrait être facilement et heureusement complété : 1º pour la géographie de la Bigorre, au moyen de la deuxième partie des mémoires historiques de l'abbé Duco, et des notes de Larcher dans le tome XVIº des *Glanages*, ms.; 2º pour l'histoire des seigneurs du Lavedan, par l'analyse du livre vert de Bénac, dont on trouve quelques extraits dans Larcher; 3º pour l'histoire des troubles religieux depuis 1562 jusqu'en 1598, au moyen des pièces que le même paléographe a insérées dans plusieurs volumes de sa compilation, et surtout avec le secours des mémoires du « pauvre capdet de Gascogne, » Jean d'Antras, seigneur de Cornac.

III. — *Études et fonctions de l'auteur du manuscrit.*

Comme cela arrive souvent, nous sommes réduit sur ce point à ce que l'auteur a bien voulu nous apprendre sur lui-même dans son précieux manuscrit.

---

(1) *Glanages*, manuscrits de Larcher, déposés à la bibliothèque de Tarbes, tome IX; — Cfr. « Sommaire description des pays et terres comprises entre la rivière de l'Adour, les Monts-Pyrénées « et la mer Océane, qui sont tout le pays de Béarn, la Soule, la Basse-Navarre, Labourt, une « partie de *la Bigorre* et de l'Armagnac et des Lannes. » (Archives nationales, fonds Duchesne).

(2) Larcher, t. IX, p. 215.

APPENDICE II.

L'abbé Duco (1), vers 1730, et l'abbé de Vergez, historiographe du roi, ne nous fournissent aucun renseignement, et nous pouvons ajouter que, si le premier a mis à contribution le *Manuscrit* dans ses mémoires sur le pays de Bigorre, l'abbé de Vergez avoue, dans une lettre inédite du 18 février 1775, qu'il ne l'a ni *lu* ni *vu*.

Quant à Larcher, il se contente de copier le manuscrit sans donner le moindre renseignement sur l'auteur du travail.

Passons donc à ce qu'on peut lire dans le manuscrit lui-même : 1° l'auteur vivait en 1598. En parlant de plusieurs villages du Lavedan, il s'exprime ainsi : « Il est « vrai qu'aucuns desdits villages ont été du tout ruinés, les autres sont incommodés « et gâtés, depuis notre mémoire; car en l'année 1598, la neige se précipita sur les « maisons de Saligos (2). »

Il vivait en 1610 : « Depuis l'an 1091, dit-il, jusqu'à l'an 1610, ont passé 518 ans, « et en cet intervalle se trouve que le nom de Lavedan a été continué de génération « en génération en personnes des enfants mâles par l'espace de 387 ans (3). »

Il vivait en 1614 : en parlant du traité entre les habitants de la vallée de Barèges et ceux de la vallée de Broto, en Espagne, il dit : « Sur icelui compromis fut prononcé « sentence le samedi 2° jour à l'entrée du mois de juillet en l'an 1390. Et les parties « furent si bien réglées à leur contentement, que depuis en ça par l'espace de 224 ans « ils ont toujours renouvelé d'an en an l'acquiescement (4). »

2° L'auteur était homme d'affaires : « Ayant fait la description des montagnes « du païs de Lavedan qui est en partie possédé par le seigneur vicomte de Lavedan, « il me semble fort à propos d'insérer la généalogie des seigneurs vicomtes prédé- « cédés, ainsi que je l'ai pu recueillir en feuilletant le livre censuel et autres « documents de ladite maison, à quoi faire je suis invité particulièrement par les « singulières obligations que j'ai au susdit feu messire Jean-Jacques de Bourbon, « lequel m'a fait l'honneur de m'employer en ses plus grands et importants affai- « res (5). »

3° L'auteur était procureur ou plutôt avocat dans la sénéchaussée de Bigorre, en 1614, et exerçait ces fonctions au moins depuis 1596.

Voici, en effet, ce que nous lisons à la page 108 du tome IX de Larcher : « Echan- « tillon que j'ay tiré de tous les anciens documents qui sont venus à ma main « depuis *dix-huit* ans que je hante le barreau de la senechaussée de Bigorre et des « papiers aussi de la maison de la ville de Tarbe. »

4° Connaissances historiques de l'auteur. Quant à la valeur de son esprit et à l'exactitude de ses recherches, il suffit de lire son manuscrit et de comparer le chapitre VIII principalement de la première partie avec le censier ou livre vert de

---

(1) *Vid.*, à la bibliothèque de Tarbes, « l'histoire manuscrite de la Bigorre, » attribuée à l'abbé Duco, curé de Loubajac, et analysée par M. Laboulinière, dans son manuel statistique des Hautes-Pyrénées, 1813 : — copie très défectueuse sous le rapport de l'orthographe.

Ce travail, qui n'est, en beaucoup d'endroits, qu'une simple reproduction de la *Sommaire description du païs de Bigorre*, se divise en deux parties :

1re partie : Histoire de la Bigorre jusqu'en 1593 (p. 1-190); — 2e partie : Description des lieux principaux de la Bigorre, p. 1-83.

Cette deuxième partie est plus complète que le travail renfermé dans la *Sommaire description*.

[On voit par cette note que le nom de Mauran, signalé cependant dans l'histoire attribuée à l'abbé Duco et qui est en réalité de l'abbé Colomez, a échappé à M. Couarnze.]

(2) Larcher, t. IX, p. 62.
(3) *Ibid.*, ch. 8e de la 1re partie de la *Sommaire description*.
(4) *Ibid.*, t. IX, p. 63.
(5) *Ibid.*, 1re partie, ch. 8.

APPENDICE II.

Bénac *(censuau antic)*, pour demeurer convaincu de son patriotisme, de son amour de la vérité historique, de son impartialité, de la bonté de son cœur et de la rectitude de son jugement.

IV. — *Le nom de l'auteur de la* DESCRIPTION.

Voici sur ce point le résultat de nos recherches :

1º Dans son IX⁰ volume des *Glanages* inédits, composé en 1746, J.-B. Larcher, d'Amiens, s'exprime d'une telle manière que, à ses yeux, la question est insoluble :

« On ne sait pas au juste, dit-il, quel est l'auteur de la Sommaire description du « païs et comté de Bigorre. Les uns croient que c'est M. Amadis (1). D'autres lui « donnent un auteur de différent nom. Le dessein où je suis de ramasser tous les « matériaux pour faire l'histoire de ce païs me l'a fait *copier avec soin.* »

2º M. l'abbé de Vergez, auteur du Nobiliaire bigorrais inédit et d'une histoire manuscrite de la Bigorre, actuellement déposée aux archives du Grand Séminaire d'Auch, parle ainsi dans une lettre inédite adressée à Larcher, en date du 18 février 1775 : « Ce qui me fait grand plaisir, c'est d'apprendre que vous avez travaillé « sur la province (la Bigorre) et que vous vous êtes occupé de cet ouvrage. Je ne « saurais assez vous y porter. Votre plan me paraît le meilleur, et je désire avec « passion que vous puissiez en venir à bout. Si je puis quelque chose pour l'exécution « de cet ouvrage, vous pouvez compter sur moi, mais ce que je trouve d'embarras-« sant, c'est comment cette histoire sera *prouvée.* Les mémoires d'*Amadis* (2) et de « *Colomez* (3), que je n'ai jamais lus ni vus, étant dépourvus de toute preuve, ceux « de M. *Duco* sont sans doute de même... »

3º Il faut arriver à 1823 pour trouver une affirmation sur le nom du véritable auteur de la *Sommaire description.*

« Enfin, un de nos écrivains, dit M. d'Avezac-Macaya, s'avisa de composer des « *Chroniques.* Un avocat à la cour du sénéchal de Tarbes, nommé *Mazières*, témoin « et peut-être acteur des guerres civiles dont la religion fut le prétexte au XVI⁰ siècle, « en écrivit la relation au commencement du XVII⁰ ; il composa en 1614 la « Sommaire description du païs et comté de Bigorre, écrite d'un style naïf et simple « qui rappelle celui de l'aimable auteur des *Essais*, et divisée en deux livres, le « premier descriptif, le second historique (4). »

Nous lisons la même affirmation dans une substantielle et très intéressante notice publiée plus tard par M. Curie-Seimbres. « Pas un mot de la chronique *attribuée* « *à l'avocat Mazières*, dit ce consciencieux écrivain, ni de l'histoire manuscrite du

---

(1) « M. Clément Amadis, chanoine, archidiacre et vicaire-général de Tarbes, préside à l'assem-« blée des États de Tarbes, le 24 mars 1666. » (Larcher, t. XXV, p. 365.)

(2) M. de Vergez fait évidemment allusion à la *Sommaire description*, dont Larcher avait dû lui parler, et ce qui me porte à le croire c'est que, quand Larcher (t. XVI, p. 334) mentionne « les « mémoires sur la Bigorre, » il désigne par là la « Sommaire description. » Pour s'en convaincre, en effet, il ne faut que comparer la page 368 du tome XVI⁰ avec la page 198 du tome IX.

(3) Il s'agit sans doute des « Mémoires sur la Bigorre » que l'on trouve aux archives de la bibliothèque de Tarbes. Mc. Le premier volume de cet important ms. est malheureusement perdu, et cette perte est d'autant plus regrettable qu'il roulait sur l'histoire; quant au deuxième, qui existe encore et qui se compose de 257 pages in-8º, il porte pour titre : « *Mémoires sur tous les* « *objets les plus intéressants d'administration de la province de Bigorre.* »

(4) *Essais historiques sur le Bigorre*, t. I, p. 6-7 ; cf. art. 2, p. 252.

« comté de Bigorre composée vers 1730, par M. l'abbé Duco, ne révèle que ces
« derniers eussent connaissance du dépôt primitif des archives de Bigorre (1). »

Quoique le témoignage de M. d'Avezac-Macaya, aujourd'hui un des membres éminents de l'Institut, reproduit probablement de confiance par M. Curie-Seimbres, soit à nos yeux d'un très grand poids, nous n'oserions pas néanmoins affirmer que la *Sommaire description* soit l'œuvre de *Mazières*.

Habitué à ne jamais rien avancer sans documents authentiques, nous aurions été heureux d'en rencontrer quelqu'un à l'appui de l'opinion de M. d'Avezac, dans les importantes archives des Hautes-Pyrénées; mais nous devons déclarer que toutes nos recherches ont été jusqu'ici infructueuses.

Nous n'y avons rencontré qu'une seule fois le nom de *Mazières*, et comme ce nom se trouve dans un rapport présenté en 1764 sur l'ouvrage de M. Noguès, relatif aux coutumes de Barèges et de Lavedan (2), cette circonstance de date et cette coïncidence de travail historique ont fait naître quelques doutes dans notre esprit et nous ont porté à soupçonner que M. d'Avezac aurait peut-être confondu le juriste *Mazières* du XVIIIe siècle avec l'auteur de la *Sommaire description*, avocat au barreau de la sénéchaussée de Tarbes.

Voici les noms des commissaires chargés de ce rapport contraire, en un point capital, à l'opinion de M. Noguès sur la question des *Successions* :

« Le comte de BÉON, FORNETZ D'OROIX, *Mazières*, NICOLAU, VERGEZ (3). »

Telles sont les observations que je me fais un devoir et un plaisir d'adresser, sur la 74e question, à la *Revue de Gascogne*, et je désire qu'elles puissent être utiles et agréables à son zélé et érudit rédacteur en chef, M. Léonce Couture.

F. COUARAZE DE LÁA,
*Professeur de philosophie au lycée d'Albi,
Correspondant du ministère de l'Instruction publique
pour les travaux historiques et archéologiques.*

Albi (Tarn), le 4 décembre 1872.

(Extrait de la *Revue de Gascogne*, t. XIV, pp. 44-48).

---

(1) *Observations sur l'état des archives des Hautes-Pyrénées*, 15 pages in-8°.

(2) Vid. « *La coutume de Barèges, conférée avec les usages ou coutume non écrite du pays de Lavedan, de la ville de Lourdes, de la baronnie des Angles, marquisat de Bénac et autres endroits dépendant de la province de Bigorre où l'on fait connaître le véritable esprit et le sens de ces coutumes*, par M. G. N*** (Noguès), avocat en Parlement. A Toulouse, M. D. CC. LX. » 1 vol. in-12 de 482 p. — Cf. « *Explication des coutumes de la vallée de Barèges, des six vallées de Lavedan...*, par Me Marie-Germain Noguès, conseiller-procureur du Roi au siège royal consulaire de la vallée de Barèges, auteur du premier commentaire sur les anciennes coutumes du même pays, à Toulouse, M. D. CC. LXXXIX. » — 1 vol. in-8°, XXXIV-186 p.

(3) Voir ce rapport aux archives départementales des Hautes-Pyrénées. — Cf., dans les archives départementales des Basses-Pyrénées, une curieuse lettre adressée de Saint-Ildefonse, en date du 1er octobre 1764, à l'intendant de la généralité d'Auch, par le marquis d'Ossun, ambassadeur de France en Espagne.

SOMMAIRE DESCRIPTION

DU

PAÏS ET COMTÉ DE BIGORRE

LIVRE PREMIER.

CHAPITRE 1ᵉʳ.

DU PAIS ET COMTÉ DE BIGORRE.

La Bigorre porte le titre de comté, duquel l'erection est très ancienne, et est situé sur les extrémités de la Gascogne. Sa plus grande etendue est depuis le lieu de la Reole (1) jusques à l'hopital de Gavarnie (2) sur le sommet des montagnes, et dans

---

(1) Larreule, canton de Maubourguet, Hautes-Pyrénées. Oton-Dat, vicomte de Montaner, y fonda en 970 une abbaye de Bénédictins, sous le vocable de Saint-Orens (Marca, *Histoire de Béarn*, p. 358).

(2) Canton de Luz, Hautes-Pyrénées. L'hôpital de Gavarnie, « *domus sive* « *hospitale vocatum de Gavarnia*, » appartenait aux chevaliers de Saint-Jean de Jérusalem. « La fondation de cet hôpital doit être fort ancienne, car, vers le « milieu du XIIᵉ siècle, il recevait des bienfaits de seigneurs éloignés, qui « n'eussent pas soupçonné son existence sans l'importance qu'il avait déjà... » (*Ordre de Malte. Histoire du Grand-Prieuré de Toulouse*, etc., par M. A. du Bourg. Toulouse, 1883.) Un procès-verbal d'enquête de l'année 1356, malheureusement incomplet (archives de Luz, DD. 2), raconte les différends qui s'élevèrent entre les religieux de Gavarnie et les vics de Barèges au sujet du droit de dépaissance sur tous les ports (montagnes) et terrains vagues de la vallée. Le désaccord existait déjà, le 17 novembre 1345, du vivant de messire Loup de Salinis, commandeur, et des frères Raymond de Suberbie, Donot et Bernard de Saint-André. En 1356, les chevaliers invoquaient à l'appui de leur

cet intervalle sa longueur est de 14 lieues. La largeur peut etre prise depuis le lieu de Montastruc (1) jusques au lieu de Luquet (2), contenant six grandes lieues. Ailleurs elle est plus serrée, principalement du coté du septentrion où à peine se trouve qu'elle aye deux lieues de large. Une partie de ladite terre vers le midi est montueuse, et du coté d'orient aussi fort herissée de collines, mais ez autres endroits elle est plainiere.

Ses limites sont, du coté d'orient : la vallée d'Aure, le vicomté de Nebousan (3), la terre de Riviere Verdun et le comté de Pardiac; du midi, elle tient aux montagnes d'Aragon; d'occident, à la province de Bearn et, de septentrion, à la terre de Riviere Basse. Combien que son etendue soit petite, si est-ce que le sejour y est plaisant et agreable, tant pour la beauté du païsage, que pour la salubrité de l'air, abondance de fruits et autres commodités qu'elle porte.

Premierement, ceux qui habitent vers l'endroit du midi du comté de Bigorre voïent les hautes montagnes, lesquelles blanchissent de nege la moitié de l'an et, durant l'autre moitié, sont ornées d'une plaisante verdure, et en chacune saison donnent sujet d'admiration à l'esprit et de plaisir à la vue.

Au pied desdites montagnes, est une belle et large pleine, bordée par les cotés d'orient et d'occident de deux collines qui sont couvertes et revetues de forets en quelques endroits,

---

prétention de jouir du pacage au même titre que les habitants du pays, une possession de plus de 40 années et même immémoriale; les communautés au contraire rapportaient un acte d'inféodation à elles consentie par Charles, comte de Bigorre et de la Marche, à la date du 20 février 1319, où les religieux n'étaient pas désignés. Le commandeur d'alors, dit un des témoins dans l'enquête, « *preceptor qui tunc erat* » et ses frères ne furent pas présents à cet acte. Ni l'*Enquête sur la Bigorre de l'année* 1300 (Paris, Champion, 1884), ni les *Debita regi Navarre in comitatu Bigorrensi* (archives nationales, JJ. 12), vers 1313, qui signalent la présence des Templiers à Bordères et à Lascazères et des chevaliers de Saint-Jean à Aureilhan et puis à Bordères, ne mentionnent la maison de Gavarnie.

(1) Canton de Galan, Hautes-Pyrénées.
(2) Canton d'Ossun, Hautes-Pyrénées.
(3) La vicomté de Nébouzan était située en partie dans le diocèse de Comminges, en partie dans celui de Tarbes. C'était un pays d'états auxquels l'abbé de Nisors ou Bénissons-Dieu (Boulogne-sur-Gesse, Haute-Garonne) présidait.
— Voir le *Dictionnaire historique et généalogique* de Larcher, v° *Nebousan*.

ailleurs peuplées de vignes. Et ceux qui habitent en ladite plaine, se delectent des aspects des coteaux voisins tapissés de la ramée des boccages et des vignes. D'autre part aussi, ceux qui regardent du haut de ces petites montagnettes ou des maisons y baties vers le plat pays, se recréent de la vue des champs bien cultivés et arrousés de deux rivieres l'Adour et l'Echez, qui courent à plis courbés du midi vers le septentrion, et vont separées l'une de l'autre sans se rencontrer dans la Bigorre, sinon en tant que l'Adour communique ses eaux à l'Echez par les canaux artificiels qui en sont derivés pour le service des moulins de la ville de Tarbe et de quelques villages.

Quant à l'air, il y est fort salubre, principalement aux montagnes, où les hommes sont plus robustes, corpulens et de longue durée qu'en la plaine, et se guerissent de plusieurs maladies sans aide d'aucun medecin, en buvant, en se lavant de l'eau chaude des bains de Bagneres (1), Cauterez (2) ou Barege (3). Les eaux des autres rivieres et fontaines aident beaucoup par leur fraicheur à conserver la santé, non seulement des hommes, ains aussi du betail, que les païsans sont contraints nourrir par tout le païs, aux fins d'avoir la commodité de fumer et engraisser les terres, lesquelles etant fumées, du moins par années alternatives, portent fruits qui suffisent pour l'entretien du peuple, pourvu que la grele ne les enleve, à quoi ce païs est extremement sujet à cause du voisinage des montagnes Pirenées, esquelles se trouve grande quantité de lacs, etangs, d'où le soleil attire les vapeurs en la region de l'air où les metheores se forment et produisent merveilleux effets de pluyes, greles et tempetes.

Les fruits plus frequens et qui proviennent mieux en la plaine de Bigorre sont le froment, segle, millet; le froment aux extremités d'en bas, le segle et millet vers le pied des montagnes.

Les feves y courent hazard de s'y perdre en fleur par les brouillards et nuages epais qui couvrent la plaine en la saison du printems.

---

(1) Bagnères-de-Bigorre, chef-lieu d'arrondissement, Hautes-Pyrénées.
(2) Cauterets, canton d'Argelès, Hautes-Pyrénées.
(3) Barèges, section B de la commune de Betpouey, canton de Luz, Hautes-Pyrénées *(cadastre)*.

Pour le regard des fruits des arbres, ils n'y sont pas en grande quantité ni de saveur exquise.

Les foins abondent partout, mais principalement aux montagnes où les habitens fument et arrosent les prés et vacquent particulierement à la culture d'iceux parce qu'ils s'adonnent totalement au nourrissage du betail, la vente duquel, ensemble des laines, beurres et fromages, leur fournit argent pour acheter blé et autres provisions requises pour vivre le long de l'année.

Voilà sommairement et en general la situation, etendue, limites, beauté, salubrité et fertilité, coutumes et usages de la terre de Bigorre. Reste maintenant à voir en particulier chacune partie d'icelle, de quoi sera parlé par tout ce premier livre, reservant à parler au second des seigneurs comtes qui ont successivement et par une longue suite d'années eu en main la domination et seigneurie dudit païs et comté de Bigorre.

CHAPITRE 2ᵉ.

DES MONTAGNES ET VALLÉE DE CAMPAN (1).

Jaçoit que les hautes montagnes qui terminent la Bigorre du coté de midi [soient désignées] sous le nom general des monts Pirenées, toutefois en particulier elles reçoivent autres noms divers suivant la diversité des communautés ou des peuples qui les habitent. Celles qui sont voisines de la vallée d'Aure sont vulgairement apelées les montagnes de Campan. Elles s'etendent depuis les racines desdites montagnes jusqu'au terroir de Bagneres et occupent trois grandes lieues de païs peuplé qui neantmoins fait une seule parroisse, et viennent les habitans d'icelle à une eglise batie sur l'entrée de la vallée où les maisons sont plus frequentes et unies en forme de bourgade.

(1) Chef-lieu de canton de l'arrondissement de Bagnères, Hautes-Pyrénées. Campan était un *lieu* de Bigorre, ayant droit d'entrée aux états après les villes. Un manuscrit de Guillaume Coture, curé de Campan, apprend que ce lieu fut affligé par la peste en 1588 et 1589; qu'en 1597, un incendie dévora 165 maisons, et qu'en 1600, il y eut de la neige pendant cinq mois (*Glanage*, t. XIII, pp. 253 et 331, nᵒˢ 95 et 119).

Cette communauté de Campan abonde en betail à laine, et le beurre y est beaucoup meilleur qu'en aucun autre endroit des montagnes de Bigorre, lequel est soigneusement recherché par les marchands de Cieutat (1), qui le transportent et revendent à Toulouse.

Aux montagnes de Campan sont conjointes celles de Bagneres et Aster (2), et la montagne de Tormalet (3), qui apartient aux habitants de la ville de Tarbe. Entre les montagnes de Bagneres, est celle de Palcon, où le vulgaire tient etre le tombeau du vieil Arises (4), couvert d'une grosse pierre à laquelle on n'ose toucher ni heurter de peur que, comme l'experience fait voir journellement, il ne pleuve ou grele.

Par les montagnes de Campan et le Tourmalet de Tarbe y a chemin pour aller à pied et à cheval vers la vallée de Barege.

(1) Canton de Bagnères, Hautes-Pyrénées. Ce village s'appelait autrefois *Cieutat de Navarest* et avait une importance assez considérable. Esquivat, comte de Bigorre et seigneur de Chabanais (arrondissement de Confolens, Charente), lui permit d'élire des juges particuliers; la charte où ce privilège se trouve consigné est du 7 avril 1257 (*Cartulaire de Bigorre*, fos 27 verso et 28 recto, ms. aux archives des Basses-Pyrénées, E. 368). Il est à remarquer qu'à propos de Cieutat, elle s'exprime de la manière suivante : « *villa Civitatis de Nava-« rest,* » ou « *villa Civitatis.* » Le mot *villa* précède toujours le nom du lieu. Pierre de Marca (*Histoire de Béarn*, p. 830) a donc bien traduit en écrivant : « la communauté de Ciutat de Nauarest, » et non : la cité de Navarest. Les coutumes de Bigorre (même cartulaire, f° 22, recto), rédigées vers 1110, disent simplement *Neurest :* « *Quando homines Baredgie et Levitanie in Comengiam,* « *causa expeditionis, perrexerint apud Neurest, in Neurest hospitabuntur.* » Il serait bon que l'on pratiquât des fouilles à Cieutat pour y rechercher les vestiges d'une cité gallo-romaine.

(2) Asté, canton de Campan, Hautes-Pyrénées.

(3) Le Tourmalet, montagne, communes de Betpouey et de Bagnères (*cadastre*). Le col du Tourmalet, que traverse la belle route de ce nom, la plus élevée des Pyrénées, a 2,122^m d'altitude ; le pic, 2,461^m. (*Guide de Barèges, Saint-Sauveur et Gavarnie*, par M. Lequeutre, membre du Club alpin français, p. 267).

(4) Arises, montagne, section P de la commune de Bagnères-de-Bigorre (*cadastre*). Le ravin d'Arises se trouve non loin des cabanes de Tramezaïgues, au-dessous du Pic du Midi, sur la route du Tourmalet. Quant à Palcon, que je n'ai pu identifier, s'agirait-il de la montagne de Balonque, appartenant à Campan et contiguë à celle d'Arises ? (*Répertoire raisonné des papiers, titres et documens contenus dans les archives de la maison de ville de Bagnères*, ms. du Père Laspale, acte de 1642, aux archives de la mairie de Bagnères). Qui saura nous dire la légende du « vieil Arises ? » Je n'ai rien trouvé à cet égard.

Aux montagnes de Campan et de Barege tiennent les montagnes de plusieurs lieux, tant du vicomté de Castetlobon (1) que de la ville de Lorde (2), et des vics de Beaussen (3) et Devant-Aigues (4).

CHAPITRE 3ᵉ.

DES MONTAGNES ET VALLÉE DE BAREGE.

La vallée de Barege est plus haut elevée sur les montagnes que nulle autre de Bigorre, car pour arriver en Barege depuis le lieu de Villelongue (5), qui est aux racines des montagnes, il faut cheminer deux lieues à mont par un chemin etroit et difficile.

De cette vallée de Barege etoient seigneurs anciennement les vicomtes de Lavedan; mais ils la vendirent au comte de Bigorre par echange et reçurent pour icelle la seigneurie d'Andrest (6)

---

(1) La vallée de l'Extrême de Castelloubon renfermait en 1313, les villages de Castelloubon, aujourd'hui Cotdoussan, Ourdis, Cheust, Gazost, Ourdon, Ousté, Berbérust, Lias, Geu, Ger, Saint-Créac, Antalos et Justous (sections de Saint-Créac), Ayné (section de Jarret), Juncalas et Neuilh (*Debita regi Navarre in comitatu Bigorrensi*, fᵒˢ 25 recto à 28 verso). Cf. *Les Huguenots en Bigorre*, p. 18, note 6.

(2) Lourdes, arrondissement d'Argelès, Hautes-Pyrénées.

(3) Beaucens ainsi que Préchac (Hautes-Pyrénées, canton d'Argelès), à peu de distance l'un de l'autre, étaient « têtes de vics, » c'est-à-dire chefs-lieux de quelques hameaux et villages.

(4) Le nom de Davantaïgue (*Ante Aquam*) vient, comme Mauran l'expliquera plus bas, de la situation des villages compris dans ce vic, à l'est du Gave, sur la rive droite. La réunion des villages de la rive gauche formait la Rivière de Saint-Savin, que le *Cartulaire de Bigorre*, f° 2, verso, appelle *Retro Aquam*. Ceux qui ont consulté les titres anciens savent, en effet, que les mots *dessus, sus, à parte superiori*, signifient nord ; *debat, de ius* ou *de jus, à parte inferiori*, signifient sud ; *dabant, antè, à parte anteriori*, est ; *darrè, retrò, à parte posteriori*, ouest. Les communautés de la vallée de Davantaïgue qui fournirent leur dénombrement devant Salvat II d'Iharse, évêque de Tarbes, les 2 décembre 1619 et 10 mars 1620, furent : Ayros, Vier et Bordes. (Registre in-4°, rel. veau, appartenant à M. Sedze, de Tarbes, intitulé : *Dénombrements rendus par devant MM. Diharse, évêque, et Pujo, juge-mage, commissaires nommés par le roi*, pp. 428 à 504.)

(5) Canton d'Argelès, Hautes-Pyrénées.

(6) Canton de Vic-Bigorre, Hautes-Pyrénées.

et autres terres, comme se voit encore dans le censuel ancien de la maison de Lavedan, où est inseré le contrat d'echange (1).

Elle contient dix sept villages, qui sont divisés en quatre vics, savoir : le vic du Plan composé du bourg de Lus et des villages d'Esquieses, Villenave, Sere, Visos et la moitié d'Esterre ; le vic Debat qui contient les villages de Saligos, Chese et Viscos ; le vic de Darrè l'Aigue où sont les villages de Sassis, Sazos et Grust ; le vic de Labat-sus dans lequel sont enclos les villages de Viela, Bapoey, Sers, Viey, Saint Martin et l'autre moitié d'Esterre (2).

Il est vrai qu'aucuns desdits villages ont eté du tout ruinés par les neges, les autres fort incommodés et gatés depuis notre memoire. Car en l'année 1598 et le dernier jour du mois de janvier, la nege etoit en si grande quantité sur le haut des montagnes, que de sa propre pesanteur elle se precipita sur les maisons de Saligos avec tel orage que les habitans furent contraints de sortir par les fenetres pour garantir leurs personnes, ayant aperçu de loin la tempete, qui arriva de jour et couvrit les maisons de nege et remplit aussi les etages en dedans, y etant entrée par les fenetres.

Le 10 fevrier 1601, autre orage de nege tomba sur les villages de Chese et de Saint Martin (3) et tua cent sept personnes des habitants de Chese, emporta les maisons de l'un et de l'autre

---

(1) Le *Livre vert de Bénac*, qui renferme le vieux censier de la maison de Lavedan, est en ce moment la propriété de M. Dreyt, de Tarbes. Voir *infrà* le résumé de l'acte d'échange de Barèges.

(2) Tous les villages ci-dessus énumérés sont du canton de Luz, Hautes-Pyrénées. Orthographiez : Luz, Esquièze, Vizos, Chèze, Viella, Betpouey. Villenave est aujourd'hui un quartier de Luz, que la section de Saint-Sauveur occupe en partie, et Saint-Martin, un hameau de Viey. En revanche, l'érection de Gèdre et de Gavarnie en communes, par ordonnance royale du 5-14 août 1842, a maintenu le nombre primitif des villages de la vallée. Le partage des terrains concédés le 20 février 1319, par Charles, comte de Bigorre, fils de Philippe le Bel, donna lieu à la création des vics, dont les chefs-lieux furent : Luz, Saligos, Sazos et Betpouey. Esterre ne faisait partie d'aucun vic (*Livre extrait du registre de la commune d'Esterre*, par M. Couffitte, avocat et notaire à Luz, ms. communiqué par le R. P. Barrère, supérieur des missionnaires diocésains, à Tarbes).

(3) Le dénombrement des communautés de la vallée de Barèges, devant Salvat d'Iharse, dit que « Cheze et Saint Martin feurent ruinez par la neige, l'an mil six cens. » (Original ms. du dénombrement, communiqué par M. l'abbé de Nodrest, f° 82 recto.)

village, sauf deux qui en resterent à Chese et une à Saint Martin ; et les eglises furent aussi garanties, parce que la situation de l'eglise de Saint Martin fut ecartée du rencontre de la nege, et celle de Chese fut assez forte pour resister au choc de la nege qui la couvrit par dessus la voute. La plus grande partie des habitans de Chese, aïant prevu la tempete, se retira dans l'eglise et là fut conservée ; mais les autres qui s'attendirent aux maisons, se perdirent à cause que la nege tomba de nuit et les surprit dans leurs couches. Les habitans de Saint Martin eurent à tems quitté leurs maisons et se furent retirés aux plus prochains villages, sauf un vieillard qui s'opiniatra de ne quitter sa maison, mais aïant ouï le bruit que la nege faisoit en se precipitant du haut de la montagne, il eut si grande peur de mourir, qu'il sortit de sa maison et prolongea sa vie jusqu'au lendemain seulement. Ceux qui s'etoient refugiés aux villages circonvoisins s'y sont habitués et n'ont plus bati ez lieux de leur ancienne demeure. Si qu'à present ledit village de Saint Martin est composé d'une seule maison et de l'eglise, et celui de Chese a bien peu de maisons anciennes, les proprietaires desquelles ont fait nouveaux batimens, ou se sont espars parmi les villages circonvoisins, où ils ont transporté leurs domiciles (1).

Ils jouissent en commun de la Riviere de Gavarnie, depuis le pont Baradgin (2) jusques au Cap de la Seuve de Morgat (3), allant vers Espagne. Or, entre les habitans de Barege et ceux de la vallée de Broto, située delà les montagnes, dans le royaume d'Aragon, y a pacheries (4) perpetuelles, lesquelles ils confirment

---

(1) Publié par M. Davezac-Macaya (*Essais*, II, p. 234, note 17), depuis : « Le 10 fevrier 1601... »

(2) En allant de Gèdre à Gavarnie, « on passe enfin le Gave au pont « *Barygui*, considéré souvent comme mitoyen entre les pâturages des françois « et ceux des espagnols, et l'on trouve ce que l'on appelle l'Auberge de « Gavarnie, et un peu plus loin, le village même... » (Ramond, *Observations faites dans les Pyrénées*, Paris, Belin, 1789, p. 69).

(3) En sortant de Gavarnie et en se dirigeant vers la cascade, on a à droite, à l'ouest, le pic Mourgat (M. Lequeutre, *loco citato*, p. 73).

(4) Les *ligues* et *pacheries* étaient des accords, des traités de paix, intervenus, à l'occasion de la dépaissance sur les montagnes, entre les vallées pyrénéennes, françaises et espagnoles. Larcher (*Glanage*, t. XXII, pp. 266 à 267) cite les *lies* et *passeries* des Commingeois avec les vallées d'Aran, d'Andorre, de Baravez

avec serment solemne chacun an à la fête de la Madelene (1) et, à ces fins, s'assemblent en un lieu neutre qui separe leurs terres, prez l'hopital de Gavarnie. L'occasion desdites pacheries procede des guerres, qui ont duré longuement entre les habitans de ladite vallée de Broto en Aragon et les habitans des vallées de Barege et d'Azun, sur le possessoire des montagnes. Les anciens baux à fief du comte Centot en parlent, car ils sont fondés sur les dommages soufferts par l'incursion des Navarrois, Aragonois et Tesins (2). Or il est probable que ces Tesins etoient les habitans des plus hautes montagnes d'Aragon et plus voisines desdites vallées d'Azun et Barege, veu qu'encore certains endroits desdites montagnes sont apelés Tesin, et s'est trouvé que lesdits Tesins, avec l'assistance des Aragonois et Navarrois, ont couru la terre de Bigorre, mettant le tout à feu et à sang jusques à la Riviere Ousse (3). D'autre part aussi, les Bigordans,

---

et de Vénasque. Ce fut Guillaume Mauran qui, en qualité de syndic général du tiers-état, représenta les habitants de la vallée de Barèges, lors de la rédaction de leur dénombrement, le 28 décembre 1612 (ms. déjà cité), et voici comment il s'exprime au f° 88 recto : « Disent aussy que depuis deux
« cens trente ans ou environ, ils ont traicté certaines pacheries avec les
« habitans des vallées de Brotou (Broto) et Beausse (Bielsa) en Espagne
« pour apaiser les guerres continuelles qui estoyent auparavant entre lesdites
« valées de Barege, Brotou et Beausse, lesquelles pacheries ont esté approu-
« vées et confirmées par les roys de France. Ainsy signé pour lesdits produi-
« sans, G. MAURAN. » Les conférences avec les députés de Broto se tenaient à Gavarnie, au lieu neutre appelé *La Prade*, et les conférences avec les députés de Bielsa, aux lieux d'Héas (France) et de Pinède (Espagne), alternativement (notes de M. Couffitte).

(1) 22 juillet.

(2) N'est-ce pas de ces Tésins qu'il s'agit dans le fait suivant, raconté par M. Couffitte (ms. cité) : Le docteur Jean Porter, conseiller de Philippe, roi d'Espagne, et le sieur Arnaud de Sevin, président au parlement de Toulouse, commis pour rechercher si les limites des royaumes de France et d'Espagne ne se trouvaient pas aux *Pierres de Saint-Martin*, se transportèrent à Gavarnie, le 6 juillet 1620. Ils gravirent ensemble la montagne de Pouey Espée. Porter ne voulut pas aller plus loin. Sevin continua sa marche, accompagné par les députés de Barèges, jusqu'au point indiqué « et de là en avant en
« Ossone (Ossoue) avec deux peintres nommés pour faire la montrée et vue
« figurée du terrain ; et revenant d'Ossone, il trouva ledit s^r Porter au terroir
« des *Tossaux*. Porter refusa de signer le procès verbal ; alors l'autre fit mettre
« des fleurs de lys sur les pierres de St Martin. »

(3) Nom donné à la plaine arrosée par l'Ousse, petite rivière qui prend sa source sur le territoire de Bartrès, Hautes-Pyrénées, et traverse dans ce département, Poueyferré, Loubajac, Barlest et Lamarque-Près-Béarn.

conduits par leur senechal, sont allés donner des allarmes bien chaudes jusques aux portes de la ville de Broto et s'engagerent si avant que leur senechal y fut tué. Doncques pour composer le different et vivre desormais en paix, les habitans de ladite vallée et ville de Broto, firent compromis avec Jean de Bearn (1), qui s'intituloit seigneur de Castetgeloux, senechal de Bigorre et capitaine de Lourde pour le roi d'Angleterre et de France, joints à lui les habitans des vallées de Barege, Azun, Lavedan et Sales, villes de Lorde et Sempé (2), lieux de Riviere Ousse (3), Adé (4), Azereix (5) et Geau (6); et sur icelui compromis fut prononcée sentence, le samedi 2e jour à l'entrée du mois de juillet, en l'an 1390, et les parties furent si bien reglées à leur contentement, que depuis en ça, par l'espace de 224 ans, ils ont toujours renouvellé d'an en an l'acquiescement baillé à ladite sentence, l'observation de laquelle ils jurent, comme dit est, chacun jour de la fête de la Madelene, au lieu neutre de Gabarnie, sous les termes de lignes et pascheries, qui ont [eté] confirmées par les rois de France et d'Espagne.

La fontaine et le bain d'eau chaude et salutaire à plusieurs

---

(1) Il était sénéchal de Bigorre en 1383, 1393, 1402, et eut pour successeur Arnaud de Lavedan, aussi seigneur de Casteljaloux et capitaine de Lourdes pour le roi d'Angleterre, 1409-1429 (Larcher, *Dict. hist.*, v° *Bigorre*, notes sur les sénéchaux de ce pays). — « En 1404, dit M. Couffitte, *loc. cit.*, la conqueste « des montagnes de Lavedan et Bareige fut faite par le comte de Clermont, « capitaine general en Guienne et en Gascogne, lesquelles vallées resterent « (lisez: étaient restées) pendant environ 33 ans sous la persecution et tyrannie « de Jean de Bearn, senechal de Bigorre et chatelain de Lourde, par les « pouvoirs que lui donna le roi d'Angleterre, auquel roi lesdites vallées etoient « pour lors soumises. » — Jean de Béarn avait épousé Jeanne, fille naturelle de Charles II, roi de Navarre (*Recherches historiques sur le pays basque*, par l'abbé P. Haristoy, Bayonne, 1883, t. I, p. 233). — Voir encore, au sujet de ce capitaine, archives des Basses-Pyrénées, E. 385, et *Souvenir de la Bigorre* (histoire de Colomez), t. v, p. 321.

(2) Saint-Pé, chef-lieu de canton de l'arrondissement d'Argelès, Hautes-Pyrénées. Le Petit Séminaire du diocèse de Tarbes y occupe l'emplacement d'une ancienne abbaye de Bénédictins, fondée entre les années 1010 et 1032.

(3) Les villages de Loubajac, Barlest et Lamarque sont seuls désignés comme lieux de Rivière-Ousse en Bigorre, dans la procédure faite par M. de Marca, réformateur du domaine en 1580 (arch. des Basses-Pyrénées, B. 1018).

(4) Canton de Lourdes, Hautes-Pyrénées.

(5) Canton d'Ossun, Hautes-Pyrénées.

(6) Geu, canton de Lourdes, Hautes-Pyrénées.

maux, notamment aux plaies, est en Labatsus de Barege. Il y a une autre fontaine et un petit bain d'eau tiede pour baigner les enfans, au delà du pont du Gave, prez la chapelle Saint Sauveur, mais cette fontaine ni ce bain ne sont assortis de maisons comme sont les autres.

CHAPITRE 4°.
DES MONTAGNES ET LIEU DE CAUTEREZ.

Aux montagnes de Bareges tiennent celles de Cauterez, au milieu desquelles est situé le village de Cauterez, sur le bord de la riviere du Gave. A coté dudit village et au pendant de la montagne, sont les bains et fontaines d'eau chaude, fort salutaires à plusieurs maladies, pour la guerison desquelles on y accourt de bien loin ez saisons du printems et de l'automne. Le village est des apartenances de l'abbaye [de] Saint Sevin (1), et son terroir touche de midi la terre de Pantigouse (2) en Espagne.

CHAPITRE 5°.
DES MONTAGNES ET VALÉE D'AZUN.

Aprez viennent les montagnes de la valée d'Azun, qui sont de grande etendue et tiennent par la part de midi à celles d'Aragon; d'occident, aux montagnes de la valée d'Ossau en Bearn; et de septentrion, aux montagnes de la valée de Sales.

En la vallée d'Azun sont enclos ces sept villages : Arrens, Marsous, Bun, Aucun, Gaillagos, Arcisans Dessus et Sireix (3).

(1) L'abbaye de Saint-Savin (canton d'Argelès, Hautes-Pyrénées), fondée par Charlemagne et restaurée vers 945 par Raymond, comte de Bigorre (*Cartulaire de l'abbaye de Saint-Savin en Lavedan*, par M. Durier, archiviste des Hautes-Pyrénées, Paris, Champion, 1880).

(2) Panticosa, village de la vallée de Tena en Aragon, où il y a un établissement thermal.

(3) Mauran oublie le village d'Arras, énuméré dans le dénombrement de 1612 à 1626 (ms. de M. Sedze, p. 397). Arcizans-Dessus portait aussi le nom

Communement les habitans d'Azun sont judicieux, mais pourtant il ne manque pas d'y avoir plusieurs faineans, meurtriers et sanguinaires, à cause de la licence qu'ils se donnent de porter armes en l'absence du magistrat, qui n'a l'accez libre dans les montagnes eloignées [de] sept grandes lieues de la ville de Tarbe, siege de la justice. Leur principale rage s'exerce parmi eux, car envers les etrangers ils sont plus humains, pourvu qu'on ne les irrite. Ils trafiquent avec les Espagnols par le passage de la Horguete (1). Ils s'adonnent aussi à nourrir chevaux et les vendent aux foires de Lorde, lesquels chevaux sont plus genereux que nuls autres de Lavedan, car ils aprochent du naturel du genet d'Espagne (2).

CHAPITRE 6ᵉ.

DES MONTAGNES ET VALLÉE DE SALES (3).

Les montagnes de la vallée de Sales aboutissent en partie aux montagnes d'Azun et à celles du lieu d'Asson (4) en Bearn; en partie aux montagnes de la ville de Senpé et de la vallée de

d'Arcizans-Soubirou. Il y a, dit Larcher (*Glanage*, t. XIII, p. 351, n° 126), une 9ᵐᵉ cure, Saint-Laurent de Ferrières, dépendant autrefois de la cure d'Arrens. Jacques de Guilhemné, syndic d'Arrens, déclara le 1ᵉʳ septembre 1626, devant Salvat II d'Iharse (ms. Sedze, p. 427), que ce lieu était en possession immémoriale d'un marché qui s'y tenait deux fois par semaine, les lundi et vendredi, « ainsi qu'il vous est notoire à vous, Mʳˢ les commissaires, et particulierement « à Monsieur l'Esveque de Tarbe, commissaire, par le long sejour et demeure « que vous avez fait durant deux ans à la chapelle de Notre Dame de Poeylaün, « scize en ladite paroisse d'Arrens. » L'évêque maintint le marché par jugement rendu à Tarbes, le lendemain 2 septembre.

(1) On monte à la Hourquette en suivant le chemin muletier qui se trouve entre la chapelle de Poueylaün et le pic du midi d'Arrens; on rencontre sur ce passage les *Pierres de Saint-Martin*, indiquant la limite de la France et de l'Espagne, et de là, on descend au village de Sallent dans l'Aragon. Le *col de la Peyre de Saint-Martin* (carte de M. Muller, ingénieur en chef des Hautes-Pyrénées), qui n'est autre que la Hourquette, a 2,295ᵐ d'altitude.

(2) Voir Littré, v° *Genet*.

(3) La vallée de l'Extrême de Salles comprenait dix petits villages : Salles, Sère, Ouzous, Gez, Argelès, aujourd'hui chef-lieu d'arrondissement, Vieuzac, aujourd'hui section d'Argelès, Aysac, Ost, Vidalos et Agos (dénombrement de 1612 à 1619, ms. appartenant à M. Sedze, pp. 2 à 322).

(4) Canton de Nay, Basses-Pyrénées.

Valsoriguere (1) en Bigorre. Cette vallée de Sales a peu de terroir qui soit cultivé, neantmoins est pleine de peuple, gens belliqueux qui n'epargnent meme leurs voisins quand l'occasion se presente de venir aux mains.

Durant les derniers troubles, ils ont guerroyé contre les habitans d'Asson, qui est un village de Bearn fort populeux et de grande etendue, pour la montagne de Momula (2), et [se] sont donnés des alarmes bien chaudes d'une part et d'autre. Il advint en l'année 1569, que les Assonois se resolurent d'aller attaquer les Salezans, mais comme ils furent arrivés sur le copeau de la montagne d'où se decouvre toute la vallée de Sales, la plus grande partie d'entre eux s'arreta, voyant la difficulté de la descente et la montée qu'il falloit faire sur la retraite. Mais ceux qui etoient bouillans au combat descendirent, sans etre aperçus, jusques aux Vergons (3). Là ils furent decouverts par un païsan qui fouissoit dans sa terre, murée d'un coté de murailles seches; lequel aiant bien reconnu que c'etoient les ennemis, dressa contre eux le manche de son fossoir par dessus ladite muraille, comme si ce fut le canon d'une arquebuse. Les Assonnois, qui avoient quitté les rangs pour courir aprez le betail, se retirerent; et tandis qu'ils se mettoient en ordre, le Salezan eut tems d'aller faire entendre aux habitans de son village que les ennemis etoient là et venoient par le pied de la montagne. Or le chemin que les Bearnois tenoient pour arriver au village de Sales, duquel toute la vallée prend le nom, est assez etroit et fermé d'en bas de muraille seche, à cause de quoi les Salezans firent deux exploits de diligence fort utiles à vaincre l'ennemi.

Premierement ils envoyerent une partie de leurs gens, armés des premieres armes qu'ils purent trouver, vers la montagne qui domine ledit chemin, aux fins de jetter et faire rouler pierres

---

(1) La vallée de Batsurguère ou Batsouriguère, canton de Lourdes, Hautes-Pyrénées.

(2) Maumula, montagne, commune d'Arrens, canton d'Aucun, Hautes-Pyrénées *(cadastre)*. — L'Estivette *sive* Momula, 1619 (dénombrement de la vallée de Salles devant d'Iharse, p. 9).

(3) Les Bergons, montagne, section D de la commune de Salles, canton d'Argelès, Hautes-Pyrénées *(cadastre)*.

sur les ennemis; et l'autre partie, composée d'hommes et de femmes, alla par dessous le chemin à la faveur de la muraille seche qui lui servoit de deffense.

Les Assonois qui etoient partis de leur païs en nombre de 1500 (1) hommes, à dessein de mettre à feu et sang le village de Sales et d'enlever tout le betail de Vergoun pour leur tenir lieu de celui que les Salezans etoient allés prendre au lieu d'Asson, peu de jours auparavant, se virent arretés court et frustrés de leur intention, et en grand soucy de se demeler de la difficulté du chemin et de la furieuse attaque des Salezans qui firent un merveilleux effort sur le premier rencontre. Et, ayant fouillé les Bearnois occis, leur trouverent du pain et des cujons (2) pleins de vin dans les poches; même un d'eux y avoit serré pour son diner une poule bouillie bien envelopée dans un linge. Les Salezans encouragés de cette premiere victoire et allechés par la douceur des viandes qu'ils avoient trouvées, esperant encore en trouver davantage, allerent plus rudement à la melée où ils exploiterent si bien que septante Bearnois demeurerent sur la place et les autres prirent la fuite. Les femmes de Sales firent preuve de leur courage en cette rencontre, car les unes administroient la poudre aux hommes; les autres, armées de gros leviers, suivoient courageusement et assommoient, qui à coup de levier, qui à coup de pierres, les Bearnois, à mesure qu'ils etoient blessés et portés à terre. Le gros de la troupe qui étoit demeurée sur le copeau de la montagne, voyant le desordre de ses soldats, fit battre le tambour pour la retraite et, ne pouvant les secourir, se contenta de recevoir les fuyards sous l'enseigne (3).

Depuis la paix encore, les Salezans ont attaqué les habitans de la ville de Senpé sur le possessoire de la montagne d'Oeillet (4)

---

(1) Larcher a écrit en marge : « Il ne faut que 150. » Je ne suis pas de son avis; la narration de Mauran suffit à établir qu'il y avait un bien plus grand nombre d'Assonois.

(2) *Cuyou, cujou*, gourde.

(3) Publié par M. Davezac-Macaya (*Essais sur le Bigorre*, t. II, p. 183, note 21) depuis : « Il advint en l'année 1569... »

(4) Oueillet, montagne, section I de la commune de Saint-Pé, Hautes-Pyrénées (*cadastre*).

et ruisseau de la Genie (1), et en outre ils s'en sont pris aux habitans du village de Gès, qui est un membre de leur valée, et sans attendre que la justice connut du different, ont demoli rez terre les bordes et cabanes que les habitans de Gès avoient baties et possedé puis longtems au terroir de Bardoues (2).

Lorsque feu messire Jean Jaques de Bourbon, vicomte de Lavedan, voulut faire rebatir le chateau de Geau, en l'année 1593, ce furent les Salezans, conseillés et guidés par le s^r de Meylogan d'Arzans (3), qui lui denoncerent la cessation du nouvel œuvre et, en belle compagnie et bien armés d'autres montagnols, ruinerent l'ouvrage commencé et disperserent les matieres. D'où se void que le peuple Salezan, accoutumé de patir et de vivre à l'etroit dans le petit coin de la valée composée de huit villages, est fort propre au metier de la guerre.

CHAPITRE 7e.
DES MONTAGNES ET VALLÉE DE VALSORIGUERE ET MONTAGNES DE SENPÉ.

Les montagnes de la vallée de Valsoriguere sont plus pierreuses qu'herbeuses, parmi lesquelles y a une prairie apelée

---

(1) La Génie Longue et la Génie Braque, ruisseaux, se réunissent au bas des montagnes de Trescrouts, territoire de Saint-Pé, et se jettent dans le Gave à quelques pas de la ville.
(2) Bardoue, section A de la commune de Gez, canton d'Argelès, Hautes-Pyrénées (*cadastre*).
(3) Arzans, ancien fief, commune de Salles, canton d'Argelès, Hautes-Pyrénées. Une branche de la maison de Coarraze le possédait avant 1466. Maître Thomas de Meylogan devint seigneur d'Arzans par son mariage avec d^{lle} Jeanne de Coarraze, fille de Jean. Il s'opposa, dans l'assemblée des états de Bigorre du 9 février 1604, à l'entrée pour Arzans de noble François de Baratgin, sieur de Lahitte près Lourdes, marié avec d^{lle} Marie d'Arzans, fille de ladite Jeanne de Coarraze, et prétendit que la femme du sieur de Lahitte n'avait aucun droit du vivant de sa mère, héritière de la maison d'Arzans. Il fut reçu aux états dans le corps de la noblesse; dénombra le 10 juillet 1612, devant Salvat d'Iharse, comme seigneur d'Arzans du chef de Jeanne de Coarraze, et comme seigneur de la maison noble de Poutz, sise au lieu de Silhen, qui lui appartenait déjà en 1600. Il était licencié en droit et avocat à la cour du sénéchal de Tarbes, le 1er juin 1596; procureur fiscal à la cour de l'évêque de Tarbes, le 1er septembre 1606, et conserva ces fonctions jusqu'à sa mort,

Bostun (1), d'où se prend la plus grande commodité du paturage. Il y a cinq villages (2) et grand nombre de peuple, mais pauvre à cause de la frequence des rochers, qui leur ote la commodité du labourage et aussi du nourrissage. Leur plus grande richesse consiste au trafic du blé qu'ils transportent de Tarbe à Lourde sur des ânes.

Les montagnes de Senpé, contiguës à celles de Valsoriguere, sont de petite etendue, et la plupart couvertes de forets et qui pis est, elles ont de facheux voisins du coté de Bearn, lesquels tachent journellement de les usurper et s'en rendre maitres : car les habitans de Montaut (3), Asson et Lestelle (4), villages de Bearn, fatiguent incessamment les habitans de Senpé sur lesdites montagnes.

CHAPITRE 8ᵉ.

DE LA VALLÉE DE LAVEDAN ET MAISON DES VICOMTES DE LAVEDAN.

La vallée de Lavedan est la plus grande et la plus belle d'entre toutes celles que les monts de Bigorre environnent. Elle est posée entre les racines des montagnes qui soutiennent les autres vallées

---

arrivée avant le 2 mai 1615, jour où M. Mᵉ Gratien d'Iharse, vicaire général, pourvut de « l'office de procureur fiscal, vacant par le décès de feu Mᵉ Thomas « Meylogan, » Mᵉ Jacques Burin, docteur en sainte théologie. Louise de Meylogan d'Arzans, fille de Thomas, épousa Jacques-Bernard Baratgin, seigneur de la Pène de Sère, du Domec d'Ayzac et de Lahitte-ez-Angles (Larcher : *Glanage*, t. XI, n° 30 et t. XII, p. 318, n° 62 ; *Dictionnaire hist. et généal.*, vᵢˢ *Bigorre*, dénombrements devant d'Iharse, *Coarraze*, la *Hitte* et *Majorau* ; *Délibérations des états de Bigorre*, feuilles volantes, aux archives des Hautes-Pyrénées, années 1604 et 1607. — Jean Mauran, notaire de Tarbes, reg. de 1596, dans l'étude de M. Theil. — Sébastien Noguès, notaire de Tarbes, reg. de 1600, f° 43, et reg. de 1606 ; Nicard, greffier, reg. de 1615, f° 9, dans l'étude de M. Duguet).

(1) Bostu, quartier de la section B de la commune de Ségus, canton de Lourdes, Hautes-Pyrénées.

(2) Ségus, Omex, Ossen, Aspin et Viger, canton de Lourdes.

(3) Canton de Nay, Basses-Pyrénées. La *bastide de Montaut* fut fondée en 1327 (archives des Basses-Pyrénées, E. 217 et 425).

(4) Canton de Nay, Basses-Pyrénées. Commune fondée au XIVᵉ siècle, sur le territoire d'Asson, au quartier d'Artigaux (Paul Raymond, *Dictionnaire topographique des Basses-Pyrénées*).

plus relevées de Barege, Cauterez, Azun, Sales et Valsoriguere. Sa longueur est d'une lieue et demie et sa plus grande largeur d'un quart de lieue. Son fonds est plainier et fertile, et divisé en deux parties par la riviere du Gave. L'une partie est apelée la Riviere de St Savin, à cause de l'abbaye de St Savin, fondée et batie audit endroit, l'abbé de laquelle est seigneur de dix villages (1) situés sur icelle Riviere; l'autre partie, qui regarde l'orient, prend le nom de son aspect vers le soleil et s'apele Davantaigue.

Sous le nom de cette vallée de Lavedan sont entendues toutes les autres, et quand on parle du païs de Lavedan, l'on y comprend tout le païs des montagnes depuis la ville de Lorde jusques en Espagne.

Au reste ledit païs de Lavedan et lieu de Campan et les villes plus voisines des montagnes, comme Senpé, Lorde et Baigneres, sont steriles de vignes, à cause des neges et de la froidure; mais partout se cueille du blé, non toutefois à suffisance pour le grand nombre du peuple. C'est pourquoi les montagnols fourmillent par la plaine et courent aux marchés pour acheter vivres, et c'est une grande merveille de voir la quantité des blés et vins qui sont journellement transportés de la plaine aux montagnes.

Or ayant fait la description des montagnes et du païs de Lavedan, qui est en partie posseddé par le seigneur vicomte de Lavedan, il me semble fort à propos d'inserer la genealogie des seigneurs vicomtes predecedés, ainsi que je l'ai pu recueillir en feuilletant le *Livre censuel* et autres documens de ladite maison, à quoi faire je suis invité particulierement par les singulieres obligations que j'ai au susdit feu messire Jean Jaques de Bourbon, lequel m'a fait l'honneur, tandis qu'il a vecu, de m'employer en ses plus grands et importans affaires.

Les guerres civiles n'ont pas seulement incommodé les villes et

---

(1) Le 24 novembre 1619, les consuls de la Rivière de Saint-Savin, assemblés dans le cloître de l'église abbatiale du monastère de Saint-Savin, déclarèrent que la Rivière — ce mot désignait un ensemble de villages répandus sur les rives d'un cours d'eau — était composée de huit villages, nommés Saint-Savin, Nestalas, Soulom, Cauterets, Balagnas, Uz et Gerbets (Gerbets est un quartier de la section A de Vier, *cadastre*), Lau, Adast. — Ms. de M. Sedze, p. 507.

chateaux du plat païs de Bigorre, mais les plus elevées forteresses, baties sur les pointes des rochers dans les montagnes. Le chateau de Beaucen (1), qui a eté depuis un grand nombre d'années et de siecles le sejour des seigneurs vicomtes de Lavedan, fut pillé par les gens de guerre du païs, meme au commencement des troubles sous Jeanne (2), reyne de Navarre et comtesse de Bigorre; et grand nombre de papiers, titres et documens y furent brulés, la perte desquels a causé l'oubli des seigneurs qui ont tenu la maison de Lavedan, leurs generations, suite et continuation d'icelles, de maniere qu'aujourd'hui nul ne peut se vanter d'en avoir une connoissance parfaite, ni de les savoir denombrer avec certitude depuis leur premiere origine. Ce que l'on peut dire de cette maison en gros, est qu'elle a fleuri depuis 500 ans et tenu le second rang aprez la maison des seigneurs comtes dans ce païs de Bigorre. Et tout ainsi que les rivieres croissent par le concours de l'eau de plusieurs fontaines et ruisseaux et diminuent aussi par la separation d'icelles en divers canaux, cette maison a eté relevée par l'accessoire d'un grand nombre de terres et seigneuries qui lui sont echues de divers endroits, et s'est abaissée par la distribution desdites seigneuries entre les puinés et legitimaires.

En Bigorre, elle a eu la vallée de Barege contenant dix-sept villages, compris le bourg de Luz; les chateaux de Beaucen, Geau et Castetlobon avec une vingtaine de villages; le chateau et seigneurie de Barbazan Debat (3) avec six ou sept villages. Et depuis avoir fait delaissement de la vallée de Bareges en faveur du seigneur comte de Bigorre, elle a joui du chateau et seigneurie d'Andrest, avec les lieux de Bagés (4), Vier (5),

---

(1) Voir dans *Les Pyrénées*, collection des guides-Joanne, la description des ruines du château de Beaucens, 1879, p. 264.

(2) Jeanne d'Albret, née à Pau le 7 janvier 1528, morte à Paris le 9 juin 1572.

(3) En 1623, la baronnie de Barbazan-Debat comprenait Barbazan-Debat, Soues, Calavanté, Lansac, Coussan, Lespouey et Montignac (*Glanage*, t. XIV, pp. 139 à 154, n° 82, dénombrement devant d'Iharse).

(4) Bayés, section C de la commune de Saint-Pastous, canton d'Argelès, Hautes-Pyrénées *(cadastre)*. « Le lieu de Bages, parroisse du lieu de St Pastor, « en Lavedan, » 24 avril 1592 (reg. de Corbeille, notaire de Tarbes, étude de M. Duguet).

(5) Réuni au village de Bordes, canton d'Argelès.

Prexac et Forgues (1), qui lui furent baillés en recompense (2).

Hors la Bigorre, elle a eu la possession et jouissance des baronies d'Aure, Manhoac, Barousse, Nestez (3), Chaudes Aygues (4) et Malause (5), ayant recueilli pareillement les droits de l'entiere succession au comté d'Armagnac.

Depuis l'an 1091 jusques à l'année 1610, ont passé 518 ans et, en cet intervale, se trouve que le nom de Lavedan a eté continué de generation en generation ez personnes des enfans males par l'espace de 387 ans ; aprez y a succedé le cognom du Lyon, ez personnes de Gaston et Louise, sa fille, par l'espace de vingt cinq ans ; et en dernier lieu, le nom et armes de la famille de Bourbon l'ont illustrée cent et six années ; desquelles familles sera parlé successivement et par ordre de tems, en suivant les memoires que j'ai pu recueillir de quelques documens qui restent en ladite maison.

Ramond Gassie de Lavedan (6) est le seigneur plus ancien duquel est faite mention au feuillet 83ᵉ du vieux *Censuel de Lavedan*, ecrit à la main sur feuillets de parchemin, tant en langue latine que vulgaire, en ces termes : *noble et poderos baro mossur Ramond Gaxie de Lavedan, seignour de Castetlobo*, en datte du 19 may 1091.

---

(1) Horgues, canton de Tarbes-sud, Hautes-Pyrénées.
(2) Publié par M. Davezac (t. II, p. 37, note 23) depuis : « Ce que l'on peut « dire de cette maison... »
(3) Les vallées d'Aure, de Magnoac, de Barousse et de la Neste portent le nom général de *Quatre-Vallées*, et sont comprises dans l'arrondissement de Bagnères-de-Bigorre.
(4) Chaudesaigues, arrondissement de Saint-Flour, Cantal.
(5) Canton de Moissac, Tarn-et-Garonne.
(6) Anermans et Anerils étaient vicomtes de la vallée de Lavedan, lorsque Raymond, comte de Bigorre, rebâtit le monastère de Saint-Savin avant l'année 945.
Fortaner, leur successeur, donna vers 980, sous Louis, comte de Bigorre, le village de Souin à Garcie, abbé de Saint-Savin. Il est mentionné, ainsi que sa femme Musola et leur fils Garcie-Forton, dans une donation, faite en l'an 1000 environ, au monastère de Saint-Orens de Lavedan, par son parent Amélius, évêque de Tarbes. C'est probablement le même vicomte qui, sous le nom de Forton, signa, avec ses deux fils Garcie et Guillaume, l'acte de fondation de l'abbaye de Saint-Pé, entre 1010 et 1032.
Garcie-Forton et Guillaume-Forton, « frères utérins et proconsuls du Lave-

Arnaud de Lavedan (1), fils de Raimond Gaxie, lui succeda immediatement, et de lui est faite mention au feuillet 86ᵉ dudit *Censuel*, duquel voici les propres paroles : 1118, *epacta 7, indictione 11, tempore quo capta est Cesaraugusta civitas a fidelibus christianis, regnante rege Antoisso in Ispania; Cettulo, comite in Bigorra; Gastone, vicecomite Bearni; Arnaldo, vicecomite de Laveda; Guillermo Fortis in Luno et in Sole; Manzlance, vicecomite de Arbois* (2). Esquelles paroles, par l'ignorance de l'ecrivain, se sont glissés quelques solecismes ; neantmoins il en resulte les noms de deux vicomtes, l'un desquels etoit Arnaud de Lavedan et l'autre nommé Manzlance, vicomte d'Arboix, lequel probablement etoit extrait de la maison de Lavedan et avoit eu pour sa legitime le village d'Arboix (3) où il fit batir la maison qui est encore nommée Cohite (4). Il devoit etre homme ambitieux puisqu'il se faisoit intituler vicomte d'un seul village.

« dan, » sont rappelés dans la constitution dotale de Gilbergue de Bigorre, femme de Ramire, roi d'Aragon, 22 août 1036.

Guillaume-Forton fut père d'Arnaud de Lavedan, abbé de Saint-Savin ; il survécut à son frère aîné et tous les deux furent remplacés par :

Raymond-Garcie I, fils de Garcie-Forton, le premier vicomte signalé par Mauran, et par Raymond-Guillaume, que le cartulaire de Saint-Savin fait connaître. Raymond-Garcie eut deux filles : Marie, femme de Guillaume-Auriol de Bénac, et Cornélie, femme d'Arnaud-Guillaume de Barbazan, qui donna, vers 1105, au monastère de Saint-Savin, la moitié de l'abbaye laïque d'Agos.

Voir Marca, *Histoire de Béarn*, pp. 802-805 et 807 ; Oihenart, *Notitia utriusque Vasconiæ*, 1656, p. 510 ; *Glanage*, t. I, p. 378, n° 163 et t. XIII, pp. 359 et suiv., n° 130 ; abbé de Vergès, notes généalogiques, aux archives des Hautes-Pyrénées, v° *Agos* ; M. Durier, *Cartulaire de Saint-Savin*, pp. 2 et 17.

(1) Arnaud I assista à la rédaction des Coutumes de Bigorre, 1097 à 1110 ; à une expédition contre Saragosse en 1114, avec Gaston, seigneur de Béarn ; le comte de Comminges ; Rotrou, comte du Perche ; Centulle, comte de Bigorre, etc. Il épousa dona Oria, comtesse de Paillas (*Glanage*, t. XIII, n° 130).

(2) Leçon de Larcher : « *Anno ab Incarnatione Domini nostri Jesu Christi m° c° xviij°, epacta vij*, indictione xj*, concurrente I* tempore quo capta est Cesar Augusta a fidelibus christianis, regnante rege Anfoisso* (Alfonse VII en Léon, II en Castille, Iᵉʳ du nom en Navarre) *in Ispania; Celtullo, comite in Bigorra; Gastone, vicecomite in Bearn; Arnaldo, vicecomite in Laveda; Guillelmo Fortis in Lana et Solo; Manz Lance, vicecomes d'Arboys, adquisivit virtute sua supradictas estivas. Valete.* » (*Glanage*, t. VII, p. 169, n° 68.)

(3) Arbouix, village réuni à Ayros, canton d'Argelès, Hautes-Pyrénées.

(4) Cohitte, ancien fief, aujourd'hui quartier de la section B de la commune de Beaucens (*cadastre*). La terre noble de Cohitte, contenant 50 arpents ou environ, confrontait : d'orient, aux terres de Nouilhan et Gézat ; d'occident, aux

Ici la famille de Lavedan est ensevelie sous les cendres d'oubli, durant le tems de 115 années (1), savoir depuis l'an 1118 jusqu'à l'an 1233 qu'on trouve le nom de Lavedan continué en la personne de Ramond Gassie (2), dans le meme *Censuel,* au feuillet 88e. Il vequit longues années, car il est parlé de lui dans plusieurs actes dudit *Censuel,* qui sont de diverses dattes et comprennent plus de 48 années, depuis l'an susdit 1233 jusques à l'année 1281. Ce Raimond Gassie (3) vendit la vallée de Barege à n'Esquivat,

terroirs de Préchac et Bielle; du midi, au terroir de Beaucens, et du nord, au terroir de Souin, « en laquelle seigneurie y a maison à haut estaige et esglize, » 29 décembre 1668 (dénombrement de dame Marie de Noé, veuve de messire Étienne de Montaut-Saint-Sivié, reg. des insinuations, aux arch. des Hautes-Pyrénées, série B).

(1) Pour combler en partie cette lacune, je citerai :
Raymond-Garcie II, fils d'Arnaud I. Femme : Cornélie, fille d'Arnaud de Barbazan-Debat, 1140-1145 (*Glanage*, t. I, p. 142, n° 60 ; mss. de l'abbé de Vergès, v° *Agos; Cartulaire de Saint-Savin*, p. 28).

Pérégrin et Tigborst, sa femme, père et mère d'Odon de Lavedan, abbé de Saint-Pé de Génerès (*Annuaire de Saint-Pé*, 1885, p. 266).

Fortaner, mis en possession du château de Vidalos par le comte de Bigorre, 1175 ; témoin du privilège accordé à l'abbaye de la Casedieu, par Gaston, comte de Bigorre, vicomte de Béarn, 1195 (*Glanage*, t. XIII, n° 130) ; mentionné avec Bernard et Raymond-Garcie de Lavedan, au *Cartulaire de Bigorre*, f° 17 v°.

(2) Raymond-Garcie III fut une des cautions données en 1216 par Pétronille, comtesse de Bigorre, à Guy de Montfort, son mari, pour l'exécution de leur contrat de mariage (*Glanage*, t. XIII, n° 130). L'acte de l'année 1233, cité par Mauran, est la donation de la dîme des Artigaux à l'église de Castelloubon, par Hugues de Pardaillan, évêque de Bigorre (*Glanage*, t. I, p. 364, n° 156). A Raymond-Garcie III, succéda Pérégrin, qui assista, le 3 novembre 1251, au testament de la comtesse Pétronille (arch. nationales, J. 294). Il mourut bientôt après, laissant de Simonne de Dours, sa femme : 1° Raymond-Garcie, qui suivra ; 2° Pérégrin, sénéchal de Bigorre en 1284 ; et 3° Tigborg, femme de Thibaut de Peyrusse, dès 1256 (*Glanage*, t. XIII, n° 130 ; *Enquête sur la Bigorre de l'année* 1300, pp. 83 et 85).

(3) Raymond-Garcie IV et non Raymond-Garcie III cité dans la note précédente. Il reçut de l'abbé de Saint-Savin, en échange de trois casaux qu'il possédait à Gaillagos, trois casaux sis à Ayné, Ourdis et Cheust, ainsi que la terre de Lassivat (commune de Soues), 1256 (*Glanage*, t. I, p. 218, n° 91). Il est qualifié seigneur de Castelloubon et figure avec noble homme Raymond-Guillaume de Lavedan, qu'Oihenart met au rang des vicomtes de Lavedan, dans la charte qui octroie des juges à Cieutat de Neurest (*Cart. de Bigorre*, f°s 27 et 31 v°). Après l'échange de Barèges, retenu par Vital Curred, notaire de Tarbes, et copié par Larcher (*Glanage*, t. I, pp. 219 à 222, n° 92), il prit le titre de seigneur d'Andrest, 1281 (Voir *Enquête de Bigorre*, p. 105). Enfin, il est témoin au testament du comte Esquivat de Chabanais, avec Fortaner de Lavedan, 1283 (*Glanage*, XIII, n° 130).

comte de Bigorre, et reçut en contrechange d'icelle, les villages de Prexac, Bagès, Vier, Andrest et Troignan (1), et 2,300 sols de morlans de soutes, pour laquelle somme ledit seigneur comte promit payer annuellement au seigneur de Lavedan la rente de 63 sols de mourlans, ainsi que plus amplement est contenu dans le contrat d'echange inseré audit *Censuel*, au feuillet 90, en datte de l'an 1272, xiij *kalendas novembris*. Et au feuillet 52 du meme *Censuel* se trouve un acte posterieur en datte, savoir de l'an 1274, *octavo idus augusti*, duquel resulte que ledit n'Esquivat ou Assinat de Chavanès, comte de Bigorre, baille la place et seigneurie de Forgues audit Ramond Gassie, seigneur de Castetlobon, en solution desdits 2,300 sols de bons mourlans et amortissement de la rente de 63 sols de mourlans. Et pour assurance dudit bail, entrent pleiges dudit seigneur comte : Arnaud Guillaume de Barbazan, Arnaud des Angles, Pierre d'Antin, Ramond de Benac et Arnaud Ramond de Castetlobon (2). Et parmi les temoins numeraires du contrat, y est nommé Pelegrin de Lavedan (3).

Il est probable qu'à Ramond Gassie succeda Arnaud de Lavedan, duquel est faite mention en divers endroits dudit *Censuel*; notamment au feuillet 110, en datte de l'an 1292 (4), *kal. septembris*. Il eut deux femmes, l'une desquelles fut nommée Arnaute, et l'autre Beatrix d'Esparros (5). Avec la premiere, il procrea un

---

(1) Le *Cadastre* mentionne le chemin de Trougnan, sur le territoire d'Andrest.

(2) Larcher a écrit en marge : « Seroit-ce Castelbajac ? »

(3) Publié par M. Davezac (II, p. 39, note 24), depuis : « Ce Raimond Gassie « vendit la vallée de Barege... »

(4) Ce qui suit est écrit d'une main autre que celle de Larcher.

(5) Mauran tombe dans une confusion déjà relevée dans l'*Enquête de* 1300. Deux Arnaud de Lavedan, l'un baron de Bigorre et seigneur de Castelloubon ; l'autre, seigneur de Beaucens, vivaient en même temps :

Arnaud II, seigneur de Castelloubon, se maria avec Béatrix d'Esparros et eut plusieurs enfants : 1° Raymond-Garcie, qui suit ; 2° Arnaud, qui suit aussi ; 3° Pierre ; 4° Frisade, femme de Pierre-Raymond-Sac d'Antin, seigneur de Bartères, chevalier au service de l'Angleterre, dont Froissart parle avec éloge (abbé de Vergès, v^{ts} *Antin* et *Ausmès*). Arnaud II vendit un fonds à la communauté d'Andrest, 1er septembre 1293 ; exerça le droit de quête à Barbazan-Debat, 5 mars 1295 ; figura comme baron de Bigorre dans l'enquête de 1300 ; assista, le 25 février 1310, avec son fils Raymond-Garcie, à la vente en faveur de la communauté d'Andrest, de cinq journaux de terre près le *Barat Besiau* (*Glanage*, tomes VIII, n° 137 ; XIII, n° 131 ; XXI, n° 268).

fils nommé Ramond Gassie et une fille nommée Beatrix, laquelle fut mariée avec Bassieux de Navailles. De Beatrix d'Esparros, il eut un fils nommé Arnaud, lequel demeura pupille sous la tutelle de sa mere. Or durant la vie dudit Arnaud de Lavedan, fut fait le changement et transmigration du lieu de Troignan au lieu où est maintenant le lieu d'Andrest, en telle façon que le terroir de Troignan demeura depeuplé des maisons et reduit en labourage, et jusqu'aujourd'huy a eté la metairie du chateau d'Andrest.

L'ainé desdits enfans, nommé Ramond Gassie (1), fut seigneur de Castetlobon après le decès de son pere. Mais il ne vecut pas longtemps, ains à sa place succeda le puisné, qui etoit seigneur d'Andrest, nommé cy dessus Arnaud (2), et fut gouverné par

Arnaud de Lavedan, seigneur de Beaucens, frère de Fortaner, épousa Arnaude, et d'eux naquirent : Auger et Béatrix, femme d'Arsin de Navailles, 1290 à 1313 (*Enquête de Bigorre*, p. 88). — « *N'Arnaut, senhor de Beossen; madone na « Arnaute, sa molher; na Benetrix, sa filla; ne de Bençaigte; ne de Constance; « ne de Arnauto; n'Arnauton de Navalhes, marié avec Benetrix,* » sont cités dans un acte trouvé chez Vergez, de Boô, *quinto in exitu novembris, anno Domini* M° CCC° IX° (*Glanage*, XIV, p. 84, n° 44). — Fortaner de Lavedan était seigneur de Beaucens, 1350 (*Glanage*, VIII, n° 37). — « L'ostau de Pellafigue « d'Arras fut donné à nouveau fief, le 16 février 1407, par n'Auger d'Arras, « damoiseau, chatelain et gouverneur des chateaux de Beaucen et Monpertus « d'Arras, et tuteur de Jeannette et de Miremonde, filles legitimes de feu « Fortaner de Lavedan, seigneur de Beaucen, et de Bonassias, dame de « Beaucen, sa femme » (*Glanage*, XIII, p. 381, n° 137). Cette branche étant tombée en quenouille, Raymond-Garcie de Lavedan, seigneur de Lavedan, l'était aussi de Beaucens, le 30 mars 1410, suivant bail en faveur de Bernard du Thil, du lieu d'Adast (*Glanage, loc. cit.*).

(1) Raymond-Garcie V prend le titre de seigneur de Castelloubon dans la « *carte de padoence* » d'Andrest, 9 mars 1319 ; transige la même année avec les habitants de Léret et de Louzourn sur l'usage des bois ; plaide contre Arnaud, seigneur de Beaucens, au sujet du port d'Ossère, 1338 (*Glanage*, VIII, n° 37). Il fit un codicille à Monségur, diocèse de Bazas, le 2 octobre 1338, et nomma comme exécuteurs testamentaires : Manaud de Bénac, seigneur de Lanne, et Arnaud de Lavedan, damoiseau, seigneur d'Andrest, *son frère* (Larcher, *Dictionnaire hist. et gén.*, v° *Barbazan-Dessus*, feuille détachée jointe au volume). Larcher (*Calendrier du diocèse de Tarbes* pour l'année 1761, petit vol. ms., qui appartient à M. Magenties, ancien archiviste des Hautes-Pyrénées, p. 50) dit, conformément à Mauran, et contrairement à ce que j'ai avancé, sur la foi d'Oihenart, dans l'*Enquête de l'année* 1300, qu'il mourut sans postérité.

(2) Arnaud III, sous la tutelle de sa mère Béatrix d'Esparros, les 9 mars 1319 et 19 octobre 1321 (*Glanage*, XXI, n° 268), est désigné comme seigneur d'Andrest et de Coussan, le 8 juin 1346 (*Dict. hist. et généal.* de Larcher, v° *Coussan*, et *Glanage*, I, 308) ; comme seigneur de Castelloubon, le 9 avril 1347, et encore comme seigneur d'Andrest, le 16 décembre 1376 (*Glanage*, XIII,

laditte d'Esparros, sa mere. Le 25 jour du mois d'avril de l'an 1350, cet Arnaud de Lavedan achepta la seigneurie de Cucuron, pour le prix de 2,050 deniers d'or à l'ecu; et audit achapt fut present Fortanier de Lavedan, sieur de Beaussen.

Les noms d'Arnaud et de Ramond Gassie ont eté si frequents et si familiers aux seigneurs de Lavedan, qu'ils les ont imposés alternativement à leurs successeurs. Voilà pourquoy il se rencontre, après ledit Arnaud de Lavedan troisieme, un sien fils et successeur, nommé Ramond Gassie (1), qui est le quatrieme de ceux qui ont eté mentionnés cy dessus de ce mesme nom, et de luy est faitte mention audit *Censuel*, en divers feuillets, lesquels temoignent iceluy avoir tenu la seigneurie de Lavedan, puis l'an 1390 jusques à l'an 1410, qui est durant vingt années.

Après ledit Ramond Gassie, la succession de Lavedan vint à un quatrieme Arnaud de Lavedan (2), fils dudit Ramond Gassie.

---

n° 135, et XXI, *loc. cit.*). « ARNAUD DE LAVEDAN, sire d'Andrest, chevalier : « *Sceau rond, de 20 mill. — Écu portant trois corbeaux à la bande brochant, « dans un trilobe. — Légende détruite.* — Guerres de Gascogne. Quittance de « gages. Caussade, 13 avril 1353 » (G. Demay, *Invent. des sceaux de la collect. Clairambault*, n° 5139).

(1) Raymond-Garcie VI, seigneur de Castelloubon, figure aussi dans plusieurs actes, rapportés par Larcher, et extraits du *Livre vert de Bénac*, c'est-à-dire du *Censuel* invoqué par Mauran, comme le sont du reste la plupart de ceux visés dans ces notes. Voir *Glanage*, VIII, n° 37 : 1390, 19 mai 1391, 1er octobre 1397, 23 mars 1404. C'est ce baron de Lavedan qui fit rédiger le *Livre vert*: « A. D. M. « CCCC. V, *lo ters jorn de gener, fe comensar escrive mossen Ramon Gaxie de « Lavedan, senher de Castedloboo, lo present censuau a mi Domenge de la « Rivau, de la ciutad de Tarba, escrivaa de letra formada, los sees, he fius, he « devers de la baronia de Castedloboo he deu bayliage de Barbazan Debad* » (*Glanage*, XIV, p. 271, n° 172), compilation, dit Larcher, faite par « un ecrivain « qui n'etoit pas correct. On voit Raimond Garsie de Lavedan, tiré en titre, « avec son ecusson qui est *d'argent à trois corneilles de sable membrées et « becquetées de gueules*, 2 et 1 » (*Glanage*, XIII, n° 130).

Raymond-Garcie vivait encore le 15 mai 1415 (ms. du Père Laspale, aux arch. communales de Bagnères, titres de Bagnères et de Pouzac).

Il eut entre autres enfants : 1° Arnauton de Lavedan, aîné ; 2° Bertrande, mariée suivant contrat retenu par Bernard Dumestre (*de Mugistro*), nôtaire de Tarbes, dans l'église du couvent des Cordeliers de cette ville, le 3 octobre 1387, à Jean, vicomte d'Asté. Dot : 1,200 francs d'or, lit, habits et joyaux. Ce contrat fut ratifié, le 16 août 1392, au lieu d'Andrest, par le père et le frère de Bertrande (mss. de l'abbé de Vergès).

(2) Arnaud IV, appelé Arnauton dans le contrat de mariage de sa sœur, seigneur de Casteljaloux, sénéchal de Bigorre et capitaine de Lourdes pour le roi d'Angleterre, 1409 à 1421. Il prit la qualité de sénéchal pour le roi de

J'ay vu la copie d'un testament fait par ledit Arnaud de Lavedan, le 26 aoust 1422, regnant Charles, roy de France, et Bonsom etant evesque de Tarbes (1), duquel resulte que ledit Arnaud de Lavedan avoit un frere nommé Ramond de Lavedan, et une sœur nommée Condesse de Lavedan, dame d'Antin (2); qu'il a eté marié, premierement avec Civilie de Coarraze et, en second lit, avec Brunisende de Gerderet, et que d'icelles il avoit procreé huit enfans, les cinq males nommés Ramond Gassie, qui est intitulé abbé de Saint Savin (3), Ramond Arnaud (4), Ber-

France en 1409 et 1410, lorsqu'il choisit Jean de La Lane pour son lieutenant dans un procès soutenu par Auger, seigneur d'Ossun, contre les habitants d'Orleix. Guidamor de Aula, *alias* Gadifer de la Salle, sénéchal de Bigorre pour le roi de France, vendit une maison à Tarbes, à « noble Arnaud de Lavedan, « seigneur d'Andrest et de Castelgeloux, qui etoit fils emancipé de noble et « puissant homme Raymond-Garsie de Lavedan, chevalier, » vers 1405 (*Glanage*, XIII, n° 135; *Dictionnaire hist. et généal..*, v° *Bigorre*, notes sur les sénéchaux). Le testament d'Arnaud d'Antin, chevalier, baron d'Antin, du 8 octobre 1415, fut expédié en 1417, « d'autorité d'Arnaud de Lavedan, « seigneur de Casteljaloux et sénéchal de Bigorre » (mss. de l'abbé de Vergès). Ce fut à cet Arnaud de Lavedan ou à son fils, qui portait le même prénom, que Jean, comte de Foix et de Bigorre, donna, le 21 mai 1426, dans le château de Mauvezin, la vallée d'Azun, hommes, femmes, justice basse et *faymidret*, réservant la haute justice, souveraineté et ressort (*Dict.* de Larcher, *ibidem*, hommages devant d'Iharse, et *Glanage*, XXII, p.234). « ARNAUD DE LAVEDAN, « sénéchal de Bigorre, capitaine de... : *Sceau rond, de 30 mill.* — *Écu portant « trois corbeaux au lambel, penché, timbré d'un heaume à lambrequins couronné « et cimé d'une touffe.* — S. ARNAUT DE LA..DAN [capitales gothiques] — « Guerres de Languedoc et de Guienne. Quittance de gages. 10 septembre « 1420 » (G. Demay, *loc. cit.*, n° 5140).

(1) Bonhomme d'Armagnac, élu vers 1417, mort à Saint-Pé, le 17 mai 1427 (Larcher, *Calendrier*, p. 17).

(2) Comtesse de Lavedan, fut la troisième femme de Comtebon IV, baron d'Antin. Le contrat est du 1ᵉʳ février 1392 (*Armorial des Landes*, par le baron de Cauna, t. III, p. 32). Comtebon donna quittance d'une partie de la dot, le 4 septembre 1399, à Raymond-Garcie, vicomte de Lavedan, et à Arnaud, son fils, ses beau-père et beau-frère (preuves de noblesse devant Chérin, 1787, v° *Antin*, aux arch. des Hautes-Pyrénées, série E).

(3) Il fut, en effet, chanoine et archidiacre de Tarbes, et ensuite abbé de Saint-Savin, 1419-1442. Deux baux à fief, passés au lieu d'Arcizans-Avant, font mention de lui. Le premier de ces actes, en date du 26 janvier 1427, concerne le casal de Micoo; le second, en date du 20 décembre 1439, mentionne notre abbé et huit de ses religieux, qui stipulèrent en leur nom et au nom de quatre de leurs confrères qui étudiaient à Toulouse. Dans ce dernier bail figurent Pérégrin de Lavedan, prieur de Beaucens et aumônier, et Raymond-Arnaud de Lavedan, moine à Saint-Savin (Larcher, *Dict. hist. et généal.*, v° *Saint-Savin*).

(4) Fortanier de Linéa, notaire de Tarbes, retint, le 22 décembre 1465, le tes-

trand (1), Pelegrin (2) et Jean; les filles sont nommées Galiane, femme de Bernard de Riviere, senechal d'Armaignac; Blanchefleur et Margueritte. Entr'autres dispositions, ledit testateur veut et ordonne que ledit Ramond Arnaud de Lavedan, son fils, soit prestre et chanoine de Tarbe, et que ledit Jean, son autre fils, soit de l'ordre Saint Jean de Jerusalem. Il fit aussy plusieurs legats en diverses especes de monnoye, qui avoient cours aud. temps, sçavoir : ducats, ecus d'or, florins, moutons, monesques, guillaumes, nobles et francs. Il est aussi fait legat aux filles d'un Arnaud Guillem de Lavedan, et Jean de Lavedan, sieur de Beaudean, est prié d'estre executeur testamentaire. Ledit Arnaud, testateur, survequit plusieurs années après ledit testament, car il se trouve

tament de noble Raymond-Arnaud de Lavedan, écuyer, habitant à Bours. Le bien noble des Lavedan, à Bours, s'appela plus tard la *métairie de Horgues* et puis de *Piémontois*. — Résumé du testament : Raymond-Arnaud veut être inhumé « *in capellâ majori ecclesiæ Fratrum minorum beati Francisci et in tumulo sive* « *foveâ ubi nobilis domina Brunicenda de Gerderesto, quondam mater sua, est* « *sepulta;* » il fait des legs pies; il déclare que noble et puissant Bernard de Béarn lui doit 1,000 florins pour reste du prix de vente de la terre de Gerderest; qu'il a payé, en qualité d'héritier de ladite Brunicende, sa mère, à noble et puissant seigneur Raymond-Garcie de Lavedan, chevalier, seigneur de Lavedan, 200 florins, à raison d'un legs fait audit seigneur par ladite Brunicende; et, pour la même cause, 100 florins à noble Arnaud de Lavedan, archidiacre de Rivière. Il ajoute que dans le contrat de mariage de feu noble Bertrand de Lavedan, son frère, avec la dame de Sauveterre, ladite Brunicende avait promis 100 florins à dame Miramonde de Lavedan, dame de *Incalcia* (Encausse), et qu'il avait aussi payé cette somme. Il donne ses biens maternels à noble Jean de Lavedan, seigneur de Sauveterre, son neveu; lègue certaines sommes à nobles Marguerite de Sauveterre et Mariote de Lavedan, ses nièces, filles bâtardes de noble Bertrand, son frère; et institue pour héritier universel ledit noble et puissant seigneur Raymond-Garcie de Lavedan, chevalier, seigneur de Lavedan, son neveu. Exécuteurs testamentaires : noble et puissant seigneur Arnaud de Montaut, seigneur de Bénac; frère Aner de Lavedan, cordelier, etc. Le siège épiscopal de Tarbes était alors vacant (*Glanage*, XVI, p. 455).

(1) Tige des seigneurs de Sauveterre (Hautes-Pyrénées) du nom de Lavedan. « Jaquete de Riviere, dame de Sauveterre, fut mariée avec noble Bertrand de « Lavedan, fils d'Arnaud, vicomte de Lavedan, et de Brunicende de Gerderest, « sa seconde femme. La mere de Bertrand parle de son fils comme marié avec « Jaquete, dans son testament, retenu le 7 mai 1453, par Colini, notaire de « Tarbe » (Larcher, feuilles volantes, arch. des Hautes-Pyrénées, titres *Riviere*).

(2) Seigneur de Siarrouy, mort sans postérité. (*Enquête sur l'ancien usage de succéder, dans les maisons des gentilshommes de Bigorre*, 1494, imprimé, aux arch. des Hautes-Pyrénées, série E.)

qu'en l'année 1426 et le 19 jour du mois de may, il accepta la donation que Jean, comte de Bigorre, luy fit des fiefs d'Azun. La conjecture est fort probable que led. Arnaud de Lavedan eut une troisieme femme nommée Marthe d'Astarac (1), parce que dame Philippe de Commenge, comtesse d'Astarac, par son codicile, fait legat à laditte Marthe, sa fille, qui est intitulée vicomtesse de Lavedan; et ledit codicile, en datte de l'an 1437, correspond au temps que ledit Arnaud de Lavedan etoit en vie (2).

(1) Auger de Tuzaguet, chevalier, seigneur de Saint-Lanne (Hautes-Pyrénées) et de Cahuzac (Gers), épousa, suivant contrat du 15 février 1435, Blanchefleur de Lavedan, fille d'Arnaud, vicomte de Lavedan, et de Marthe d'Astarac (notes de l'abbé de Vergès, v° *Saint-Lanne*). Marthe d'Astarac était fille de Jean I et de Philippe de Comminges. Puisque Arnaud IV de Lavedan ne signale dans son testament du 26 août 1422, rapporté par Mauran, que ses deux premières femmes, il faut admettre, si le fait de son troisième mariage est vrai, qu'il n'a pu l'accomplir qu'après 1422, et il résulte de là que Blanchefleur, fille de ce vicomte et de Marthe d'Astarac, avait à peine 12 ou 13 ans au moment de son contrat avec le seigneur de Saint-Lanne.

(2) Il se peut qu'Arnaud IV de Lavedan fût encore en vie en 1437, mais il se peut aussi qu'il fût mort et déjà remplacé par Arnaud V, son fils aîné, dont l'auteur de la *Sommaire description* a ignoré l'existence.

Arnaud V, vicomte de Lavedan, épousa Jeanne de Lavedan-Beaucens. L'analyse de son testament, que j'ai trouvé parmi les feuilles détachées des manuscrits de Larcher, permettra d'établir l'identité de ce personnage : le 20 septembre 1441, Guillaume de Colomiès *(de Colomeriis)*, notaire de Tarbes, retint cet acte, où noble et puissant seigneur Arnaud de Lavedan, chevalier, seigneur de Lavedan, après avoir choisi pour lieu de sa sépulture l'église des Cordeliers, de Tarbes, ordonne que les testaments faits par nobles et puissants seigneurs Arnaud de Lavedan, son père, et Raymond-Garcie de Lavedan, son aïeul paternel, soient exécutés de point en point. Il lègue les robes de drap d'or qu'il possède, pour en faire des chapelles; fait un legs à noble Fortanier de Lavedan, son... — la feuille suivante est égarée; sur celle qui vient après, sont nommés : — ... noble Bernard de Lavedan et noble Jeanne de Lavedan, tous trois ses enfants légitimes; s'ils n'ont pas de postérité légitime, le testateur appelle à la succession noble Pérégrin de Lavedan, son frère; noble Bertrand de Lavedan, seigneur de Sauveterre, aussi son frère, et noble Raymond-Arnaud de Lavedan, son troisième frère. Exécuteurs testamentaires : nobles et puissants seigneurs Raymond-Arnaud, seigneur de Coarraze; Pierre, seigneur d'Antin; Jean, vicomte d'Asté, sénéchal de Bigorre; Bernard de Coarraze, seigneur d'Odos, chevaliers; et noble Jean de [Lavedan], seigneur de Baudéan. Ce testament fut passé au château de Barbazan-Debat, Roger étant évêque de Tarbes, en présence de noble Raymond-Garcie d'Asté, noble Jean de Momas, du curé de Juillan et de quatre autres prêtres.

Les frères d'Arnaud V semblent énumérés dans le document qui précède, selon leur ordre de naissance, tandis que dans le testament d'Arnaud IV, résumé par Mauran, cet ordre paraît interverti. Jean qui y occupe le dernier rang n'est

Des cinq enfans males cy dessus mentionnés, il ne se trouve memoires qui nous instruisent quelles fortunes ils eurent, ny combien ils vecurent; seulement il resulte que ledit Ramond Gassie (1) fut seigneur de Lavedan après son pere et que le 4 septembre 1478, par sentence arbitralle qui est à present ez mains du s^r de Forgues, les villages d'Ayné et Ossun ès Angles, Soues et Forgues en Bigorre, et Gayon en Bearn, furent adjugés à Bernard de Lavedan, frere dudit Ramond Gassie et fils de laditte de Gerderest, pour sa legitime. En quoy se remarque l'erreur du nom dudit legitimaire, nommé Bertrand par ledit testament, et Bernard par la sentence des arbitres (2). Ramond Gassie fut marié à Belegard de Montesquiu, et leur contrat de mariage, passé à Sensever de Rostan, le 18 d'avril 1437,

---

autre qu'Arnaud V; c'est sous le prénom de *Jean* que celui-ci est aussi désigné dans l'*Enquête de l'année* 1494 *sur l'ancien usage de succéder dans les maisons des gentilshommes de Bigorre* (arch. des Hautes-Pyrénées). D'après cette enquête, ses fils furent :

1° Raymond-Garcie, dont l'article suivra ; 2° Arnaud, chanoine de Tarbes ; 3° frère Aner, de l'ordre de Saint-François, prieur ou administrateur du prieuré de Saint-Orens. Arrêté sur les plaintes du chapitre de Tarbes, il fut élargi le 24 décembre 1473 (*Glanage*, XIII, n° 73); 4° Bernard, qui fit la branche de Horgues.

Jeanne de Lavedan, « fille d'Arnaud et de Jeanne de Beaucens, et sœur de « pere et de mere » de noble et puissant seigneur messire Raymond-Garcie de Lavedan, chevalier, seigneur de Lavedan et de Beaucens, fut mariée à Arnaud de Montaut, chevalier, seigneur de Montaut et baron de Bénac. Les conjoints ratifièrent leurs conventions matrimoniales par contrat du 23 janvier 1457, retenu dans la maison d'Arnaud de Lavedan, bachelier en droit canon, chanoine et archidiacre de Tarbes, par Jacques Abeuxis, notaire d'Ibos (Larcher, *Dict. hist. et généal.*, v° *Montaut*).

(1) Il ne s'agit pas ici, comme l'a cru Mauran, de Raymond-Garcie, abbé de Saint-Savin, mais de son neveu Raymond-Garcie VII, seigneur de Lavedan et de Beaucens. Ce dernier village lui était venu, dit l'enquête de 1494, *ex parte matris*. Il fut sénéchal de Bigorre pour le comte et figure dans divers actes des années 1446 à 1488 (Larcher, *Glanage*, XIII, n° 138, et *Dict. hist. et généal.*, v^{is} *Bigorre* et *Siarrouy*).

(2) Nous savons qu'il n'y a erreur ni dans le testament, ni dans la sentence ; nous savons aussi que Bernard, neveu de Bertrand, n'était pas fils de Brunicende de Gerderest. Il passa quelque temps au service du roi de France, et, à son retour, demanda à Raymond-Garcie, son frère aîné, sa part légitimaire. On lui donna Horgues, Soues, Ossun-ez-Angles, et la métairie de Bours, en Bigorre, et le village de Gayon, en Béarn. Avant Bernard, Horgues avait été tenu par « un certain Raymond-Garcie de Lavedan » qui le garda jusqu'à sa mort (enquête de 1494).

contient les clauses suivantes : que Assieu de Montesquiu, seigneur de Montesquiu, et pere de ladite Belegard, constitue dot à sa fille de la somme de cinq mille florins d'Aragon, valant chaque florin dix sols de six liards piece ou six mourlans de ceux qui avoient cours audit temps, et des habillements convenables à l'etat des maisons d'où elle part et où elle s'en va; que moyennant laditte dot, lad. de Montesquiu renoncera à tous droits presents et à venir au cas y aura enfans males et, en ce cas, lesdits florins d'Aragon seront florins de France; autrement lad. de Montesquieu sera heritiere. Comme aussi si les enfans males deceddent en age pupillaire ou autrement sans faire testament, se reserve ledit Assieu de tester et disposer de deux mil florins de la valeur susditte en faveur de qui bon luy semblera et pour son ame et pour l'entretien de sa femme en vesvage. Que si audit Assieu survivent trois filles ou plus, outre laditte Belegard, sans aucun male, que chacune desd. filles sera dottée de trois mille florins de la valeur susditte et habillements convenables, payables par lad. Belegard; et s'il n'y reste que deux filles outre laditte Belegard, chacune d'icelles sera dotée de quatre mil florins d'Aragon et habillements convenables; et s'il n'y reste qu'une fille, outre laditte Belegard, que lad. fille sera dotée de cinq mil florins, lit et habillements convenables. Que ledit Arnaud de Lavedan fera heritier ledit Ramond Gassie et que ledit Ramond Gassie succedera, après la mort de son pere, en tous les biens d'iceluy, sçavoir en la baronie et Estreme de Castetlobon, de Castetgeloux (1), Andrest et Siarroy (2) et autres rentes qu'il jouit, tant en la montagne qu'en la plaine, sauf que si led. Arnaud de Lavedan se remarie, que l'ainé masle du second mariage sera seigneur de Barbazan, Soues (3) et Forgues, et ses descendans masles à jamais, et si sont filles, seront adottées suivant la portée de la maison, et que lesd. terres retourneront audit Ramond Gassie,

---

(1) Casteljaloux, ancien fief, à côté de Mingot, en Pardiac, diocèse de Tarbes (carte de Cassini). Jean de Gerderest, seigneur de Laguian, vendit à Arnaud de Lacassagne, capitaine de Leucate, le terroir de « Castetjeloux près Rabastenx de « Bigorre, » suivant acte de Jean de Salefranque, not. de Rabastens, du 13 octobre 1467 (*Glanage*, x, p. 273, n° 43).

(2) Siarrouy, canton de Vic-Bigorre, Hautes-Pyrénées.

(3) Canton de Tarbes-sud, Hautes-Pyrénées.

ou son heritier; que le premier enfant masle à naistre dudit mariage desdits Ramond Gassie et Belegard sera heritier de tous les biens presents et à venir desdits Arnaud et Ramond Gassie de Lavedan; et si le premier n'est habile, le second; et si le second n'est habile, le tiers; et, en deffaut des masles, la premiere fille habile sera heritiere et à deffaut d'icelle, la seconde, etc.; que s'il advenoit le cas que les enfans à naistre dudit mariage recueillissent la succession des biens de Lavedan et de Montesquieu et decedassent en age pupillaire ou sans enfans, qu'en ce cas les heritages retournent aux plus proches de son cognom et lignage; que s'il y a plusieurs enfans masles nés dudit mariage, ledit Assieu en pourra choisir un pour le faire heritier, à la charge de porter le nom et les armes de Montesquieu. Si lesdits Ramond Gassie et Belegard ne pouvoient s'accorder de vivre en la compagnie d'Arnaud, que ledit Arnaud leur baillera les lieux de Barbazan et Soues pour jouir des revenus d'iceux jusqu'à ce que ledit Arnaud leur fera jouir des lieux d'Andrest et Siarroy qui sont tenus, sçavoir : Andrest, par madone de Lavedan; et Siarroy, par Ramond de Lavedan.

De ce mariage furent procreées deux filles : Jeanne et Catherine (1). Laditte Catherine, puisnée, fut dame de Castelbayac (2) et laditte Jeanne fut donataire des biens paternels et maternels par la liberalité de ses pere et mere. La donation du pere se trouve avoir eté ratiffiée par Magdelaine (3), mere et administresse de feu Febus (4), comte de Bigorre, et celle de la mere est

---

(1) Il y en eut une troisième, Bernardine, fiancée en bas âge, le 23 janvier 1457, à noble Jean de Montaut, fils d'un premier mariage d'Arnaud de Montaut qui épousa le même jour Jeanne de Lavedan, sœur du père de Bernardine (Voir p. 27, note 2, *suprà*). Bernardine était veuve de Jean de Montaut en 1481 ; elle en avait eu une fille unique nommée Madelaine, qui devint femme d'Auger, seigneur de Castetpugon. La mère se remaria avec Jean de Montferrand, (Larcher, *Dict. hist. et généal.*, v° *Montaut;* arch. des Basses-Pyrénées, E. 383).

(2) Larcher et Saint-Allais l'appellent Antoinette. D'après Larcher, son contrat de mariage avec Pierre-Arnaud, seigneur de Castelbajac et sénéchal de Bigorre, est du 15 janvier 1460 *(Glanage,* VIII, n° 20; *Nobiliaire univ. de France,* t. VII, p. 184).

(3) Madelaine de France, 5e fille de Charles VII et de Marie d'Anjou, née le 1er décembre 1443, morte à Pampelune en 1486.

(4) François-Phœbus, roi de Navarre, mort à Pau, à l'âge de 16 ans, le 29 janvier 1483.

en faveur du mariage qui se devoit contracter entre laditte Jeanne de Lavedan et Jean de Lomaigne, chevalier, fils legitime et naturel de Jean de Lomaigne, chevalier, vicomte de Coserans et seigneur des terres de Fieumarcon, et contient la reservation de disposer à la vie et à la mort, de deux mil florins, portés par Catherine Curton, mere de laditte Belegard, en la maison de Montesquieu. Toutes fois je n'ay trouvé memoires qui certiffient l'accomplissement de tel mariage. Bien aye je trouvé que dix ans après, elle fut mariée à Gaston de Lyon (1), comme sera dit cy après.

Or ledit Ramond Gassie de Lavedan est le dernier masle du nom et famille de Lavedan, car ors qu'il eut deux freres, l'un nommé Ramond Arnaud de Lavedan; l'autre Pelegrin de Lavedan, seigneur usufructuaire de Siarroy; et ledit Bernard de Lavedan, neamoins ledit Bernard fut chef de la maison et seigneurie de Forgues, ayant renoncé aux droits de Lavedan en faveur de lad. Jeanne, et les autres predecederent ledit Ramond Gassie, lequel vivoit encore en l'année 1490.

Le mariage de lad. Jeanne de Lavedan fut traitté dans le chateau d'Andrest, le 17e jour du mois d'aoust, l'an 1467, avec Gaston du Lyon, sieur de Besaudun et senechal de Xaintonge, fils legitime et naturel de Hispan du Lyon, s^r de Villesegure (2) et abbé d'Ortez (3). Est convenu par le contract de mariage que ledit Gaston du Lyon portera au douaire la somme de huit mil ecus d'or; que lad. Jeanne de Lavedan sera heritiere universelle desdits Ramond Gassie de Lavedan et Belegard de Montesquieu, ses pere et mere, et les autres filles dottées, si ledit sieur de Lavedan meurt sans enfans masles; et au cas ledit s^r de Lavedan de ce mariage ou autre procreera enfant ou enfans masles, que le premier habile sera heritier et lad. Jeanne de Lavedan dotée de cinq mil ecus, et les huit mil ecus seront rendus aud. s^r du Lyon; et si ledit enfant ou enfans masles meurent sans heritier masle de loyal mariage procreé, en tel cas, la succession de Lavedan sera

---

(1) Voir *Armorial des Landes*, par le baron de Cauna, t. III, p. 304.
(2) Vielleségure, canton de Lagor, Basses-Pyrénées.
(3) Orthez, chef-lieu d'arrondissement, Basses-Pyrénées.

reservée à lad. Jeanne et à son heritier, et en cas de separation de mariage sans heritier procreé par lesd. mariés ou descendants d'iceluy, que la succession des biens de Gaston retourne à ses plus proches et la succession du sieur de Lavedan et de sa fille aux plus proches parents de leur coté, sans que l'une partie aye aucun droit sur l'autre, sauf la restitution des sommes portées; que si ledit Gaston est survivant à sa femme, y ayant enfans, ledit Gaston recouvrera quatre mil ecus s'il se veut marier ailleurs; qu'au cas ledit Gaston sera seigneur de Lavedan à l'occasion de laditte Jeanne de Lavedan, sera tenu prendre le titre de seigneur de Lavedan et de Beaussen, et porter les armes de lad. maison stercelades (1) des siennes, faisant honneur à celles de Lavedan; et les enfans dudit mariage porteront le nom et armes de Lavedan, comme dit est, stercelades. Que si de leur mariage il y a un ou plusieurs enfans masles, le premier sera heritier de tous les biens de Gaston, presents et à venir, paternels et maternels, et les autres fils et filles seront dotés en argent; et en deffaut des masles, la premiere fille sera heritiere. Que si ledit Gaston predecede laissant filles; et, qu'après, laditte Jeanne de Lavedan aye enfans masles d'autre mariage, la premiere fille de leur mariage aura trois mil francs, si elle est seule, et s'il y en a plusieurs, elle aura deux mil francs, et chacune des autres, mil francs sur la maison de Lavedan, outre la succession paternelle. Que ledit Gaston employera lesd. huit mil ecus au desengagement des fiefs de Barbazan, des lieux de Castillon (2) et de Gayon. Or laditte somme de huit mil ecus fut payée par ledit du Lyon audit Ramond Gassie, son beau pere, qui la reconnut et confessa par acte du 24 fevrier 1469, et au dessus d'icelle somme, ledit du Lyon porta dans la maison de Lavedan plusieurs autres commodités, nottament la succession au comté d'Armaignac. Car en l'année 1473, et le 16ᵉ jour du mois de may, dame Isabeau d'Armaignac, seur de Jean, comte d'Armaignac, auparavant deceddé, fit donation des droits qu'elle avoit en la succession du comté d'Armaignac en faveur dudit du Lyon; à suite de laquelle

---

(1) Pour *écartelées*.
(2) Canton de Lembeye, Basses-Pyrénées.

donation y eut procès en parlement de Paris entre ledit du Lyon, le duc d'Alençon, le sire d'Albret et le duc de Vendosme, lequel ne fut oncques jugé deffinitivement. Pour entendre les droits que ledit du Lyon avoit en la succession d'Armaignac en force de laditte donation, il est à propos de repeter la genealogie des comtes d'Armaignac, ainsy que je l'ay trouvé depeinte en une feuille de papier, dans le chateau de Beaussen :

Geraud, comte d'Armaignac (1), descendu de la maison d'Espaigne, eut un fils nommé Bernard premier (2), lequel epousa Cecile, heritiere universelle d'Henry, comte de Rhodez et, par ce mariage, furent les deux comtés de Rhodez et d'Armaignac unis ensemble. Ils procreerent deux fils, nommés Jean et Bernard; et deux filles, nommées Jeanne et Marthe (3). Ledit Bernard mourut fort jeune, vivant le pere. Jeanne fut mariée au duc de Berri; Marthe au duc de Gironde. Jean, premier de ce nom, comte d'Armaignac, epousa Beatrix d'Arragon (4), et d'eux est descendu Jean deuxieme. Jean premier fit deux testaments, l'un en l'an 1344 (5), par lequel il substitua lad. Marthe, sa sœur; l'autre en l'an 1373 (6), par lequel institua ledit Jean, son fils, et lui substitua nomement Jean et Bernard, ses neveux (7), fils dudit Jean, son fils, et leurs enfans; et substitua aux enfans de ses

---

(1) Géraud V, comte d'Armagnac, mari de Marthe de Moncade, fille de Gaston VII, vicomte de Béarn.

(2) Bernard VI, comte d'Armagnac, épousa : 1° Isabelle d'Albret; 2° Cécile de Rhodez.

(3) Jeanne d'Armagnac, mariée à Jean de France, duc de Berry; et Marthe d'Armagnac, femme de Jean II d'Aragon, duc de Gironde, étaient filles de Jean I, comte d'Armagnac.

(4) Il épousa en premières noces Régine de Gouth, et en deuxièmes noces Béatrix de Clermont, fille de Jean de Clermont, seigneur de Charolais.

(5) Larcher donne à ce testament la date du 17 février 1346. Le comte d'Armagnac y confia la tutelle de ses enfants à Géraud de Labarthe, seigneur d'Aure et de Magnoac, son cousin germain, et à Thibaut de Barbazan, chevalier, seigneur de Marseillan au diocèse d'Auch, comté de Fezensac, frère puîné d'Arnaud-Guillem de Barbazan, chevalier, seigneur de Barbazan, Castelvieilh et Montgaillard en Bigorre (*Glanage*, XIV, n° 230).

(6) Le second testament de Jean I est du 5 avril 1373. — Voir *Documents relatifs à la chute de la maison d'Armagnac-Fezensaguet* (*Arch. hist. de la Gascogne*, fascicule deuxième), p. 52, note 2.

(7) Ce mot « neveux » doit être entendu dans le sens de « petits-fils » (*nepotes*).

neveux, *et liberis eorum, ultimos descendentes*; et voulut que toutes ses terres qu'il unit, demeurassent perpetuellement *in familia sua, sui filii, nepotum et liberorum substitutorum, et in familia omnium et quorumcunque aliorum a suis filio, nepotibus et substitutis nominatim descendentibus*, pourvu toutefois que tandis qu'il y aura masle descendant de masle, les femmes soient excluses. Ledit Jean second epousa Jeanne de Perigueux (1) et avec elle procrea deux enfans, nommés Jean et Bernard. Jean, surnommé le Gras, troisieme de ce nom, comte d'Armaignac, mourut en Lombardie (2) pour la deffence du royaume. Il eut deux filles, l'une desquelles, nommée Jeanne, fut mariée au seigneur de Lesparre (3); l'autre fut mariée au vicomte de Narbonne (4). Lesd. filles, à cause de laditte substitution faitte par Jean premier en faveur des masles, ne succederent aux comtés d'Armaignac et de Rhodez, mais ledit Bernard. Ce Bernard, second du nom (5), fut connestable de France, et epousa Bonne de Berry, avec laquelle procrea cinq enfans, nommés Jean, Bernard, Marie, Bonne et Anne. Marie ne fut oncques mariée. Bonne fiança le duc d'Orleans, Charles, et n'eut aucuns enfans. Anne fut mariée à Charles, sire d'Albret, et de ce mariage sont sortis Jean d'Albret, vicomte de Tartas, et de luy et Catherine de Rohan, Alain d'Albret. Bernard d'Armaignac, apellé comte de Pardiac, procrea Jacques d'Armaignac, duc de Nemours, executé à mort en la ville de Paris (6), et ledit Jacques procrea Jean, Louis, Margueritte et Charlotte d'Armaignac, qui sont trepassés sans enfans. Jean, quatrieme de ce nom, comte d'Armaignac, fils ainé dudit connestable, procrea cinq enfans, nommés Isabeau, Jean, Charles, Marie et Alienor. Marie epousa Jean, duc d'Alençon; Alienor fut mariée au prince d'Orange (7),

---

(1) Jean II, comte d'Armagnac, dit le Bossu, épousa Jeanne de Périgord, fille de Roger-Bernard, comte de Périgord, et d'Éléonore de Vendôme.
(2) Au siège d'Alexandrie, le 25 juillet 1391.
(3) Guillaume-Amanieu de Madaillan, seigneur de Lesparre.
(4) Marguerite, la cadette, épousa Guillaume III, vicomte de Narbonne.
(5) Bernard VII, comte d'Armagnac.
(6) Le 4 août 1477. — Voir le procès de Jacques d'Armagnac, extrait des reg. du parlement de Toulouse, à la bibliothèque de Toulouse, ms., année 1477, n° 533 (II, 9).
(7) Louis de Chalons, prince d'Orange.

et d'elle pretendent estre descendus Jeanne de Challons, femme du sieur de la Chambre (1), dame d'Aix, et François Philibert de Seissel. Jean, cinquieme de ce nom, comte d'Armaignac, fut tué à Lectoure (2), sans laisser aucuns enfans, et led. Charles mourut insensé, n'ayant aussy procreé aucuns enfans legitimes, tellement que laditte Isabeau d'Armaignac, fille aynée de Jean quatrieme, recueillit la succession du comté d'Armaignac et cedda ses droits audit Gaston du Lyon, desquels il ne peut jouir à cause de l'empechement que le procureur general du roy de France au parlement de Paris, ensemble les ducs d'Alençon et de Vendosme et le sire d'Albret y apporterent.

Du mariage de Gaston du Lyon et de Jeanne de Lavedan (3) y eut une fille, nommée Louise du Lyon, laquelle fut mariée à Charles de Bourbon, fils batard de la très illustre maison de Bourbon, environ l'an 1485 (4). Il se trouve que ledit Charles de Bourbon rendit l'hommage des terres de Lavedan à la reine de Navarre, comtesse de Bigorre, l'an 1490, qu'est l'an du deceds de Ramond Gassie. Il est probable qu'il mourut l'an 1502 (5), car il

(1) Jeanne de Chalons, fille du prince d'Orange et d'Éléonore d'Armagnac, épousa Louis de Seyssel, comte de la Chambre, et mourut en 1483.
(2) Le 6 mars 1473.
(3) Jeanne de Lavedan était veuve de Gaston du Lion, en février 1494 (*Glanage*, xi, n° 4, extrait des reg. de Manso, notaire).
(4) Charles de Bourbon, fils naturel de Jean II, duc de Bourbon, connétable de France, et de Louise d'Albret, dame d'Estouteville. Son oncle, le duc Pierre de Bourbon, lui donna, le 2 mars 1490, la baronnie de Chaudesaigues. Il fut sénéchal de Toulouse et d'Albi (*Glanage*, xxii, p. 269).
(5) « Archives de Barbazan-Dessus, 1502. — Le corps de Charle de Bourbon
« fut porté le 5 septembre 1502, d'Andrest à Tarbe, pour y etre enterré dans le
« chœur de l'eglise des Cordeliers. Le cadavre en habit de chevalier etoit dans
« une litiere de drap d'or, dont les bras etoient couverts de drap noir. Elle etoit
« conduite par des domestiques en habit de deuil. Aux quatre coins de la
« litiere etoient des pages en deuil, portant chacun une torche de cire noire du
« poids de quatre livres, chargée de l'ecusson du defunt. Aprez la litiere
« venoient en grand manteau de deuil le senechal de Bigorre, le lieutenant lay
« de la senechaussée de Toulouse, et les seigneurs d'Arricaut et de Saubamea,
« accompagnés du seigneur de Lautrec, de Mr de Barbasan, de son fils et des
« barons d'Antin, d'Andoins, de Bearn et de Gayrosse. Les chefs d'office et
« domestiques les suivoient deux à deux en robes et chaperons de deuil. Cent
« pauvres jeunes enfans habillés de noir, ayant chacun un cierge de livre et
« demie à la main, chargé aussi des armoiries, marchoient deux à deux, avant,
« à coté et derriere le corps au devant duquel etoient l'ecuyer tranchant et

se trouve que le 17 jour du mois d'octobre, audit an, lad. Louise du Lyon fit prester le serment de fidelité aux habitants d'Azun (1), et par une quittance qu'Amiel, bourgeois de Tolose, fit à la

« deux pages. Des deux cotés de la litiere et tout joignant, marchoient douze
« pucelles, elles complaignant et faisant à haute voix le cri piteux accoutumé
« en cas semblable audit pays. Devant le corps marchoient deux à deux, à
« cheval, les eveques de Tarbe, de Lescar, d'Oleron, de Couserans, d'Aire; le
« chapitre de la cathedrale de Tarbe, les Carmes, les prebendiers de Saint-Jean,
« les abbés de Saint-Sever, de la Reole, de l'Escaledieu, de Saint-Savin, de
« Saint-Pé; le prieur de Saint-Lezer, le prevot de Saint-Justin, le commandeur
« de Borderes, le prieur de Momeres; les senechaux de Bearn et de Marsan;
« les barons de Basillac, de Benac, de Labatut, de Sauveterre, de la Hitole et
« de Montesquieu; les seigneurs de Baudean, de Villepinte, d'Abos, de
« Horgues, de Soreac, de la Cassagne, de Lubret, d'Estampes, de Laguian, de
« Ricaut en Bigorre, de Ricaut en Bearn, de Cohitte, de Montastruc, de Luc,
« d'Ossun, de Talasac, de Saumon (*sic*), de Domy, de Miucens, de Baset, de
« Lucarré, de Fontraille, de Castetpugon, de Mirapeix, de la Loubere, d'Arras,
« de Sansons, d'Arcizans, de Begolle, de Sadirac, de Montignac, de la Garde,
« de Labatut-Higuere, de Sarniguet, d'Angos, de Chiis, d'Arros, de Campet, de
« Monens, de Sus, de Saint-Maurice, d'Arzac, d'Aster, de Clarac, de Dours, de
« Montaignac en Armagnac, de Termes, de Ponsan, de Fontan, de Sainte-
« Colombe, de Larbost, de Berat, de Villeneuve, de Besaudun, de Samasan, de
« Flourés, de Casaubon, de Mauleon, de Biron, de Saint-Martin et de Lane. Ils
« etoient suivis du juge mage, des officiers du senechal, du tresorier de Bigorre,
« des consuls de Tarbe, Bagneres, Marciac, Lourde, Rabastenx, Vic, Campan,
« Ibos, Saint-Pé et de Pujo. Les consuls des terres dont Charle de Bourbon
« etoit seigneur, fermoient la marche. C'etoient ceux de Beucen, des villages du
« comté de Castedloubon et de la baronie de Barbasan, de Soues, de Calavanté,
« d'Andrest, de Siarrouy; les gardes des vallées d'Azun et de Barege, et des
« terres qu'il possedoit dans l'Armagnac. L'eveque de Grasse, confesseur du
« defunt, chanta la grande messe; le gardien des Cordeliers prononça
« l'oraison funebre. L'offrande fut portée par l'ecuyer tranchant: une piece d'or
« attachée au cierge. La chapelle ardente etoit garnie de cenq (*sic*) cinquante
« flambeaux. Le drap mortuaire de velours noir etoit de vingt deux aunes,
« avec une croix de damas blanc. Pendant les neuf premiers jours, il y eut
« messe haute chaque jour, et l'offrande portée par un des seigneurs du deuil
« qui logerent chez les Cordeliers sans en sortir pendant les neuf jours. Les
« memes seigneurs furent invités au trentenaire et pour le bout d'an; et l'on
« tint table ouverte pendant neuf jours, tant au bout de mois que bout
« d'an. On fit faire un litre dans le chœur et la nef des Cordeliers avec les
« armoiries du mort, à cause que ses predecesseurs, seigneurs de Lavedan,
« etoient fondateurs du couvent. Noble Etienne de Montolieu, dit le Roi,
« etoit maitre d'hotel de ce seigneur et trois de ses pages etoient Sansons,
« Triquebœuf et Fontenilles » (Larcher, *Dict. hist. et généal.*, v° *Bourbon*).

(1) Ce fut aussi la même année 1502 qu'elle rendit hommage à Jean et à Catherine, roi et reine de Navarre, pour la baronnie de Lavedan (arch. des Basses-Pyrénées, E. 384).

mesme du Lyon, le 18 septembre 1503, est porté que telle quittance se fait en descharge [tant] de lad. du Lyon que de son mary deffunt. Il laissa trois enfans, nommés Jean, Gaston et Menaud. Gaston fut seigneur de Bazian (1) et Menaud, de Barbazan Debat (2).

Jean de Bourbon, fils ayné de Charles (3), après le deceds de son pere fut administré, regi et gouverné par lad. Louise du Lyon, sa mere, laquelle poursuivit le jugement du procès touchant la succession d'Armaignac; et par arrest de la cour du parlement de Paris, prononcé le 7 septembre 1510, les terres et baronnies d'Aure, Magnouac, Barousse et Nestès, avec toutes leurs appartenances, preeminences et authorités, lui furent adjugées pour les jouir et posseder, tout ainsy que les tenoit et possedoit lad. dame Isabeau d'Armaignac, en son vivant proprietaire desd. terres (4), et ce par provision et sans prejudice du droit des parties et mesme du droit de legitime et tous autres par ledit du Lyon, vicomte, pretendus tant audit comté d'Armaignac que autres biens, terres et seigneuries qui avoient appartenu aux feus comtes d'Armaignac, sur lesquels, parties sont appointées à estre plus amplement ouyes et en preuve en lad. cour; demeurant cependant lesd. comté et

---

(1) Son contrat de mariage avec Suzanne du Puy, dame de Parentis et d'Audagance, est du 25 février 1534 (*Glanage*, XXII, p. 269).

(2) Manaud ne devint pas seigneur de Barbazan-Debat, mais fut probablement le protonotaire apostolique que notre histoire mentionnera bientôt. Charles de Bourbon eut un autre fils, l'aîné de sa famille, Hector de Bourbon, mari d'Aimée d'Anjou, fille de René, seigneur de Mézières. Hector mourut sans postérité. Noble maître Lancelot de Jussan, chanoine de Tarbes, déclara dans une enquête poursuivie à la requête de Guillaume et de Louise de Castelbajac (1545 à 1547), et destinée à établir, d'après la coutume, l'ordre de succession dans les maisons des gentilshommes de Bigorre, que dans la maison de Lavedan « où le fils ainé Hector de Bourbon, capitaine de 50 hommes d'armes, « trepassa à Milan, après qu'il fut pris à la bataille de Pavie..., succeda Jean « de Bourbon, qui est à present vicomte de Lavedan, qui etoit le second fils, « jaçoit qu'il eut autres deux freres » (*Glanage*, t. II, n° 5).

(3) Jean de Bourbon, vicomte de Lavedan, baron de Barbazan-Debat et sénéchal du Bazadais, fils cadet de Charles, avait 46 ans ou environ, le 24 octobre 1547; c'est, du moins, l'âge qu'il se donna dans l'enquête Castelbajac, précitée; il ajouta qu'il avait épousé « la sœur de la veuve » de son frère Hector.

(4) Voir aux archives des Basses-Pyrénées, E. 387, la donation des Quatre-Vallées par Jean V, comte d'Armagnac, à Isabelle, sa sœur.

terres d'Armaignac sous la main et authorité du roy, sauf lesd. terres adjugées à lad. du Lyon.

A l'execution dudit arrest, faitte sur les lieux, du consentement des parties, par Mᵉ Louis d'Oreille, conseiller en lad. cour, et commissaire, les sindics des habitants desd. terres et baronnies formerent opposition, disant que lesd. terres, pour estre limitrophes d'Espaigne et clef de France, ne pouvoient ou devoient estre distraites de la maison du roy, du comté d'Armaignac, d'où etoient issues par partage ou autrement, et à qui le seigneur de Labarte, proprietaire d'icelles, les avoit rendues et reduites par testament, à condition de n'en pouvoir estre distraites. Et laditte opposition et appel de la procedure du commissaire, relevée par iceux sindics et par le substitué d'office du procureur general du roy, empecha l'execution de l'arrest et que laditte du Lyon ne fut mise en la possession desdittes terres pendant le procès de l'opposition et appel (1).

(1) « Louise du Lyon se pourvut au parlement de Paris et representa
« qu'elle etoit veuve de feu messire Charles, batard de Bourbon, seigneur de
« Chaudes Aigues, de Malause et de Lavedan, chevalier, senechal de Toulouse
« et d'Albigeois, fille unique et heritiere de feu noble et puissant seigneur
« messire Gaston du Lyon, conseiller, chambellan des rois Louis XI et
« Charles VIII, chevalier de l'ordre, senechal de Toulouse et Albigeois; qu'elle
« etoit extraite de noble et ancienne lignée de vicomtes, barons et chevaliers
« preux et vaillants sujets des rois et de la couronne de France, de laquelle ils
« avoient toujours eté, sans varier, feaux et très obeissans, autant que vicomtes,
« barons et chevaliers du duché de Guienne, païs de Languedoc, que de tout le
« demeurant du royaume de France; que ledit Gaston, par ses merites, avoit
« eu de son vivant de grandes et grosses charges comme conduites principales
« d'armée, conseiller et chambellan desdits rois, capitaine de cent hommes
« d'armes, bonne et grande pension, moult extimé autant que le fut chevalier
« de son tems, aimé de toutes gens, memement desdits rois, chassant les
« ennemis d'iceux et du royaume, tellement qu'il avoit merité etre encore
« reputé vivre en gloire, sans qu'il ait jamais varié à etre reputé vrai chevalier
« sans reproche; que la mere de ladite Louise etoit seule heritiere de la maison
« de Lavedan, laquelle etoit bien l'une des plus anciennes, des plus nobles, des
« plus estimées, plus recommendable et ancienne maison de baronnies qui fut
« au païs de Bigorre, le fils ainé de laquelle maison avoit eté et etoit accou-
« tumé d'etre apelé le vicomte de Castelbon; qu'elle etoit maitresse des
« chateaux de Castelbon, Castetgelous, Beucen, Barbasan, Andrest et Malause,
« Chaudes Aigues en Auvergne où est ville et forte place; que son pere etoit
« capitaine de bon nombre de gens d'armes, chevalier preux, vaillant, hardi,
« fiable, bien hardi et bien vaillant, exposant tant que a vecu ses corps et
« biens pour le service des rois, royaume et chose publique, sans qu'il ait varié,

Louise du Lyon fut sollicitée de transiger avec le roy de France Louis douzieme, aux conditions suivantes : que le roy prend, met et retient à sa main, comme ledit comté et terres d'Armaignac et autres biens contentieux, lesdittes terres et baronnies de

« tourné robe, reprins ni suspectionné d'aucun vilain et lache tour ; duquel et
« de ladite dame auroient eté engendrés quatre beaux enfans males, l'un etant
« alors page d'environ 18 ans, nommé Hector de Bourbon, lequel avoit eté
« nourri et alimenté *à cunabulis* avec et en la compagnie de Madame Claude,
« fille ainée du roi, *cum qua nutritus est* par la grace du roi et de la reine, *alitus*
« *est et educatus, odoriferis et fere renascenti[bu]s moribus indutus, et reputatus*
« l'un des plus doux, begnin et gentil baron qui soit en ce roïaume, sans
« medire des autres, lequel Hector, *hectorisando quatenus potest nosci veri*
« *similiter, per ejus annos patrisabit et hectorisabit*, car il est autant aimé et
« bien voulu du roi et de la reine, de M^r le duc de Valois et de madite dame
« madame Claude, que jamais baron ou vicomte qui soit lez leurs personnes ;
« qu'en outre ledit Hector, ladite avoit engendré et etoient issus dudit
« mariage trois autres jeunes enfans males là aussi bien moriginés et edoc-
« trinés et aournés de toute bonne vertu que jeunes gentilshommes qui
« fussent en tout ce royaume, *et de quibus et eorum quolibet potest fieri et*
« *susportari optimum omen*, l'un desquels etoit capitaine des ville et chateau de
« Montluçon pour madame la duchesse de Bourbon, laquelle dame, pleine de
« vertu, aimant vertu et icelle reverend, aimoit de tout son cœur ledit capi-
« taine » (Larcher, *Dictionnaire*, v° *Lyon*).

A la suite de cette requête hyperbolique, vient le précis d'une enquête faite à Arreau, le 11 avril 1511, contre Louise du Lion, sur l'ordre du procureur général du roi, par de Sus (*de Superiori*), juge d'Aure et de Magnoac, assisté de Jean de Pardies (*de Pardinis*), notaire. Cette pièce avait 47 feuillets et contenait les dépositions de 18 témoins. Il est à souhaiter qu'un chercheur la retrouve, car elle fournirait sur l'histoire de la vallée d'Aure et dans la saveur de la langue du pays, des détails dont le résumé de Larcher permet d'apprécier l'intérêt. On y voit que les Anglais éprouvèrent une telle résistance de la part des Aurois, qu'ils ne parvinrent jamais à pénétrer dans leur vallée ; que le comte d'Armagnac et le comte de Foix avaient eu « de grandes guerres » dans la lane de Boc (la lande de Lannemezan) ; qu'un capitaine dit Robin Petit Lo, poursuivant le comte Jean V d'Armagnac *ab un gran exersit*, fut défait et mis à la merci du comte qui donna *tota la destrossa*, armes et chevaux, aux habitants du pays, et, par respect pour le roi, renvoya Robin sur un cheval qu'il lui laissa. L'enquête parle encore de la prise du capitaine aragonais Olive et de la dispersion de sa troupe ; du sac de Vénasque par les Aurois et les Armagnaguais, dix ans environ avant la fin tragique de Jean V, et de leur incursion en Espagne pour venger le nommé Corrège, de la vallée d'Aure, pendu par les Aragonais.

Un an après la mort du comte, Gaston du Lion se rendit en Aure, s'empara des châteaux de Tramezaïgues et de Cadéac, pilla et brûla plusieurs maisons de gentilshommes, et jeta l'épouvante dans tous les cœurs. Les Lavedanais se rendirent aussi maîtres du château de Bramevaque, sous la conduite du capitaine Assibat de Lavedan ; ils prirent Montoussé où ils fabriquèrent de la

Labarthe de Nestès, Aure, Magnouac et Barousse, avec toutes leurs authorités, justice, hommages, bois, forets, montagnes, rivieres, ports, passages, chateaux et forteresses, et autres preeminences et appartenances; sauf que tout le fruit, proffits, revenus, emoluments ou devoirs quelconques venants et naissants desdittes terres et baronnies, seront et appartiendront à laditte dame Louise

fausse monnaie et tuèrent plusieurs personnes avec leurs dagues, *lo hi fixan per las goryas cum a se fossan crabots*. La mère de Louise du Lion, la sénéchale de Toulouse elle-même, fit venir de l'artillerie jusqu'aux portes de Castelnau, mais les consuls ne la laissèrent pas entrer.

Et ce n'est là qu'une partie des agissements, des violences et des crimes du vicomte et de la vicomtesse de Lavedan pour arriver à la possession des Quatre-Vallées, si l'on doit ajouter foi aux révélations de deux témoins dont rien ne semble de nature à faire suspecter la véracité :

Noble et puissante femme Mondine de Beaumont (Léaumont, d'après Lachenaye-Desbois, *Étrennes à la noblesse*, v° *La Barthe*), mère de Roger de la Barthe, abbé de Simorre, de Bernard de la Barthe, abbé de Notre-Dame de Saramon, et de Jean de la Barthe, sénéchal d'Aure et de Magnoac pour le roi, âgée de 60 ans, « déposa le 15 avril 1511, au lieu et chateau de Montcorneil,
« sa maison, qu'avant la mort du comte d'Armagnac, elle etoit au service de
« madame Isabelle, sa sœur; qu'elle etoit dans sa faveur et qu'elle la maria
« avec noble Arnaud Guillem de la Barte, seigneur de Montcorneilh; vers
« lequel tems ladite dame Isabelle fut attaquée d'une paralisie sur la langue
« dont elle guerit quant à la langue, et ensuite tomba sur le bras *squero*
« (gauche) et la jambe gauche; qu'elle avoit en la baronie de la Barte, juge,
« procureur, thresorier et senechal; que Gaston du Lyon, senechal de Toulouse,
« devoit avoir la baronie, et que pour que les officiers de ladite dame l'y
« portassent, il avoit promis à chacun 400 francs et qu'ils se donnoient
« beaucoup de mouvemens pour la lui faire donner; que ladite dame en sa
« maladie lui avoit dit : *Helas! jo que fare que Gastonnet lo seneschal me ha*
« *trompade;* que ladite deposante lui repondit, meme lui demanda en quoi il
« l'avoit pu tromper; qu'elle lui avoit dit qu'il avoit d'elle une reconnoissance
« de 12,000 liv. et que jusques là elle n'avoit rien pris et qu'il avoit juré sur le
« messel de la lui rendre quand il l'auroit montrée au roi, mais qu'elle craignoit
« qu'il ne la lui rendit pas; qu'en effet il ne la lui avoit pas rendue, car elle
« l'auroit seu, madame Isabelle ne faisant rien sans le lui communiquer; qu'elle
« avoit resté auprez d'elle toute sa vie, qu'elle vivoit pauvrement pour son etat,
« empruntoit le pain et le vin et engageoit ses habillemens; qu'elle demeuroit à
« Castelnau, qu'elle ne marioit aucune de ses filles et que pour faire des
« aumones, elle engageoit *sas matines et autes sos ornamens;* qu'à sa derniere
« maladie, on dit devant Gaston du Lyon, senechal de Toulouse, qu'il falloit
« apeler un medecin; que Pey Minhon, grand artiste, vint à Castelnau de
« Magnoac, à l'instigation de Gaston ou ses gens; que cet artiste disoit : *Que*
« *fare? Si jo la thuy, jo me dampni mon anima et si jo no la tuhi, jo me fare*
« *mal volut per tos temps*. Qu'après la mort de ladite dame, ce meme medecin
« dit : *Si hom obrive lo ventre à ladita dama, om la trubara sos budels dedens*
« *son ventre aussi coeitz et borits com son ungs budets d'auca can hom los a*

et aux siens à l'avenir, lesquels seront delivrés par le tresorier ou receveur qui sera par eux nommé ès dittes terres, receu et approuvé par le roy, et à la decharge d'entretenir chateaux et forteresses reparés en etat pour la garde, tuition et deffence dudit pays, le tout par provision et sans prejudice du droit proprietaire par icelle du Lyon pretendu desd. terres, et de la legitime et

« *frits en una sarte, car el lo abia donat de ung ypocras que lo abia crematz sos
« budetz.* Que ladite deposante avoit dit à ladite dame que ces breuvages ne lui
« convenoient pas; que ledit Gastonnet ne lui donna point d'argent, que ladite
« Isabelle n'en avoit pas; que Gastonnet avoit fait venir de Toulouse, avant
« ledit Minhon, un medecin nommé Helyas et que le senechal et la senechalle
« avoient fait donner 18 ou 20 francs; que Pey de Casat, procureur, fournit
« l'argent pour l'enterrement d'Isabelle, sous le cautionnement d'Arnaud-
« Guillem de la Barte, mari de la deposante; que huit jours aprez la mort
« d'Isabelle, la senechale de Toulouse, femme de Gastonnet, vint en grande
« pompe à Castelnau de Magnoac, s'asseyant dans l'eglise de Castelnau là où
« ladite dame Isabelle avoit coutume de s'asseoir; que Gaston du Lyon
« fit venir des Lavedanois dans le païs et publioit qu'il etoit en faveur
« auprez du roi, et menaçoit les habitans. »
Jean de Marceillan, natif de Villefranche en Astarac, âgé de 57 ans, ayant cent écus de bien, dit « qu'il etoit cuisinier du comte d'Armagnac qui mourut à
« Lectoure; que depuis la mort de ce comte, il demeura avec Isabelle; qu'il
« vit que Gastonnet et ses gens se donnoient beaucoup de mouvemens pour se
« faire donner la baronie de la Barte par Isabelle; qu'ils la firent porter un
« soir, malade et bien faible, chez le receveur ou tresorier de la baronie; que le
« deposant portoit un flambeau devant elle; que Gastonnet etoit dans cette
« maison; qu'ils firent certains accords, moyennant certaine somme, qu'elle lui
« donneroit la baronie; qu'il ne vit jamais d'argent à Isabelle que celui qu'elle
« avoit de son domaine; qu'elle vivoit pauvrement, achetoit le pain à la place;
« qu'un jour elle lui dit d'aller engager ses heures, ayant besoin d'argent, parce
« que le jeudi saint, elle lavoit les pieds à douze pauvres femmes veuves
« auxquelles elle donnoit aprez argent et refection de pain et vin; que lui
« deposant alla bailler *lasditas matinas* en gage à Bertrand de Domec, curé de
« Gelamur, pour neuf sols bons, comptant pour chacun sol six liards, et ladite
« dame vecut un an depuis; qu'un medecin nommé Nicholau, de la ville
« d'Auch, lui demanda s'il vouloit faire un breuvage pour madame Isabelle,
« comme il lui diroit, qu'il seroit bien payé, mais qu'il n'en voulut rien faire. —
« Dominique Cogeti, *notario et scriba.* »
D'autres témoins dépeignent la misère d'Isabelle, afin d'établir qu'elle n'avait jamais reçu les 12,000 livres que lui avait promises Gaston du Lion. Cette princesse habita longtemps le prieuré de Sarrancolin, se retira ensuite à Castelnau-Magnoac et termina sa triste vie dans la baronnie de Labarthe pour accomplir, ajoutent les mêmes témoins, la pénitence que le pape avait imposée à Jean V et à sa sœur de *no se appressa la ung de l'autre de sept leugas.* — Voir le résumé de la même enquête dans le *Glanage*, t. xxv, pp. 321-325. Cf. M. de Lagrèze, *Revue de Gascogne*, t. xi, pp. 201-210.

autres droits luy appartenant audit comté d'Armaignac. Lad. transaction fut passée à Blois, le 8ᵉ juillet 1512, receue, approuvée et esmologuée, tant en lad. cour de parlement qu'en la Chambre des Comptes à Paris ; tellement que depuis en ça, laditte dame Louise du Lyon et ses descendants se sont contentés de l'usufruit desd. quatre baronies jusqu'à ce que Anne de Bourbon s'en demit en faveur du roy de Navarre.

L'an 1529 fut traitté le mariage d'entre ledit Jean de Bourbon et dame Antoinette d'Anjou (1), par lequel les plus proches de la chair sont appelés à la succession des biens de Lavedan à deffaut d'enfans masles ; et par autre contract, passé entre lesdits mariés, l'an 1533, est derogé audit contract de mariage quant à lad. succession. Dudit mariage fut procreé un enfant nommé Anne, lequel fut vicomte de Lavedan après son pere. En second lit il epousa dame Françoise de Sylly (2), et avec elle procrea le seigneur de Malause et Chaudes Aigues.

Anne de Bourbon, fils ayné de feu Jean de Bourbon, ayant recueilly l'heredité paternelle, fut battaillé de gros procès, tant par Menaut de Bourbon, protonotaire apostolique, que par le sʳ de Basian, son cousin (3) ; mais principalement il fut incommodé par

---

(1) Le contrat de mariage fut passé au château d'Andrest, le 9 janvier 1529. Antoinette d'Anjou était fille de feu messire Roger d'Anjou, chevalier, seigneur de Mézières, et de dame Antoinette de Chabannes (*Glanage*, XII, p. 389, n° 87). Enfants : 1° Anne, dont il sera parlé ; 2° Manaud, baron de Barbazan-Debat, dit le baron de Lavedan dans son contrat de mariage du 2 avril 1554, avec demoiselle Anne de Castelnau, sœur unique de Claude de Coarraze, dit de Castelnau, seigneur et baron de Bérat et de Laloubère (Larcher, *Dictionnaire*, v° *Barbasan Debat*).

(2) Denis le Conte et Jean Groussier, notaires de Tours, retinrent, le 20 juillet 1539, le contrat de mariage entre Jean de Bourbon et noble dame Françoise de Silly, dame de Fay et d'Almenêches, veuve de Denis-Frédéric de Foix, grand écuyer du roi de Navarre. Henri II, roi de Navarre, se fit représenter au mariage de son cousin de Lavedan par Jacques de Foix, évêque de Lescar, chancelier de Foix et Béarn, et lieutenant général de ses terres (arch. des Basses-Pyrénées, E. 383). Enfants : Henri, baron de Malause ; Marie, femme de Jean Guichard, seigneur de Péré en Vendômois ; Louise et Jeanne, abbesses de Fontevrault ; Françoise, femme de Bertrand de Larmandie, seigneur de Longa ; Aimée, mariée à Valentin de Domezain, baron de Moneins (Larcher, *Dict.*, v° *Bourbon ;* Moréri ; arch. des Basses-Pyrénées, E. 1996 ; *Les Huguenots dans le Béarn et la Navarre*, p. 99, note 1).

(3) Jean de Bourbon, baron de Bazian, marié le 6 juin 1564, avec Françoise de Saint-Martin, fille de Jean, vicomte de Biscarrosse.

lad. Françoise de Sylly, sa marastre, laquelle eut pour la restitution de sa dot et douaire, de grosses sommes de deniers et les plus beaux meubles du chateau d'Andrest (1); ayant eté induit led. Anne de Bourbon, sous pretexte de se redimer de procès, accorder et transiger, à son grand prejudice, comme presque en toute sa vie il fut taloné d'un malheur continuel de gaster ses affaires par sa grande facilité, changement de religion et paralysie corporelle. L'an 1551 et le 17 jour du mois de decembre, dans le chateau de la Douse en Perigord (2), fut accordé le mariage d'entre luy et dame Jeanne d'Apsac, fille legitime et naturelle de Pierre d'Apsac et Jeanne de Bourdeille, s^r et dame de Ladouse (3); à laquelle Jeanne d'Apsac fut constituée en dot par sad. mere et par Gabriel d'Apsac, s^r de Ladouse, son frere, pour tout droit successif de hoirie, part et portion de legitime ou suplement ès biens paternels, maternels et collateraux, la somme de dix mil livres tournoises; moyennant laquelle dot, lad. Jeanne d'Apsac renonce auxd. droits en faveur de sond. frere. Et led. s^r vicomte donne la moitié de tous les biens meubles et immeubles, terres et seigneuries, presents et à venir, au premier enfant masle à naistre dudit mariage. Lequel etant consommé, fut suivy d'une belle lignée. Car, en l'espace de 25 ans, ils procreerent grand nombre d'enfans, lesquels moururent bientot, excepté quatre, sçavoir : un masle et trois filles. Et laditte dame vicomtesse ayant fait profession ouverte de la religion pretendue reformée et induit son mary à faire de mesme, mourut dans la maison de Tolines, au lieu de Juncalas (4), l'an 1578; et bientot après le deceds d'icelle, ledit s^r vicomte epousa demoiselle Catherine de Tersac (5),

---

(1) Françoise de Silly, veuve de Jean de Bourbon, et dame d'honneur de la reine de Navarre, fit saisir la seigneurie d'Andrest, le 15 septembre 1555 (*Glanage*, XI, n° 37).

(2) Ladouze, canton de Saint-Pierre de Chignac, département de la Dordogne.

(3) Le contrat de mariage entre le vicomte de Lavedan et Jeanne d'Abzac de Ladouze, fut passé par Feydit, notaire royal (*Glanage*, XII, p. 390, n° 88, et XVI, p. 455).

(4) Canton de Lourdes, Hautes-Pyrénées.

(5) Les pactes de mariage entre Anne de Bourbon et Catherine de Tersac furent retenus par Jacques Abeuxis, notaire d'Ibos, le 19 mai 1578. Cette date est rappelée dans une transaction du 26 octobre 1592 entre ladite « demoiselle, » alors veuve, et son beau-fils Jean-Jacques de Bourbon, prêt à faire un voyage

laquelle ne voulut jamais permettre qu'on l'appella[t] *Madame*, mais se contenta d'estre appellée *Mademoiselle*, et elle n'eut aucuns enfans.

Jeanne, fille aynée dudit sieur vicomte, fut mariée au sieur de Begole (1); la seconde fille, de semblable nom, fut mariée au s^r de Monbalat (2); et Magdelaine, la derniere, epousa le sieur de la Corne et eut pour sa legitime le village de Siarroy (3).

Ledit s^r de Begolle, en recompense des services qu'il avoit fait au roy de Navarre, fut favorisé de Sa Majesté pour parvenir audit

« à la cour de France » (Sébastien Noguès, not. de Tarbes, reg. de l'année 1592, étude Duguet).

(1) Antoine de Bégolle, seigneur de Bégole, Ossen, etc., épousa Jeanne de Lavedan, suivant contrat retenu par Manaud de Lucia, notaire de Tarbes, le 31 janvier 1581, et parmi les témoins de cet acte figurèrent messire Savary d'Aure, baron de Larboust et de Lapeyre; Philippe de Montaut, baron de Bénac; noble Barthélemy de Majourau, seigneur de Talazac. Antoine était fils de Jean et de Quiterie d'Ossun. Son frère aîné Roger de Bégolle, capitaine, mourut avant le 29 novembre 1572; sa sœur Françoise se maria avec Henri de Rivière, sieur de Lengros, selon contrat du 10 mai 1561, devant Abeuxis. Le roi, en considération des « vertus, noblesse et generosité de ceux de la maison « de Begolle et des recommandables services rendus par eux en toutes les « guerres, et par Antoine de Begolle, sieur de Castelvieilh, gentilhomme « ordinaire de sa chambre, » érigea en baronnie, en faveur de ce dernier, par lettres du mois de juin 1596, enregistrées au parlement de Toulouse le 18 décembre de la même année, reg. 11°, f° 255, la terre et seigneurie de Castelvieilh, les paroisses qui en dépendent et celle de Marseillan, acquises depuis peu de jours de Corisande d'Andoins (Larcher, *Glanage*, VIII, p. 241, n° 108; XI, n° 75; *Dictionnaire*, v° *Begolle*).

(2) On peut lire sur un cahier détaché des minutes de Sébastien Noguès (étude Duguet), « les articles accordés entre hault et puissant seigneur Anne « de Bourbon, vicomte de Lavedan, assisté de Catherine de Tarsac, sa femme, « des sieurs de Begolle, son gendre, de Benac, de Horgues, de Thalasac, de « Cassabé, d'une part; et noble Jean de Bandinel de Guilhens, seigneur du « Figueret, au nom et aïant procuration expresse de messire François de « Monvalat, seigneur dudit lieu en la paroisse de Chaudes Aigues, païs « d'Auvergne, sur le mariage pourparlé de noble Guillaume de Monvallat, fils « dudit François, et demoiselle Jeanne de Bourbon, fille dudit sieur vicomte. » Dot : 14,000 livres tournois. Guillaume de Montvallat était fils de feu dame Jeanne de la Croix, première femme de son père. Fait à Andrest, le 22 septembre 1586.

(3) Noble Jean-Louis de la Corne et Madelaine de Bourbon, sa femme, seigneur et dame de Siarrouy, dénombrèrent devant d'Iharse en 1612 (Larcher, *Dict.*, v° *Bigorre*). Madelaine étant veuve et résidant au bourg de Randans, en Auvergne, céda ses biens à son petit-neveu Charles de Montvallat, fils de François, moyennant 1,400 livres de pension viagère, 1er février 1637 (arch. des Hautes-Pyrénées, registres des insinuations, série B. 1636-1639).

mariage; et tant pour quinze mil livres tournoises constituées en dot à sa femme, que pour pareille somme qu'il avoit payée aud. s^r de Basian, en decharge dudit s^r vicomte, faisant trente mil livres en somme, receut le chateau et seigneurie d'Andrest, par contract de vente sous faculté de rachapt. Ors le chateau d'Andrest etoit ruineux et requeroit grandes reparations, et pour les eviter, ledit sieur de Begole desira bientot retirer son argent et le mettre et colloquer ailleurs à son proffit; et voyant que ledit sieur vicomte, chargé de deux filles à marier et de plusieurs dettes, n'avoit commodité de payer sans vendre, fit naistre l'occasion de toucher argent par la vente de l'usufruit des baronies d'Aure, Magnouac, Barousse et Labarthe de Nestès en faveur du roy de Navarre, qui en etoit le proprietaire par cession du roy de France. Cette vente eut un long trait, parce que les conseillers du roy de Navarre, prevoyants le proffit qu'il y avoit à gagner temps pour faire condescendre ledit s^r vicomte à leur volonté, se contentoient de parler par ecrit, bien premeditament et avec grande circonspection; de maniere qu'ayant ledit sieur vicomte baillé ses articles des conditions sous lesquelles il desiroit faire la vente, le conseil du roy de Navarre, assemblé dans la ville de Nerac le 16 juillet 1583, fit reponce par apostilles attenuatives de tout ce que ledit s^r vicomte avoit mis en avant à son avantage; et pour conclusions, ils luy promettoient que le roy l'affectioneroit et gratifiroit de tout ce qui luy seroit possible, mesme l'assisteroit pour marier ses filles et payer ses dettes.

Le cinquieme de mars 1584, dans le chateau de Pau, fut accordé entre le roy de Navarre et ledit s^r vicomte, et l'accord signé de leurs mains : que ledit s^r vicomte, sachant bien ce qu'il fait et etant informé, par consultations des personnes experimentées, des droits qui luy competent en la maison d'Armaignac, en vertu des dispositions faites par dame Isabeau d'Armaignac, fille legitime et naturelle de Jean quatrieme, comte d'Armaignac, et sœur de Jean cinquieme comte aussy dudit Armaignac, et de Charles d'Armaignac, vicomte de Fasensaguet, en faveur de Gaston du Lyon, seigneur de Besaudun, et de la succession de Louise du Lyon, quitte le droit d'usufruit perpetuel et autre quelconque qu'il peut avoir ès terres d'Aure, Magnouac, Barousse,

Nestès et tout le droit de succession qui luy peut appartenir au comté d'Armaignac par les dispositions de lad. dame Isabeau d'Armaignac, Gaston et Louise du Lyon, en faveur dudit seigneur roy de Navarre, et luy donne toute plus grande valeur, moyennant cinquante mil livres tournoises.

Le 17 dud. mois de mars, dans la ville de Tarbe, fut passé le contract de lad. vente, escrivant Me Jacques Abeauxis, notaire de la ville d'Ibos (1), et stipulant pour le roy de Navarre messire Philipe de Monthaut, baron de Benac et senechal de Bigorre (2), avec Me Pierre de La Barriere (3), conseiller et mestre des

(1) Maître Jacques Abeuxis — ce nom est devenu *Beauxis*, — notaire comtal de Bigorre, habitant de Tarbes, était fils et héritier universel de Pierre Abeuxis, habitant de la ville d'Ibos, et frère de Marie Abeuxis, femme de Pierre Barrère, apothicaire de Tarbes (reg. de Jean de Lassalle, notaire de Tarbes, 1561, f° 132 recto, ét. Duguet). Il fut secrétaire des états de Bigorre et remplacé en cette qualité par Jean Pujo, auquel succéda Séb. Noguès, élu le 6 mai 1585 aux gages de 50 livres (Larcher, précis des délibérations des états de Bigorre). Jacques Abeuxis était né vers 1527 (*Les Huguenots en Bigorre*, p. 194).

(2) Il fut pourvu à La Rochelle, le 10 mai 1570, par Jeanne d'Albret, de l'office de sénéchal de Bigorre, vacant par le décès d'Arnaud d'Antin (*Bulletin de la Société des sciences, lettres et arts de Pau*, IIe série, tome Ier, p. 167). Remplacé par Antoine de Rivière, vicomte de Labatut, au mois de juin 1573, il redevint sénéchal après la mort de ce dernier (Mauran, *infrà*). La chambre des comptes de Pau enregistra, le 26 mars 1583, les lettres qui le nommèrent chambellan du roi de Navarre (*Bull. de Pau, ibid.*, p. 190). Il vendit sa charge de sénéchal à M. de Luc (*Glanage*, IX, p. 217); nous lisons dans le précis des délibérations des états de Bigorre, par Larcher, que « la garnison de Tarbe fut « congédiée le 1er janvier 1596 par Philippe de Montaut, senechal de Bigorre, « et que le 11 fevrier suivant les etats furent assemblés devant messire Marc-« Antoine de Campeils, baron de Luc, senechal de Bigorre. » Philippe de Montaut épousa : 1° Jeanne de Caumont-Berbiguières, mentionnée dans un registre d'Oger Casallet, notaire de Bénac, 1573 (ét. de M. Lacadé, not. à Lourdes) ; 2° par contrat du 30 juillet 1592, Marie de Gontaut-Saint-Geniès (arch. des Basses-Pyrénées, E. 1644) ; et testa le 9 juillet 1597, instituant, à défaut d'enfants, pour héritier universel, son frère Bernard de Montaut, baron de Navailles ; il vivait encore le 2 février 1600 (S. Noguès, reg. de 1600, f° 10, et reg. de 1601, accord du 14 mars 1601 entre Marie de Gontaut, alors veuve, et Bernard de Montaut). Ce fut un ardent huguenot.

(3) Un arrêt de règlement du parlement de Toulouse, rendu par M. de Malenfant, le 18 juillet 1586, entre Me Pierre de Gerde, lieutenant principal à la sénéchaussée de Bigorre, et Me Pierre de Labarrière, juge-mage de ladite sénéchaussée, ordonna que le juge-mage présiderait en toutes causes civiles et criminelles, tiendrait les audiences, appointerait toutes requêtes, signerait et expédierait les lettres, présiderait aux rapports et jugements des procès; qu'en son absence ou sur sa récusation, le lieutenant principal le remplacerait, et en l'absence ou récusation de ce dernier, le lieutenant particulier, etc. La

requestes de la maison dudit seigneur roy de Navarre, et juge mage de Bigorre, procureurs à cet effet expressement constitués. Et fut convenu que desdittes cinquante mil livres, en seroient payées trente mil livres audit s^r de Begole pour le rachapt d'Andrest; au s^r d'Artaignan (1), quatre mil livres pour le rachapt de la terre de Siarroy; six mil livres au s^r de Lapeyre (2);

cour déclara, en outre, qu'au cas « où ledit Barriere, juge-mage, voudra quitter « l'exercice en faveur de son fils, il tiendra hors ledit siege son rang accoutumé, « sans qu'il se puisse entremettre de l'exercice de la justice » (*Glanage*, t. xiv, n° 183).

M° Charles de Labarrière occupa, en effet, du vivant de son père, les fonctions de juge-mage et les conserva, d'après les dates que j'ai relevées, depuis le 16 juillet 1588 jusqu'au 8 juillet 1601. Il était marié avec demoiselle Anne de Lavedan, fille de noble Pierre de Lavedan, seigneur de Montblanc (fief à Luz), et de demoiselle Jeanne de La Roque de Saint-Martin (contrat passé par Lucia, 18 septembre 1588). De ce mariage naquit un fils nommé André. — Voir reg. de Jean Mauran, not. de Tarbes, ét. Theil, et *Glanage*, t. xi, n° 30.

On laissa à Pierre de Labarrière la charge de juge criminel de Bigorre qui vaquait par son décès, le 23 décembre 1593, et qui fut donnée par lettres du même jour, datées de Mantes, à Pierre Lanusse, licencié ès lois (*Glanage*, xiii, n° 113).

(1) Jean de Montesquiou, seigneur d'Artagnan, fils de Paulon et de Claude de Tersac-Montberaut, épousa Claude de Bazillac le 15 novembre 1578, et mourut en 1608 (*Glanage*, xi, n° 72). Il était syndic de la noblesse de Bigorre, 1603, 1604, et fut remplacé en cette qualité par Paul, baron de Bazillac, son beau-frère (Larcher, délibérations des états de Bigorre).

(2) Savary d'Aure, seigneur baron de Larboust et de Lapeyre, chevalier de l'ordre du roi, lieutenant de la compagnie d'ordonnances d'Antoine de Gramont (1564); sénéchal de Nébouzan (1574-1584); était le troisième fils de messire Jean d'Aure, chevalier, seigneur de Larboust, et de dame Jeanne de Savignac, sa première femme (Larcher, *Dict.*, v° *Nebousan*; *Hist. et généal. de la maison de Gramont*, Paris, Schlesinger, 1874, p. 57). Après la mort de ses auteurs et à suite d'un procès en partage devant le parlement de Toulouse, il reçut, à titre de légitime, par sentences arbitrales des mois de septembre 1546 et mai 1548, la somme de 881 livres, 6 sous, 6 deniers, plus la seigneurie de Lapeyre et Vidou (aujourd'hui villages du canton de Trie), « et à cause... que « audit Savary d'Aure lui est echue ladite place de La Peyre et Vido..., assise « en lieu sans aucun batiment ni demorance, et consiste en des fonds où n'y a « aucun bestail, avons condamné... Gaillard d'Aure (frère aîné de Savary) à « bailler deux paires de bœufs et deux paires de vaches bons pour labourer, « deux truies d'ung an ou davantage et une jument de l'eaige de quatre ans, « et cinquante oueilhes borregues avec la layne, dans huictaine » (*Glanage*, vii, 204, n° 80). Le 1er avril 1566, il vendit, comme procureur fondé de son frère Gaillard, seigneur de Larboust et sénéchal de Nébouzan, les droits de ce dernier sur la seigneurie de Bartrès, à Arnaud d'Antin, sénéchal de Bigorre (*Glanage*, vi, 364, n° 118, et viii, n° 131); assista le 18 avril 1584 au contrat de mariage de Pierre d'Angos, seigneur d'Angos et de Villenave, avec Marguerite de

et pour les dix mil livres restant, fut fait vente audit s^r vicomte de la place de Montgaillard (1), dependante de la baronnie de Barbazan Dessus, et la borde de Prexac y fut ajoutée (2). Ledit s^r de Begole receut le chateau et les autres places de la baronie de Barbazan Dessus (3) en solution desd. trente mil livres.

Six ans après, led. s^r vicomte mourut, sçavoir au mois de juin

---

Comminges-Péguilhan (*Gl.*, XII, n° 6), et décéda peu de temps après, car le 12 décembre 1584, dans la maison seigneuriale du lieu de Lapeyre, noble Jacques d'Aure, seigneur de [Larboust], Lapeyre, Vidou, etc., mineur de 25 ans, assisté de hauts et puissants seigneurs messires Adrien d'Aure, vicomte de Larboust, Jacques d'Aure, seigneur et baron de La Roque, Montégut, etc., ses oncles, donna à noble Jean d'Aure, son demi-frère, la maison appelée *deu Medecin* et la métairie de Devèze, sise à Vidou, que « feu messire Savaric d'Aure, seigneur « en son vivant desdites places, avoit acquises » (*Gl.*, XIV, p. 377, n° 217). Savary avait épousé, suivant contrat du 18 avril 1566, retenu par Monlezun, notaire de Trie, Andrée d'Antin, fille d'Arnaud, sénéchal de Bigorre, et d'Anne d'Andoins (arch. des Hautes-Pyrénées, testament de Jean d'Antin, G. 246; *Glanage*, XX, p. 70), laquelle vivait encore le 13 décembre 1593 (reg. de S. Noguès, f° 47 recto). Le sceau de Savary d'Aure a été décrit par M. G. Demay (*Inventaire des sceaux de la collection Clairambault*, t. 1er, p. 47, n° 444) : *sceau rond de 19 mill., sans légende, portant un écu au lévrier rampant et colleté, à la bordure besantée.*

(1) Canton de Bagnères, Hautes-Pyrénées.

(2) Aux termes d'une transaction passée entre messire Jean de Bourbon, sieur et baron de Bazian, et messire Anne de Bourbon, vicomte de Lavedan, devant Me Manaud de Lucia, notaire comtal de Bigorre, le 14 janvier 1585, il fut stipulé, entre autres clauses, que ledit vicomte vendait audit sieur de Bazian la place et seigneurie de Montgaillard en Bigorre, ainsi que la métairie de Préchac, dépendant de ladite seigneurie, acquises auparavant par le vicomte, du roi de Navarre; Anne de Bourbon se réserva l'usufruit de la métairie de Préchac (Jean Mauran, reg. de 1596-1607, acte du 1er juillet 1602, intéressant Jean-Jacques de Bourbon, vicomte de Lavedan).

(3) En octobre 1547, la baronnie de Barbazan-Dessus était tenue par la dame de Laval qui en hérita après la mort de ses trois frères : Odet, aîné, sieur de Lautrec; André, deuxième né, sieur d'Esparros, et Thomas, sieur de Lescun (*Glanage*, t. II, n° 5, enquête Castelbajac, précitée). Odet de Foix, vicomte de Lautrec, est-il dit ailleurs, étant mort à Paris sans enfants, le roi de Navarre hérita de la baronnie de Barbazan-Dessus qu'il vendit en 1584 à Antoine de Bégolle (*Glanage*, XI, p. 232, n° 65). Cette baronnie était composée des villages de Barbazan, Esparros, Puydarrieux, Estampures, Marseillan (Gers) et Lascazères (Larcher, *Dict.* v° *Bigorre*, fermes du domaine de Bigorre). « S. M.
« devant donner au sieur baron de Bégole la somme de 30,000 livres, lui vend
« pour ladite somme, à faculté de rachat perpétuel, les baronnies de Barbazan
« et d'Esparros avec leurs appartenances et dépendances, par contrat du
« 13 février 1585, à l'enregistrement duquel s'étant le procureur général opposé,
« il donne enfin son consentement à condition que ledit sieur de Bégole renon-
« cerait par exprès et par requête au bénéfice de l'ordonnance de France, où

de l'an 1590, et fut enseveli dans l'eglise Saint François, de Tarbe (1), au tombeau de ses ancestres, ayant auparavant eté retiré de l'heresie par lad. demoiselle de Thersac, sa femme.

Jean Jacques de Bourbon resta seul enfant masle d'Anne de Bourbon et Jeanne d'Apsac; lequel etoit en Italie, lorsque son pere decedda, pour s'adextrer et rendre precis à piquer chevaux et manier les armes, qui sont exercices de noblesse. Il y profita si bien qu'il s'acquit la reputation d'estre l'un des meilleurs hommes de cheval qui fussent en l'academie, et s'etant retiré à sa maison, il pratiqua les actes de noblesse et de chevalerie, n'epargnant sa personne en aucun hazard où sa generosité et sa vertu pussent estre remarquées. A son arrivée d'Italie, il trouva que le party de la Ligue [fatiguoit] incessamment le pays de Bigorre, et luy qui descendoit de l'estoc des Bourbons, le premier desquels tenoit par succession legitime le sceptre de la France, ne voulut abandonner la deffense de sa famille, ny le service de son prince, mais commença à faire la guerre aux ligueurs qui tenoient le fort de Vieillecondau en Pardiac (2), et leur donna plusieurs alarmes. Il entreprit de rebatir le chateau de Geau, cydevant ruiné par les Anglois, mais les habitants de la vallée de Lavedan vinrent en armes et demolirent l'œuvre, d'où s'ensuivit le trouble du marché d'Argelès et une legere escarmouche en laquelle ceux de Lavedan eurent du pire.

Après la treve de l'an 1594, qui fut l'avant coureuse de la paix

---

« lesdites baronnies sont situées, qui veut que tout pacte de rachat illimité se
« termine dans 130 ans; laquelle renonciation ayant été faite dans l'ordre ci-
« dessus, la chambre [des comptes] procéde à l'enregistrement requis, le 20 octo-
« bre 1593 » (*Bull. des sciences, lettres et arts de Pau*, t. 1, p. 260). Depuis cette vente, tous les actes notariés qui concernent A. de Bégolle le désignent ainsi : messire Antoine de Bégolle, seigneur dudit lieu, *ayant le droit du roi en la baronnie de Barbazan-Dessus et autres places* (reg. de Noguès).

(1) L'emplacement du couvent de Saint-François ou des Cordeliers est occupé aujourd'hui par l'hôtel des Ambassadeurs, entre les rues Lefranc et Massey. On voyait sur les vitraux du chœur de l'église des Cordeliers, à droite, un écusson que l'abbé de Vergès blasonne comme suit : « *Ecartelé, au 1er d'ar-*
« *gent à trois corneilles de sable, 2 et 1, qui est Lavedan; au 2e de gueules à trois*
« *lions naissants d'argent à demi-corps; au 3e d'argent à trois chevrons d'azur;*
« *au 4e de gueules à un... finissant par un demi-vol acosté en chef de deux etoiles*
« *d'or* » (mss. aux arch. des Hautes-Pyrénées).

(2) Villecomtal, canton de Miélan, Gers.

publiée dans Tarbe au mois de juillet en l'an 1598, ledit sieur vicomte s'employa à servir diverses maitresses, mais il n'en trouva pas une qui luy fut tant agreable que dame Catherine de Bourbon, fille du s^r de Basian, son oncle (1); et jaçoit qu'elle fut sa seconde cousine, neantmoins il l'epousa sans aucune dispense et avec elle procrea un fils, lequel ny aussi le mariage ne fut de longue durée, car lad. dame vicomtesse mourut bientot et l'enfant ne luy survecut plus de trois années.

Cependant, voicy que madame Marie de Gontaut et Saint Geniès, douariere de la maison de Benac, etoit dans la ville de Tarbe et avoit plus de quarante mil livres d'argent monoyé dans ses coffres, outre les meubles de grande valeur, à laquelle led. s^r vicomte s'adressa pour l'avoir à femme. Luy mesme en fut le messager et merita la faveur d'une gratieuse reponce, laquelle dans peu de jours aboutit à un mariage fort louable et qui rejouit les amis de l'un et de l'autre. Car M^r le vicomte etoit extremement pressé d'afaires et jouissoit de bien peu de rentes, ayant ses terres du vicomté hypothequées envers Mr de Monbalat, son beau frere, pour vingt quatre mil livres, et partant, il avoit besoin argent et femme. Pour mad^e la douariere de Benac, ses merites joints aux richesses luy promettoient un grand party de mariage, mais dans le pays de Bigorre, où elle agreoit le sejour, n'en pouvoit esperer de plus grands que M^r le vicomte. C'est pourquoy l'un et l'autre etoit occasionné d'entendre aud. mariage, et tous ceux qui les aimoient en desiroient l'accomplissement, et duquel aussy les frere (2) et beau frere (3) de laditte dame furent bien

---

(1) Fille de Jean de Bourbon, baron de Bazian, seigneur d'Audagance, Parentis et Saint-Aulaye, et de Françoise de Saint-Martin-Biscarrosse. Contrat du 10 octobre 1600 (*Glanage*, XXII, p. 269). Jean-Jacques de Bourbon reçut pour la dot de sa femme la seigneurie de Montgaillard, estimée 10,000 livres, et abandonna à son beau-père, par acte du 1er juillet 1602, les bordes dites de Préchac (Jean Mauran, not., reg. de 1596-1607).

(2) Messire Arnaud de Gontaut de Saint-Geniès, seigneur d'Audaux, Lauzac, Lopiac, Grolejac, marié à dame Antoinette de Lauzac. Françoise de Gontaut de Saint-Geniès, leur fille, épousa, suivant contrat du 18 juin 1633, Mr Me Jacques Ducasse, conseiller du roi à la maîtrise de la Foraine, en Bigorre, fils de Mr Me Jean Ducasse, conseiller du roi et lieutenant particulier à la sénéchaussée de Bigorre, siège de Tarbes, et de demoiselle Paule d'Angos (arch. des Hautes-Pyrénées, reg. des insinuations, B. 1634-1636).

(3) Bernard de Montaut, baron de Navailles (Voir p. 46, note 2, *supra*).

aise. Il y avoit une seule difficulté, qui regardoit la conscience, parce que madame etoit alors de la religion pretendue reformée et M^r le vicomte desiroit l'epouser à la messe. Donc il fut accordé que les fiançailles seroient faittes par un prestre dans l'eglise St Jean de Tarbe, et qu'après, un ministre de la religion pretendue feroit les epousailles. A quoy fut procedé suivant ledit accord, et les fiançailles faites par parole du present, le dimanche 6 febvrier 1605 (1), dans lad. eglise St Jean, par un prestre; et au mois de mars suivant, les epousailles dans le chateau d'Andrest, par le ministre de Pontac.

M^r le vicomte avoit d'ordinaire chez soy quelque religieux du couvent St François, de Tarbe, duquel les seigneurs de Lavedan sont fondateurs et patrons; et tant par les prieres et douces admonitions que par les exhortations desd. religieux, il flechit le cœur de madame la vicomtesse à quitter les opinions heretiques et embrasser la saine doctrine de l'Eglise catholique, apostolique, romaine. Sa conversion fut faite publiquement le jour de l'Annonciation de Nostre Dame dudit mois de mars, s'etant disposée pour gagner les indulgences dans l'eglise cathedrale de Tarbe, au grand contentement de monsieur le vicomte et de ses amis et serviteurs, et à l'edification d'un grand nombre de peuple qui se trouva dans laditte eglise.

Deux ans après, sçavoir en la saison du printems de l'an 1607, ledit s^r vicomte etant dans led. chateau d'Andrest avec le capdet de Sus, fut offensé de quelques paroles par François d'Antin, fils du capitaine Gabriel d'Antin, du lieu d'Ours (2); et à suite,

---

(1) Le contrat de mariage fut également passé ce jour-là. Marie de Gontaut et de Saint-Geniès porta en dot au vicomte de Lavedan la somme de 60,000 livres tournois, savoir : 50,000 livres en argent comptant, et 10,000 livres en meubles, accoutrements et joyaux nuptiaux. L'argent devait être employé par le vicomte au paiement des légitimes dues à sa sœur Jeanne, femme du sieur de Montvallat, et à sa sœur Madelaine, ainsi qu'à l'acquittement de ses dettes. Présents : messire Marc-Antoine de Campeils, seigneur et baron de Luc, sénéchal de Bigorre; nobles François de Saint-Sivié; François d'Ibos, de Saint-Pé; Lancelot de Saint-Paul, seigneur de Lespouey; Gaston d'Armagnac, seigneur de Horgues; Emeric et Jacques d'Hugues (Jean Mauran, not., reg. de 1596-1607).

(2) Oursbelille, canton de Tarbes (nord), Hautes-Pyrénées. « Le lieu de « Belile, jadis Ours », est cité dans un acte du 11 juillet 1650 (arch. des Hautes-

furent rués quelques coups sur ledit d'Antin par le capdet de Sus et ledit sieur vicomte; et ledit s^r vicomte fit attacher led. d'Antin et mener dans les prisons de Tarbe, d'où etant evadé et se voyant en liberté, il fit appeler en duel le capdet de Sus et le combatit auprès de Tese (1), sur les frontieres de Bear, et luy porta dans les intestins une playe mortelle. Le capdet de Sus etant mort, ledit d'Antin tourna ses armes contre M^r le vicomte, et durant cette querelle, il epousa la veuve du feu s^r de Sauveterre (2), à l'occasion duquel mariage il devint plus riche et plus hardi à faire des entreprises contre led. s^r vicomte, lequel n'alloit plus aux champs sans armes ny sans bonne compagnie, et dans sa maison il avoit d'ordinaire les Hugues, Colomès, Corlens et plusieurs autres. A la fin, se voyant trop pressé dudit s^r de Sauveterre, il rechercha les occasions de le voir et ayant joint à soy le s^r de Begole (3), son neveu, fit si prompte diligence

---

Pyrénées, reg. des insinuations, 1648-1655, B). — Gabriel, bâtard d'Antin, épousa Jeanne d'Antin, sa cousine germaine (arch. des Hautes-Pyrénées, G. 246); il vivait les 13 décembre 1593 et 6 avril 1594, et mourut avant le 26 avril 1596 (reg. de S. Noguès). Sa veuve testa à Oursbelille, devant Jean Mauran, notaire, le 27 juillet 1615; elle mentionna noble François d'Antin, son premier fils, marié dans la maison de Sauveterre avec demoiselle Henrie [de Rivière] (fragment de grosse en parchemin du testament de Jeanne d'Antin, servant de couverture au reg. de J. Mauran de 1631-1633, étude Theil).

(1) Thèze, chef-lieu de canton, arrondissement de Pau, Basses-Pyrénées.

(2) Nous avons vu (*suprà*, p. 26, note 1), que Bertrand de Lavedan, fils d'Arnaud IV et de Brunicende de Gerderest, devint seigneur de Sauveterre par son mariage avec Jacquette de Rivière. Après lui vinrent :

Auger de Lavedan, qui rendit hommage pour Montfaucon à Madelaine de France, princesse de Viane, à Mont-de-Marsan, 24 mai 1478;

Assibat de Lavedan, qui rendit hommage en 1541, devant Jacques de Foix, évêque de Lescar. Femme : Jeanne de Lordat;

Jean de Lavedan, écuyer, baron de Sauveterre, leur fils, qui épousa Françoise de Saut, fille de noble Raymond-Bernard de Saut et de demoiselle Catherine de Béost; contrat du 17 février 1575. — Raymond-Bernard de Saut était fils d'un marchand de Madiran. — Il n'y eut pas d'enfants de ce mariage.

La seigneurie de Sauveterre passa à François de Lavedan, frère de Jean, qui la donna par testament à Henrie de Rivière, sa femme.

Celle-ci la porta en deuxièmes noces à François d'Antin, sieur de Lagarde, fils du capitaine Gabriel, et, en troisièmes noces, par contrat du 13 février 1612, à François d'Antin de Boucosse (Larcher, *Glanage*, XII, n° 38; — *Dict. hist.*, v° *Bigorre*, hommages devant d'Iharse; — mss. de l'abbé de Vergès, v° *Sauveterre*; — baron de Cauna, *Armorial des Landes*, t. III, p. 39).

(3) Paul de Bégolle, baron de Barbazan-Dessus, Castelvieilh et Esparros, fils d'Antoine, qui testa le 18 mai 1611 et mourut bientôt après; ou bien son frère

qu'il l'atrappa et lui ota la vie. La demoiselle de Sauveterre fit informer du meurtre et en poursuivit la reparation à Toulouse, mais M^r le vicomte pour tirer de peine ses amis et se mettre en repos, s'achemina vers le roy et obtint de Sa Majesté une abolition generale (1). Ce fut alors que le roy ayant eté salué par led. s^r vicomte de Lavedan, rendit ce témoignage devant les princes et toute la cour : que son cousin le vicomte de Lavedan, illec present, etoit le chef de la famille qui luy avoit eté plus fidele. De quoy les princes demeurerent fort esbaïs, considerant que le roy n'avoit jamais parlé si favorablement d'aucune maison de France. Ce fut encore à ce coup que led. s^r vicomte eut promesse du roy d'estre recompensé des pertes que feu son pere fit au delaissement des baronies d'Aure, Magnouac, Barousse et Labarthe de Nestès, luy ayant Sa Majesté offert les places de Villecondau et Montagut (2) en Pardiac, sans prejudice d'autres liberalités au souhait du s^r vicomte; lequel, etant de retour à sa maison et visité [de] ses amis avec lesquels il desiroit se rejouir dans le chateau d'Andrest, le jour de la feste de St Barthelemy, qui est la feste de la paroisse du lieu, fut atteint d'une grieve maladie, causée par venin, ainsy que plusieurs et mesme les medecins opinerent. Les conjectures de l'empoisonnement etoient : que le samedy, 21 d'aoust, etant à la chasse au lieu d'Orleix (3)

Henri, sieur de Tournous (*Tornoo*), aussi décédé sans alliance. — Larcher, *Dict.*, v° *Begolle*.

(1) « Au mois de mai 1610, le roi donna des lettres de grace à Jean Jaques
« de Bourbon, vicomte de Lavedan; Aimeric et Jaques d'Ugues, freres; Jean
« de Serignac et Jean Alexandre de Courlenx, sur l'exposé qu'ils firent que
« François d'Antin, sieur de la Garde, ayant eté condamné... au parlement de
« Toulouse, par arrêt du 31 octobre 1609, Jean Boyer, second huissier audit
« parlement, aïant été commis pour l'execution de l'arret, il n'auroit pu le
« prendre à cause de la resistance qu'il fit dans son chateau de Sauveterre
« contre ledit huissier et plusieurs gentilshommes du païs, le 28 decembre audit
« an, et le sieur de Clarac y avoit eté tué. Enfin, le 28 fevrier 1610, Pierre
« Bourrouillan, sergent, ayant demandé main forte aux exposans, et le s^r de la
« Garde se deffendant, on auroit tiré pour l'effrayer trois ou quatre coups
« d'arquebusade, l'un desquels l'ayant atteint auprez de l'oreille, et un autre
« dans les reins, ledit de la Garde fut tué sur les lieux » (Larcher, *Dict.*, v°
Hugues et feuilles détachées de ses mss.).

(2) Montégut-Arros, canton de Miélan, Gers.
(3) Canton de Tarbes (nord), Hautes-Pyrénées.

avec ses domestiques, il commença se douloir de l'estomac après avoir diné, et incontinent un de ses serviteurs s'absenta sans dire adieu et ne fut vu depuis, joint que durant la maladie s'etoient offerts plusieurs signes de poison, tant aux excrements que simptomes; et après le trepas, le corps etant ouvert fut blessé d'un ulcere dans les intestins. Le mercredy, 25 dudit mois d'aoust, il fit son testament qui contient plusieurs legats pies et fondations des messes perpetuelles ès eglises dud. couvent S⁺ François et autres de la ville de Tarbe, de Montsarrat (1), de Garasson (2), du Borderet, de S⁺ Jacques en Galice, d'Andrest, Juncalas, Beaussen et Sᵗᵉ Anne de Castetnau de Maignouac (3); legats aussy faits en faveur des hopitaux de Tarbe, Vic, Baigneres et Lorde, des officiers de sa maison et des filles de chambre de madᵉ la vicomtesse sa femme, laquelle il institua son heritiere universelle. Ayant fait les œuvres auxquelles tout bon chretien est obligé, il rendit l'ame à Dieu le samedy 28 du mois d'aoust 1610, laissant madᵉ la vicomtesse fort eplorée, tant pour la perte de sa compagnie, que privation d'enfans de leur mariage (4). Elle fit embaumer le corps, et l'ayant revetu d'un habit de satin noir et autres ornements convenables, le fit descendre dans la chapelle du chateau, où il demeura tout ledit jour samedy et la nuit suivante, reposé sur une chere; et le dimanche matin, il fut etendu sur un ais pour le rendre bien disposé à estre mis

---

(1) Le Mont-Serrat, célèbre abbaye de l'ordre de Saint-Benoit, située sur la montagne de ce nom, au centre de la Catalogne (Espagne).

(2) Garaison, chapelle et établissement des missionnaires diocésains de Tarbes, commune de Mauléon-Magnoac, Hautes-Pyrénées.

(3) Castelnau-Magnoac, chef-lieu de canton, arrondissement de Bagnères, Hautes-Pyrénées.

(4) Marie de Gontaut ne tarda pas à chercher une consolation dans une troisième alliance contractée avec messire Jean de Bezolles, seigneur dudit lieu, gentilhomme ordinaire de la chambre du roi, lieutenant de la compagnie des ordonnances du seigneur maréchal de Roquelaure. La vicomtesse de Lavedan est désignée comme femme de Jean de Bezolles dans un acte de Pierre Dufourc, notaire de Tarbes, passé entre elle et le seigneur de Horgues (25 mai 1620, f° 81, ét. Duguet). Elle fit un premier testament devant Pierre Bernac, et un second devant Isaac Nicard, notaires de Tarbes (voir mon *Introduction*, p. XII). Par ce dernier, en date du 17 février 1643, elle institua héritier universel Philippe de Montaut-Bénac, marquis dudit lieu et de Navailles, sénéchal de Bigorre, son neveu. « Madame de Lavedan deceda le 22 avril 1643, à 3 heures

dans la bierre. Le lundy, 30ᵉ dudit mois d'aoust, fut porté à Tarbe pour estre inhumé dans l'eglise Sᵗ François, au tombeau de la famille de Lavedan, et les religieux sortirent le recevoir hors la ville, à l'endroit des Tuilleries (1).

C'est ici la fin et l'aboutissement de la famille des Bourbons, lesquels après la famille du Lyon, furent joints à celle de Lavedan, et toutes trois ont cessé de produire des vicomtes dans le païs de Bigorre. C'est ainsy que les choses humaines roulent, et n'y a rien de constant et d'asseuré sous la voute celeste. Neantmoins parmy cette inconstance, l'on tache d'asseurer la renomée des braves seigneurs qui ont illustré les familles, en recommandant leurs louanges à la posterité par le moyen de l'ecriture. Que si le bon ange, directeur de mes actions, favorise tant ce petit œuvre, qu'il dure contre les injures du temps et des siecles, ceux qui viendront après longues années auront reconnoissance de la maison de Lavedan et de ses vicomtes. Particulierement sçauront ils que le dernier n'a pas eté de moindre valeur que les premiers, mais il les a devancé en beaucoup de qualités qui luy ont eté particulieres. Ceux de la premiere famille se sont contenus dans les alliances des maisons de Benac, Castetbayac, Antin, Basiliac, Montesquieu et autres d'icy près, et la seconde famille ne s'est pas guindée fort haut, à cause de sa courte durée; mais la troisieme etant extraite d'un lignage plus relevé, est allé toujours en augmentant, jusques à ce qu'elle a touché de bien près la sacrée personne du roy de France.

Or de quatre vicomtes qu'il y a eu de la famille de Bourbon, feu messire Jean Jacques, le dernier d'iceux, a surmonté les autres. Car jaçoit que messire Charles fut immediatement extrait

« du matin, et a esté ensevelie aux Peres Cordeliers, tout au devant le grand
« autel, le 23, à unse heures du matin, auquel enterrement se sont trouvés
« monseigneur de Tarbe, monseigneur de Gramont, madame et le reste de la
« maison; et toute la maison de Benac, heritiere. Mʳˢ de magistrats et consuls
« et une bonne partie de la ville, force noblesse, avec les quatre croix;
« Mʳ Cabarroy, theologal, faisant l'office. DE PEGESE, vicaire » (état civil de Tarbes, 1622-1646).

(1) Tuilerie, quartier de la section B de la commune de Tarbes, près du *Chemin de Vic* et de *Perségna* (autrefois *Prucignan*, un des plus anciens villages de Bigorre).

de la famille des ducs de Bourbon, si est ce que le nuage de batardise donnoit quelque obscurcissement à son lustre, et son fils Jean de Bourbon, s'etant eloigné d'un degré de laditte famille, eut besoin de contracter nouvelle alliance par son mariage avec dame Antoinette d'Anjou, affin que de deux endroits ses enfans dependissent de la très illustre famille de Bourbon. Ce qu'arriva en la personne d'Anne de Bourbon, qui se trouva cousin du roy de Navarre. Mais il etoit reservé audit Jean Jacques d'estre issu de laditte famille de Bourbon et d'estre parent d'un roy de France, le plus grand et le plus qualifié des vertus royalles qu'autre qui ait jamais porté le sceptre de France. Cette louange n'est pas petite; neantmoins elle n'est pas si propre audit Jean Jacques comme ses vertus infuses et acquises. Quel de ses devanciers a eté plus constant que luy en la religion chretienne? Ceux qui l'ont devancé en temps calme et auquel les heresies n'avoient cours par la France, sont tenus pour bons chretiens; mais c'est sans avoir eu aucune secousse qu'est cause que leur vertu n'est pas si recommendable comme celle dudit Jean Jacques, lequel ayant eu ses pere et mere touchés de l'heresie et ayant epousé femme de la religion pretendue reformée, s'est conservé toujours dans la foy de l'Eglise catholique, apostolique, romaine, et par son exemple y a flechy madame la vicomtesse sa femme. Son humilité, sa temperance et milles autres vertus, avec la dexterité du corps, tant à cheval qu'à pied, le rendent extremement recommendable, et pour dire en un mot, il fournit un plus ample sujet de louange que mon esprit n'est capable de dire. C'est pourquoy je mets fin à ce discours pour reprendre les erres de ma brieve et sommaire description du pays et comté de Bigorre.

CHAPITRE 9e.

DES SINGULARITÉS QUI SE TROUVENT EZ MONTAGNES DE BIGORRE.

Presque au milieu des montagnes de Bigorre s'eleve une pointe de rocher, appellé le Pic de midy (1), parce que le vulgaire

---

(1) Le Pic du midi de Bigorre, où se trouve l'observatoire météorologique dirigé par M. l'ingénieur Vaussenat, a 2,877 mètres d'élévation.

marque l'heure de midi, comme en une montre d'horloge, lorsque le soleil est elevé à droite ligne sur icelle pointe. Les troupeaux du betail demeurent au plus haut des montagnes, depuis le commencement du mois de juin jusques à la fin du mois d'aoust. Parmy les forets des montagnes habitent les paons (1) et gelines sauvages, les ours, les loups communs et cerviers, chevreuils vulgairement appellés issars, boucs et chevres sauvages, et rarement s'y trouvent des sangliers, cerfs et biches (2). Il y a quantité de genevriers d'où se fait l'huile de genievre que les pasteurs appliquent aux brebis rougneuses. On y coupe les sapins pour batir maisons, et des pins sauvages est tiré le bois que les montagnols appellent *tede* (3), duquel ils se servent en hyvers pour eclairer leur maison, au lieu de chandeles; car etant sec et après echauffé, ils le tranchent en petites buches, et, allumé, il brule comme une chandele de resine. Il y a pareillement en quelques endroits un petit arbrisseau de la hauteur d'une coudée, portant fruit bon à manger de couleur noire et de la grosseur d'un petit grain de raisin. Le nom de l'arbre est en langue montagnólle *ayoire* et le nom du fruit *ayon* (4). Il n'a nul pepin, os ny graine, mais est remply de jus qui teint les dents et les levres ny plus ny moins que le jus des cerises noires. En d'autres endroits se trouve quantité de rares simples et herbes medicinalles avec plusieurs mineraux. Depuis douze ans on a cessé de fouiller une mine de plomb et d'argent au village de Gasost (5), et le feu s^r de Lacoste, medecin de Tarbe, qui mourut au mois

---

(1) Le nom patois du coq de bruyère est *pau*.
(2) Les sangliers et les chevreuils — Mauran confond l'isard avec le chevreuil et le chevreuil avec le cerf — préféraient les coteaux. Il dira qu'il y en avait dans les bois d'Ibos. On lit aussi dans une enquête de l'année 1581 (arch. mun. de Lourdes), « que en la forest de Mosle ce y retirent beaucoup de sangliers, « loups et chebreulz, » que des témoins, habitants des « bordalatz » de Montaut, chassaient avec l'arbalète et l'arquebuse, et dont ils portaient « quelque pied « et teste au cappitaine du chasteau de Lorde pour le seigneur comte, et aux « consulz quelque piece, mais n'ont accostumé y tendre lasseres ny cordes, ny « prindre chebreulz, que ne soyt avec licence desd. consulz de Lorde, du cappi- « taine du chasteau ou de mandement dud. s^r comte. »
(3) *Tœda* (Pline).
(4) *Ayous, abayous*, noms patois de l'airelle et des baies noires qu'elle produit.
(5) Gazost, canton de Lourdes, Hautes-Pyrénées.

de septembre de l'année 1599, disoit avoir decouvert une mine d'or en quelque roche voisine du village d'Us (1).

CHAPITRE 10ᵉ.

DES COTEAUX ET DE LA PLAINE DE BIGORRE.

La partie du bas pays de Bigorre située vers l'orient, est appellée Rostan (2), concistant en montées et descentes, et prend son commencement au coteau de Luby (3), après lequel en succedent quatre autres y comprenant celuy de Sarroïlles (4), qui borde la plaine. Il y en a qui ont cru que cette denomination de Rostan vient de la riviere de l'Arros qui descend des vigueries de Nebousan et cottoye dans la Bigorre l'abbaye de l'Escaledieu (5), les villages de Ricau, Oson, Bordes, Godon (6), Cabanac, Averede (7), et que de là, tout ce quartier est appellé l'Arostan, et fondent leur conjecture sur ce que laditte riviere dans Froissard, qui est l'historien de la guerre des Anglois en Gascogne, est appellée l'Arrost, de quoy je laisse le jugement au lecteur et me contente de dire qu'il y a de l'apparence et de la probabilité, vu la correspondance d'un mot à l'autre, et que laditte riviere de l'Arros arrose les meilleurs et plus fertils endroits de l'Arrostan et après, elle se joint à l'Adour près Isotges (8). Les bleds, les vins et les fruits des arbres sont beaucoup meilleurs parmy ces coteaux qu'en la plaine, jaçoit qu'ils ne baillent pas la recolte si abondante, mais le betail à laine y est bien plus asseuré et n'est si sujet aux

(1) Uz, canton d'Argelès, Hautes-Pyrénées.
(2) Le Rustan, vallée arrosée par l'Arros.
(3) Canton de Trie, Hautes-Pyrénées.
(4) Sarrouilles, canton de Tarbes (sud), Hautes-Pyrénées.
(5) Abbaye cistercienne de la filiation de Morimond, fondée à Capadur (vallée de Campan), et transférée en 1142 sur le territoire qui forme aujourd'hui la commune de Bonnemazon, canton de Lannemezan, Hautes-Pyrénées.
(6) Ricaud, Ozon, Bordes, Goudon, canton de Tournay, Hautes-Pyrénées.
(7) Cabanac, Aubarède, canton de Pouyastruc, Hautes-Pyrénées.
(8) Izotges, canton de Plaisance, Gers.

maladies que celuy que l'on nourrit parmi les champs, les prés et les landes.

Le coteau dominant sur la plaine, à l'occident, est appellé Serrecaute et prend son commencement au lieu de Bartraès (1) et, diminuant peu à peu, se cache dans les forets d'Adé, Ossun, Ibos et Borderes jusques au lieu de Lagarde, où il prend sa fin; et un autre coteau, qui vient du village de Pintac (2), luy succede et se courbe vers les lieux de Pujo et Saint Lezer où il se revest de belles vignes, dont le vin combat pour la bonté avec tous les autres vins de Bigorre. Ce coteau cy soutient le monastere de Saint Lezer (3) qui luy est un singulier ornement sur la croupe.

Depuis le coteau de Serrecaute vers le Bearn est une grande etendue de landes incultes, neantmoins propres au paturage du betail, et vont joindre la Riviere Ousse, au delà de laquelle est la forest de Mosle (4) qui a son etendue jusques au terroir de St Pée.

La plaine de Bigorre serrée entre les coteaux de Sarroiles et de Serrecave, est plus large et plus unie par l'endroit du septentrion, et a sur son entrée les villages de Laffitole (5) et de la Reole. Au lieu de la Reole est une abbaye de Saint Benoist et, à Laffitole, un chateau bati sur une haute motte, duquel on decouvre l'etendue de laditte plaine, et à cause de ce, quelqu'uns le nomment *la Lanterne de Bigorre*. Une lieue plus haut, sont les villes de Rabastens (6) et Vic (7), scituées aux deux extremités de la plaine, presque à l'opposite l'une de l'autre; et deux lieues plus haut, vers le midy, la ville de Tarbe, comme la maitresse, occupe le cœur de la plaine, ayant à une lieue derriere soy la ville d'Ibos,

---

(1) Bartrès, canton de Lourdes, Hautes-Pyrénées.

(2) Canton de Tarbes (nord), Hautes-Pyrénées; autrefois *Saubaméa*, ancien membre de la commanderie de Bordères, donné aux Templiers, en février 1251, par Arnaud de Lavedan, seigneur de Baussan (Beaucens), et na Navarre, sa femme. — *Glanage*, xxv, p. 85, n° 24.

(3) Donné en 1064, par Héraclius, évêque de Tarbes, et par Bernard, comte de Bigorre, à l'ordre de Cluny.

(4) Mourle, forêt qui appartient à la commune de Lourdes, et qui est située entre Saint-Pé, Peyrouse, Loubajac et Lamarque-Près-Béarn.

(5) Lafitole, canton de Maubourguet, Hautes-Pyrénées.

(6) Rabastens, chef-lieu de canton, arrondissement de Tarbes, Hautes-Pyrénées.

(7) Chef-lieu de canton, arrondissement de Tarbes, Hautes-Pyrénées.

du coté d'occident, et presque à droite ligne. Au dessus de Tarbe, la plaine se divise en deux pointes dont l'une va toucher la ville de Baigneres et l'autre se continue par la Lande Morine. (1), cotoyant la baronie de Benac (2) et s'ensuivant aussy dans la baronie des Angles (3), va toucher le pied de Gers (4) au dessus de la ville de Lourde. Ors puisque de toutes les villes de Bigorre, sans controverse, Tarbe est la capitale, c'est la raison que tout premierement l'on parle d'elle.

CHAPITRE 11e.

DES VILLES DE BIGORRE ET PREMIEREMENT DE LA VILLE ET CITÉ DE TARBE.

La ville et cité de Tarbe, scituée presque au milieu de la plaine de Bigorre, a, du coté d'orient, la riviere de l'Adour qui luy fournit des eaux en abondance, tant pour faire moudre les moulins que pour remplir les fossés qui environnent les murailles, et aussy pour temperer la chaleur de l'eté; car un petit ruisseau d'eau claire passe par le milieu de la ville, depuis un bout d'icelle jusques à l'autre; etant ainsi composée laditte ville qu'elle n'a qu'une rue qui s'etend de l'orient vers l'occident, et anciennement etoit distinguée par les portes et fossés qui l'entrecoupoient en

---

(1) Belle plaine entre Lanne, Louey et Ossun. Le *Cadastre* l'appelle : *Lannemourime.*

(2) La baronnie de Bénac était composée des villages de Bénac, Barry de Bénac, Loucrup, Louey, Hibarette, Visker, Lanne, Castang, Orincles, et avait plusieurs hommagers : les seigneurs de Visker, Saint-Sivié, Saint-Sever, Adebat, Bazet de Louey, Saint-Estèphe de Hibarette. — *Lanemorine* contenait 800 journaux (Larcher, *Dict.*, v° *Bigorre*, dénombrement de Philippe de Montaut, baron de Bénac, devant d'Iharse, en 1612).

(3) Henri des Prés, marquis de Montpezat en Quercy, dénombra du chef de Suzanne de Gramont, sa femme, le 6 juillet 1612, et déclara que la baronnie des Angles comprenait les villages des Angles, Arcizac-ez-Angles, Lézignan, Bourréac, Ossun-ez-Angles, Artigues, Lou Cardonnet, Castres, Ayné, Jarret, Pouts, Lahitte, Gez-ez-Angles, Arrayou, Arrodets, Lanso, Sère, Roquehort, Léret et Louzourn (Larcher, *Dict.*, v° *Bigorre*, dénombrement devant d'Iharse).

(4) Le grand et le petit Gers, montagnes, commune de Lourdes, Hautes-Pyrénées.

DU PAIS ET COMTÉ DE BIGORRE.

six bourgs (1) dont les deux sont à present demolis rez de terre; les quatre restants se tiennent deux à deux et semblent composer deux corps de ville, dont la premiere, commençant à la part d'occident, contient les bourgs de la Sede et de Carrere Longue. Celuy de la Sede (2) enclod l'eglise cathedrale et les ruines des ancienes maisons de l'evesque et des chanoines. Laditte eglise cathedrale, consacrée à la Vierge Marie, porte le nom particulierement de Sede, comme resulte du vieux Breviaire de laditte eglise qui est intitulé *ad usum ecclesiæ Sedis Tarbiæ*, et les chanoines qui sont à present etoient jadis religieux de l'ordre de Saint Augustin, mais ils furent secularisés et les places monacales reduites à quatorze chanoines (3).

---

(1) Voici, d'après le plus ancien livre terrier de la mairie de Tarbes, qui est de la première moitié du XVIᵉ siècle, et dans l'ordre de ce registre, les quartiers, faubourgs et principales dépendances de la ville : 1° Bourg-Vieux, où étaient *lo portau Nolibo* et *la marquita deu Borc Vieilh*, appelée ruelle de Nolibos dans un terrier de 1645; — 2° Bourg-Neuf, où était *lo portau deu Borcnau;* — 3° Maubourguet, où *la mayso de la villa* était *contigua au portau près los Frays menos*. Ce bourg avait aussi *lo portau deu Trepadé;* — 4° Carrère Longue ou rue Longue, aujourd'hui rue Saint-Louis. Bernard de Galosse, dit le Basque, y tenait « lar et foec en la mayso de Berren, deffora *lo portau de Forcada;* » — 5° La Marque Saint-Pé; — 6° Portail-Davant; — 7° *Lo forn besiau;* — 8° *Lo borcq nabet*, où se trouvait *lo portau deu Marcadiu;* — 9° *Dedents la billa : lo portau de Maten (Mateu?) ou dequet borc* (traduisez : dans la ville, la porte de Maten ou de ce bourg, et non de *Querborc*, comme l'a écrit le capitaine Bois, *Les Hautes-Pyrénées*, 1884, p. 53); — 10° *La part de la Seda;* — 11° *La clausura de la Seda* où étaient les maisons de l'archiprêtre, des chanoines et de *la notaria;* — 12° *Martihac* (Martiac); — 13° *Donic* (?); — 14° *Matalop;* — 15° *A l'aute carrera;* — 16° *Terras en lo begariu;* — 17° *Lo moneste de Sencebe*.

Selon Larcher (*Calendrier du diocèse*, p. 74), la ville en 1522, était distribuée en huit quartiers : le Bourg-Vieux, le Bourg-Neuf, Maubourguet, bourg Crabé, rue Longue, la Sède, Marthiac ou Bordalas, *Burgus Novellus*.

(Cf. *Les Hautes-Pyrénées*, par MM. Bois et Durier, pp. 49 et suiv., et les notes de M. l'abbé Duffau, *Souvenir de la Bigorre*, t. IV, pp. 315 et suiv.).

(2) Le quartier de la Sède appartenait à l'évêque et au chapitre qui en étaient seigneurs bas justiciers. Il comprenait les faubourgs Martiac et Mateloup, la rue ou Carrère Longue jusqu'à la maison de Berdolet de Gonès, en 1429, et de Raymond de Mercé, en 1612, maison confrontant du nord, avec le puits de Carrère Longue; il embrassait encore la rue de Forcade, du côté de l'ouest (arch. des Basses-Pyrénées, *Censier de Bigorre* de 1429, et Larcher, *Dict.*, vᵒ *Bigorre*, dénombrement devant d'Iharse).

(3) Le chapitre fut sécularisé par Léon X, le 15 janvier 1514 (v. st.). Voir

Le catalogue des evesques de cette eglise n'a pas eté curieusement extrait des anciens titres et documents d'icelle, ce qui est cause aussy que je ne vous le presente pas pour une piece entiere, mais comme un echantillon que j'ay tiré de tous les anciens documents qui sont venus à ma main, depuis dix huit ans que je hante le barreau de la senechaussée de Bigorre, et des papiers aussy de la maison de ville de Tarbe (1). Le plus ancien

---

le texte de la bulle dans le *Glanage*, xxv, pp. 335-340, et aux arch. des Hautes-Pyrénées, G. 33.

(1) « ... Antomarius n'est connu que de nom; l'on ignore le tems où il a
« vecu. St Justin ne fut point ev. de Tarbes... I. St Fauste, vers 483; —
« II. Aper, 506, au concile d'Agde; — III. Nibridius, 511, au 1er conc. d'Orleans;
« — IV. Julien, 541, au 3e conc. d'Orléans; — V. Amelius Ier, à Brenne, 580;
« à Mâcon, 585; — VI. Geraud Ier ou Serald, 840, 845; — VII. St Landeol, mort
« à St Gal, 878; — VIII. Sarstonus, 899; — IX. Fidentius; — X. Bernard Ier,
« vers 970; — XI. Amelius II de Lavedan, 1000; — XII. Bernard II, 1009;
« — XIII. Richard, 1036; — XIV. Heraclius, 1056, 1060, 1063, 1064; —
« XV. Pierre Ier, 1070; — XVI. Pons Ier, abbé de Simorre, 1076, 1080; —
« XVII. Hugues Ier, 1080, en octobre, au conc. de Bourdeaux; — XVIII.
« Odon Ier ou Dodon, 1083, mort en 1096, le 7 avril; — XIX. Bernard III
« d'Asereix, 1096, à S^t Pé; — XX. Pons II, 1103; — XXI. Guillaume Ier, 1110,
« mort en 1142; — XXII. Bernard IV Lobat de Montesquieu, 1145, 1151,
« 1175; — XXIII. Arnaud-Guillaume Ier d'Oson, 1177, 1195; — XXIV. Arnaud-
« Guillaume II de Biran, abbé de Sordes, 1200, 1217, 1224; — XXV. Amanjeu
« de Gresinhac, chanoine de Tarbes, elu avant le 1er juin 1224, puis archev.
« d'Auch; — XXVI. Hugues de Pardeillan de Rozès, 1227, 1244; il fonda
« une prebende à la Sede; — XXVII. Arnaud-Raimond Ier de Coarase, 1245,
« 1260; — XXVIII. Arnaud de Miucens, 1266, 1267; — XXIX. Raimond-
« Arnaud de Coarase, 1268, mort le 4 mars 1307; — XXX. Geraud II du
« Doucet, chantre de Lectoure, elu le 31 juillet 1308, mort le 19 juillet 1315;
« — Bernard, nommé par Clément V; — XXXI. Guillaume II Hunaud de
« Lanta, abbé de Lezat, elu en 1316, transferé à Agde en 1339. Il fit separer
« les menses en 1321; — XXXII. Pierre-Raimond de Montbrun, 1340; fixa
« le titre d'archiprêtres aux curés de certaines eglises, le 5 juillet 1342. Il fit
« reduire les canonicats à 14. Il mourut à Avignon le 14 mars 1353; fut enterré
« à Tarbes; — XXXIII. Guillaume III, archevêque de Brindes, nommé le
« 20 mai 1353, mort en 1361; — XXXIV. Raimond, 8 juillet 1362; — XXXV.
« Bernard VI, 1363, mort en 1374; — XXXVI. Gaillard de Coarase, 1374; —
« XXXVII. Renaud de Foix-Castelbon, 1392; — Bernard (competiteur,
« schisme), abbé de Sordes, gouvernoit le diocese par ordre du pape Renaud.
« Le siege vaquoit en 1398; — XXXVIII. Bernard VII Adelbert, 1399; —
« XXXIX. Chretien, 1405, 1406, 1408; — XL. Pierre II de Langlade-Montbrun,
« augustin, fut administrateur d'Auch, Tarbe, 1406, 1407, de la part de
« Gregoire XII; — XLI. Bernard VIII, 1408, 1415; — XLII. Bonhomme
« d'Armagnac, 1417; mort à S^t-Pé le 17 may 1427; — XLIII. Raimond-Bernard,

desdits evesques est Saint Faust, duquel y a office particulier dans ledit vieux Breviaire de la Sede, mais dudit office ne se collige pas en quel temps vivoit ledit saint evesque. Il se trouve bien comme ledit Saint Faust, etant cassé d'années et recreu du travail que les ennemis de la foy luy avoient causé par exil et autrement, associa et prit pour coadjuteur à la charge episcopale, Saint Lezer, son disciple. Soient donc au frontispice de notre catalogue ces deux saints evesques de Tarbe, Saint Faust et Saint Lezer, après lesquels je mettray Bernard I, qui vivoit l'an 1022, si la pancharte de Saint Pée, qui en fait mention, est veritable.

Le 4e evesque sera Gaillard I, qui vivoit l'an 1091.

Le 5e, Bernard II, qui vivoit l'an 1145.

Le 6e, Hux de Pardeillan, 1233.

Le 7e, Arnaud I, 1249.

Le 8e, Ramond Arnaud de Coarraze, 1256.

Le 9e, Gerault de Lustet, 1308.

Le 10e, Guillaume Hunaud, 1317.

Le 11e, Pierre, 1340.

Le 12e, Gaillard II, 1380.

Le 13e, Chrestien, 1405.

Le 14e, Bernard III, 1410.

« 1428; — XLIV. Jean Ier, 1432, 1438; — XLV. Roger Ier de Foix-Castelbon
« passa d'Aire à Tarbes en 1441; mourut en 1461, le 8 juillet; — XLVI.
« Pierre III de Foix, cardinal, resigne en 1465; — XLVII. Arnaud-Raimond II
« de Palatz, chanoine de Tarbes, archidiacre de Lavedan, né à Solon, mourut
« à Orthez en 1474; enterré à St-Savin. Le siege vaquoit au 9 octobre 1475; —
« XLVIII. Menaud Ier d'Aure, 1476, 1489; — XLIX. Menaud II d'Aure, abbé
« de Nisos, 1490, 1504; — L. Thomas de Foix, abbé de Nisos et de l'Escaledieu,
« 1505, 1508, 1514; — Roger de Montaut-Benac, elu par le chapitre, compe-
« titeur non bullé; — LI. Manaud III de Martre, 1514, 1524; ensuite ev. de
« Couserans; — LII. Gabriel de Gramont permute en 1524 avec son prede-
« cesseur; cardinal, mort le 15 mars 1534; — LIII. Antoine de Castelnau-
« Tursan, abbé de Divielle, mort à Tolede, 1541; — LIV. Louis, frere
« d'Antoine, mort en 1549; — LV. Gentian Belin d'Amboise, bullé en 1556,
« mort à Toulouse en 1575; — LVI. Jean II d'Harismendi, nommé, non bullé;
« — LVII. Salvat Ier d'Yharse, sacré le 22 octobre 1578, mort en 1601; —
« LVIII. Salvat II d'Yharse, mort le 7 octobre 1648... » (Larcher, *Calendrier du diocese de Tarbes* pour l'année 1761, pp. 15-17, ms. appartenant à M. Magenties, ancien archiviste des Hautes-Pyrénées.) Cf. *Gallia christ.*; M. de Lagrèze, *Hist. relig. de la Bigorre*; M. l'abbé Duffau, *Souvenir de la Bigorre*, t. v, pp. 225-257.

Le 15ᵉ, Bonsom d'Armaignac, 1423.

Le 16ᵉ, Jean, 1433.

Le 17ᵉ, Roger I, 1443.

Le 18ᵉ, Bernard IV, 1466.

Le 19ᵉ, Arnaud II, 1471.

Le 20ᵉ, Menaut I, 1484.

Le 21ᵉ, Thomas, 1511.

Le 22ᵉ, Menaut II, 1519.

Le 23ᵉ, Gabriel de Grammont, 1525.

Le 24ᵉ, Antoine (les autres disent Louis) de Castelnau, 1540.

Le 25ᵉ, Rogier II, 1554.

Le 26ᵉ, Gentian d'Amboise, 1569.

Le 27ᵉ, Sauvat d'Iharse, qui decedda au mois de juin 1601, ayant tenu le siege episcopal 25 ans.

Le 28ᵉ, messire Sauvat d'Iharse, neveu du precedent, lequel tient à present le siege episcopal de laditte eglise de la Sede de Tarbe; et, de son temps, a eté faite la translation d'une partie des ossements de monsieur Saint Orens, depuis la cité d'Aux (1) jusques à la cité de Goesque (2); et, parce que j'ay eté present à la ceremonie qui fut faitte lors du passage et translation des ossements par la cité de Tarbe, je le diray brievement à l'honneur de Dieu et de son saint, et particulierement aussy de messieurs les prelats et autres personnes devotes, tant ecclesiastiques que seculieres, qui ont accompagné les saintes reliques :

Le dix huitieme jour du mois de septembre, l'an 1609, dès les huit heures du matin, les consuls de la ville et cité de Tarbe firent crier à son de trompe que chacun habitant eut à tenir nette la rue devant sa maison, et se tint prest pour aller en procession au devant des saintes reliques, au devant de Mʳ Saint Orens, lorsqu'ils entendroient sonner les cloches. Mʳ l'evesque de Tarbe etoit dejà parti avec une bonne troupe de gens à cheval, des principaux de son clergé, pour aller accueillir lesdittes saintes reliques en la ville de Saint Sever (3) où Mʳ l'archevesque

---

(1) Auch, chef-lieu du Gers.
(2) Huesca, l'une des principales villes de l'Aragon, siège d'un évêché.
(3) Saint-Sever de Rustan, canton de Rabastens, Hautes-Pyrénées.

DU PAIS ET COMTÉ DE BIGORRE. 65

d'Auch (1) se devoit rendre. Il fut de retour à Tarbe sur les cinq heures d'après midy, et s'arresta dans l'eglise des Carmes (2) avec ses chanoines et prestres. Incontinent le son des cloches fut ouy par toute la ville, et messieurs les magistrats, suivis du peuple, se rendirent en laditte eglise. Cependant M^r l'archevesque d'Auch approcha de la ville, conduisant lesdittes saintes reliques, et, avec luy, les deputés de la cité de Goesque (3), auxquels

(1) Léonard de Trapes, mort le 29 octobre 1629.
(2) Aujourd'hui église Sainte-Thérèse. — Le 10 septembre 1282, les Carmes de Tarbes déclarèrent que Raymond-Arnaud de Coarraze, évêque, et le chapitre de la cathédrale leur ayant donné la permission de bâtir une église et un cimetière hors la ville, ils s'engageaient à partager avec lesdits évêque et chapitre, à perpétuité, et à cause du droit paroissial de ceux-ci, les offrandes qui seraient faites dans leur église et leur cimetière, ainsi que les legs et obventions en pains, deniers, chevaux, armes, étoffes ou ornements, etc., à l'exception des repas et pitances léguées pour les sépultures. Ils promirent encore de n'ensevelir dans leur église aucun habitant de Tarbes et de ses faubourgs, sans l'autorisation de l'évêque et du chapitre, et s'obligèrent à assister aux processions qui auraient lieu à la cathédrale aux fêtes de la Noël, de la Purification, de l'Annonciation, des Rameaux, de Pâques, de la Pentecôte, de l'Assomption, de la Toussaint, de la Circoncision, de la Saint-Jean et de la Nativité de Notre-Dame. Ils se soumirent à la juridiction de l'évêque, renonçant à tous privilèges à ce contraires. Vital de Curred, not. de Tarbes, retint cet acte, en présence d'Arnaud d'Ibos, curé de Juillan, et de Raymond de Coarraze, curé de Séméac (Larcher, feuilles volantes, aux arch. des Hautes-Pyrénées, et *Glanage*, I, p. 191, n° 80). — « Les seigneurs de Bazillac, dit « ailleurs Larcher, s'en pretendent fondateurs (des Carmes) et les consuls de « Tarbes le leur ont disputé » (*Calendrier du diocèse*, p. 21). — Cf. *Les Huguenots en Bigorre*, p. 220, note 2.
(3) On peut lire un récit exact de la « *translacion de las reliquias de San Orencio desde la ciudad de Aux à la de Huesca*, » dans le TEATRO HISTORICO DE LAS IGLESIAS DEL REYNO DE ARAGON (Pampeluue, 1792, t. V, pp. 318 à 324). L'auteur, le R. P. frère Raymond de Huesca, capucin, annonce qu'il a puisé sa narration dans un livre publié sur ce sujet par François Diego de Aynsa, qui assista à la translation, ainsi que dans un résumé de la vie de saint Orens, par le docteur Jean-François-André de Uztarroz.
En 1607, la cité de Huesca chercha à réaliser son désir d'avoir des reliques de saint Orens, évêque d'Auch, le seul de ses glorieux enfants et patrons dont elle ne possédât pas des restes. Il ne fallut rien moins que deux années, tout le crédit et toute l'activité de Manuel Don-Lope, bourgeois de Saragosse, gentilhomme de la chambre et favori de Henri IV, roi de France, pour aplanir les difficultés qui surgirent. L'archevêque d'Auch exigea un bref du pape et, de concert avec la municipalité et les religieux du monastère de Saint-Orens, demanda, en retour des reliques à concéder, des reliques de saint Orens et de sainte Patience, père et mère du saint évêque. Les députés de Huesca prirent le chemin de la Gascogne, le 6 septembre 1609. C'étaient le docteur

5

s'etoit joint le seigneur Emmanuel Loupès (1), espagnol refugié en France, lequel habitoit avec sa famille au lieu de Coarraze; et de la noblesse de Bigorre, messieurs de Baziliac (2) et de Dours (3). Une partie des religieux [de] Saint Orens d'Auch y

Pedro Lopez, professeur de l'université et chanoine de la cathédrale, représentant l'évêque et le chapitre de Huesca; Martin Coscon; Martin du Moulin, seigneur de Monrepos; Martin-Jean de Felices et Sébastien de Canales, secrétaire de la ville, représentant la cité; ce dernier fit un rapport officiel du voyage, rapport dont Aynsa s'est servi pour son récit. A ces députés se joignit, par dévotion et par goût, frère Jean-Louis Coscon, commandeur de Saint-Jean; ils étaient tous citoyens de Huesca; ils arrivèrent à Auch le 13 septembre et présentèrent à l'archevêque le bref du pape Paul V; l'archevêque les accompagna le lendemain au monastère de Saint-Orens où ils offrirent, pour la chapelle du saint, une lampe d'argent de grand prix, aux armes de la ville de Huesca, en s'engageant à payer une rente perpétuelle, destinée à l'entretien de la lampe devant le sépulcre. Ils reçurent les reliques ce jour-là et quittèrent Auch le 16 septembre. — Voir aussi *Glanage*, XIII, pp. 327-328, n° 116; *Revue de Gascogne*, t. XVI, pp. 249-267.

(1) Arch. des Basses-Pyrénées, E. 1753.

(2) Paul de Bazillac, baron dudit lieu, gentilhomme ordinaire de la chambre du roi, sénéchal de Nébouzan, et baron de Sadournin au pays des Fites et Refites, sénéchaussée de Toulouse, fils cadet de Jean et d'Anne de Rochechouart (S. Noguès, reg. de 1601). Il épousa : 1° N...; 2° Le dimanche 19 juillet 1592, Françoise d'Antin, fille du sénéchal et d'Anne d'Ornezan, « *personne seconde* « audit s^r de Bazillac » (reg. de Mota, not. d'Aurensan, 6 novembre 1592, ét. Duguet; *Glan.*, XI, p. 32, n° 29); 3° Jeanne-Angélique de Lambes-Savignac, dont il eut une fille unique, Catherine, héritière de la maison de Bazillac, mariée, suivant contrat du 1er mai 1624, passé au lieu de Savignac-Mona (Gers), par Claude Rigaud, notaire, avec Henri d'Audric et d'Alcoynes, seigneur de Savignac et autres lieux, gentilhomme de la chambre (*Glanage*, VIII, p. 187, n° 41).

(3) Bernard de Béarn, chevalier et baron, seigneur de Gabaston, Dours, Chis et Louit, donna ces trois dernières terres à Arnaud-Seguin d'Estaing, mari de Mathe d'Artagnan.

Arnaud-Seguin les donna à son tour, le 14 mars 1462, à Arnaud d'Estaing, son fils puîné, à l'occasion du mariage de celui-ci avec Marie de Soréac (arch. des Hautes-Pyrénées, enquête de 1494, pp. 3-6).

D'Arnaud et de Marie de Soréac, naquit Jacquette, *alias* Jeanne d'Estaing, qui porta la seigneurie de Dours à noble Jean d'Izauguier, son mari, maître d'hôtel ordinaire du roi de Navarre, 1501-1547 (Larcher, *Glanage*, II, enquête Castelbajac, et VIII, n° 131 ; *Dict. hist.*, v° *Bigorre*, hommages devant d'Iharse). Jean avait un frère nommé Barthélemy. Enfants : Raymond-Garcie, qui suit; Catherine, femme de Gaston de Jussan, seigneur de Luc, Laslades, Burg et Espieilh, grand'mère de la sénéchale de Campeils (Larcher, *Glanage*, XI, n° 30, et *Dict.*, v° *Jussan*).

Noble Raymond-Garcie d'Izauguier se maria, suivant contrat retenu par Jean Fortet, notaire de Vic, le 13 novembre 1548, avec demoiselle Barbe de

etoit, aussy quelques chanoines et autres notables personnes, tant ecclesiastiques que seculieres, faisant le nombre de cinquante hommes à cheval. Mr l'archevesque, ayant passé le pont de l'Adour, s'arreta un peu, en attendant que Mr l'evesque de Tarbe fut pret à marcher avec la procession de la ville; et ayant eu nouvelle que Mr l'evesque sortoit, il s'avança tout bellement; et ledit sieur Emmanuel Loupès, ayant mis pied à terre, tira par la bride le cheval qui portoit les saintes reliques, jusques à la Dourette (1), ayant aussy la teste nue. Quand Mr l'archevesque et sa suite furent arrivés au Marcadieu et à l'opposite du couvent des Carmes, ils descendirent de leurs chevaux, et incontinent M.r l'evesque parut hors la porte du Marcadieu, revetu de ses habits pontificaux, au dessous d'un pavillon de damas blanc, soutenu par quatre consuls de laditte ville de Tarbe. La rencontre

---

Navailles, fille de demoiselle Marie d'Asté, veuve, dame de Labatut-Figuère (*Glanage*, XIII, pp. 325-327, n° 115). Il assista aux états de Bigorre, le 14 novembre 1552, du vivant de son père, car il est dit « fils du seigneur de « Dours » (Larcher, délibérations des états). Enfants : Manaud, qui suit; Madelaine, femme de noble Gaston de Roquefort, seigneur de Bastanès en Béarn ; Beranet, Anne et autre Anne, décédés, sans avoir contracté d'alliances, avant le 14 décembre 1594 (*Glanage*, XI, n° 30).

Noble Manaud d'Izauguier, seigneur de Dours, Chis et autres places, qui fait l'objet de la présente note, est mentionné plusieurs fois dans les registres de Mota, notaire d'Aurensan (ét. Duguet), depuis l'année 1588. Il était déjà marié à cette époque, avec demoiselle Gabrielle de Lasseran-Massencomme, fille de messire Jean-Alexandre et de dame Raymonde de Martres. Ils n'eurent pas d'enfants. Gabrielle était veuve et héritière de la plus grande partie des biens de son mari, le 5 mai 1612 (min. de Pierre Dufourc, ét. Duguet). Elle institua pour son légataire universel, par testament du 31 mai 1647, noble André de Massencomme, baron de Lagarde, son frère, et fut ensevelie, le 1er juillet suivant, dans le chœur de l'église des Carmes de Tarbes. La seigneurie de Dours passa ainsi dans la maison de Lasseran (arch. des Hautes-Pyrénées, reg. des insinuations, B. 1648-1655).

(1) Me Guillaume Dumestre et Marie de Pédous, mariés, habitants de la rue de la Part-Dessus (côté du midi) du Bourg-Neuf, possédaient un pré, sis au quartier de la *Sarre* (la rue de la Scierie conserve encore ce nom), confrontant, d'orient, à ruisseau de l'*Adourrette* (livre terrier de Tarbes de 1626, f{os} 57 verso et 58 recto). — Le sr Jean-Pierre Sage, marchand, possédait, au parsan de la Sarre, un moulin à tan, confrontant, d'orient et d'occident, à terre commune; du midi et du nord, à l'*Adourrette* (liv. terrier de Tarbes de 1699, p. 112); ce qui prouve que l'usine Sage était à cheval sur le canal de l'Adourrette. On appelle aujourd'hui *Adourrette* le déversoir de l'usine Thèbe, située sur le canal de la Gau-Darrè, dont l'eau va se jeter dans le canal du Tan.

des deux prelats fut entre l'ormeau et la muraille. Mais plutôt M^r l'archidiacre d'Iharse (1), revetu d'aube et chappe, s'avança pour presenter la Croix à M^r l'archevesque, lequel s'agenouilla sur un coussinet expressement posé au dessus d'un tapis etendu à terre, et baisa la Croix. Cela fait, M^r l'archevesque se dressa sur ses pieds, et M^r l'archidiacre fit place à M^r l'evesque, lequel approchant, la mitre sur la teste, inclina son chef pour saluer M^r l'archevesque qui avoit la teste decouverte. L'on approcha de monsieur [l'archevesque], le cheval qui portoit les saintes reliques ; c'etoit un cheval d'Espagne, blanc, ayant sur le dos une selle couverte de damas blanc, et au dessus d'icelle etoit attaché un petit coffre couvert de semblable etoffe. Dans iceluy coffre, l'ouverture duquel etoit par le coté du montoir dudit cheval, y avoit un autre coffret d'argent, qui contenoit les saintes reliques. M^r l'archevesque ouvrit le premier coffre et en tira celuy d'argent pour le delivrer à M^r l'evesque ; ce qu'il fit après que M^r l'evesque l'eut encensé. Quand M^r l'evesque eut le coffret d'argent entre ses mains, qui contenoit les saintes reliques, il se remit sous le pavillon et tourna visage vers la ville, au long de laquelle la procession marcha jusques à l'eglise cathedrale. M^r l'archevesque alloit après le pavillon, et les deputés de Goesque, qui etoient en partie prestres, en partie chevaliers, rangés, tenoient chacun en sa main un cierge de cire blanche. Devant le pavillon marchoient messieurs les chanoines, prestres et religieux de Tarbe, et après le pavillon, à suite de M^r l'archevesque, venoient ses officiers, les chanoines, prestres et religieux d'Auch, avec la noblesse, les magistrats et le peuple de l'un et de l'autre sexe. M^r l'evesque etant arrivé dans son eglise cathedrale et ayant reposé les saintes reliques sur le grand autel d'icelle, et l'office achevé, il donna la benediction aux assistants, et chacun se retira etant déjà presque la nuit close. Monsieur l'archevesque et les principaux de la compagnie, tant espagnols que françois, logerent chez M^r l'evesque qui les reçut fort courtoisement et leur fit bonne chere.

Le lendemain, après que M^r l'archevesque eut celebré la sainte

---

(1) Salvat d'Iharse, archidiacre de Bazillaguès, 1609 (arch. des Hautes-Pyrénées, G. 2).

messe sur le grand autel où reposoient les saintes reliques, Mr de Poton (1), theologal de Tarbe, monté en chaire, discourut fort disertement du transport des ossements des saints, fit un recueil de la vie de Mr Saint Orens, archevesque d'Auch, et consequament denombra les profits qui nous arrivent de la veneration de ses reliques et assistance à la translation d'icelles, repondit aux objections des heretiques et loua Mrs les prelats qui accompagnoient les ossements, tirés de la teste (2), de l'une jambe et d'un pied du corps de Mr Saint Orens; comme aussy la devotion des citoyens de Goesque, lesquels n'ont cessé depuis cinquante ans de solliciter et prier les saints Peres de Rome et les très chretiens rois de France leur bailler et permettre le transport d'une partie des ossemens de Mr Saint Orens, natif de leur ville de Goesque, ce que finalement ils auroient obtenu par la diligence dudit seigneur Emmanuel Loupès auquel cette louange est particulierement due, outre celle qu'il a conjointement acquise avec tous les autres espagnols qui assistent à la translation desdittes saintes reliques et les accompagnent de France en Espagne. Le sermon fini, chacun se retira pour aller diner et incontinent après le repas, messieurs les prelats retournerent à l'eglise, et le peuple s'y rendit aussy pour accompagner la procession hors la ville. Environ une heure après midy, les saintes reliques furent tirées de laditte eglise cathedrale par Mr l'evesque de Tarbe, et portées honorablement sous le poele avec le mesme ordre que le jour precedent, jusques à la montjoye du chemin d'Azerex, hors le faubourg de Mateloup, et illec furent remises dans le coffre couvert de damas, et toute la selle fut encore couverte d'un tapis de satin blanc, orné de plusieurs devises en broderie. Là les Espagnols prirent congé des François et continuerent leur chemin, sous la guide dudit sieur Emmanuel Loupès, vers ledit bourg de Coarraze, et

---

(1) Maître Michel Pouton, chanoine et archidiacre, 28 juin 1596 (reg. de Jean Mauran, ét. Theil).

(2) Frère Raymond de Huesca ne parle pas d'os de la tête. Il désigne « *dos « reliquias, una grande para la iglesia catedral, y otra para la de S. Lorenzo; « la primera, que tiene nueve dedos de longitud, declararon los médicos que es la « canilla de la pierna izquierda de la rodilla abaxo, que vulgarmente llamamos « espinilla, y la segunda, de quatro dedos de largo, es un hueso de la garganta « del pie, que los anatomicos llaman razeta.* »

après s'acheminerent en diligence vers la cité de Goesque (1). Nous aussy, après une longue digression, retournons à la description de la ville de Tarbe.

Le bourg de Carrere Longue est peuplé de marchands et artisans et en icelui est la maison du college (2) pour l'instruction de la jeunesse. Hors les murs de Carrere Longue est l'eglise et couvent de Saint François, fondé par les seigneurs de Lavedan, et depuis le couvent jusques aux autres deux bourgs est la place du bourg ruiné qu'on appeloit Maubourguet, duquel encore restent quelques vestiges et fondements des murailles.

Le second corps de ville, qui succede après les ruines de Maubourguet, comprend le Bourg Vieux et le Bourg Neuf (3). Dans le Vieux est l'eglise parroissialle de Saint Jean à laquelle est jointe la maison de ville. Là est aussi le chateau du comte, qui sert pour les audiances de la senechaussée et pour les prisons (4). En la place qui est devant l'eglise Saint Jean se tiennent les petits marchés chaque samedy et le mercredy par semaine alternative. De tout temps le Bourg Vieux a eté avantagé par dessus tous les autres de la ville, et en iceluy ont eté les principalles fortifications, et les gouvernents y ont fait leur sejour en temps de guerre, comme en temps de paix les magistrats de la justice; et de ce bourg sont pris et choisis annuellement les deux premiers consuls de toute la ville. Les maisons contiennent chacune deux corps ou quartiers de logis, separés par un petit

(1) Manuel Don-Lope les accompagna jusqu'au dernier village de France. Ils entrèrent en Espagne par Sallent et arrivèrent à Huesca le 26 septembre. Voir dans le *Teatro historico* le détail des cérémonies qui eurent lieu dans les diverses villes espagnoles traversées par le cortège. Le 2 octobre suivant, don Fr. Berenguer de Bardaxi, évêque de Huesca, déposa dans un coffret d'argent deux reliques, l'une de Saint Orens, père de l'évêque d'Auch; l'autre de Sainte Patience, sa mère; il remit le coffret à deux prêtres d'Auch et à quatre religieux de Saint-Orens, délégués à cet effet par Mgr de Trapes. Parmi ces religieux se trouvaient François Burin, Déan et Pierre Bosquet (*Ibidem*, pp. 260-261).

(2) Ce collège fut confié aux Doctrinaires le 30 avril 1670, date prise dans un arrêt du parlement de Toulouse, du 8 février 1760, portant défense au sieur Figarol et autres consuls de Tarbes, de faire vaquer cet établissement, de leur autorité privée (parchemin communiqué par le très regretté Père Barrère, missionnaire de l'Immaculée Conception).

(3) Les privilèges de la « *bastitœ sive novœ Burgesiœ*, » de Tarbes, portent la date du 9 octobre 1405 (*Glanage*, XIII, n° 113).

(4) Malgré sa vétusté, ce bâtiment sert encore de maison d'arrêt.

jardin ou basse cour, et ceux qui repondent à la rue sont pour la pluspart batis de bois et de terre, obscurs et malpropres. Les autres sont appuyés sur la muraille de la ville et batis de pierres rondes; mais depuis le commencement des derniers troubles, soit par l'orage du canon ou par l'humidité de l'eau des fossés, ces batiments, fondés sur la terre molle, se sont crevassés et ruinés, si qu'à present il y en a bien peu qui soient utiles.

Le Bourg Neuf est peuplé d'artisans à cause du voisinage qu'il a avec le Marcadieu où sont les grands marchés, le jeudy, de quinze en quinze jours, et deux belles foires chacun an, l'une à la mie caresme et l'autre le landemain de la feste de Nostre Dame de septembre.

Hors ce bourg, est la place d'un petit bourg (1) qui fut brulé avec le Maubourguet, et les maisons qui maintenant y sont et aussy les hotelleries qui environnent la place du marché ont eté rebaties depuis 25 ans.

Pareillement, hors le Bourg Neuf, est l'eglise et convent des Carmes dont les seigneurs de Basiliac sont fondateurs et y ont leur sepulture.

Le terroir de Tarbe est de petite etendue et consiste en champs cultivés et belles prairies arrosées par l'eau de l'Adour au moyen des canaux qui en derivent, et une bonne partie d'iceluy est possedée par l'Eglise. Il n'y a point de vignes, hormis quelques vergers à la maniere de ceux de Vic, mais non pas de bonté pareille, car le vin de Tarbe est et plus verd et plus foible.

Lorsque la ville de Tarbe etoit en son entier, elle etoit pleine de peuple et de richesse, mais à present elle est pauvre et fort detruite.

CHAPITRE 12e.

DE LA VILLE DE BAGNERES.

Il a eté dit cydevant qu'une partie de la plaine de Bigorre s'alloit terminer vers la ville de Baigneres. Ors, depuis le lieu de

---

(1) Le bourg Crabé.

Montgaillard jusqu'à Baigneres, la plaine est contrainte dans l'enclos de deux cotteaux et est non seulement fertile, mais encore fort agreable et plaisante. Elle est arrosée de la riviere de l'Adour et d'un petit ruisseau appellé l'Ano (1), qui a la proprieté du Nil, car il engraisse les terres qu'il humecte. C'est pourquoy les paisans recueillent cette eau par canaux et la conduisent dans leurs terres, qui leur rapportent après grande foison de grains et d'herbages. En cheminant par cette plaine, depuis le lieu de Montgaillard jusqu'à Baigneres, l'on void, à main droite, les montagnes couvertes de forests et de bons paturages; à main gauche, est une colline sur le dos de laquelle sont plantés de suite, et presqu'à la ligne, les arbres qui servent à la chasse des bizets, laquelle se fait annuellement depuis le commencement d'octobre jusqu'à la Saint Martin de novembre (2).

(1) L'Anou, ruisseau qui descend des bains de Salut et va se jeter dans l'Adour au delà de Trébons.
(2) Que de gens, qui n'ont pas comme Mauran l'excuse d'être nés avant les classifications ornithologiques, parlent des chasses aux bisets dans les Pyrénées! Le biset est un échappé de colombier, un pigeon *fuyard* qui vient quelquefois s'abattre sous nos pantières. Oiseau à moitié domestiqué, il obéit à un instinct de vagabondage plutôt que de migration, et s'arrête un peu partout où le hasard de son vol aventureux lui fait trouver bon grain et bon gîte. Il est souvent bleu et a pour signe distinctif une tâche d'un blanc pur sur le croupion. Le pigeon sauvage, que l'on prend assez abondamment dans les grandes chasses de Bagnères et de Saint-Pé, est le colombin, absolument bleu celui-ci. Nos chasseurs de Saint-Pé l'appellent *couloum*; ailleurs, on le désigne sous le nom de *rouquet*. Il passe par voliers en septembre et en octobre, et fait le fond de nos prises. Le ramier ou palombe l'accompagne dans son déplacement annuel et voyage aussi en corps serrés, mais il n'y a pas dans les Hautes-Pyrénées de chasse à la pantière, spéciale à cette espèce qui est la plus belle.
La ville de Bagnères jouissait du droit de *palomance*, au moins depuis le 20 octobre 1418, jour où elle inféoda des *Palomières* à une société de chasseurs. Ce droit consista d'abord dans le prélèvement d'un ramier (terme général) sur sept. On trouva cette proportion exhorbitante et, par délibération du 10 mars 1695, le droit de palomance fut réduit à un ramier sur dix (Père Laspale, *Inv. des titres de Bagnères*). Dans les actes analysés par ce dominicain, on rencontre les mots « *tailh* ou pantiere, » équivalent l'un de l'autre. Pantière désigne le filet; *tailh*, la place qui lui a été préparée en enlevant ou *taillant* des arbres. *Tailh* se prenait aussi dans le sens plus étendu de tout le travail nécessaire à l'installation d'une chasse, et alors chaque emplacement de filet s'appelait *fenêtre* : en 1635, Pierre d'Orignac obtint de la ville de Bagnères l'autorisation de faire *un tailh de palomières contenant douze fenêtres*, à charge de 3 livres pour droit d'entrée et du droit de palomance accoutumé (Père Laspale, *loc. cit*). Rien ne donne une idée plus vraie d'une chasse aux pantières que ce nom de *fenêtres*, appliqué

La ville de Baigneres est au bout de laditte plaine. L'enceinte de ses murailles est petite, mais pour cela, ne reste d'estre populeuse et riche, tant parce qu'elle est frequentée de ceux qui viennent de loin y recouvrer la santé par la boisson des eaux chaudes, ès deux saisons plus temperées de l'année, qu'aussy pour n'avoir eté surprise ny saccagée durant les guerres. Ses habitants de l'un et de l'autre sexe se delectent à estre vetus proprement et passent les jours de festes en jeux et en danses. Les maisons sont couvertes d'ardoise. Les ruisseaux d'eau claire et fraiche coulent par toutes les rues, et, en quelqu'endroit, l'eau chaude et souffreuse decoule des bains qui sont dans la ville. Il y a trois autres bains hors la ville et au pendant de la montagne auxquels l'on monte par degrés de pierre, et tant ceux cy que les autres deux operent merveilleux effets en la guerison de diverses maladies, et c'est là, comme dit le poete de Bartas (1),

Où la femme brehaigne, où le paralitique,
L'ulceré, le gouteux, le sourd, le sciatique,
Quittant du blond Soleil l'une et l'autre maison,
Trouve sans desbourser sa prompte guerison.

à des ouvertures régulières alternant avec des groupes d'arbres élevés, chênes ou hêtres, situés à l'horizon sur la crête des hautes collines ou sur le flanc des montagnes.

Cette digression philologique a son importance ; les longs et ruineux procès qui ont divisé les communes de Saint-Pé et d'Asson au sujet des montagnes de Trescrouts, roulaient sur l'interprétation de la charte de donation de ces montagnes, en 1281, par Gaston VII, vicomte de Béarn. Or, dans cette charte (voir *Ann. du Petit-Séminaire de Saint-Pé*, 1882, p. 128), les phrases suivantes n'ont jamais été expliquées, même par des paléographes autorisés, M. Hatoulet entre autres, le commentateur des Fors de Béarn : « *Empero si lo bestiar d'els « homes d'Assoo ny de Igon fasen dentz lasdites Tres Crotz tale de fenas de « fenestres, que ac deben adobar.* » On pouvait à la rigueur, à propos de ce passage, ignorer qu'il s'agissait de dégât *(tale)* causé par le bétail dans les toiles ou filets *(fenas)* des fenêtres ; mais, quelques lignes plus bas, une des limites du terrain litigieux est indiquée près de « *la coma que es darrer las « frenestes de Beguer.* » Certaines personnes ont vu dans les brêches de la cime de la montagne, ces fenêtres qui étaient en réalité les chasses d'un bourgeois de Saint-Pé, nommé Bégué, et se trouvaient beaucoup plus bas. Nous lisons enfin dans la même pièce : le vicomte Gaston « *els autreya que en « aquetz locxs ond ayen frinestes deffore lasdites Crotz, puscan cassar aixi cum « an acostumat ny usat.* » Voilà un texte qui lèverait au besoin tous les doutes.

(1) Guillaume de Saluste, seigneur du Bartas, né à Montfort, Gers, en

Le mesme poete releve la beauté de la ville de Baigneres en ces vers :

> *Baigneres, la beauté, l'honneur, le paradis*
> *De ces monts sourcilleux...*

Et decrivant plus particulierement laditte ville et sa situation, ajoute :

> *Les monts enfarinez d'une neige eternelle*
> *La flanquent d'une part; la verdure immortelle*
> *D'une plaine qui passe en riante beauté*
> *Le vallon Penean, la ceint d'autre costé;*
> *Elle n'a point maison qui ne semble estre neuve;*
> *L'ardoise luit partout; chaque rue a son fleuve*
> *Qui, clair comme crystal, par la ville ondoyant,*
> *Va tout heure qu'on veut le pavé baloyant,*
> *Et bien qu'entre son flot aussi froid que la glace*
> *Et le bain chasse-mal on trouve peu d'espace,*
> *Il retient sa nature et ne veut tant soit peu*
> *Meslanger, orgueilleux, son froid avec son feu* (1).

La commodité des eaux chaudes et la fertilité du terroir baillent occasion de croire que cette ville a eté batie des premieres de Bigorre; pour le moins qu'elle fut longtemps avant l'arrivée de Cesar en Gaules, il semble estre particulierement confirmé par l'inscription d'une pierre de marbre qui souloit estre dans l'eglise Saint Martin et, depuis peu de temps, a eté sur la nouvelle fontaine de la Porte Dessus, contenant ces mots : NUMINI AUGUSTI SACRUM. SECUNDUS SEMBEDONIS FIL. NOMINE VICANORUM AQUENSIUM ET SUO POSUIT. Et en l'autre coté de laditte pierre etoit gravée la figure d'une aiguiere dans un plat; mais les massons ont effacé laditte figure quand ils ont posé laditte pierre sur la fontaine (2).

Un peu à quartier et plus haut de laditte eglise Saint Martin,

---

1544 (M. de Carsalade du Pont, *Revue de Gascogne* t. XVII, p. 296 et t. XIX, p. 146; — M. Cazauran, *Notre-Dame de Garaison*, p. 11, note 1; — arch. des Basses-Pyrénées, B. 163, 1589 et 1598).

(1) *La sepmaine de Guillaume de Saluste, seigneur du Bartas*, vol. in-f°, pp. 120-121 (biblioth. communale de Pau).

(2) Cf. *Autel épigraphique aux thermes de Bagnères-de-Bigorre*, par l'abbé Joseph Dulac, p. 5 (Tarbes, 1882, imprimerie Larrieu, extrait du *Souvenir de la Bigorre*, t. II, p. 81).

est un roc vulgairement appellé Le Pouy (1), ombragé de deux ou trois arbres sous lesquels, en eté, l'air est extremement frais, à cause qu'il a son aspect vers le septentrion et est rafraichi du vent du nord, à la faveur du vallon pressé de deux collines, lequel va toucher la plaine qui a l'etendue de plus de 20 lieues, au long de la riviere de l'Adour, jusques au rivage de la mer Oceane.

Plus haut et à coté d'occident, est la montagne du Bedat (2), en laquelle y a une grotte fort obscure et profonde ; neantmoins plusieurs se sont hazardés d'y aller avec des flambeaux, et ont rapporté y avoir trouvé quelque gros ruisseau d'eau courante et quelques cambrures naturelles qui seroient fort agreables si elles etoient eclairées.

CHAPITRE 13ᵉ.

DE LA RIVIERE DE L'ADOUR.

La riviere qui a eté cy devant nommée l'Adour passe bien près de Baigneres et prend sa source de diverses fontaines, tant sur les montagnes de la ville de Baigneres que de Campan et du Tourmalet de Tarbe, et, après, vient fondre dans la vicomté d'Asté et, d'illec, aux faubourgs de la ville de Baigneres. L'accroissement qu'elle reçoit des ruisseaux qui descendent de la vallée de Campan et autres endroits des montagnes, n'a rien de pareil à l'augment que les eaux de la belle fontaine de Medous (3) luy donnent en petit espace de chemin, si qu'elle s'augmente en une riviere fort impetueuse sur laquelle y a divers ponts pour la

(1) Le Pouey, section C de Bagnères (*cadastre*).
(2) Quartier de la section H de Bagnères (*cadastre*). La Vierge du Bédat est connue de tous les touristes.
(3) On ignore la date de l'érection en l'honneur de Notre-Dame, de l'ancienne chapelle de Médous, commune d'Asté, à l'endroit occupé actuellement par la villa de M. Despous de Paul. Ce sanctuaire existait dans tous les cas en 1588, lors de la peste de Bagnères et des apparitions de la sainte Vierge à Liloye. On y fonda plus tard un couvent de capucins. En 1617, les états de Bigorre, assemblés à Tarbes, déclarèrent que le marquis de Montpezat (Henri des Prés, marié à Suzanne de Gramont d'Asté) « avoit toute la somme à lui ordonnée « pour l'edification d'un couvent de capucins à Notre Dame de Medous lez « Bagneres » (Larcher, délibérations des états de Bigorre).

commodité du passage; mais aucun d'iceux n'est asseuré contre la force de l'eau debordée, hormis celuy de Mongaillard, lequel est bati de pierres, bien haut et bien ferme, et par dessus iceluy passent toute sorte d'animaux chargés et les charettes aussy en toute asseurance et en tout temps, ors que la riviere soit enflée, car elle n'arrive jamais à la hauteur dudit pont, mais est contrainte sous iceluy et entre les deux roches qui le soutiennent. Cette riviere enfle principalement au printemps, lorsque les neiges fondent aux montagnes, et non guere pour la pluye. Elle se contient dans son canal jusques à ce qu'elle quitte le terroir de Soues, mais alors elle varie son cours et se fait des fossés nouveaux, comblant les premiers de pierre et de sable, et quelquefois se jette sur les terres voisines avec un grand dommage. Cette inconstance rend inutile fort souvent le travail que les habitants de la ville de Tarbe font à reparer et entretenir leur pont, qui tantot est laissé à sec, tantot a besoin des allongements, et toujours il leur cause une grande depense, d'autant qu'ils tachent de le tenir en etat commode pour le passage des charrettes. Les poissons plus communs qu'on pesche dans l'Adour auprès de Tarbe et au dessus, vers sa source, sont truites et loches. Quand l'Adour a quitté le terroir de Tarbe, elle va courant par le reste de la plaine de Bigorre, et, de là, par Riviere Basse et Armagnac, les Landes et la Chalosse, arrosant la ville de Maubourguet (1), Riscle (2), Aire (3) et Saint Sever de Gascogne et, ayant receu le tribut de plusieurs petites rivieres comme l'Echés, l'Arros et la Douce (4), et finalement aussy tous les gaves s'y etant joints, elle se rend capable de porter vaisseaux chargés, entre les villes de Dax (5) et Bayonne (6), et, puis après, va se decharger ses eaux dans la mer Oceane, près laditte ville de Bayonne.

(1) Arrondissement de Tarbes, Hautes-Pyrénées.
(2) Arrondissement de Mirande, Gers.
(3) Arrondissement de Saint-Sever, Landes.
(4) C'est la Midouze, formée, à Mont-de-Marsan, par la Douze et le Midou, et affluent de l'Adour dans les Landes.
(5) Chef-lieu d'arrondissement, Landes.
(6) Chef-lieu d'arrondissement, Basses-Pyrénées.

CHAPITRE 14ᵉ.

DE LA VILLE DE LOURDE.

La ville de Lourdes ferme le passage d'entre le plat pays de Bigorre et les montagnes, à la racine desquelles est batie, sur l'entrée de Lavedan. Elle n'est pas beaucoup munie de murailles, mais bien deffendue par un chateau qui la domine.

Ce chateau est bati sur la pointe d'un haut rocher et dit on que les Anglois l'ont tenu longtemps et, d'illec, ils courroient tout le plat pays de Bigorre, et que c'est la derniere place qui leur fut otée. Il est continuellement gardé par quelque nombre de morte paye.

Des appartenances dudit chateau est le lac de Lourdes, abondant en brochets, la ferme duquel est au proffit du seigneur comte de Bigorre (1).

Le terroir de Lourdes est large et cultivé en quelques endroits, mais la plus grande partie est en forests et en paturages qui donnent commodité aux habitants de nourrir betail de maintes sortes. Ils s'addonnent particulierement à nourrir poulains, desquels la vente leur est commode aux trois foires qu'ils ont chaque année : l'une est le premier jour du mois de may ; l'autre, le jour de Saint Luc, en octobre ; et la troisieme, le jour de Saint André, en novembre. Ces trois foires sont frequentées par les marchands de plusieurs pays, d'autant qu'ils y trouvent à vendre quantité de betail et, nottament de beaux poulains que les habitants de la vallée de Lavedan y amenent, outre ceux que les habitants de la ville de Lourdes nourrissent. Les marchés ordinaires sont les jeudis, alternatifs par quinzaine avec les marchés de Tarbe. D'autant qu'à Lourdes ne se recueille du vin mais y est porté de loin sur des charrettes, la plus grande partie des habitants se pourvoit des tavernes communes, lesquelles sont frequentées tant des hommes que des femmes.

(1) Larcher a écrit en marge : « On dit que la ville etoit autrefois où est le « lac, et qu'elle fut engloutie par un tremblement de terre. On ne trouve point « le fonds du lac. »

L'humeur des Lourdois est jovialle et baillent des chafres (1) ridicules aux forains qui viennent habiter dans leur ville.

Es rochers qui environnent la ville de Lourdes, se trouvent petites pieces de cristal aiguisées d'un bout en pointe de diamant, et quelquefois il s'y en trouve d'assez grosses.

CHAPITRE 15e.

DE LA RIVIÈRE DU GAVE.

La racine du roc sur lequel est bati le chateau de Lourdes est lavée de la riviere du Gave qui bruit en ecume parmy les pierres d'excessive grosseur eparses dans son canal, et à raison desquelles l'eau n'est aucunement gayable; mais on la passe sur un pont de pierre que les habitants du lieu appellent le Pont Vieux pour la distinction du Pont Neuf, bati de bois, une demie lieue plus haut, sur la mesme riviere. Ors le Gave derive de trois principalles sources qui portent un mesme nom : la premiere est en la vallée de Barege; la seconde ès montagnes de Cauterez; la troisieme en la vallée d'Azun. Ces trois Gaves se joignent au dessous du village de Villelongue, et dans iceux se rend aussy le torrent nommé Isavi, qui decoule du lac Saint Orens (2), ainsy appellé à cause que la pesche des truittes de ce lac appartient aux religieux du prieuré Saint Orens (3), bati sur la montagne en lieu desert et solitaire. Et, allant plus avant, le Gave s'augmente par les eaux qui descendent des montagnes de Lavedan, entre lesquelles sont le Vergons (4), qui vient de la vallée de Sales,

---

(1) Sobriquets.

(2) Lac et torrent d'Izaby, commune de Beaucens, canton d'Argelès. Le lac a 1,572 mètres d'altitude.

(3) Ruines du prieuré de Saint-Orens, commune de Villelongue, canton d'Argelès. — Ce prieuré rapportait 1,200 livres avant d'être soumis à Cluny. L'époque de sa fondation, qui est très ancienne, et le nom du fondateur sont inconnus. Le supérieur portait le titre d'*abbé;* il était nommé par le prieur de Saint-Orens d'Auch. Larcher, *Dict. hist.,* vº *Orens* (Sᵗ.).

(4) Le Bergons naît dans les pâturages qui avoisinent la sapinière d'Abedet, commune d'Aucun (1,500 mètres d'altitude environ), et atteint le Gave entre Ayzac et Ost.

et le Neez (1), qui sort de la vicomté de Castellobon; puis allongeant sa course avec un merveilleux bruit vers les villes de Lourdes et Saint Pée, entre dans le Bearn par le bourg de Coarraze et ville de Nay (2); et, ayant gagné la large campagne, va cotoyant les villes de Pau, Ortez (3) et Belloc (4), et sortant de Bearn, il arrose le village de La Hontan (5), et à un jet d'arquebuse de Peyrehourade (6), il rencontre un autre Gave, qui descend de la ville d'Oleron (7), trainant les eaux des vallées d'Ossau, d'Aspe et de Soule (8). Quand ces deux Gaves, joints ensemble, ont outre passé laditte ville de Peyrehourade, ils recueillent la riviere nommée Bidouse (9), demie lieue dessous laditte ville; et, une lieue plus bas, en l'endroit nommé Hargues, est la rencontre des Gaves avec l'Adour (10); et de toutes lesdittes rivieres en est faitte une qui retient le nom de l'Adour jusques à ce qu'elle a dechargé ses eaux dans l'Ocean, près la ville de Bayonne.

CHAPITRE 16e.

DE LA VILLE DE VIC.

Si la ville de Tarbe n'avoit eté choisie pour estre la capitale de Bigorre, et ornée de l'evesché et de la senechaussée, elle seroit beaucoup inferieure à la ville de Vic, soit qu'on aye egard au lieu de son assiette ou à la bonté du terroir qui l'environne; car

---

(1) Le Nez prend sa source sur les montagnes de Gazost et entre dans le Gave à Lugagnan.
(2) Arrondissement de Pau, Basses-Pyrénées.
(3) Chef-lieu d'arrondissement, Basses-Pyrénées.
(4) Bellocq, commune de Salies, Basses-Pyrénées (P. Raymond, *Dict. topog. des Basses-Pyrénées*).
(5) Lahontan, canton de Salies, Basses-Pyrénées.
(6) Peyrehorade, arrondissement de Dax, Landes.
(7) Oloron, chef-lieu d'arrondissement, Basses-Pyrénées.
(8) Voir à ces mots le *Dict. topog.* de M. Paul Raymond.
(9) La Bidouze, riviere navigable qui descend des montagnes du pays basque et arrose Saint-Palais et Bidache, Basses-Pyrénées.
(10) Les deux Gaves réunis de Pau et d'Oloron se jettent dans l'Adour, au delà de Peyrehorade, en amont du confluent de l'Adour et de la Bidouze.

la ville de Vic est scituée en belle plaine, entre les deux rivieres l'Adour et l'Echez, à l'opposite du vignoble de Saint Lezer qui est le meilleur de Bigorre, et auprès d'une grande forest, appellée Le Marmajou (1), fort propre au deduit de la chasse.

Son terroir est abondant en bleds et vins de vergers qui ne ceddent souvent à ceux des vignes et s'y foisonnent davantage. Les vergers où le vin se recueille sont terres plantées d'arbres, et le plus souvent et communement des pomiers ou cerisiers rangés à la ligne par certains intervalles de cinq pas pour le plus, au pied desquels y a deux ou trois seps de vigne qui ont la tige haute à l'egal des troncs des arbres et reposent les branches sur iceux. La hauteur du tronc desdits arbres est pareille à la hauteur du nez ou des yeux d'un homme de moyenne grandeur qui se tient droit sur ses pieds, sans rien deguiser de sa hauteur naturelle. Les arbres et les vignes des vergers sont couppés et ebranchés annuellement, et les sarments qu'on laisse aux vignes sont attachez par les bouts, d'un arbre à l'autre, et, tendus en l'air, se chargent de raisins en abondance. La terre des vergers est cultivée comme les champs, avec la charrue, et mieux y duisent les chevaux ou asnes que les bœufs, à cause que les cornes des bœufs empechent qu'ils ne peuvent approcher des arbres, du moins sans les offenser. On y seme du millet ou des febves parce que les autres grains nuisent à la vigne. Les habitants de Vic ont trouvé si grand proffit à cultiver les vergers, qu'ils en ont couvert la moitié de la campagne, et s'ils avoient eu l'invention de planter meuriers blancs au lieu des pomiers ou cerisiers, comme feu Mr de Mont (2) a fait à Tarbe, longtemps y a qu'ils seroient riches marchands de soye.

(1) Quartier de la section B de Vic *(cad.)*.

(2) Honorable homme maître Jean de Mont, docteur ès droit, lieutenant principal à la sénéchaussée de Bigorre, beau-frère de notre historien, 19 juillet 1596 (reg. de S. Noguès, f° 87). Il était fils de Bernard de Mont et de Simonne de Souville, de Bagnères.

Frères du lieutenant principal : 1° Jean, aîné, décédé avant le 10 octobre 1625, laissant un fils nommé Bertrand (voir *Introduction* de ce livre, p. XXXVIII; — 2° Maître Pierre de Mont, qualifié *noble* dans une transaction, docteur ès droit, le plus ancien avocat du siège royal de Bagnères, le 18 juillet 1629, qui épousa demoiselle Jeanne de Bordes ; — 3° Arnaud, habitant de Bagnères ; — 4° Gabrielle, femme de maître Guillaume Mauran ; — 5° Doucine, deuxième femme

Ils sont si diligents et assidus au travail, qu'ils ont fait naistre ce proverbe, que *bon cheval ny bon bœuf ne sont de Vic*, parce qu'ils employent ces animaux à travailler incessament et, quand ne valent plus rien, les tirent au marché pour les vendre.

Aux foires de Vic, qui sont au printemps et en automne, et aux marchés qui s'y tiennent chacun mercredy et samedy de la semaine, se debite grande quantité de bled que les Bearnois y viennent achepter et le transportent avec leurs charettes.

La bonté du paturage fait que les boucheries sont toujours bien garnies et, ès jours maigres, le poisson y foisonne à cause du voisinage des deux rivieres susdittes, l'Adour et l'Echés; duquel Echez sera parlé brievement puisque l'occasion s'en presente.

CHAPITRE 17e.

DE LA RIVIÈRE DE L'ECHEZ.

L'Echez prend sa source dans les montagnes du vicomté de Castellobon et passe par les baronnies des Angles et Benac, et, sortant d'icelles, croise le grand chemin de Tarbe à Lourdes, au lieu de Juillan (1) où il y a un bon pont et un gay fort commode. Audit lieu de Juillan, cette riviere porte des ecrevisses, et, descendant par la plaine qui est entre Ibos et Tarbe, elle fend encore

---

de Manaud de Prat, bourgeois de Tarbes (reg. de J. Mauran, 1596-1607 et 1638-1642, ét. Theil; reg. de Vivé, not. de Trébons, 1612, ét. Duguet).

Enfants du lieutenant principal : 1° Maître Jean-Pierre de Mont, docteur ès droit, juge ordinaire et magistrat royal de la ville de Bagnères. Femme : demoiselle Marie de Vacquié, d'où : Bernard, Pierre, Jeanne et Marie. Il figure dans un acte du 18 juillet 1629 et décéda avant le 24 janvier 1630 ; — 2° Maître Étienne de Mont, docteur et avocat au sénéchal, remplaça son frère au siège de Bagnères et accepta la tutelle de ses neveux, 24 janvier 1630. En sa qualité de tuteur, il afferma pour trois ans et moyennant la somme de 46 livres par an, la feuille des mûriers qui étaient plantés autour des pièces de terre que les héritiers de Jean-Pierre possédaient à Tarbes, au *Chemin d'Azereix* (quartier de Bastillac) et à *La Gespe* (sect. H de Tarbes), 7 février 1639 (reg. de Fourtet, notaire de Tarbes, et de Vivé, not. de Trébons, ét. Duguet; arch. des Hautes-Pyrénées, reg. des insinuations, série B).

(1) Canton d'Ossun, Hautes-Pyrénées.

les chemins en trois endroits, sçavoir : aux passages d'Azerex, Coignac (1) et Bastillac (2), et de là se rend aux villages de Borderes (3), Ours et Syarroy, et, laissant à quartier le chateau d'Andrest, se jette contre le cottau de Pujo et coule doucement vers la ville de Vic, et, quittant le terroir d'icelle, s'allonge jusqu'à la ville de Maubourguet en Riviere Basse, au dessous de laquelle se joint à l'Adour, et là se termine son nom et sa course.

CHAPITRE 18e.

DE LA VILLE DE RABASTENX (4).

On raconte que les anciens habitants qui peuplerent jadis la ville de Rabastenx furent chassés pour quelque notable offense qu'ils firent à une comtesse de Bigorre, et allerent peupler la bastide de Clarens (5). Cette ville est scituée sur les extremités de la Bigorre et son terroir touche celuy du comté de Pardiac. Sa figure est ronde en forme d'ovale, et avoit anciennement, à un bout, un fort chateau, et l'enceinte des murailles etoit de brique, lesquelles sont à present abbatues en plusieurs endroits et le chateau mis par terre, hormis une petite tour qui reste pour marque d'un si rare edifice. Car c'etoit une excellente structure de brique, fortiffiée par des fossés innaccessibles.

(1) Quartier de Tarbes, traversé par le chemin d'Ibos où se trouve une vieille borne portant d'un côté les armes de Tarbes, et de l'autre celles d'Ibos (une croix cantonnée de quatre I ?). — *La fite de Conhac, qui es au cami d'Ibos*, 1429 (arch. des Basses-Pyrénées, *Censier de Bigorre*, E. 377). — Achat par Damien de Tricheire, d'Ibos, du moulin « bladier, » sis à Tarbes, lieu appelé *à Coignac*, sur l'Echez, « terroir de Bastillac lez Tarbe, » 24 novembre 1604 (S. Noguès, 1604, f° 122).

(2) Section I de la commune de Tarbes (*cadastre*).

(3) Canton de Tarbes (nord), Hautes-Pyrénées.

(4) Guillaume de Rabastens, sénéchal de Bigorre, fit bâtir cette ville en 1304, et lui donna en 1306 des coutumes semblables à celles de Marciac (Larcher, *Calendrier du diocèse de Tarbes*, p. 86. Cf. M. Curie-Seimbres, *Essai sur les villes fondées dans le sud-ouest de la France*, p. 322).

(5) La Bastide-Clairence, arrondissement de Bayonne, Basses-Pyrénées. — *La Bastida nueva de Clarenza*, 1312 (*Dict. topog. des Basses-Pyrénées*). — Elle reçut des privilèges semblables à ceux de Rabastens-de-Bigorre, et ce fait a peut-être donné lieu au récit légendaire rapporté par Mauran.

Lorsque la ville etoit en son entier, elle contenoit quatre cent familles, et, maintenant, à peine s'y en trouveroit cinquante. Les causes de sa ruine sont deux principalles: la guerre et la peste.

La premiere source de la guerre de Rabastenx fut la division des habitants pour le fait de la religion et pour les honneurs : car ayant une partie d'iceux pris et embrassé le party des huguenots, les catholiques etoient encore divisés pour les factions des consuls et du juge qui ne s'accordoient de leurs honneurs et preseances. Le juge et premier consul eurent dispute, le jour du sacre, sur la preference à tenir la main droitte du poesle, et comme ils vinrent à l'offertoire, le consul gagna le devant au juge, et le juge se voyant ainsy traitté, sortit de l'eglise et n'y entra depuis, mais par depit se fit huguenot. Il consentit que le sieur de l'Adoue et autres religionaires se saisissent du chateau et, d'illec avant, ils tenoient en cervelle les catholiques de laditte ville, et faisoient tout plein de maux ès villages d'alentour jusques à ce que Mr de Monluc (1) y vint mettre le siege au mois de juillet de l'an mil cinq cent soixante et dix (2). Alors les assiegés se deffiant de pouvoir tenir la ville et pour se retrancher mieux dans le chateau, remplirent les maisons de paille et de fagots et y mirent le feu. Sept cent septante vollées de canon furent tirées contre le chateau et encore n'eut eté pris par assaut, sans l'artifice du capitaine Moret (3), natif de laditte ville, qui etoit avec Mr de Monluc.

---

(1) Blaise de Massencomme, seigneur de Monluc.

(2) Du 17 au 23 juillet 1570 (Nicolas de Bordenave, *Hist. de Béarn et Navarre*, p. 307).

(3) Jean de Moret, qu'il ne faut pas confondre avec Jean de Moret, capitaine protestant, dont le capitaine Laborde portait l'enseigne au siège de Rabastens (N. de Bordenave, *loc. cit.*, p. 181, note 5; *Les Huguenots en Bigorre*, p. 240, note 1). Le protestant appartenait, si je ne me trompe, à la famille des Moret, seigneurs de Montus, fief près de Castelnau-Rivière-Basse. La naissance de notre Moret était plus modeste : Sires François et Jean Moret, frères, marchands, et M° Bernard Moret, prêtre, habitants de Rabastens, sont cités dans un registre de Monbalor, notaire de cette ville, 1564 (ét. Duguet). Le roi de Navarre donna la capitainerie de la salle comtale de Tarbes au capitaine Moret, de Rabastens, son porte-manteau ordinaire, par brevet du 5 avril 1578 (Larcher, *Dict.*, v° *Bigorre*, fermes du domaine de Bigorre). Plusieurs actes de Dominique Catau, notaire d'Aurensan, du 25 janvier au 9 décembre 1582, concernent « Jehanne de Chambret, veuve à feu le capitaine Jehan Moret, du « lieu d'Aurensan, en son vivant porte manteau du roi de Navarre » (ét. de M. Duguet).

Iceluy voyant que Mr de Monluc etoit blessé et les soldats reffroidis d'aller à l'assaut, demanda parler aux assiegés, la pluspart desquels il connoissoit, et leur promit de moyenner leur conservation, pourveu qu'ils ne fussent plus opiniatres; mais après qu'il eut introduit les assiegeants dans le chateau, il ne fut en son pouvoir de contenir les soldats qu'ils ne missent tout au fil de l'epée, sans epargner les femmes, sauf quelqu'unes qui etoient parentes dudit capitaine Moret, auxquelles il eut le credit de sauver l'honneur et la vie.

Depuis en ça, les ruines du chateau, qui consistoient en un donjon et quelques tours non encor du tout abbatues, etoient demeurées dezertes et inhabitées jusques à l'année 1585, au printemps, que Mr de Castelnau de Chalosse s'en empara et y tint garnison. Mais à la priere de Mr de Benac, senechal de Bigorre, il fit composition avec le pays de quitter la place moyennant la somme de cinq mil ecus, qui luy fut promise et depuis delivrée (1).

En l'année 1588, la peste affligea les habitants de Rabastenx

---

(1) Voir *Les Huguenots en Bigorre*, p. 208, note 1. — Le 25 juin 1592, au château d'Ossun, messire Paul de Bazillac, seigneur et baron dudit lieu, maîtres Pierre Lacase, syndic général du pays de Bigorre, Manaud de Prat, Dominique Dumestre, bourgeois de la cité de Tarbes; Jean Berné et Bernard de Lavedan, de la ville de Bagnères; noble Barthélemy de Minvielle et Joseph de Vergès, capitaine de la ville de Lourdes; Menyon Lalanne dit Benauyon, de la ville de Vic-Bigorre; François Escoubès, de la ville de Rabastens; Arnauton Coture et Menyolet Borgela, du lieu de Campan, tous députés du pays et comté de Bigorre, suivant délibération ci-devant prise par l'assemblée des états dudit pays, déclarèrent devoir à messire Antoine de Bégolle, seigneur dudit lieu, Marseillan et autres places, et à François d'Ibos, de Saint-Pé, 6,500 écus sol pour prêt à eux fait, au nom du pays, de la quantité de 60 charretées de froment et 60 pipes de vin, à raison de 100 livres chaque charretée et chaque pipe, ainsi que 2,500 écus sol (60 sous tournois pièce) que lesdits députés dirent avoir ci-devant reçus « et le tout fourni et employé au paiement de la
« solde du regiment du seigneur de Castelnau, logé en la ville de Rabastenx,
« pendant quinze mois jà passés, oultre ce qui a esté desià imposé et payé. »
Quelques jours après, le 2 juillet 1592, Jean Carrère et Menyon de Lalanne dit Benauyon, de Vic, agissant au nom des états de Bigorre, reconnurent une autre « dette de la somme de 1600 ecus sol envers hault et puissant seigneur
« messire Jacques de Castelnau, baron dudit lieu, chevalier de l'ordre du Roy,
« cappitaine de cinquante hommes d'armes de ses ordonnances, commandant ez
« villes et païs de Marsan, Tursan, Gavardan et Baz Albret, soubs l'authorité
« de monsieur de Matingnon, marechal de France, gouverneur et lieutenant
« general pour S. M. en Guienne. » Castelnau était présent à ce dernier acte et l'a signé (minutes de S. Noguès, 1592, ét. Duguet).

et emporta ce qui etoit resté de la guerre, et ce fut icy la totalle desolation et ruine de cette chetive ville.

Sur la fin de l'année 1592, Samson de Henaut, de la ville de Lourde, auquel ledit sieur de Benac avoit commis la garde du chateau de Rabastenx, fut industrieusement tiré de leans par ceux qui etoient sortis de la garnison de Tarbe, lesquels s'y maintinrent sous l'authorité de Mr de Basiliac jusques à ce que la treve de l'an 1594 eut eté publiée. Car alors, Mr de la Force (1) etant venu tirer la garnison de Tarbe, celle de Rabastenx prit fin aussy par appointement fait avec Mr de Basiliac, moyennant 2000 livres, et ledit chateau fut entierement detruit, sauf la petite tour qu'on y void encore, laquelle etoit un des quatre piliers du donjon.

Nonobstant les ruines, encore continuent les foires à Rabastenx ; et les marchés ordinaires, chacun lundy de la semaine ; et s'y fait debit de plusieurs marchandises.

CHAPITRE 19e.
DE LA VILLE DE SAINT-PÉ.

La ville de Saint Pée prend son nom de Saint Pierre, l'apostre, auquel et à Saint Paul est consacrée l'eglise de l'abbaye qui est en icelle ville. Car auparavant le lieu s'appeloit Geyrez (2). Mais le duc de Gascogne Sancius (3), ayant eu devotion de fonder un monastere à l'honneur de Saint Pierre, l'apostre, choisit ledit lieu de Geyrez comme un desert propre à la vie monastique, et recompensa les seigneurs de Benac et de Bazet (4) des droits qu'ils avoient en laditte terre de Geyrez, pour la bailler franche à l'abbé et aux moines de l'ordre de Saint Benoist.

---

(1) Jacques-Nompar de Caumont, marquis puis duc de la Force, maréchal de France, né le 30 octobre 1558, mort au château de la Force en Périgord. le 10 mai 1652.

(2) « *Generes* est le vrai nom, mais comme *n* median tombe en gascon, on a « *Geeres* ou *Geires* » (M. Léonce Couture, *Revue de Gascogne*, t. XXV, p. 542), Cf. *Les Huguenots en Bigorre*, p. 242, note 2, où j'ai commis une erreur d'étymologie que je m'empresse de rectifier.

(3) Sanche-Guillaume, 1010-1032.

(4) Raymond-Guillaume de Bénac et Arnaud-Raymond de Bas *(de Baso)* et non de Bazet (charte de fondation de l'abbaye de Saint-Pé, *Gallia christ.*, t. 1).

Au mois d'octobre de l'an 1022 (1) fut faite la dedicace de ladite eglise en l'honneur de Saint Pierre et Saint Paul, apostres, par l'archevesque d'Auch, assisté des evesques de Tarbe, Oleron, Lescar et Dax; et s'y trouverent Beatrix, comtesse de Bigorre, le vicomte de Bearn et plusieurs barons (2), lesquels jurerent la deffanse des libertés de l'eglise Saint Pierre et de l'abbé, qui etoit audit temps Odon second (3), et des moines.

En l'année 1281, Gaston, comte de Bigorre et vicomte de Bearn, fit donation à l'abbé, aux religieux et aux habitants de Saint Pée du terroir des Trois Croutz (4), à la charge de celebrer une messe chacun an et distribuer aux pauvres trois livres tournoises, le troisieme jour après la Toussaint, au nom dudit comte, reservant neantmoins aux habitants d'Asson et d'Igon la faculté de faire paistre et gitre leur betail, tant de nuit que de jour, audit terroir, et de coupper bois de forests pour leur usage. Laquelle donation a eté cause de divers procès entre les habitants de la ville de Saint Pée et des lieux d'Asson, d'Igon et Lestelle.

Les abbés et moines de Saint Pée se sont maintenus longtemps en l'entiere seigneurie de ladite ville, mais par succession d'années, leur authorité fut sappée de la part des officiers du roy de France jouissant du comté de Bigorre durant le procès d'entre les comtes de Bigorre et d'Armaignac, lesquels officiers contes-

---

(1) Cette année 1022 est peut-être celle de la fondation de Saint-Pé, mais la dédicace de l'église n'eut lieu que plus tard, le 10 octobre 1096 (Larcher, *Dict. hist.*, v° *Saint-Pé*).

(2) Guillaume, archevêque d'Auch; Odon, abbé de Saint-Pé et évêque d'Oloron; Bernard, évêque de Tarbes; Sanche, évêque de Lescar; Bernard, évêque de Dax; Béatrix, comtesse de Bigorre, veuve de Centod, Ier de Bigorre, IV de Béarn; Gaston IV, vicomte de Béarn; Astanove II, comte de Fezensac; Auger, vicomte de Miramont, etc. *(Ibidem.)*

(3) Odon II, troisième abbé de Saint-Pé, était oncle de Raymond de Sarraut qui donna à Forton de Vic, abbé de la Cazedieu, et à ses religieux, la moitié de l'église Sainte-Quiterie de Ribaute (Plaisance). Une transaction de l'année 1133, où cette donation est rappelée, le dit *frère du père de Raymond*. Il fut nommé à l'évêché d'Oloron en 1083 et mourut le 22 mai 1101 ou 1102 (Larcher, *ibidem;* abbé Menjoulet, *Chronique du diocèse d'Oloron*, t. I, pp. 182-184).

(4) La donation de Trescrouts, quartier de Saint-Pé, situé sur la rive gauche du Gave et dont la superficie dépasse 3,000 hectares, fut faite par Gaston VII de Moncade, le 2 novembre 1281. L'*Annuaire du Petit-Séminaire de Saint-Pé*, (1882), a très exactement reproduit la meilleure copie de cet acte, qui se trouve aux archives des Basses-Pyrénées, B. 5952.

toient auxdits abbés la haute justice (1). Pour se redimer de cette vexation, l'abbé (2) et les moines qui etoient en l'an 1319, firent accord avec le senechal de Bigorre (3), dans la ville de Rabastenx, le 19 febvrier, et receurent ledit senechal en pareage, sous le bon plaisir de Charles, comte de la Marche et de Bigorre, fils de Philippe le Bel, roy de France. Depuis, ce traité de pareage de la seigneurie de Saint Pée fut continué plus de cent ans, sous les regnes de Charles le Bel, Philippe de Valois, Jean, Charles 5e, Charles 6e et Charles 7e, qui furent successivement rois de France, et jouirent du comté de Bigorre. Et après que Jean, comte de Foix (4), eut eu la plaine main levée dudit comté de Bigorre, il fut aussy coseigneur de Saint Pée, et ses successeurs continuerent ledit pareage, sans controverse, plus de trente cinq ans et jusques à l'an 1466 qu'il y eut quelques debats entre les officiers de Gaston, roy de Navarre, comte de Foix et de Bigorre (5), et messire Arnaud de Baziliac, abbé de Saint Pée (6), lequel debat fut cause de renouveller ledit pareage, le 17e octobre, presents : les evesques d'Ayre, de Pamiers, d'Oleron et de Tarbe (7). Encore à present, M^r l'abbé de Saint Pée et ses religieux sont conseigneurs de la ville avec le roy, comte de Bigorre.

Au reste, c'est un lieu où se fait grande quantité de peignes de bouis et autres bois que les marchands transportent en divers endroits de France et d'Espagne.

(1) Voir à ce sujet une bulle du pape Jean XXII (archives nationales, 4297, n° 6), publiée dans l'*Annuaire du Petit-Séminaire de Saint-Pé*, 1885, p. 279.

(2) Guillaume-Arnaud de Louey, d'abord prieur de Bénac, prieuré qui dépendait de Saint-Pé, puis abbé du monastère en 1303 (dom Dulaura, *Annuaire du Petit-Séminaire de Saint-Pé*, 1885, p. 269).

(3) Pierre-Raymond de Rabastens, sénéchal de Bigorre pour le roi de Navarre Louis Hutin et depuis pour Charles, frère de celui-ci, comte de la Marche et de Bigorre, 1306-1320 (Larcher, *Calendrier du diocèse de Tarbes*).

(4) Jean Ier, comte de Foix.

(5) Gaston IV de Foix et XI de Béarn, fils aîné du précédent, fut le successeur immédiat de son père. Mauran, qui l'oublie ici, nous le dira lui-même bientôt.

(6) Raymond-Emeric de Bazillac et non Arnaud (Larcher, *Dict. hist.*, v° *Saint-Pé*).

(7) Tristan d'Aure, évêque d'Aire ; Barthélemy Ier d'Artiguelouve, évêque de Pamiers ; Garcie de la Motte, évêque d'Oloron ; Arnaud-Raymond de Palatz, évêque de Tarbes. J'ai publié ce paréage dans l'*Annuaire du Petit-Séminaire de Saint-Pé* (1886).

CHAPITRE 20ᵉ.
DE LA VILLE D'IBOS.

La ville d'Ibos a perdu tous les ornements qui decorent une ville, n'ayant plus aucune foire ny marché, aucune fermure de fossés ny murailles, hormis le nom de ville qui luy est resté. Au demeurant, elle a la forme d'un village. Ses maisons eparses menacent pour la pluspart une prochaine ruine.

Son terroir est large et bien cultivé de la part d'orient; du coté d'occident, il y a quelques prairies et vignobles; le reste est forest et landes. La terre cultivée est assez fertile, le vin des vignes mediocrement bon et le paturage des landes fort utile pour le nourrissage du betail en printemps, mais en eté le betail y languit, principallement celuy du labourage, et souvent y meurt à cause que l'eau tarrit ou se corrompt, et de sa corruption engendre maladies contagieuses. Les forests sont frequentées des chasseurs qui trouvent leans des sangliers, des cerfs et des biches.

L'eglise collegialle d'Ibos est dediée à Saint Laurent et a les murailles fortes et hautes. Dans laquelle furent introduits par un prebandier les gens de la Ligue, au mois d'octobre de l'an 1592, et y tinrent garnison l'espace de deux ans, faisants, d'illec avant, beaucoup de maux, non seulement dans le pays de Bear, limitrophe du terroir d'Ibos, mais encore aux habitants de laditte ville qui furent rançonnés et pillés à toute extremité, voire mesme plusieurs y perdirent la vie. Cela fut cause qu'à l'arrivée de la treve, Mʳ de Benac, senechal de Bigorre, se hata de faire deloger laditte garnison de laditte eglise, abbattre une partie de la voute et toutes les deffances, pour oter aux ligueurs cette retraite, si la treve venoit à rompre. Les marques des fossés et les ruines des murailles qui restent à l'entour de laditte eglise, montrent assez qu'il y a eu cydevant quelque forteresse bien garnie et peuplée; mesme il est probable que les comtes de Bigorre ont fait etat de cette ville pour la deffanse des frontieres, veu qu'ils luy ont baillé de beaux privileges au mois de janvier de l'an 1304, regnant Philipe, roy de France et comte de Bigorre. La consideration des dommages soufferts par les habitants d'Ibos pendant les guerres, leur fit avoir à nouveaux fiefs tout le territoire qu'ils possedent, avec permission de le partager, en payant annuellement 300 deniers de Tolose.

Le 24 jour de novembre, l'an 1370, Jean de Greslie, captal de Bux et connestable d'Acquitaine pour le roy d'Angleterre, leur confirma lesdits privileges et leur en attribua d'autres (1). D'où se collige que les Anglois ont tenu et peut estre fortiffié laditte ville.

(1) Jean de Grailly, captal de Buch, mort à Paris en 1377. — M. de Lagrèze (*Histoire du droit dans les Pyrénées*, pp. 476 et suiv.) a publié, d'après Larcher (*Glanage*, I, p. 253, n° 116), le vidimé des priviléges accordés à la ville d'Ibos, au mois d'octobre 1377, par le roi de France Charles V.

FIN DU LIVRE PREMIER.

LIVRE SECOND.

CHAPITRE 1er.

QUE LE DEFAUT D'ECRIVAIN NOUS OTE LA CONNOISSANCE DES ANTIQUITÉS DE BIGORRE ET DE L'ORIGINE DES COMTES.

S'il est vray que toute terre est capable de nourrir et elever des hommes excellents en vertu et doctrine, et que ce n'est la Grece seule qui a donné des philosophes, il est croyable que la Bigorre n'a manqué jamais d'estre pourvue d'hommes bien entendus, lesquels ont pu rediger par ecrit les choses plus remarquables advenues en leur siecle et se bailler de main en main les instructions de l'origine, progrès et entiere succession des comtes dudit pays de Bigorre; mais soit, ou que le temps aye consommé leurs ecrits, ou que, comme fit Socrates, ils se soient tellement attendus à bien faire qu'ils ont negligé le bien dire, l'on ne trouve maintenant qu'il y aye eu parmy eux aucun historiographe. C'est pourquoy l'erection de laditte terre en comté, l'origine et succession des comtes, et plusieurs autres choses remarquables advenues en icelle nous sont inconnues, et n'est possible d'en parler que par conjecture ou bien après les historiens et analistes des autres pays, ou suivant les memoires qui resultent de quelques vieilles chartres. Il est probable neantmoins que les comtes de Bigorre ont eté, mesme avant que la Gascogne fut jointe au royaume de France et lorsqu'elle faisoit royaume à part soy. Car quand Eudes (1),

---

(1) Eudes, duc d'Aquitaine, 688-735. Voir *Histoire générale de Languedoc*, par dom Devic et dom Vaissete, 1876, t. II, pp. 186 et suiv.

qui se disoit roy de Gascogne, fit passer les trois cent mil Sarrasins d'Espagne en France, environ l'an depuis Jesus-Christ sept cent trente (1), lesquels furent deffaits par Charles Martel, maire du palais sous le roy Theodoric II (2), Arnaud Gassie, comte de Bigorre, avoit eté dejà contemporancé de Sancius qui s'intituloit duc de toute la Gascogne (3), comme sera dit au suivant chapitre; d'où se void que les comtes de Bigorre sont fort anciens et precedent les vicomtes de Bearn tant electifs qu'hereditaires.

CHAPITRE 2°.
D'ARNAUD GASSIE, COMTE DE BIGORRE.

De la vieille pancharte de l'abbaye de Saint Pée resulte qu'en l'année 722 mourut Sancius, duc de toute la Gascogne, et que lors de la fondation de laditte abbaye ledit Sancius fondateur etoit assisté d'Arnaud Gassie, comte de Bigorre. Toutefois laditte pancharte est suspecte à quelqu'uns d'autant qu'elle fait mention que Centulus, vicomte de Bearn (4), y etoit aussy present, jaçoit que l'histoire des vicomtes de Bearn, disent ils, ne correspond pas là, mais est reculée de plus de trois siecles; car *Les Annales de Foix* (5) attestent que les Bearnois ont vecu longtemps en etat populaire depuis que Charles Martel les eut demembré de son

---

(1) Voir dans l'*Histoire générale de Languedoc*, t. II, p. 195, la réfutation des anciens historiens qui accusent le duc Eudes d'avoir introduit Abdérame et les Sarrasins dans les Gaules; la bataille gagnée par les Francs entre Tours et Poitiers eut lieu au mois d'octobre 732.

(2) Lisez : Chilpéric II.

(3) Une erreur de date, commise par le scribe qui rédigea la grosse de l'acte de fondation de l'abbaye de Saint-Pé de Générès, erreur acceptée par Mauran, comme on le verra bientôt, enlève toute valeur historique au présent chapitre de la *Sommaire description* et au suivant. Garcie-Arnaud II, comte de Bigorre, a gouverné ce pays après l'année 1009 et avant l'année 1036. Quant à Sanche-Guillaume, il devint duc de Gascogne en 1010 et mourut le 4 octobre 1032 (*L'Art de vérifier les dates; — Cartulaire de Saint-Savin*, par M. Durier).

(4) Centulle-Gaston, dit le Jeune, succéda à Gaston II, son père, vers l'an 1012. Il fut assassiné par les Souletains vers l'an 1058.

(5) Probablement *Les Annales de Foix*, de Guillaume de la Perrière, in-4°, Tolose, 1539.

armée et leur eut baillé la terre de Bearn pour leur habitation, et s'accordent avec le for de Bearn que le premier vicomte de Bearn a eté un bigourdain, le second un auvergnat, desquels pourtant les noms ny les temps ne sont exprimés, et le troisieme fut Gaston de Moncade (1), lequel vivoit encore en l'an 1286. Conferant donc le temps qui est passé depuis la datte de laditte pancharte jusques au dernier temps de Gaston de Moncade, ils y trouvent cinq cent soixante quatre années, et dans ce long intervalle ne trouvent que trois vicomtes de Bearn, lesquels n'auroient sçu vivre tout ce temps là, veu mesmement que les deux furent tués avant le terme de la vie que la nature leur pouvoit permettre. Partant, ils concluent que laditte pancharte faisant mention de Centulus, vicomte de Bearn, est supposée ou en tout, ou en la datte. Quand à moy, je ne voudrois pas condamner legerement un document si vieux et si religieusement gardé par les abbés et moines de l'abbaye susditte, mais bien je diray, avec grande probabilité, que les Bearnois durant leur etat populaire ont eu des vicomtes electifs, qui etoient intendants au fait des armes et faisoient cette charge durant leur vie, et que de ceux là furent Centulus et les autres qui vinrent après luy jusqu'au changement de l'etat populaire en seigneurial, qui fut dès lors qu'ils prirent le bigourdain pour vicomte. Par ce moyen laditte pancharte sera delivrée du soupçon d'estre fausse, et n'y aura de la repugnance qu'au temps de la fondation d'icelle abbaye. Centulus fut vicomte de Bearn electif, pour sa vie seulement, et que les vicomtes hereditaires ayent commencé longtemps après, suivant lesdittes histoires *(sic)*. Et tenant laditte pancharte pour veritable, il resulte d'icelle que durant la vie de Sancius, duc de toute la Gascogne, et avant l'an de nostre salut 722, il y avoit en Bigorre un comte nommé Arnaud Gassie, duquel je n'ay pu trouver ailleurs aucun memoire.

(1) Gaston VII, de la maison de Moncade, 1229-1290. M. Paul Raymond (*Invent. des arch. des Basses-Pyrénées*, E. 291 et 293) le dit VIIIe du nom.

CHAPITRE 3ᵉ.

D'INIGO, COMTE DE BIGORRE (1).

Dom Ynnigo, que les latins appellent *Enecus*, comte de Bigorre, conquesta sur les Sarrazins le royaume de Navarre, l'an de nostre salut 900, ou, selon aucuns, 1121, et fut le premier roy dudit royaume. Il etoit courageux et aspre au combat, d'où il s'acquit le surnom d'*Areste*, comme dit Helie de Pamiers au quatrieme livre de l'*Histoire des comtes de Foix* (2); mais ny ledit annaliste ny autre ne m'a sçu apprendre quels furent les successeurs de dom Innigo (3). C'est pourquoy il me faut recourir aux vieilles ecritures qui restent ès villes et maisons particulieres.

CHAPITRE 4ᵉ.

DE CENTOT, COMTE DE BIGORRE (4).

Au premier livre, parlant des montagnes et vallées de Barege, a eté cité le vieil censuel de la maison de Lavedan, et encore il est employé pour preuve vraye semblable du temps auquel vivoit

---

(1) Ou Eneco, surnommé *Arista*, élu roi de Navarre vers 829, mort en 835 ou 839 (Marca, *Histoire de Béarn*, liv. II). Rien n'est moins certain que ce titre de « comte de Bigorre » attribué au personnage que M. l'abbé P. Haristoy (*Recherches historiques sur le pays basque*, Paris, Champion, 1883, t. I, p. 385) appelle « Eneco Garcia, surnommé Arizta, le vaillant comte de Baïgorry, » en Basse-Navarre (arrondissement de Mauléon, Basses-Pyrénées). La ressemblance des noms de *Bigorre* et *Baïgorry* doit nous mettre en garde contre une erreur possible.

(2) *Bertrandi Heliæ, Appamiensis jurisconsulti*, HISTORIA COMITUM FUXENSIUM, in-4°, Tolosa, 1540.

(3) Ses successeurs, selon Marca, furent : Donat-Loup, sous Louis le Débonnaire ; — Faquilène, comtesse de Bigorre ; — Daton-Donat, sous Charles le Chauve ; — Loup-Donat (*Hist. de Béarn*, p. 802). Viennent ensuite des comtes sur lesquels règne une certitude historique absolue : Raymond Iᵉʳ, 945, 947 ; — Garcie-Arnaud Iᵉʳ, 983 ; — Louis, 1009 ; — Garcie-Arnaud II, avant 1022 ; — Bernard-Roger, avant 1036 ; — Bernard Iᵉʳ, vers 1038-vers 1065 ; — Raymond II, vers 1065-1080 ; — Centod Iᵉʳ, 1080-avant 1096 ; — Bernard II, après 1096-1113 (*L'art de vérifier les dates;* — M. Durier, *Cartulaire de Saint-Savin*).

(4) Centot ou Centod II, 1113-vers 1127.

Centot, comte de Bigorre, parce que les vieilles panchartes des privileges octroyés par ledit comte aux habitants des villes de Bigorre sont sans datte. Dans ledit censuel se trouvent ces mots, écrits au feuillet 86 : 1118, *epacta 7, indictione 11, tempore quo capta est Cæsar Augusta civitas a fidelibus christianis, regnante rege Antoisso in Hispania; Celtulo, comite in Bigorra; Gastone, vicecomite Bearni; Arnaldo, vicecomite in Laveda; Guillermo Fortis in Luno et in Sole; Maslance, vicecomite de Arbois;* auxquels mots se trouvent beaucoup de solecismes au latin par avanture, d'autant que l'ecrivain dudit censuel ignoroit ce langage. Neantmoins la datte est authentiquement posée, avec l'assurance des temoignages de l'epacte, indiction et reprise faitte par les chretiens de la cité de Sarragosse; d'où resulte que ledit comte Centot, qu'aucuns appellent *Centouil* et en latin *Centulus*, vivoit audit an 1118.

CHAPITRE 5e.

DE PIERRE DE MARSAN ET BEATRIX, COMTÉ ET COMTESSE DE BIGORRE (1).

L'antiquité du censuel de la maison de Lavedan, ecrit à la main en parchemin, fait que je l'employe volontiers comme un acte authentique et suffisante preuve. Dans iceluy se trouve une chartre dattée de l'an 1145, sans jour, faisant mention de Beatrix, comtesse de Bigorre; de laquelle et de Pierre Marsan, comte de Bigorre, son mary, est parlé dans le commentaire du sieur de Belloy (2) sur l'edit d'union des terres de l'ancien domaine de Navarre à la couronne de France, et cité l'accord fait entre eux et l'abbé de la Reole, l'an 1161 (3).

(1) Pierre, vicomte de Marsan, et Béatrix, fille unique de Centod II, avant 1127-1163.

(2) *Plaidoyer de Dubelloi ou Histoire et description du pays et souveraineté du Béarn; état de la maison de Foix*, etc., par Pierre du Belloy, avocat général au parlement de Toulouse, in-8o, 1608.

(3) Ezius, abbé de Larreule en Bigorre, assisté de Guillaume de Vic et de Pierre de Galaro, religieux de ce monastère, se rendit au fort de Lourdes en 1152, et y reçut de Pierre, « *egregius consul Bigorritanus,* » et de Centulle, son fils, entre les mains de B., évêque de Tarbes, le village de Luerry (quartier de Larreule en 1313, *Debita regi Navarræ in comitatu Bigorrensi,* fo 120 vo) en échange de l'église de Saint-Fructueux et du village appelé *Peirer*, que le

CHAPITRE 6ᵉ.
DE BOOZ ET PEYRONE, COMTE ET COMTESSE DE BIGORRE (1).

Encore dans ledit censuel est parlé de Booz, comte, et donc Peyronne, sa femme, comtesse de Bigorre, et est probable que cetuy Booz est le mesme qui en autre endroit est intitulé vicomte de Marsan, sous la datte de l'année 1249. Il se trouve que laditte Peyronne comtesse, fit du bien aux dames religieuses du couvent de Monmers (2) et leur bailla plusieurs fiefs au terroir de Forgues.

CHAPITRE 7ᵉ.
D'ASSINAT DE CHAVANEZ, COMTE DE BIGORRE (3)

Après Booz vint Assinat de Chavanez, lequel n'eut aucun enfant masle, mais seulement une fille, nommée Marthe, laquelle

---

vicomte Arnaud-Sanche avait donnés précédemment à Saint-Orens (*Cartulaire de Bigorre*, fᵒˢ 11 verso et 12 recto).

(1) Entre Pierre de Marsan et Pétronille ou Peyronne, il **faut** placer : Centod III, fils de Pierre de Marsan et de Béatrix, 1163-après 1178. Il épousa Matelle, sœur consanguine d'Alfonse, roi d'Aragon (*Cart. de Bigorre*, fᵒ 10 recto) ; — Stéphanie, fille de Centod III et de Matelle, qui se maria en secondes noces avec Bernard, comte de Comminges (*Ibidem*, fᵒ 18 recto) ; — Pétronille, fille de Stéphanie et de Bernard de Comminges, 1192-1251. Elle prit pour cinquième mari Booz ou Bozom de Maiestad (Mastas). Au lieu de P., qui serait l'initiale de son nom, nous lisons : S., *comitissa Bigorre* (*Ibidem*, fᵒˢ 25 verso et 26 recto).

(2) Momères, canton de Tarbes (sud). Il y avait une maison de religieuses de l'ordre de Fontevrault, dont le prieur entrait aux états de Bigorre dans le corps de l'Église. Les huguenots, ces précurseurs de la révolution française, avaient dispersé une première fois les dames de ce couvent, car le 8 mai 1606, « M. l'evesque de Tarbe, qui etoit en cour, fut prié de passer au retour à « Fontevraut pour engager l'abbesse à remettre les religieuses à Momeres, et « de lui faire agreer les 600 livres promises l'année precedente. » Cette démarche resta sans résultat jusqu'en 1618, année où l'on demanda à l'abbesse de désigner la dame de Bégolle ou telle autre religieuse qu'elle voudrait « pour retablir « Momeres. » Enfin, dans l'assemblée du 21 avril 1619, des commissaires furent nommés pour veiller à la réédification du couvent (Larcher, *Dict. hist.*, vᵒ *Momeres ;* — *Précis des délibérations des états de Bigorre*, 1606, 1618, 1619).

(3) Assivat, Esquivat ou Eskivat de Chabanais, petit-fils de la comtesse Pétronille, par Alix, sa mère, 1224-1283. Son contrat de mariage avec Agnès, fille de Roger, comte de Foix, est aux archives de Pau, E. 369 ; son testament, *ibidem*, E. 370.

il maria avec Gaston de Moncade, vicomte de Bearn, et par le moyen dudit mariage fut faitte l'union des vicomtés de Bearn et de Marsan et comté de Bigorre. Dudit Assinat est parlé dans le censuel de Lavedan en une chartre dattée de l'an 1256, et dans le livre des troves (1) de Tarbe est enregistrée la confirmation faitte par iceluy des privileges que Centot avoit auparavant baillé aux habitants de laditte ville de Tarbe, laquelle confirmation est dattée de l'an 1268, dans l'eglise Saint Jean Baptiste, la veille de la feste dudit saint, en juin. Le mesme censuel de Lavedan fait foy que ledit Assinat vivoit encore l'an 1280.

CHAPITRE 8ᶜ.

DE GASTON DE MONCADE, VICOMTE DE MARSAN ET BEARN, COMTE DE BIGORRE (2).

L'annaliste de Foix raconte que Gaston de Moncade eut de sa femme Marthe deux filles, l'ainée desquelles, nommée Constance, fut mariée au comte d'Armaignac (3), et l'autre, nommée

(1) Voir dans le *Glanage*, t. xxv, pp. 24-28, n° 3, le précis de « *las trobas* « ou reglemens faits par la besiau de Tarbe, » en 1340, et un peu plus loin, dans le même volume, p. 261, la « version de *las trobas*, » par M. de Casenove. Ce précieux manuscrit est probablement détruit presque en entier. J'ai eu entre les mains deux feuillets de l'original (parchemin in-4°, écriture très soignée en caractères gothiques, titres rouges), qui m'ont été communiqués par le R. P. Cassaignère, prieur de Piétat près Barbazan-Debat. A la suite des mesures de police (*trova = trona*, du Cange), se trouvait la copie de quelques privilèges accordés à la ville de Tarbes.

(2) Gaston VII de Moncade, vicomte de Béarn, VIII selon M. P. Raymond, revendiqua la Bigorre pour sa fille Constance, qui en était la légitime héritière, mais dont les droits, on le sait, se heurtèrent à tant d'obstacles, que ni elle, ni ses successeurs, jusqu'à Jean Iᵉʳ de Grailly, comte de Foix, ne furent que de nom comtes de notre pays. Ses souverains de fait furent les rois de France, à partir de Philippe le Bel qui mit la Bigorre en séquestre et s'en appropria les revenus; et aussi les rois d'Angleterre qui la conquirent à main armée.

(3) C'est une erreur. Mathe, sœur de Constance, épousa Géraud V, comte d'Armagnac. Constance, l'aînée, fut mariée : 1° à Alfonse, fils de Jayme Iᵉʳ, roi d'Aragon ; 2° à Henri d'Angleterre (arch. des Basses-Pyrénées, E. 290, année 1268). Elle n'eut pas d'enfants et légua le comté de Bigorre à son autre sœur Marguerite, femme de Roger-Bernard, comte de Foix. Marguerite hérita aussi de Gaston, son père, de Mathe de Bigorre, sa mère, et de Guilheume de Moncade, sa 4ᵉ sœur (*ibidem*, E. 294, 296, 370, 371, 397).

Margueritte, epousa Bernard Rogier, comte de Foix. Il arriva que Gaston de Moncade fut troublé par le roy de Navarre en un sien chateau, lequel il deffendit par armes ; et en cet exploit il fut assisté de son beau fils Bernard Rogier, comte de Foix, et le comte d'Armaignac n'y voulut s'y trouver ore qu'il en fut prié par son beau frere. A cause de quoy, en l'an 1286, ledit Gaston de Moncade et sa femme Marthe, du consentement des etats de Bearn, firent leur heritiere universelle la femme du comte de Foix, avec clause expresse d'exheredation contre le comte et comtesse d'Armaignac, à cause de leur ingratitude.

CHAPITRE 9e.

DE BERNARD ROGIER (1) ET MARGUERITTE, COMTE ET COMTESSE DE BIGORRE.

Le comte d'Armaignac (2) fut extremement indigné du testament fait par Gaston de Moncade et conceut haine mortelle contre Bernard Rogier, comte de Foix et de Bigorre; et l'ayant mis en procès pour la succession dudit comté de Bigorre, duquel cependant le roy de France demeura saisi, encor il l'accusa d'avoir conspiré avec le roy d'Arragon d'empoisonner le roy de France Philippe le Bel qui regnoit alors. Cette accusation est remarquée de l'an 1294, de laquelle voulant se justiffier le comte de Bigorre obtint du roy permission de combatre le comte d'Armaignac, lequel il vainquit et l'eut tué sans la deffense que le roy luy en fit en lui promettant qu'il feroit bientot juger le procès concernant l'heritage de Bigorre. Neantmoins le jugement dudit procès fut jusqu'au regne de Charles VII, roy de France, et demeura ledit comté de Bigorre plus de cent ans sous la main souveraine.

Donc le roy Philippe le Bel, jouissant du comté de Bigorre, confirma les privileges aux habitants des villes dudit pays, nottamment aux habitants de Tarbe ceux que le comte Centot leur avoit octroyé et qui leur avoient eté confirmés par laditte Constance, fille aynée de Gaston de Moncade, l'an 1283. Les lettres

(1) Roger-Bernard III, comte de Foix, vicomte de Béarn, 1265-1302. Voir son testament aux arch. des Basses-Pyrénées, E. 371.
(2) Bernard VI, fils de Géraud V.

de la confirmation addressées par Philippe le Bel à son senechal de Bigorre sont dattées du mercredy après les Rameaux 1301 (1); et par autres lettres du mercredy avant les Rameaux, en 1305 (2), le mesme roy commande à son senechal de Bigorre qu'il fasse jouir les habitants des villes de Tarbe, Vic et autres de Bigorre des fors, coutumes, usages et libertés dont ils jouissoient au temps que ledit comté fut mis sous la main de Sa Majesté.

(1) *Noverint universi, præsentes pariter et futuri, quod nos Guillermus de Soleriis* (de Soulès), *officialis Tarbiensis, die jovis proxima post Cineres, sub anno Domini m° ccc° x°, vidimus, tenuimus, legimus de verbo ad verbum, ac diligenter inspeximus quasdam patentes litteras in pergameno scriptas, non cancellatas, non viciatas seu corruptas in aliqua parte sui, neque alteratas, sigillatasque sigillo cereo in pendenti serenissimi principis et domini, domini Philippi, Dei gratia Francorum regis, tenorem qui sequitur continentes :*

« Philippus, Dei gratia, Francorum rex, senescallo Bigorræ salutem. Manda-
« mus vobis quatenus consulibus, juratis et universitati hominum villæ et burgi
« Tarbiensis, antiquas eorum consuetudines, usus et foros, prout eisdem actenus
« usi sunt, et secundum cartarum suarum tenorem et formam, firmiter obser-
« vetis et faciatis observari, non permittentes a quoquam indebitas super his
« fieri novitates et, si quas injuste factas esse noveritis, ad statum debitum
« reducatis easdem. Actum Parisiis, die mercurii post Ramos Palmarum, anno
Domini M° CCC° J°. » (*Glanage*, XXV, pp. 295-296, extrait de titres collationnés en 1310 par Guillaume de Soleriis, official de Tarbe. Archives de la ville, D-3-o.)

(2) « *Item vidimus* (l'official Soulès) *aliam litteram, sub eodem sigillo, quæ sic incipit :*

« Philippus, Dei gratia, Francorum rex, senescallo Bigorræ salutem. Ex
« querimonia civium et habitatorum Tarbiæ et Vici, comitatus Bigorræ, rece-
« pimus quod, cum per nostras sub certa forma litteras vobis dedimus in
« mandatis, ut foros et consuetudines, usus et libertates comitatus prædicti
« servaretis eisdem, ipsosque in suis justis possessionibus et saizinis, quibus usi
« essent actenus, inconcusse manuteneretis, prout manu teneri consueverunt
« tempore quo terra et comitatus prædictus ad manum nostram devenit, vos
« nichilominus contra literarum prædictarum tenorem, ipsos super præmissis
« molestastis multipliciter et gravastis injuste in ipsorum præjudicium non
« modicum et gravamen, ut dicunt. Quocirca mandamus vobis quatenus, si ita
« est, literas nostras prædictas juxta tenorem diligentius executioni debitæ
« demandantes, contra formam earum in dictorum habitatorum præjudicium
« nichil indebitum attemptetis; attemptata si qua sint contra ipsos, ad statum
« debitum reducentes; ne, ob vestri negligentiam vel defectum qui nos offen-
« deret, ipsos oporteat ad nos recurrere pro predictis. Actum apud Nogentum
« Retrodi, die martis ante Ramos Palmarum, anno Domini M° CCC° V°. »
(*Glanage*, XXV, 295-296. Larcher y donne deux copies absolument semblables de ces lettres.)

CHAPITRE 10ᵉ.

DE GASTON, COMTE DE FOIX ET DE BIGORRE.

Gaston (1), dixieme comte de Foix, fils de Bernard Rogier, fut saisi, par le decès du pere, des terres de Bearn et Foix. Mais la jouissance du comté de Bigorre fut continuée par Philippe le Bel, roy de France; comme resulte des patentes addressées au senechal de Bigorre, dattées du 13 de novembre 1306, par lesquelles est mandé qu'il fasse jouir les hommes de laditte cité de Tarbe de l'usage qu'ils ont, par octroy des predecesseurs comtes de Bigorre, en la forest appelée *la Louve,* alias *Cabane Fouilleuse,* s'il luy appert, appellé le procureur du roy, que lesdits hommes de Tarbe soient en la possession dudit usage; et les maintient aussy en la franchise de ne pouvoir estre mis en instance ailleurs que devant les juges de la cité de Tarbe, et non en la cour de la nouvelle bastide de Rabastenx (2).

L'année suivante 1307, Louis Hutin, dauphin de Viennois, fut couronné roy de Navarre à Pampelune et, s'attribuant le titre de

---

(1) Gaston, Iᵉʳ de Foix et VIIIᵉ de Béarn, IXᵉ de Béarn selon M. Raymond, 1302-1315. Voir son contrat de mariage avec Jeanne, petite-fille de Robert, comte d'Artois, aux archives des Basses-Pyrénées, E. 293 et 399, ainsi que son testament, E. 295 et 402.

(2) *Item vidimus* (l'official Soulès) *aliam literam, sub eodem sigillo, quæ sic incipit:*

« Philippus, Dei gratia, Francorum rex, senescallo Bigorræ vel ejus locum
« tenenti, salutem. Ex parte hominum civitatis Tarbiæ in comitatu Bigorræ
« accepimus quod, cum ex prædecessorum nostrorum olim comitum Bigor-
« rensium concessione certum habeant usadgium in nemore vocato *La Love*
« alias dicto *Cabane Folhose,* et in aliis nemoribus et forestis nostris, dictoque
« usadgio actenus pacifice et quiete usi fuerunt, prout dicunt, vos et alii
« officiales nostri dictos homines in possessione sua usadgii prædicti turbatis
« et impeditis irrationabiliter et de novo. Quare mandamus vobis quatenus si,
« vocato procuratore nostro et aliis evocandis, vobis constiterit legitime præfatos
« homines usadgium habere prædictum, ipsosque actenus fuisse et esse in
« possessione ejusdem, impedimentum amoveatis prædictum, et homines prædic-
« tos sua prædicta possessione gaudere pacifice, prout justum fuerit, permit-
« tatis. Datum Parisiis xiijᵃ die novembris, anno Domini mº cccº vjº. »

« *Item vidimus aliam literam, sub eodem sigillo, quæ sic incipit:*
« Philippus, Dei gratia, Francorum rex, senescallo Bigorrensi vel ejus locum
« tenenti, salutem. Ex parte hominum universitatis civitatis Tarbiæ in comitatu

comte de Bigorre, voulut faire prendre les armes aux barons et peuples dudit pays de Bigorre, mais ils refuserent de ce faire, dont le roy de Navarre fut courroucé et pretendoit les bien chatier. Toutefois, ayant mieux pensé à l'affaire, il fit expedier lettres dattées, à Rochefort, le 19 decembre audit an 1307, par lesquelles deffend au senechal de Bigorre exiger aucune peine desdits barons et peuples, sous esperance qu'ils obeiroient mieux à l'avenir (1).

Ors les inimitiés qui avoient pris commencement entre Bernard Rogier, comte de Bigorre, et le comte d'Armaignac, furent continuées par Gaston, offensé de ce que le comte d'Armaignac, après le deceds de Bernard Rogier etoit entré dans le païs de Bearn

« Bigorræ nobis extitit conquerendo monstratum quod, cum ipsi inter alias
« libertates et franchissias, quas a prædecessorum nostrorum olim comitum
« Bigorrensium concessione habere noscuntur, talem habeant immunitatem
« quod extra civitatem prædictam et curiam civitatis ejusdem non possunt nec
« debent trahi ad instantiam quorumcunque conquerentium movere volentium.
« Quocirca eos et actenus in possessione vel quasi hujusmodi libertatis fuerint
« et sint, ut dicunt, vos et alii officiales nostri, homines prædictos extra civi-
« tatem et curiam prædictas ad judicium trahere, videlicet ad novam bastidam
« quæ dicitur Rabastannis, et ad alias bastidas et loca nitimini, turbando et
« impediendo homines prædictos in dicta sua possessione vel quasi indebite
« et de novo. Quare mandamus vobis quatenus, si præfatos homines dictam
« libertatem a concessione prædictorum nostrorum prædecessorum habere,
« ipsosque ea actenus usos fuisse pacifice, vocato procuratore nostro vel aliis
« evocandis, vobis legitime constiterit, impedimentum et turbationem prædictam
« amovere curetis, prædictos homines sua prædicta possessione gaudere, prout
« justum fuerit, permittentes. Datum Parisiis, xiij^a die novembris, anno Domini
« M° CCC° sexto. » (Glanage, t. xxv, pp. 296-297).

(1) *Item vidimus* (Soulès) *aliam literam sigillatam in pendenti sigillo cereo illustrissimi principis domini, domini Ludovici, Dei gratia, regis Navarræ, non cancellatam, non viciatam, neque in aliqua sua parte corruptam, cujus tenor talis est :*

« Ludovicus, regis Francie primogenitus, Dei gratia rex Navarræ, Campaniæ
« Briæque comes Palatinus, senescallo nostro comitatus Bigorræ salutem.
« Mandamus vobis quod si barones et cæteri habitatores prefati comitatus nostri
« Bigorre in defferendo arma mandatis nostris non hobediverint usque nunc,
« quod propter hoc ab eis pœnam aliquam nullatenus exigatis : nam, ad preces
« inhabitantium et incolarum ipsius comitatus pœnas si quas incurrerint, de
« gratia remittimus speciali, dum tamen mandatis nostris de cetero paruerint
« in prædictis. Datum apud Roquam Fortem, xxx^a die decembris, anno Domini
« M° CCC° septimo. »

« *In cujus rei testimonium, nos prædictus officialis sigillum nostræ curiæ huic
« præsenti VIDIMUS in pendenti duximus apponendum.* » (Glanage, t. xxv, pp, 295 et 297 ; il y a deux copies de ces lettres. Cf. une troisième copie dans le même volume, p. 53, n° 19.)

avec main armée et s'etoit joint au comte de Comminges (1) pour accuser de maints crimes supposés ledit Gaston pardevant la majesté du roy de France; auxquelles accusations le comte de Foix repondit si pertinament en acceptant le combat qui luy etoit offert et presenté par le comte de Comminge, que le roy fut bien aise de les appaiser, leur enjoignant d'estre bons amis s'ils ne vouloient encourrir sa haine.

L'an 1312, Gaston, comte de Foix, accompagna le roy de France allant faire la guerre à Robert, comte de Flandres (2), et le different d'entre le roy et le flammand etant appaisé, ledit comte de Foix tourna ses armes vers l'Espagne pour repeter trente cinq mil livres de dom Pierre, comte de Rivegorse, fils du roy d'Arragon, pour la dot de Jeanne de Foix, sœur dudit Gaston, et jadis femme dudit Pierre, deceddée sans enfans, où il assiegea, prit et brula quelques places (3).

Depuis, il mourut au Pont des Arches, combattant pour le service du roy, et fut porté à Paris et fort honnorablement enseveli dans l'eglise des Augustins.

Après le deceds de Philippe le Bel, Louis, roy de Navarre, succeda au royaume de France, et regna deux ans seulement. A Louis succeda Philippe le Long, tant au royaume de France que de Navarre, et son frere Charles, comte de la Marche, porta le titre de comte de Bigorre.

---

(1) Bernard VII, beau-frère du comte d'Armagnac, 1295-1335 *(L'art de vérifier les dates)*.

(2) Robert III de Béthune, comte de Flandre, défit Louis le Hutin en 1315.

(3) Jeanne de Foix, fille et non sœur de Gaston Ier, épousa, par contrat du 5 février 1330 (v. s.), passé à Toulouse, l'infant don Pierre d'Empurias, fils du feu roi d'Aragon, Jacques Ier (archives des Basses-Pyrénées, E. 404). Cette princesse n'était pas encore mariée au moment de la mort de son père, survenue en décembre 1315; on ne peut donc pas attribuer au comte Gaston Ier de Foix l'expédition d'Espagne rapportée par notre historien.

CHAPITRE 11e.

DE GASTON XIe (1), COMTE DE FOIX ET DE BIGORRE (2).

A Gaston X^e succeda son fils Gaston XIe, lequel fut declaré comte de Foix, environ l'an septieme de son age et de notre salut 1315. Ayant atteint les quinze ans, il epousa Eleonor, fille du comte de Comminges (3), avec une dot avantageuse parce que laditte Eleonor etoit beaucoup plus agée. Ce Gaston fut vaillant de sa personne et employé contre les Anglois par le roy de France. Il soutint à ses propres depans le siege de Tournay en Picardie et fut recompensé de 1500 livres de rente par le roy Philippe de Valois qui jouissoit du comté de Bigorre, dont les mil livres luy furent assignées sur le vicomté de Gavardan, et les 500 livres sur autres terres (4). En outre, le roy luy bailla le gouvernement de Guyenne, avec une armée pour contraindre le roy d'Angleterre à rendre l'hommage qu'il etoit tenu et refusoit rendre de la duché de Guyenne; laquelle armée etoit composée des principaux gentilshommes de Gascogne (5) jusqu'au nombre de cent treize, et, parmi ceux là, etoient les seigneurs de Barbazan et d'Asté, du pays de Bigorre. A la faveur de cette armée, le comte de Foix assiegea la ville de Tartas (6), occuppée par les gens du roy d'Angleterre, et y entra par force; et, parce que durant le siege il avoit despendu du sien propre jusqu'à la somme de 22,842 livres, le roy de France le recompensa du vicomté de Lautrec, en l'année 1344 (7).

(1) Ici, comme au chapitre 10e, le chiffre de Mauran indique le numéro d'ordre du prince dans la série complète des comtes de Foix, et ne s'applique pas au prénom.
(2) Gaston, IIe de Foix, IXe de Béarn et X^e d'après M. Raymond, 1315-1343. Voir son contrat de mariage aux archives des Basses-Pyrénées, E. 297.
(3) Fille de Bernard VI, comte de Comminges, et de Laure de Montfort (archives des Basses-Pyrénées, E. 297).
(4) Archives des Basses-Pyrénées, E. 298, 404 et 405.
(5) Archives des Basses-Pyrénées, E. 392.
(6) Arrondissement de Saint-Sever, Landes.
(7) Le testament du comte de Foix est de l'année 1343 (arch. des Basses-Pyrénées, E. 405). Il mourut au siège d'Algésiras, en Espagne, la même année 1343 (*ibidem*, E. 299).

Tot après, il fut prié par les rois de Castille (1), Arragon (2) et Navarre (3) les assister contre les Maures, et il mena l'armée de France en Andalousie, où il combattit en duel contre le fils du roy d'Alger et le tua. Mais les Maures, voyant leur prince par terre, se jetterent sur le comte de Foix et le chargerent de tant de coups qu'il en perdit la vie. Les soldats françois avec beaucoup de danger et de peine retirerent le corps, lequel fut embaumé et depuis porté et enseveli dans l'eglise du convent de Bolbone (4), l'an mil trois cent quarante et quatre.

CHAPITRE 12°.
DE GASTON FEBUS, COMTE DE FOIX ET DE BIGORRE (5).

Gaston, fils du precedent Gaston et d'Eleonor de Cominges, prit l'administration du comté de Foix et des vicomtés de Bearn et Marsan, après le deceds de son pere. Il l'a devancé en prudence et en exploits militaires, car, environ l'an quinzieme de son age, il alla faire la guerre aux Sarrazins d'Espagne.

Depuis, il se trouva fort à propos au marché de la ville de Meaux (6), lorsque la bande des *Jacquets* y vint pour piller, lesquels il repoussa et tailla tous en pieces (7).

Il aima mieux tenir prison au Chatelet, à Paris, que faire hommage au roy de France pour la terre de Bearn.

Il envoya trois figues peintes, en signe de deffy, à Edouard, fils du roy d'Angleterre (8).

Il epousa Agnès, fille du roy de Navarre (9), de laquelle il

---

(1) Alfonse XI.
(2) Pierre IV le Cérémonieux.
(3) Charles le Mauvais.
(4) Boulbonne, commune de Cintegabelle, Haute-Garonne; ancienne abbaye de Cisterciens, diocèse de Mirepoix. C'était le lieu de sépulture des comtes de Foix (arch. des Basses-Pyrénées, E. 396).
(5) Gaston-Phœbus, 1343-1391.
(6) Chef-lieu d'arrondissement, Seine-et-Marne.
(7) Le 9 juin 1358.
(8) Le prince de Galles, surnommé le Prince-Noir, fils d'Édouard III et de Philippine de Hainaut.
(9) Fille de Philippe, comte d'Evreux, et de Jeanne de Navarre (archives des Basses-Pyrénées, E. 301). Une autre pièce de ce carton des archives est revêtue de la signature *Febus*.

ne laissa aucuns enfans (1), [et] mourut en l'année 1390, sous le regne de Charles 6ᵉ, roy de France, lequel jouissoit du comté de Bigorre, jaçoit qu'il eut eté sous la domination de l'Anglois, plusieurs années.

Car le roy Jean ayant eté fait prisonnier et son armée deffaitte à une lieue de Poitiers, le lundy 19ᵉ de septembre, an 1356, par Edouard, prince de Galles, et les Anglois ayant occupé la plus grande partie de la France et exercé mille cruautés durant trois années et plus, enfin la paix fut faitte à Bretigni (2), le 8ᵉ may 1360, et, par le traitté d'icelle, la Bigorre fut baillée au roy d'Angleterre; et se trouve dans la maison de ville de Tarbe que le 19ᵉ de juillet 1363, les habitants dudit pays de Bigorre presterent serment de fidelité au roy d'Angleterre dans la ville de Bordeaux, et que le prince de Galles a confirmé les privileges de la ville de Tarbe en ces termes : *Edouardus, regis Angliæ primogenitus, princeps Aquitaniæ et Uballiæ, duc Cornubiæ et comes Cestriæ, dilecto nobis senescallo nostro Bigorræ, cæterisque justificariis nostris ibidem eorumque locum tenentibus, salutem. Mandamus vobis quatenus omnia et singula privilegia, consuetudines et libertates antiqua dilectorum et fidelium nostrorum habitantium de Tarbia in Bigorra, et per nos confirmata, de quibus ipsi hactenus pacifice et debite usi sunt et de quibus liquebit, eisdem habitantibus inviolabiliter observare faciatis. Datum apud Engolesmam, sexto decimo die mensis octobris, anno Domini* 1366 (3). Environ l'an 1380, le roy de France, [Charles] cinquieme, regagna sur les Anglois quasi tout ce qu'ils avoient oté au roy Jean, son pere, et par mesme moyen recouvra la Bigorre, laquelle depuis il posseda et après luy, son successeur Charles 6ᵉ.

---

(1) On peut lire aux archives des Basses-Pyrénées (E. 410), le contrat de mariage de Gaston, fils de Gaston-Phœbus, avec Philippe, fille du duc de Lancastre. Ce jeune prince mourut assassiné par son père.
(2) Brétigny, commune de Sours, canton de Chartres, Eure-et-Loir.
(3) Lettres publiées par M. Davezac-Macaya, t. II, p. 100, note 18.

CHAPITRE 13e.

DE MATHIEU, COMTE DE FOIX ET DE BIGORRE (1).

La dixieme année du regne dudit roy Charles 6e, qui se comptoit 1390, mourut, comme dit est, Gaston Febus, comte de Foix et de Bigorre ; et parce qu'il ne restoit aucuns enfans de son mariage avec la fille du roy de Navarre, la succession legitime de ses biens fut devolue à Mathieu, vicomte de Castellobon (2), son cousin en troisieme degré, desquels biens il jouit paisiblement, hormis du comté de Bigorre qui etoit en la main du roy de France, vers lequel Mathieu s'achemina en fort bel equipage, car il avoit deux cent hommes de cheval en sa compagnie.

Il fut avec le duc de Bourbon (3) à la guerre des Genevois contre les Maures, laquelle guerre fut terminée par accord à l'avantage des chrestiens qui retirerent leurs prisonniers et receurent dix mil ducats pour les frais de l'armée.

Ayant entrepris de faire la guerre à Martin, roy d'Arragon (4), qui usurpoit le royaume sur Isabeau, sa niece (5), legitime heritiere d'iceluy, il perdit la bataille.

Il epousa Jeanne d'Arragon (6), sœur de laditte Isabeau, avec laquelle ne procrea aucuns enfans, et laditte Jeanne mourut l'an 1397, à laquelle Mathieu survequit deux ans (7).

(1) 1391-1398 (*L'art de vérifier les dates*). Arch. des Basses-Pyrénées, E. 314, 315, 415 et 416.
(2) La vicomté de Castelbon était située dans le diocèse d'Urgel, Espagne (*Histoire générale de Languedoc*, éd. Privat, t. VII, pp. 281 et suiv. ; — M. Léon Flourac, *Jean Ier, comte de Foix, vicomte souverain de Béarn*, dans le *Bull. de la Société des sciences, lettres et arts de Pau*, t. XII, p. 370).
(3) Louis II dit le Bon. Il se mit en 1390 à la tête d'une croisade contre Tunis.
(4) Fils puîné de Pierre IV, roi d'Aragon, et d'Eléonore d'Aragon-Sicile.
(5) Ni *L'art de vérifier les dates*, ni Moréri, ni M. Flourac *(loc. cit.)* ne mentionnent Isabeau d'Aragon.
(6) Fille de Jean Ier, roi d'Aragon et de Valence, comte de Barcelone, et de Marthe d'Armagnac. Voir les contrats de fiançailles et de mariage aux archives des Basses-Pyrénées, E. 315.
(7) Testament de Mathieu, arch. des Basses-Pyrénées, E. 315. — Preuves de son décès en 1398, *ibidem*, E. 417.

CHAPITRE 14ᵉ.

D'ARCHIMBAUT ET ISABEAU, COMTE ET COMTESSE DE BIGORRE (1).

Mathieu etant deceddé sans enfans, sa sœur Isabeau, femme d'Archimbaut de Grely, captal de Bux (2), et vicomte de Benauge (3), luy succeda comme plus proche. Ore que ledit Archimbaut fut extrait de la maison de Foix du coté de son ayeule, nommée Blanche, fille de Gaston, dixieme comte de Foix, laquelle fut mariée avec Jean de Gresli, ayeul dudit Archimbaut; et jaçoit que lesdits Archimbaut et Isabeau fussent les plus legitimes heritiers dudit Mathieu, neantmoins le roy de France Charles 6ᵉ, pretendant que par desherance les biens dudit Mathieu etoient acquis à la Couronne, envoya Louis de Sancerre, connestable de France, pour en prendre possession. Au devant duquel ledit Archimbaut s'avança, le combatit et vainquit (4) et après, luy et sa femme s'acheminerent vers le roy de France pour l'instruire de leurs droits et firent si bien que le roy les receut à prester le serment de fidelité pour tous les biens à eux echus de laditte succession. Aucuns ont voulu dire que le roy de France avoit envoyé saisir lesdits biens pour le connestable, d'autant qu'Archimbaut de Gresly suivoit le party du roy d'Angleterre; mais si cela est, ledit Archimbaut quitta ledit party (5). Car il se trouve qu'etant paisible possesseur du comté de Foix, il accompagna Charles d'Albret, connestable de France après Louis de

---

(1) Archambaud de Grailly et Isabelle, sœur de Mathieu, comte de Foix, 1398-1412. Nous renvoyons pour tout ce qui les concerne et ce qui concerne leur successeur Jean Iᵉʳ, à l'étude si complète et si sûre de M. Flourac, archiviste des Basses-Pyrénées : *Jean Iᵉʳ, comte de Foix.*
(2) La Teste-de-Buch, arrondissement de Bordeaux, Gironde, était le chef-lieu du captalat de Buch.
(3) Benauges, petit pays du Bordelais, avec titre de comté, dont Cadillac était le chef-lieu.
(4) Archambaud, au contraire, dit M. Flourac, se vit obligé de traiter avec le connétable. Les négociations se terminèrent par une entrevue à Tarbes, le samedi 10 mai 1399.
(5) Le 28 mars 1401, reçu à la cour de France par Charles VI, il jura solennellement de renoncer à la cause anglaise et d'être le vassal fidèle de la couronne de France (M. Flourac, *loc. cit.*).

Sancerre, en la guerre qui fut faitte contre les Anglois dans le pays de Limosin, où ils firent de beaux exploits d'armes pour le service du roy de France.

Du mariage d'Archimbaut et d'Isabeau naquirent cinq enfans males, sçavoir : Jean, qui fut comte de Foix et de Bigorre; Gaston, captal de Bux; Archimbaut, seigneur de Navailles; Pierre, moine de l'ordre de Saint François, lequel porta l'habit 68 ans et, etant fait cardinal par le pape Martin, fonda le college de Foix dans la ville de Toulouse. Mathieu, le cinquieme desdits enfans, fut comte de Comminges.

Le deceds d'Archimbaud se compte de l'an 1412.

CHAPITRE 15°.

DE JEAN, COMTE DE FOIX ET DE BIGORRE.

Jean, fils ayné d'Archimbaut et d'Isabeau, epousa en premier lit Marie, fille du roy de Navarre (1). Icelle etant morte sans enfans, il epousa Jeanne, fille du duc d'Albret (2), de laquelle eut deux enfans : Gaston, qui succeda aux comtés de Foix et de Bigorre, et Pierre, vicomte de Lautrec et Villemur, duquel sont issus les seigneurs de Lautrec. En troisieme lit, il fut marié à Jeanne, fille du comte d'Urgeil (3), de laquelle n'eut aucuns enfans.

Ses exploits de guerre sont fort remarquables, car il fit sortir les Anglois du chateau de Lourde (4), la vie sauve, sans bagages. Toquet (5) fut pris sur les Anglois par son secours. Il presenta bataille au comte d'Armaignac et ne l'y ayant pu attirer, le fit

---

(1) Le contrat de mariage de Jean Ier avec Jeanne, fille aînée de Charles III le Noble, est conservé aux archives des Basses-Pyrénées, E. 423.

(2) Charles III d'Albret, connétable de France. Le contrat de mariage est du 25 février 1423 (M. Flourac, pièce justificative XXIX).

(3) Jacques II, comte d'Urgel. Le contrat est du 28 janvier 1436 (M. Flourac, pièce justificative XLI).

(4) Novembre 1407.

(5) Il s'agit du siège de Touget, canton de Cologne, Gers, en août 1412. Le comte de Foix luttait alors contre Bernard VII, comte d'Armagnac, et ne parvint pas à s'emparer de cette place; ce qui ne l'empêcha pas d'infliger plusieurs échecs à son adversaire.

appeller en duel de ville en ville, à son de trompe. Il fut gouverneur de Languedoc (1) et en chassa le prince d'Orange ; rangea les habitants du comté de Venessi (2) sous l'obeissance du pape Martin, et, pour recompense de ses valeureux exploits, obtint du roi Charles 7ᵉ la main levée du comté de Bigorre (3).

Il mourut à Mazeres l'an 1435 (4), laissant à ses successeurs la possession et jouissance paisible du comté de Bigorre.

CHAPITRE 16ᵉ.

DE GASTON, COMTE DE FOIX ET DE BIGORRE.

Gaston, fils ayné de Jean, epousa Eleonor, fille de Jean, roy de Navarre (5), et de ce mariage furent procreés neuf enfans, quatre masles et cinq filles.

L'ayné desdits enfans, nommé Gaston, fut marié à Magdelaine, sœur de Louis, roy de France (6), et avec elle procrea deux enfans, à sçavoir : François Febus et Catherine. Il mourut à Libourne (7), âgé de 26 ans seulement, au grand regret de ses pere et mere qui luy survequirent.

Pour retourner donc audit Gaston, pere, il fut vaillant homme et fit lever le siege par deux differentes fois aux Anglois de devant la ville de Tartas, et deux fois il leur ota la ville de Saint Sever (8) et une fois celle de Dax. Il secourut son oncle Mathieu,

(1) Voir lettres patentes du 15 février 1412, publiées par M. Flourac (arch. des Basses-Pyrénées, E. 424), et celles datées du 6 janvier 1425 (*ibidem*, E. 432).
(2) Le Comtat-Venaissin.
(3) 18 novembre 1425. Pièce des arch. des Basses-Pyrénées (E. 375), publiée par M. Flourac.
(4) Dans la nuit du 3 au 4 mai 1436. Mazères est du canton de Saverdun, Ariège.
(5) Contrat de mariage de Gaston IV de Foix, XI de Béarn, fils aîné de Jean, comte de Foix, avec Eléonore, infante de Navarre (arch. des Basses-Pyrénées, E. 437).
(6) C. de m. de Gaston, vicomte de Castelbon, fils aîné de Gaston IV, comte de Foix, avec Madelaine, sœur de Louis XI (arch. des Basses-Pyrénées, E. 444). Voir *ibidem* (E. 545) le testament de Madelaine, princesse de Viane : elle choisit l'église des Carmes de Tarbes pour lieu de sa sépulture.
(7) Chef-lieu d'arrondissement, Gironde.
(8) Département des Landes.

comte de Comminges, contre Rodrigue de Vilandrau (1); par force prit la ville de l'Isle en Dodon (2) et fit mourir ceux que Vilandrau y avoit laissé tenant le party du comte d'Armaignac. Etant fait lieutenant pour le roy en Guyenne (3), il denicha les garnisons des Anglois de Mauleon de Soule (4), Hastingues (5), Albret (6), Guiche (7) et Bayonne. Il prit d'assaut Cadillac et, faisant grace aux Anglois qui avoient soutenu le siege, fit mourir les Bearnois que Gaillardet Petit (8) avoit mené, s'etant retiré dans laditte ville et suivi le party du roy d'Angleterre, après avoir attenté sur la personne dudit Gaston et failli d'executer son entreprise; et ledit Gaillardet Petit eut la teste tranchée. En outre, Gaston retablit son beau pere au royaume de Navarre d'où ledit roy Jean avoit eté dechassé par son propre fils, nommé Charles. Il fut fait pair de France (9), par le roy Charles 7e, pour assister au jugement de Jean, duc d'Alençon, qui avoit quitté le service du roy pour adherer au duc de Bourgogne.

En l'age de 50 ans, il mourut à Roncavaux (10), l'an 1472, laissant sa femme Eleonor survivante, laquelle succeda à son pere au royaume de Navarre et, l'ayant administré quatre ans, mourut en la ville de Tudelle (11).

(1) Rodrigo de Villandrando, comte de Ribadeu, en Castille (arch. des Basses-Pyrénées, E. 438). La vie de ce capitaine a été écrite par M. J. Quicherat.
(2) Arrondissement de Saint-Gaudens, Haute-Garonne.
(3) Lettres de Charles VII accordant la lieutenance générale de Guienne et Languedoc à Gaston IV, comte de Foix (arch. des Basses-Pyrénées, E. 439 et 440). *Idem* de Louis XI (*ibidem*, E. 444).
(4) Chef-lieu d'arrondissement, Basses-Pyrénées.
(5) Canton de Peyrehorade, Landes.
(6) *Leporetanus pagus*, entre la Chalosse et le Bazadais.
(7) Canton de Bidache, Basses-Pyrénées.
(8) Probablement Gaillardet de Borce, capitaine sous les ordres de Bernard de Béarn, qui avait pris le lieu de Habas, « meurtri hommes, femmes et enfants, « mis le feu, violé femmes, forcé filles et fait pis que les Anglois » (arch. des Basses-Pyrénées, E. 441).
(9) Arch. des Basses-Pyrénées, E. 443, année 1458.
(10) Voir le testament de Gaston IV, fait dans l'abbaye de Ronceveaux (arch. des Basses-Pyrénées, E. 324 et 439).
(11) Tudela, ville d'Espagne, Navarre.

CHAPITRE 17e.

DE FRANÇOIS FEBUS, ROI DE NAVARRE, COMTE DE BIGORRE.

François Febus, petit fils dudit Gaston et successeur de son ayeule Eleonor au royaume de Navarre, fut traversé par les principaux seigneurs dudit royaume, lesquels refuserent de le reconnoistre jusques à ce que, par les entremises de son oncle Pierre, cardinal de Foix (1), Ferdinand, roy d'Espagne, en fit sa propre cause et disposa les Navarrois à recevoir leur prince legitime. Etant agé de douze ans seulement, il fut couronné roy de Navarre, dans l'eglise cathedrale de Pampelune, l'an 1481; et retourné qu'il fut en Bearn, il fut empoisonné et mourut dans l'an de son couronnement (2). Ces paroles furent les dernieres qu'il profera : *regnum meum non est de hoc mundo; ideo relinquo mundum et non conturbemini, quia vado ad patrem.* Son corps est ensevely dans l'eglise cathedralle de Lescar.

CHAPITRE 18e.

DE JEAN (3) ET CATHERINE, ROI ET REINE DE NAVARRE, COMTE ET COMTESSE DE BIGORRE.

A François Febus succeda sa sœur Catherine, laquelle fut troublée par Jean de Foix, vicomte de Narbonne; mais, avec l'assistance de Jean de Lautrec (4) et des forces que le sire d'Albret luy envoya, elle recouvra Mazeres et d'autres places que le sieur de Laveranet (5) avoit prises dans le comté de Foix, au nom dudit vicomte de Narbonne.

---

(1) Pierre de Foix, fils de Gaston IV et d'Éléonore de Navarre, né à Pau le 7 février 1449. On l'appelait *le Jeune* pour le distinguer du cardinal Pierre de Foix, son grand-oncle. Arnaud-Raymond de Palatz, évêque de Tarbes, fut son précepteur. Il mourut à Rome le 10 août 1490 (Larcher, *Dict. hist.*, v° *Foix*; Olhagaray, p. 381).

(2) Voir son testament aux arch. des Basses-Pyrénées, E. 325 et 543.

(3) Jean, sire d'Albret, fils d'Alain le Grand, 1484-1516.

(4) Jean de Foix, vicomte de Lautrec.

(5) Lavelanet, arrondissement de Foix, Ariège.

Elle epousa Jean d'Albret (1) et, après avoir fait composition avec le vicomte de Narbonne, l'an 1496 Jean et Catherine furent couronnés roy et reine de Navarre (2).

En l'an 1510, le pape Jules II sollicita le roy de Navarre de tenir son party contre les Vénitiens et le roy de France qui s'etoit declaré protecteur de la republique de Venise. A quoy le roy de Navarre ne voulut acquiescer, aimant mieux estre en paix avec le roy de France duquel il tenoit plusieurs terres en hommage. Le pape, indigné de ce refus, adjugea le royaume de Navarre au premier conquerant, et cela fut cause que Ferdinand, roy d'Arragon (3), s'en empara et l'a tenu depuis, et ses successeurs, sans que ledit d'Albret ny les siens l'ayent pu recouvrer, ore qu'ils l'ayent tenté avec fortes et puissantes armées.

L'an 1516, Jean d'Albret mourut à Monens (4) en Bearn et, quelques années après, mourut aussy la reine Catherine (5).

CHAPITRE 19ᵉ.

D'HENRI, ROI DE NAVARRE, COMTE DE BIGORRE (6).

Henry, leur fils et heritier legitime, etoit encore fort jeune; lequel par le soin du sire d'Albret, son ayeul paternel (7), fut instruit en la discipline militaire et profita si bien qu'il n'avoit son pareil entre ceux de son age.

En l'année 1524, il accompagna le roy de France François premier au voyage de Provence contre le duc de Bourbon pour faire lever le siege de Marseille, et de là s'achemina vers le

---

(1) Contrat de mariage aux arch. des Basses-Pyrénées, E. 543.
(2) Le couronnement eut lieu en 1494, après la mort de Madelaine de France. Voir le procès-verbal de cette cérémonie aux arch. des Basses-Pyrénées, E. 546.
(3) Ferdinand le Catholique. Voir arch. des Basses-Pyrénées, E. 553, 554, 555, etc.
(4) Monein, arrondissement d'Oloron, Basses-Pyrénées.
(5) Voir les testaments du roi et de la reine de Navarre (arch. des Basses-Pyrénées, E. 551 et 557).
(6) Henri II, roi de Navarre, 1517-1555.
(7) 1517: nomination d'Alain, sire d'Albret, comme tuteur de Henri II, roi de Navarre (arch. des Basses-Pyrénées, E. 558).

Milanois pour assieger Pavie devant laquelle tous deux, les rois de France et de Navarre, furent pris au mois de fevrier de l'année suivante 1525.

Après que les deux rois eurent eté delivrés (1), le roy de Navarre epousa Margueritte, sœur du roy de France (2), et fut fait gouverneur de Guyenne (3), où il reprima l'audace des *gabelleurs* qui avoient fait mourir le sieur de Monens (4) le 21ᵉ d'aoust 1548.

CHAPITRE 20ᵉ.

D'ANTOINE ET JEANNE, ROI ET REINE DE NAVARRE, COMTE ET COMTESSE DE BIGORRE.

Vivant encore le roy Henry premier (5), roy de Navarre et comte de Bigorre, fut fait et avec grande joye celebré, dans la ville de Moulins en Bourbonnois, au mois d'octobre dudit an 1548, le mariage d'entre Antoine de Bourbon, deuxieme duc de Vandomois, et Jeanne d'Albret, fille unique dudit Henry premier, roy de Navarre (6); duquel mariage naquit, en la ville de Pau et dans le chateau d'icelle, en l'année 1554, Henry II, roy de Navarre, qui depuis a recueilly la succession du royaume de France (7).

Au mois de mars 1560, les troubles commencerent en France par le tumulte d'Amboise (8), sous pretexte de la religion, à cause du bas age de François II, roy de France; lequel etant decedé le cinquieme decembre de l'année susditte et à iceluy

---

(1) 1525 : rôle des sommes données dans le diocèse d'Oloron pour la rançon de Henri II, roi de Navarre (arch. des Basses-Pyrénées, E. 568).
(2) Voir archives des Basses-Pyrénées, E. 569 et 570. — Il y avait eu un projet de mariage entre Henri II de Navarre et Isabelle, fille de Philippe le Beau et de Jeanne la Folle, infants d'Aragon et de Castille (*ibidem*, E. 550).
(3) Arch. des Basses-Pyrénées, E. 573.
(4) Tristan de Moneins, IIᵉ du nom, chambellan du roi de Navarre, sénéchal de Béarn, gouverneur de Navarrenx et lieutenant du roi en Guyenne. Il avait obtenu, en 1545, l'érection de la terre de Monein en baronnie (M. de Jaurgain, *Revue de Béarn, Navarre et Lannes*, t. III, p. 31).
(5) Henri II et non Henri Iᵉʳ.
(6) Voir le contrat de mariage aux arch. des Basses-Pyrénées, E. 574.
(7) Henri III de Navarre, IV de France.
(8) Conjuration d'Amboise.

ayant succedé Charles 9ᵉ, son frere, agé de douze ans seulement, les affaires furent gouvernées par la reine mere, Catherine de Medicis; et Antoine de Bourbon, roy de Navarre, fut fait lieutenant general en l'assemblée des etats convoqués en la ville d'Orleans.

L'an 1562, après Pasques, les huguenots se saisirent de plusieurs villes du royaume de France et firent entrer en leurs secours grand nombre d'etrangers allemans et reistres. L'armée royalle, conduitte par le roy de Navarre, assiegea la ville de Rouen, metropolitaine du pays et duché de Normandie, laquelle fut reprise au mois d'octobre (1), et le roy de Navarre y fut blessé à mort.

Après son deceds, la reine de Navarre fit instruire son fils en la religion pretendue reformée, dont elle fit aussy profession ouvertement, et bannit entierement du païs de Bearn l'exercice de la religion catholique, apostolique, romaine, et ce changement de religion fut le commencement des miseres que le païs de Bigorre a depuis en ça souffertes.

Car à la faveur de la reine de Navarre, les ministres de la nouvelle doctrine s'epandirent par la Bigorre et precherent en divers endroits les erreurs de leur heresie. Plusieurs nobles familles des plus apparents du pays receurent cette nouvelle creance et, à leur exemple, les habitants des villes accouroient au temple et presche, jusques aux prestres, plusieurs desquels renoncerent au celibat et s'attacherent aux femmes. Et combien qu'en France les religionaires eussent pris et saccagé les principalles villes, neantmoins, en Bigorre, il ne fut commis aucune violence par armes jusqu'en l'année 1567.

Auquel temps, un bandolier, nommé Jean Guilhem (2), descendit des montagnes d'Aure et traversant le pays de Bigorre

---

(1) La ville de Rouen fut assiégée le 28 septembre et prise d'assaut le 26 octobre 1562.

(2) Malgré l'affirmation de notre historien, il est permis de douter de l'origine auroise du « bandolier » Jean Guillem, à qui les documents officiels du temps ne refusent pas le titre de capitaine. La pièce des archives des Hautes-Pyrénées, à l'aide de laquelle M. de Carsalade du Pont a établi son identité (*Les Huguenots en Bigorre*, p. 110, note 1), ne le fait pas descendre des montagnes d'Aure : « Peu de jours aprez (après le 8 octobre 1567), y est-il dit, *partirent de Pau*

avec une poignée de gens, ses semblables, alla loger au village de Ger (1), sur l'entrée de Bearn, et y accreut sa compagnie, à laquelle se joignirent quelqu'uns de Tarbe et Rabastenx. En partant de Ger, ils allerent au village de Pintac à dessein de piller la maison d'un prestre, et, d'illec, porterent le butin dans l'abbaye de l'Escaledieu, laquelle ils occuperent à dessein d'y faire sejour et de rendre contribuables à leur entretien les villages circonvoisins, tant du vicomté de Nebouzan que du comté de Bigorre, ayant failly d'executer leur principal dessein qui etoit de prendre le chateau de Mauvezin (2) en Nebouzan, car cette place etoit extremement desirée par les religionaires de Bearn et de Foix, pour assurer le passage des uns aux autres. La crainte de cet evenement fut cause de faire fortiffier la garnison du chateau de Lourde et de cottiser la vallée de Batsoriguere et autres lieux circonvoisins pour la solde d'icelle. Messieurs de Moncerié (3), de Tillouse (4)

« certain nombre d'ennemis, sous la conduite du capitaine Jean Guillaume de
« Linieres, qui prirent l'abbaïe de l'Escaledieu où ils furent assiegés. » Sauf
erreur, ce nom de *Linières* ne semble pas appartenir à notre pays. — Parmi les
titres de l'abbaye de l'Escaledieu, signalés par l'abbé de Vergès, se trouvaient
ceux-ci : 1° « L'an 1568, 2 septembre, enquête à la requête de Gratien
« Labey (?), tresorier de Navarre pour le vicomté de Nebousan, devant Louis
« Maurelli, lieutenant principal du juge de Nebousan, qui prouve que le
« capitaine Jean Guilhem avoit pillé le monastere l'année precedente. »
2° « L'an 1567, 14 decembre, noble Arnaud d'Antin, senechal de Bigorre, fit
« venir par Geraud de Montserié, capitaine, sieur de Montserié, ledit Jean
« Guilhem, capitaine, avec ses complices, prisonniers, qui avoient pillé, tué, etc.,
« blessé plusieurs capitaines, soldats, prestres (?), pour etre conduit à M. de
« Monluc ou à M. de Bellegarde, pour subir les peines qu'il meritoit. » Cf.
Les Huguenots en Bigorre, p. 110.'
(1) Canton de Pontacq, Basses-Pyrénées.
(2) Canton de Lannemezan, Hautes-Pyrénées.
(3) Géraud ou Guiraut de Montsérié, d'une famille noble qui portait un cerisier dans ses armes. Il fut marié en premières noces avec Blancheflore de... et, en deuxièmes noces, avec Jeanne d'Yvern, dame de Cazarilh (Larcher, *Dict. hist.*, v^{is} *Coret* et *Montserier*. — *Les Huguenots en Bigorre*, p. 12).
(4) A la rigueur, « Mr de Tillouse » serait noble Bertrand de Barèges, seigneur de Tilhouse et coseigneur de Bulan, marié en 1516, suivant contrat du 1er ou du 7 décembre, retenu par Jean de Fourcade, notaire de Trie, avec demoiselle Marguerite de Soréac-Arcizac. Mais il était trop âgé en 1567 pour se mêler à des faits de guerre. Il s'agit sans doute ici de son fils puîné Odet, dit *le capitaine Tilhouse*. Odet avait servi en Piémont, où il était en 1561 homme d'armes de la compagnie de Pierre d'Ossun, gouverneur général de Turin et capitaine de la garde Suisse. Il y épousa demoiselle Marguerite d'Escalenque, native de Pancalieri (petite ville des états de Savoie), fille de

et d'Orout (1) assiegerent cette canaille dans l'abbaye et, les ayant forcé, menerent ledit Jean Guilhem et six des principaux complices (2) dans la ville de Toulouse et là on dit qu'ils furent executés à mort dans la place Saint Georges. Les autres furent tués sur le lieu ou faits prisonniers de guerre.

L'année suivante 1568, les huguenots rompirent la paix qui avoit eté traittée au siege de Chartres (3) et se retirerent à la Rochelle, où la reine de Navarre se rendit aussy, menant avec elle son fils, M^r le prince. Cela fut cause d'une generalle division par toute la France et de faire reprendre les armes aux catholiques; et dejà un chacun tachoit d'avoir le dessus et l'avantage sur l'autre, par tous les gouvernements des provinces et villes, quand M^r le procureur general du roy donna requete à la cour de parlement de Toulouse aux fins qu'il fut pourvu ès senechaussées du ressort, des personnes fideles, de religion catholique et affectionnées au service de Dieu et du roy, pour la garde, gouvernement et deffense des pays, villes, chateaux et forteresses, avec telles garnisons et compagnies de gens qu'ils trouveroient estre necessoires.

Mr de Sarlabous (4) fut commis pour venir en Bigorre faire

Viffier d'Escalenque et de Margarine de Caret (Larcher, *Glanage*, t. XII, n° 6, généalogie Angos; — *Dict. hist.*, v° *Barege*; — Jean de Lassalle, not. de Tarbes, reg. de 1561, f° 125, ét. Duguet). Aucun acte public, à ma connaissance, ne donne le nom de *capitaine Tilhouse* au capitaine Gaston de Barèges, seigneur de Bulan, frère d'Odet. Il signait cependant: *G. de Tilhouse*. (Cf. *Les Huguenots en Bigorre*, pp. 18 et 238).

(1) Antoine de Majourau, seigneur de Domec d'Arras et de Domec d'Ourout, capitaine du château d'Arras, qui épousa, suivant contrat du 26 avril 1545, Jeanne de Lavedan-Horgues. Son père, Bertrand de Majourau, écuyer, seigneur de Domec d'Arras, capitaine pour le roi du château d'Arras, avait acquis par acte du 4 janvier 1539, au rapport de Maleville, notaire de Saint-Savin, moyennant 860 écus petits et conjointement avec Marie de Lavedan, sa femme, fille de Pierre-Raymond de Lavedan, seigneur d'Arcizans, et de Jeanne de Fontan, la maison noble de Domec d'Ourout. Cette maison leur fut vendue par Fortaner de Lavedan et Jeanne de Lanusse, mariés, seigneurs dudit lieu d'Ourout (Larcher, *Dict. hist.*, v^{is} *Bigorre*, dénomb. devant d'Iharse, et *Majorau*; — abbé de Vergès, notes sur *Majourau*).

(2) Ils étaient au nombre de 23 (*Les Huguenots en Bigorre*, p. 110, note 1).

(3) La *paix de Chartres* fut signée à Lonjumeau.

(4) Messire Raymond de Cardaillac, seigneur de Sarlabous, coseigneur de Bize, chevalier de l'ordre du roi, capitaine de 50 hommes d'armes de ses ordonnances, gouverneur d'Aigues-Mortes, fils de noble Odet de Cardaillac, écuyer,

le choix et installation de deux gentilshommes de laditte qualité, qui eussent charge de commander aux faits des armes sur tout ledit pays; et, pour executer laditte commission, il ecrivit aux trois ordres des etats dudit pays qu'ils eussent à s'assembler en la ville de Tarbe.

Le dixhuitieme de septembre, l'assemblée fut faitte dans la

---

seigneur de Sarlabous, et de la fille aînée de la maison de Bize (*Glanage*, II, n° 5, enquête Castelbajac). Il épousa demoiselle Marguerite de Jussan, dame héritière de Luc, Oueillous, Bourg, Espieilh et Espèche, fille de Bernard et d'Isabeau de Biran-Roquefort (Larcher, *Dict. hist.*, v° *Jussan;* — archives des Hautes-Pyrénées, E, titres Biran, ms. de Chérin). Sarlabous, malade, fit son testament à Bagnères, le 28 octobre 1591, dans la maison de Pierre Arqué, marchand. Il y déclara qu'il voulait être enseveli dans une chapelle qui serait construite à cet effet au lieu appelé *Pedarre* (quartier de Tournay, section de Rensou), si les frères Minimes de l'ordre de Saint-François de Paule autrement dits de Saint-Roch y faisaient construire le couvent que ledit seigneur « veut « y estre basti; » sinon au couvent de l'Escaledieu et au tombeau de ses ancêtres. Il ordonna aussi que le cœur de feu messire Corbeyran de Cardaillac, son frère, jadis gouverneur du Hâvre de Grâce, fut mis dans la même sépulture au couvent de Pedarre ou Notre-Dame de Tournay, et donna pour fonder le couvent la place de Pedarre et 7,000 liv. tourn. N'ayant pas d'enfants, il institua pour son héritier universel Jean de Cardaillac, son neveu, fils naturel de Corbeyran, légitimé par le roi, « et comme tel ledit testateur l'avoue. » La mort n'atteignit pas le seigneur de Sarlabous en 1591; elle lui laissa le temps de fonder le couvent de Notre-Dame des Minimes, suivant acte de Sobrion, notaire, retenu le 22 mai 1592; de son vivant encore et au château de Luc, d'après un acte de Guillaume Menvielle, notaire de Tournay, du 14 juillet 1592, Marguerite de Jussan, sa femme, paya aux Minimes la somme de 7,000 livres affectée à l'établissement précité. C'est entre cette dernière date et le 18 février 1593, jour où noble Jean de Cardaillac, fils légitimé et héritier de feu messire Corbeyran de Cardaillac, et aussi héritier de feu messire Raymond de Cardaillac, son oncle, transigea avec dame Marguerite de Jussan, veuve dudit Raymond, au sujet de la place de Sarlabous et de la coseigneurie de Bulan, c'est, dis-je, entre ces dates qu'il faut placer le décès de l'un de nos plus vaillants capitaines catholiques (*Glanage*, I, p. 226, n°s 96, 97 et 98; XII, n° 6, généalogie d'Angos). Marguerite de Jussan se remaria bientôt avec Marc-Antoine de Bossost, sieur de Campels, sénéchal de Bigorre (Larcher, *Dict. hist.*, v° *Boussost*). Voir les intéressants détails de la vie militaire de Sarlabous, recueillis par M. de Carsalade du Pont, dans les *Mém. de Jean d'Antras*, pp. 121-123, et dans *Les Huguenots en Bigorre*, p. 111.

Antoine de Mont d'Uzer, chevalier de l'ordre, premier vicomte de sa famille, sur le point d'entreprendre un voyage lointain, ordonna, par testament du 4 juillet 1633, que, s'il venait à décéder hors de son pays, son cœur fût transporté à Bagnères dans la chapelle qui lui appartenait, et « qu'au coté droit du grand « autel soit dressé une pyramide de marbre avec une grande boite dans laquelle « le cœur sera renfermé, cette pyramide faite sur le modele de celle qui est aux « Minimes de Tournay et qui contient le cœur du seigneur de Sarlabous » (*Glanage*, I, p. 22, n° 12).

maison episcopalle, et messire Gentian d'Amboise, evesque de Tarbe, avec Mr Jean de Calis (1), son vicaire general, et Arnaud Lane (2), chanoine, y assisterent pour l'etat ecclesiastique ; Mr de Baziliac (3) avec Mrs de Mansan (4), d'Averaede (5), de Villeneuve (6), d'Arcizac (7), de Soreac (8), de Talazac (9), de Bar-

(1) Jean Calix, docteur et chanoine, 3 août 1562 (reg. de Lassalle, notaire de Tarbes, 1556-1567, f° 185, ét. Duguet).

(2) Maître Arnaud de Lanne, prêtre du diocèse d'Oloron, curé de Saint-Cricq en Chalosse, permuta avec M° Etienne de Brana, clerc du diocèse de Dax, curé de Gayan en Bigorre. Le titre de curé de cette dernière paroisse fut conféré à Arnaud de Lanne, le 7 juin 1546 (Sebada (?), notaire, reg. 1546-1548, f° 46, ét. Duguet).

(3) Jean, baron de Bazillac, fils de Gaston et de Jeanne de Lévis ; sous la tutelle de sa mère le 16 juillet 1542 ; épousa le 23 janvier 1544 Anne de Rochechouart-Barbazan ; mourut vers 1583 (*Glanage*, XI, n° 69 ; — *Mémoires de Jean d'Antras*, p. 163).

(4) Larcher analyse le testament fait à Tarbes, le 24 août 1575, devant Abeuxis, notaire, par messire Jean d'Antist, chevalier, seigneur de Mansan, Saint-Blancart et autres places, capitaine et gouverneur pour le roi de la ville de Tarbes. Il voulut être inhumé dans l'église Saint-Jean du Bourg-Vieux. Sa femme s'appelait demoiselle Anne de Dampierre ; ses enfants étaient : Gabriel, Bertrand, Paul, Jean-Arnaud, Jean-Gabriel ; ses filles : Hilaire et Paule. Il conféra la tutelle à leur mère et à noble Bertrand d'Antist, seigneur d'Arcizac, son frère (*Glanage*, VIII, n° 143). Voir *ibidem*, XI, p. 72, n° 37, le résumé d'un acte de Dufourc, notaire, cité dans *Les Huguenots en Bigorre*, p. 50, note 1.

(5) Noble Bertrand d'Aubarède, écuyer, seigneur d'Aubarède, fils de Manaud et de Gabrielle de Comminges-Varillas, épousa, le 19 février 1559, demoiselle Miramonde de Goyrans, sœur de noble Arnaud de Goyrans, habitant de Lux. Il testa le 19 octobre 1569 et mourut avant le 8 juin 1581 (*Glanage*, IV, n° 73 ; VI, n° 128 ; VIII, n° 127 ; XX, n° 53).

(6) Noble Arnaud *alias* Arnaud-Guillaume d'Angos, seigneur de Villenave (section B de la commune d'Angos, *cadastre*), fils de Roger et de Marie de Bezaudun, lieutenant de robe courte du sénéchal de Bigorre (*Glanage*, XII, n° 6 ; *Les Huguenots en Bigorre*, p. 124).

(7) Bertrand d'Antist, frère cadet de Jean, seigneur de Mansan, devint seigneur d'Arcizac-Adour par son mariage avec Jeanne de Soréac. Celle-ci était fille de Jean de Soréac, seigneur d'Arcizac et d'Oueillous, et de Jeanne de Majourau ; la mort de son frère, appelé aussi Jean, la rendit dame de ces villages qu'elle porta en premières noces, vers 1559, à Bernard de Lavedan, frère de Raymond-Arnaud, seigneur de Horgues. Elle était veuve de Bertrand d'Antist, son second mari, le 20 juin 1587 (Larcher, *Glanage*, XII, n° 15 ; — *Dict. hist.*, v° *Soreac*. Min. de J. Abeuxis, 1559, et de Jean de Lassalle, 1567, ét. Duguet).

(8) Gaston de Majourau, seigneur de Soréac, mari, par contrat du 17 novembre 1559, devant Bernard d'Abbadie, notaire, de demoiselle Louise d'Aubarède, et beau-frère du seigneur d'Aubarède, mentionné ci-dessus (Larcher, *Dict. hist.*, v° *Majourau ;* — abbé de Vergès, v° *Majourau*).

(9) Bernard de Majourau, fils de Jean et de Bernardine d'Aubarède, dame

teres (1), de Boccarès (2), d'Angosse (3), d'Oleac (4), d'Orout (5), de Lagarde (6), pour la noblesse; les deputés des villes et communautés, pour le tiers etat. Auxquels Mr de Sarlabous parla brievement en cette sorte :

de Talazac, n'eut pas d'enfants de Jacmette de Castelnau, fille naturelle d'Antoine, seigneur de Laloubère, et désigna comme héritier, par testament du 19 août 1596, Pierre Lacase, docteur et avocat, syndic du pays de Bigorre, marié à demoiselle Catherine de Castelbajac-Mingot (*Dict. hist.* de Larcher, v° *Majorau;* — minutes de Pierre Dufourc, 1612, ét. Duguet).

(1) Probablement l'un des trois d'Antin ci-après : Bertrand d'Antin, seigneur d'Osmets et de Barthère (quartier de la section F de Monléon-Magnoac, dite de Garaison), figure dans divers actes, 1541-1560. — Balthasar d'Antin, sieur de Barthère, maréchal des logis de la compagnie de cinquante lances des ordonnances du roi, sous la conduite de M. de Sarlabous, chevalier de l'ordre du Roi, leur capitaine, donna à Toulouse, le 3 septembre 1571, quittance de la somme de 137 livres et 10 sous tournois, destinée au paiement de ladite compagnie pour le quartier d'octobre à décembre 1570. — Odet d'Antin, seigneur de Barthère, assista le 10 août 1579 au contrat de mariage de noble Dominique de la Pène avec Anne d'Antin de Lamarque (Larcher, *Dict. hist.*, v° *Barteres;* — abbé J. Dulac, *Revue catholique du diocèse de Tarbes*, 1873, p. 487).

(2) Boucarrès, ancien fief, commune de Sinzos, canton de Tournay, Hautes-Pyrénées. — Le seigneur de ce fief était, en 1568, noble Christophe d'Angos, qui épousa : 1° demoiselle Bertrande de Cazaux-Laran, contrat du 5 mars 1541 devant Ulmo, notaire de Castelnau ; 2° demoiselle Marguerite d'Escalenque, veuve d'Odet de Barèges, dit le capitaine Tilhouse. Christophe testa le 22 mai 1586, devant Jean Dubosc, notaire de Clarac (*Glanage*, XII, n° 6).

(3) Angosse est le quartier de la commune de Poueyferré, appelé aujourd'hui Saint-Germès, canton de Lourdes, Hautes-Pyrénées. On y voit encore les ruines, tapissées de lierre, de l'abbaye laïque et de la chapelle dédiée à saint Germès. — Noble Guillaume Destornés, abbé d'Angosse, malade et abandonné de ses soldats, fit son testament à Oloron, le 1er juillet 1569, devant Bernard de Ribenx, notaire. Il déclara avoir été marié avec Jeanne d'Antras ; institua Bernard, son fils, héritier, et désigna comme exécuteurs testamentaires Jean Destornés, abbé du monastère de Saint-Pé, son frère, et Pierre d'Abbadie, abbé laïque de Poueyferré (*Glanage*, XI, n° 13).

(4) La seigneurie d'Oléac-Debat, canton de Pouyastruc, Hautes-Pyrénées, était représentée par noble Raymond d'Armagnac, d'une famille distincte de celle des comtes du même nom. « Raymond, dit Larcher, commanda durant « quinze jours dans la ville de Tarbes, lors des troubles de la religion. » Il se maria deux fois : 1° avec demoiselle Marie de Majourau, dite de Barèges, fille de Pierre, seigneur de Vieuzac, et de demoiselle Jeanne de Villepinte, suivant contrat du 20 mai 1563, retenu au château d'Avillac, par Durieu, notaire d'Argelès ; 2° avec demoiselle Jeanne de Castelnau. Son testament est du 24 octobre 1578 (Larcher, *Dict. hist.*, v^{is} *Majorau* et *Oleac Debat*).

(5) Voir *suprà*, p. 116, note 1.

(6) Noble Bernard de Castelbajac, seigneur de Lagarde, fils aîné de Jehannot et de demoiselle Isabeau d'Arnaudès, épousa Simonne de Baudéan-Clermont. Il mourut vers 1579, laissant deux filles : Jeanne, femme de Bernadon Ducos,

« Messieurs, il vous est plus notoire que je ne le sçaurois dire, qu'en toutes les terres de l'obeissance du roy, le feu de division et de discorde civile s'est tellement enflammé, sous pretexte de la religion, qu'aucuns soi disants vouloir reformer icelle, ont bien osé prendre les armes pour deffendre leurs heresies, lesquelles aboutissent au mepris et contemnement de l'honneur de Dieu, infraction de ses commandements, aneantissement des SS. Sacrements, rebellion contre l'authorité royalle, trouble du repos public et mille autres fins très pernicieuses; de maniere qu'ils ont attenté sur la sacrée personne de Sa Majesté et ne cessent journellement d'inquietter ses sujets par meurtres, boutte feus, saccagements et voleries. Donc, pour apporter quelque remede à tant de maux et reprimer l'audace de ces hardis entrepreneurs, la cour de parlement de Toulouse a trouvé bon que le pays de Bigorre soit deffendu, regi et gouverné par deux chefs, pris dans l'ordre de la noblesse, qui soient affectionnés au service de Dieu et du roy, faisants profession de la foy catholique, apostolique et romaine; et, pour les choisir avec vous, luy a plu me commettre, et moi, pour m'acquitter de ma commission, je vous requiers de me donner vos avis sur le choix et nomination de deux seigneurs que vous jugerés estre les plus dignes de cette charge, vous exhortant y procedder avec autant de religion et de conscience comme vous desirés employer au service de Dieu et de vostre roy souverain » (1).

Laditte requeste et commission ayant eté levées par Mᵉ Jacques Abeauxis (2), secretaire des etats, et, après une meure deliberation de l'assemblée, furent nommés pour gouverner ledit pays de Bigorre : Mʳ d'Antin (3), senechal dudit pays, absent, et Mʳ de

---

et Anne. La terre de Lagarde (canton de Tarbes-nord) avait été apportée en dot à Bertrand de Castelbajac, grand-père de Bernard, par Marie de Sales, fille de Jacmes de Sales, marchand de Tarbes. Celui-ci prit, comme possesseur de fief et selon la coutume en Bigorre, la qualité de *noble* dans le contrat de mariage de sa fille, qui fut retenu le 23 juin 1477, par Bernard de Mailhes *(Malholibus)*, un notaire dont la prose a du piquant : « *Seguen se las convenensas feytas en nom de nostre senhor Diu Jhesus Christ, qui fu l'inventor de l'ordi de matrimoni*, etc. » (minutes de S. Noguès ; — *Glanage*, II, n° 50 et VIII, n° 29).

(1) Ce discours a été publié par M. Davezac-Macaya, *Essais hist. sur le Bigorre*, t. II, p. 176, en note, et dans *Les Huguenots en Bigorre*, p. 111.

(2) Voir p. 46, note 1, *suprà*.

(3) Noble et puissant seigneur Arnaud d'Antin, chevalier, seigneur et

Baziliac, qui etoit present à laditte assemblée ; laquelle de cœur et d'ame soumit ses personnes et biens à l'obeissance desdits seigneurs qui venoient d'estre choisis, et les volontés entieres à l'execution de leurs commandements pour le service de Dieu, du roy, de sa cour de parlement, observations des edits et ordonnances royaux, manutention de l'Eglise catholique, apostolique et romaine ; promirent aussy lesdits ecclesiastiques, gentils hommes et deputés d'exposer leur vie, biens et facultés contre tous rebels, seditieux et perturbateurs du repos public et, tant ledit sieur de Sarlabous qu'eux, jurerent sur le saint livre messel l'observation de ce dessus et de s'ayder et deffendre l'un l'autre. Mr de Sarlabous fit exprès commandement aux deputés des villes et vallées qu'ils eussent à faire preter un semblable jurement aux habitants de leurs communautés et quartonnages, ce qu'ils promirent executer incontinent après leur arrivée dans les lieux et domicilles.

baron d'Antin, sénéchal de Bigorre, assisté de Révérend Père en Dieu frère François d'Antin, abbé de Saint-Pierre de Giérès (Saint-Pé de Générès), son frère ; de messire Antoine d'Antin, protonotaire du Saint-Siège apostolique, et d'autres parents et amis, épousa, suivant contrat du 4 avril, « l'an après la Nativité de nostre createur… mil cinq cens trente cinq, » retenu à Bénac, dans la maison de noble et puissant seigneur Jean-Marc de Montaut, seigneur dudit lieu de Bénac, par Jean Aberano et Jean Beyria, notaires de Tarbes, Anne d'Andoins, demoiselle, sœur de noble et puissant seigneur Jean d'Andoins, seigneur et baron d'Andoins. Dot d'Anne : 12,000 liv. Présents au contrat : nobles Roger et Pierre d'Ossun, père et fils ; messire Pierre d'Antin, protonotaire du Saint-Siège, chanoine de Lescar ; André (?) Herman, du lieu de Lafitole ; noble Jean, seigneur de Gabaston ; Guillemot de Palatz, trésorier de Bigorre ; maîtres Pierre d'Abbaye, procureur de Bigorre ; Pierre de Noguerio *sive* de Luperia ; Domenge de Bayla, juge ordinaire en Bigorre, bacheliers ès droits, habitants de Tarbes (reg. d'Aberano ou Averano, 1519-1535, f° 163 verso, ét. Duguet). De ce mariage vinrent : 1° Jeanne, femme de messire Hector de Pardaillan, seigneur et baron de Montespan et de Gondrin, chevalier des deux ordres du roi, capitaine de 50 hommes d'armes de ses ordonnances, héritière de la baronnie d'Antin ; 2° Andrée, femme de Savary d'Aure, baron de Larboust et de Lapeyre (voir *suprà*. p. 47, note 2). Le sénéchal d'Antin eut de son « dernier mariage, qui estoit en second lict avec « dame Anne d'Ornesan, » François, décédé sans alliance avant le 13 décembre 1593, Andrée et Françoise (arch. des Hautes-Pyrénées, testament de Jean d'Antin, 27 août 1573, G. 246 ; S. Noguès, reg. 1593-1594, f° 47 recto). Il mourut avant le 10 mai 1570, car ce jour-là, Philippe de Montaut-Bénac fut pourvu de l'office de sénéchal de Bigorre, vacant par le décès du sieur d'Antin (voir *suprà*, p. 46, note 2).

Sur autre requeste presentée par Mʳ le procureur du roy, laditte cour de parlement avoit ordonné que quatre compagnies de gens de pied seroient levées et entretenues dans le pays de Bigorre, tant pour la deffanse d'iceluy que pour aller ailleurs, si besoin etoit, pour le service de Sa Majesté; laquelle ordonnance fut lue en laditte assemblée, Mʳ d'Antin y etant arrivé, et par la commune resolution fut deliberé que lesdits sieurs d'Antin et de Baziliac etoient priés d'écrire à la cour qu'il luy plut decharger le pays de Bigorre de l'entretien desdittes quatre compagnies. Lesdits sieurs d'Antin et de Baziliac firent commandement aux deputés du tiers etat tenir prests les habitants de leurs communautés, consulats et quartonnages qu'ils trouveroient aptes à porter les armes, pour estre employés au service du roy et deffance du pays, quand commandés seront, avec deffance de ne sortir pour occasion aucune hors le pays de Bigorre, à quoy chacun d'eux s'offrit volontairement.

L'année suivante 1569, Mʳ de Terride (1) eut commission du roy de France pour aller faire la guerre en Bearn et y retablir l'exercice de la religion catholique, apostolique et romaine. Son premier dessein fut d'assieger Navarreins (2), qui est la principalle forteresse dudit pays et, icelle prise, facilement il esperoit estre maistre de toutes les autres. La noblesse de Bearn qui n'avoit flechi au commandement de la reine de Navarre pour le fait de la religion, se joignit à Mʳ de Terride, avec plusieurs gentils hommes de Bigorre. Mʳ de Baziliac fut des premiers et eut la charge de l'artillerie durant le siege.

Deja Mʳ le prince de Condé avoit eté tué à la bataille de Jarnac (3) et, après la mort d'iceluy, les huguenots avoient pris pour leur chef Mʳ le prince de Navarre; mais, à cause de sa jeunesse, Mʳ l'amiral (4) eut la charge de la guerre et fut lieutenant general en effet; en laquelle charge il fut grandement

---

(1) Antoine de Lomagne, vicomte de Terride. Que faut-il penser de l'assertion de l'abbé Ladvocat (*Dictionnaire historique*) : « On a de lui de bons « mémoires qui n'ont point été imprimés ? »
(2) Navarrenx, arrondissement d'Orthez, Basses-Pyrénées.
(3) 13 mars 1569.
(4) Gaspard de Coligny, dit l'amiral de Châtillon, amiral de France.

favorisé de l'authorité de M^r le prince de Navarre et du jeune prince de Condé, et secouru des ecus que M^r le comte de Montgommery (1) avoit amassé au sac de plusieurs villes de France.

Donc M^r le comte de Montgonmery, tant pour la deffanse du party que pour gratiffier le chef auquel touchoit particulierement la conservation de Navarreins, se mit en devoir de faire lever le siege et de combattre Mr de Terride. Il fit amas de gens à Castres (2) et à Gaillac (3) et, ayant mis en equipage sa compagnie, il ne fit aucun sejour, mais à la vue de M^rs les marechaux d'Anvile (4) et de Monluc (5), des seigneurs de Grammont (6), de Lausun (7), de Sarlabous, de Bellegarde (8), d'Arné (9), de Sevignac (10) et autres, qui avoient leurs regiments et compagnies en pied, tant en Languedoc qu'en Gascogne, lesquels n'en bougerent et n'y firent aucun semblant d'empecher, il passa les rivieres de l'Arriege et Garonne et, le neuvieme jour du mois d'aoust, parut sur le cotteau qui borde du coté d'orient la plaine de Bigorre (11); et, ayant jetté sa vue sur l'etendue de la plaine

(1) Gabriel de Lorges, comte de Mongonmery.
(2) Chef-lieu d'arrondissement, Tarn.
(3) Chef-lieu d'arrondissement, Tarn.
(4) Henri de Montmorency-Damville, maréchal de France.
(5) Blaise de Massencomme, seigneur de Monluc, maréchal de France.
(6) Antoine Ier de Gramont, vicomte d'Asté, mort en 1576.
(7) Gabriel de Caumont, vicomte de Lauzun, chevalier de l'ordre du roi, capitaine de 50 hommes d'armes, mari de Charlotte d'Estissac.
(8) Roger de Saint-Lary, seigneur de Bellegarde, créé maréchal de France en 1574.
(9) François de Devèze, seigneur d'Arné en Magnoac. Voir *Mémoires d'Antras*, p. 95, et *Les Huguenots en Bigorre*, p. 40.
(10) Arnaud-Guillem de Lambes, seigneur de Savignac-Mona (Gers), eut de Paule de Rochefort-Engaravagues, sa femme : 1° Jean, qui épousa Catherine, fille de Jean-Georges de Rochechouart, chevalier, seigneur de Plieux, et de Louise de Montpezat, et continua la branche de Lambes-Savignac ; 2° Pierre, qui fit la branche de Lambes-Marambat, par son mariage contracté en 1559 avec Catherine de Podenas, héritière de Marambat. Il assista au siège de la Rochelle (1572) et servit (1575) sous les ordres du sieur de la Valette ; 3° Jeanne-Angélique, dame de Bazillac. Arnaud-Guillem testa le 25 juin 1557 (*Glanage*, XI, p. 313, n° 72 ; — Chérin, preuves de noblesse de Podenas, 1787, arch. des Hautes-Pyrénées, série E). L'un de ses fils a pu être le seigneur de Savignac mentionné par Mauran.
(11) Mongonmery traversa la plaine de Bigorre les 5 et 6 août. Le 9, il était à Navarrenx (*Les Huguenots dans le Béarn et la Navarre*, p. 175).

et consideré l'assiette de la ville de Tarbe, il entra en deffiance du passage, sans estre contraint à se battre; ce qu'il ne voulut faire, parce qu'il desiroit conserver ses forces entieres pour lever le siege (1), etant averti que M^r le chevalier de Vilenvis (2) etoit dans laditte ville de Tarbe avec deux mille hommes de guerre. A cause de quoy, il prit son chemin vers Montgaillard et là passa le pont de la riviere de l'Adour; puis il descendit le long du grand chemin jusqu'au lieu de Laloubere (3) et illec il se detourna vers la ville d'Ibos, cheminant en toute diligence. Il ne se put dedire de paroistre à la vue de Tarbe, ny les soldats de laditte garnison permettre qu'il s'en allat sans estre salué d'une mousquetade, d'où les gens de M^r le comte furent irrités et aucuns d'eux se debanderent vers les faubourgs de Tarbe, pour mettre le feu aux bordes couvertes de paille; ils s'adresserent à la borde de Benac, alors possedée par Guillaume la Gaillardie, mais ils furent enveloppés par les gens de cheval qui sortirent du quartier de la Sede, conduits par messire Jacques de Lavedan, prieur de Momeres, et vicaire general de M^r l'evesque de Tarbe (4). Toutesfois les gens de M^r le comte se sauverent à course de chevaux,

---

(1) Passage publié par M. Davezac-Macaya (*Essais historiques sur le Bigorre*, t. II, p. 179, note 17), depuis : « ayant mis en equipage sa compagnie... »

(2) Françoise de Deymes, dame de Camparnaud et de la Bruguière, femme de messire Raymond de Villembits, assista, le 1er octobre 1557, au contrat de mariage, retenu au château de Viviers, diocèse et sénéchaussée de Toulouse, par Pierre Turounet, notaire d'Hauterive, entre Paul de Soréac, seigneur de Villembits, Sère, Villefranche et Visker, veuf d'Antonia de Montaut, et demoiselle Georgette de Rochefort, fille de feu noble Jean, seigneur de Viviers, et d'Anne de Deymes. Françoise était tante de Georgette (*Glanage*, XII, p. 91, n° 15). Noble Raymond de Villembits, *alias* Ramonet de Soréac, seigneur de la Bruguière, *chevalier de l'ordre du roi*, fut nommé exécuteur testamentaire en même temps que Raymond de Cardaillac, seigneur de Sarlabous, par Bertrand de Barèges et Marguerite de Soréac, père et mére du capitaine Tilhouse, testaments des 3 décembre et 13 janvier 1569 (Larcher, *Dict. hist.*, v° *Barege*). C'est évidemment le Soréac que Mauran désigne sous le nom de *chevalier de Vilenvis* (Cf. la note pleine d'intérêt due aux recherches de M. de Carsalade du Pont, dans *Les Huguenots en Bigorre*, p. 14).

(3) Canton de Tarbes (sud).

(4) Le 19 septembre 1558, noble Jacques de Lavedan, prieur de Momères, agissant en son nom et au nom de Domenge (capitaine Forgues) et François de Lavedan, ses frères, chargea par procuration M° Arnaud de Cayan, prêtre, habitant au lieu de Morlanne, diocèse de Lescar, d'affermer les revenus de la seigneurie de Salles, située dans le Bordelais, appartenant auxdits frères, et

hormis un qui montoit un cheval blanc et portoit autour du col un cercle d'annaux et de petites croix d'or et d'argent, lequel fut tué par les gendarmes.

Donc M^r le comte passa par le pays de Bigorre sans recevoir autre mal et sans que pour ce coup il y fit aucun dommage. Il entra dans le pays de Bearn et trouva que Mr de Terride s'etoit retiré dans le chateau d'Ortès, où il l'assiegea et, dans trois jours, le contraignit à se rendre et, avec iceluy sieur de Terride, furent faits prisonniers Mr de Baziliac, le capitaine Forgues (1) et plusieurs autres, tant de Bearn que de Bigorre. Mr de Baziliac fut mené prisonnier à Pau, mais il se sauva de nuit, à l'ayde d'un soldat qui le descendit par la muraille. Le capitaine Forgues fut mis à rançon.

Après cela M^{rs} d'Anville et de Monluc boucherent le chemin de M^r le comte vers Ayre et Grenade (2) et le contraignirent sejourner en Bearn plus longuement qu'il ne desiroit. Mais après que lesdits sieurs se furent retirés, il fit sa saillie par le Vic Vieil (3) et par Maubourguet en Riviere Basse, tenant la route de Condom (4).

aussi de recevoir certaine somme stipulée en leur faveur dans un accord intervenu, à suite de procès, entre noble Louis de Lhuz, vicomte d'Uza, et Jacquette de Cassaigne, demoiselle, dame de Bouilhon, leur sœur (minutes de Dufaur, not. de Tarbes, reg. de 1558, f° 74, recto). Le prieur était décédé avant le 2 juin 1586, et Dominique fut son héritier (S. Noguès, 1586, ét. Duguet).

(1) Noble Dominique de Lavedan, dit *le capitaine Forgues*, appelé dans certains actes *seigneur* de Horgues, était issu de la famille de Lavedan-Horgues, branche cadette de la maison vicomtale de Lavedan. Il épousa demoiselle Antoinette de Lasseran, fille de Frison, seigneur de Cazaux (Larcher, *Dict. hist.*, v° *Lasseran*). Ni lui ni sa femme ne savaient écrire. Ce brave capitaine était âgé de 45 ans environ lorsqu'il fit, le 6 septembre 1575, sa déposition dans l'enquête sur les ravages des huguenots en Bigorre (*Les Huguenots en Bigorre*, p. 203); il décéda avant le mois de septembre 1588 (S. Noguès, feuilles détachées, ét. Duguet). Sa fille unique, demoiselle Jacmette ou Jacquette de Lavedan, femme de noble Gabriel d'Antist, seigneur d'Antist, Ost et Mansan, acquit le 11 juillet 1593 de demoiselle Gabrielle de Lavedan, héritière de Horgues, fille de Jean, dernier seigneur de Lavedan-Horgues, et femme de Gaston d'Armagnac-Oléac, la moitié de la seigneurie de Horgues, sans pacte de rachat, pour la somme de 5,400 livres, en ce comprises 2,000 livres pour la légitime de Dominique, son père, et celle de Jacques de Lavedan, prieur de Momères, frère dudit Dominique (*Glanage*, XXII, p. 281).

(2) Arrondissement de Mont-de-Marsan, Landes.

(3) Le Vicbilh, pays, arrondissement de Pau. Voir *Dict. topog. des Basses-Pyrénées*, par M. Paul Raymond.

(4) Chef-lieu d'arrondissement, Gers.

Etant à Maubourguet, il fut sollicité d'aller attaquer la ville de Tarbe, à quoy il ne voulut entendre, disant avoir hate de se retirer, et que laditte ville de Tarbe etoit grande et populeuse, deffendue par un bon capitaine et qu'il y faudroit beaucoup de temps pour la prendre; qu'il ne luy etoit sur de s'enfermer au pied des montagnes, ayant si près les M^{rs} d'Anville et Monluc, qui ne manqueroient de venir incontinent au secours et l'envelopperoient par derriere. Neantmoins, il fut persuadé croire que la ville de Tarbe pouvoit estre prise sans coup ferir et que s'il avoit la patience de s'attendre deux jours, il verroit l'execution accomplie.

Cependant ceux qui avoient fait telle ouverture à M^r le comte, qui etoient Bigourdans et connus d'un chacun dans ledit pays, vinrent à Tarbe et eurent l'accès libre pour parler à leur aise avec M^r le chevalier de Vilenvis; auquel ils firent entendre que M^r le comte etoit là prest à battre les murailles avec le canon de Navarreins; luy representerent aussy la faiblesse desdittes murailles, baties de cailloux ronds, et peu epaisses, lesquelles ne sçauroient durer un jour contre la batterie; que la longueur de la ville requeroit plus de soldats qu'il n'y avoit pour sa deffanse, voire que chacun des six bourgs d'icelle, qui sont distingués par fossés et murailles, requeroit une garnison à part; que M^r le comte, faisant lever le siege de Navarreins, avoit enflé le courage de ses gens et tellement obligé les Bearnois, qu'à la moindre semonce, ils seront à luy et viendront couvrir tout le pays de Bigorre. Ils firent tant par leur langage que M^r le chevalier de Vilenvis, après beaucoup d'instances, fondées principallement sur la promesse qu'il avoit jurée tant aux habitants qu'aux soldats forains qui etoient dans laditte ville de Tarbe, d'employer pour leur conservation tous les devoirs d'un bon capitaine et n'y epargner sa propre vie, ayant aussy respectivement exigé d'eux le serment de fidelité et de loyalle deffance en cas il leur faudroit soutenir le siege, aima mieux cedder au temps qu'attendre l'extremité, et se resolut de quitter la ville et d'en retirer la garnison.

C'etoit un dimanche matin (1) lorsque Mr de Vilenvis fit battre

---

(1) Le dimanche 4 septembre 1569 ? Cf. M. Communay, *Les Huguenots dans le Béarn et la Navarre*, p. 176.

le tambour pour le delogement des compagnies, et comme les habitants de Tarbe virent leur gouverneur partir et des capitaines qui s'en alloient à la file, furent bien etonnés et n'eurent autre conseil que de prendre party les uns vers les montagnes, les autres dans les villes et chateaux d'alentour; et chacun y retira les plus precieux de ses meubles. Si bien qu'en moins de six heures, la ville fut desertée et du tout exposée à la mercie des deux explorateurs qui etoient venus parler à Mr le chevalier de Vilenvis; lesquels butinerent à leur ayse, et puis allerent porter les nouvelles à Mr le comte; lequel ne pouvoit se persuader que la garnison de Tarbe fut evanouie.

Pour en sçavoir la verité, il y vint avec ses troupes et trouva les portes ouvertes, sans qu'aucun habitant parut en toute la ville; de quoy Mr le comte fut marry, ayant à faire de plusieurs artisans, mesme des marechaux et selliers, d'autant plus que plusieurs de ses gens avoient les chevaux et arnois en mauvais equipage. Il séjourna dans Tarbe trois semaines (1), ayant fait semondre les habitants de se rendre en leurs maisons, à quoy fut obei par aucuns; les autres n'oserent se fier à luy, s'excusant sur la crainte que la peste se mettroit dans la ville, tant les rues etoient puantes des fumiers des chevaux, du sang et des boyaux des bestes occises, ne tenant les soldats aucun ordre de police, mais toute dissolution en leur maniere de vivre.

Le jour que Mr le comte partit de Tarbe, il fit dire le presche dans l'eglise des Cordeliers, et après, l'on y mit le feu et consequament aux autres eglises. Si cela fut fait par son commandement ou non, il est en doute, mais la verité est que cette action barbare fut promptement executée; et tant les eglises et couvents des Cordeliers et Carmes que l'eglise cathedralle et celle de la parroisse de Saint Jean, avec la maison episcopalle et la plus part de celles des chanoines, [furent detruites]. Cela fut fait environ la fin du mois de septembre.

Et après, les habitans de Tarbe, certiorés du depart de Mr le comte, se remirent dans la ville et la firent netoyer, et prirent

---

(1) Voir *Les Huguenots dans le Béarn et la Navarre*, p. 176, et *Les Huguenots en Bigorre*, enquête de 1575.

pour gouverneur le capitaine Forgues, sans autres garnisons que d'eux mesmes, et se maintinrent en tel etat jusqu'au prochain mois de janvier de l'année 1570.

Le 20e dudit mois de janvier, qui etoit la veille de la feste Saint Vincent (1), Mr de Montamat (2), lieutenant general en Bearn pour la reine de Navarre, se mit en chemin pour surprendre la ville de Tarbe; mais sur l'heure de complies, quelques paisans decouvrirent ses troupes de gens de cheval qui descendoient par le cottau de Sarrecaute, à une lieue de la ville, et en donnerent avis au capitaine Forgues, lequel se retira promptement dans le Bourg Vieil et y attira quelques habitants des autres bourgs; puis fit ouvrir les canaux des moulins et remplir d'eau les fossés pour empecher que l'ennemy ne put aborder la muraille.

Entre ceux que le capitaine Forgues fit venir dans le Bourg Vieil, etoit Jean Mauran, receveur des decimes du dioceze de Tarbe, lequel porta quant et soy l'argent de sa recette.

Mr de Montamat entra dans le bourg de la Sede et de Carrere Longue sans y trouver aucune resistance, et croyoit passer aussy librement par le reste de la ville; mais etant arrivé près du Maubourguet, il se vit arreté par un grand fleuve d'eau qui regorgeoit des fossés, et aperceut que les portes etoient closes; au moyen de quoy, il se logea dans Carrere Longue. Mrs de Benac, de Bazian (3), de Moncorneil (4) et de Laons (5) etoient de la partie et descendirent au logis de Jean de Mauran.

Et sur la nuit, Mrs de Moncorneil et de Bazian sortirent pour aller reconnoistre le Bourg Vieil et les endroits plus foibles de la muraille, mais ils furent decouverts et salués de plusieurs arque-

---

(1) C'est le 21 janvier qui est la veille de Saint-Vincent.

(2) Guillaume d'Astarac-Fontrailles, baron de Montamat (*Bull. de la Société des sciences, lettres et arts de Pau*, IIe série, t. I, p. 129).

(3) Jean de Bourbon. Voir *suprà*, p. 42, note 3.

(4) Jean de Labarthe, baron de Moncorneil, ne laissa pas d'enfants de Marguerite de Narbonne, sa femme. Ses sœurs Françoise, Hélène et Marguerite vendirent en 1599, la place de Moncorneil à Jean de Busca, habitant de Peyrusse, fils de Guy de Busca, marchand de Bassoues. — Larcher, *Glanage*, II, p. 384, n° 95, et *Dict. hist.*, v° *Barte (la)*.

(5) Jean, seigneur de Lons en Béarn. Cette terre fut érigée en petite baronnie, le 17 mai 1592, en faveur de ce capitaine.

busades. Il y avoit dans le Bourg Vieil deux bons arquebusiers, l'un nommé Imbert (1), facteur de la maison de Prat (2), et l'autre Ivonet (3), serrurier, lesquels ne portoient aucuns coups sans porter dommage, et eux deux, à la faveur de la lune qui etoit belle et claire, blesserent et tuerent un grand nombre de soldats assiegeants, à la vue de Mrs de Basian et Moncorneil; lesquels ayant consideré que l'eau les empechoit d'aller plus outre et qu'ils ne pouvoient demeurer là sans perdre beaucoup de gens, se retirerent dans Carrere Longue.

Cependant ils depescherent quelques hommes vers les sources des cannaux pour tarir l'eau des fossés et en vinrent à bout avant la minuit.

(1) Antoine Imbert, marchand de Tarbes, figure comme témoin dans deux actes passés par Lassalle, not. de Tarbes, dans l'intérêt de Jean de Lavedan, seigneur de Horgues, août 1567 (f°s 329 et 331, ét. Duguet). Le 15 juillet 1582, au lieu d'Andrest et dans le logis d'Antoine Imbert, Jeanne de Chambret, femme dudit Imbert, le constitue son procureur pour transiger un procès pendant entre eux et Manaud de Prat, de Tarbes, demandeur en partage des biens de feu Jean Chambret et de feue Jeannette de Casenabe, grand-père et grand'mère maternels dudit de Prat (Dominique Catau, not. d'Aurensan, ét. Duguet).

(2) Voir *supra*, Appendice II, p. LXII. — Guillaume de Prat, marchand de Tarbes, acquit le 9 mars 1559 (v. st.), pour 1,000 livres tournois de 20 sous la livre, de noble Jean de Leran, notaire et secrétaire du roi, habitant à Toulouse, une maison appartenant audit Jean de Leran comme héritier de feu noble Domenyou de Leran, son père. Ce dernier l'avait achetée à feu Antoine Faur, quand vivait habitant de Tarbes. Cette maison était située dans la rue du Bourg-Vieux et confrontait : d'orient, avec maison des héritiers de feu Jean Faur, alors possédée par Thomas de Salles ; d'occident, avec maison et cellier de Me Arnaud Casa et Jacmette du Faur, héritiers de feu Clarianne d'Arriollis ; du midi, avec rue publique ; du nord, avec les fossés de la ville (Bertrand Dufourc, reg. 1558-1563, f° 62 recto, aux arch. des Hautes-Pyrénées, série E).

(3) Maître Nicolas « Ybonet, » serrurier, de Tarbes, était gendre de Me Dominique d'Abbadie, aussi serrurier, et de Saziote de Pomès. Il habitait au Bourg-Vieux chez ces derniers et possédait une maison dans Carrère-Longue. Ceux qui voudraient connaître son intérieur n'auraient qu'à jeter les yeux sur la reconnaissance de douaire qu'il consentit à son beau-père, le 28 décembre 1552. Ils sauraient qu'Hélène d'Abbadie, sa femme, lui apporta en dot la somme de 65 écus petits, plus « deux pintes d'estaing tenant chacune ung carton, plus un « marteau davant, un marteau traversier, ung autre marteau à une main, plus « une bigorne de fert du poix de quarante livres, deux plats d'estaing grands, « plus deux escudelles plates d'estaing et deux escudelles d'estaing à oreilhes, « plus deux metaulx, un moyen et l'autre à pieds, deux chaudieres de leton, « ung peyrol grand, une douzaine de serviettes… » (Jean de Lassalle, 1552-1567, f° 147 verso, ét. Duguet).

Ors Mr de Bazian etoit fort desireux de parler au capitaine Forgues et l'ayant fait appeler, il luy fut repondu par un soldat qu'il dit hardiment ce qu'il voudroit, car le capitaine Forgues le pouvoit entendre. Alors Mr de Basian le pria de se rendre, luy promettant qu'aucun mal ne luy seroit fait, et le capitaine Forgues fit repliquer qu'il y auroit pensé jusqu'au lendemain, et alors il feroit reponse.

Mais quand les assiegés eurent pris garde à l'eau qui tarissoit et consideré qu'ils n'etoient pas en tout cinquante hommes pour se deffendre, ils prierent le capitaine Forgues à se resoudre à ce qu'il jugeroit estre le plus utile. Il leur conseilla se sauver durant le calme de la nuit et tandis que les ennemis ne les pressoient et, pour luy, il dit qu'il ne bougeroit, s'etant obligé de repondre à la parolle que son cousin de Basian luy avoit fait dire.

Il y avoit une breche près l'eglise Saint Jean, laquelle depuis a eté reparée, et fut avisé que par icelle pourroient sortir plus aisement ceux qui se voudroient se retirer sans estre aperçus de l'ennemy et, sans plus attendre, sortirent à la file Mauran, Lacroix (1), Vacquerie et plusieurs autres, lesquels furent decouverts par le chanoine Possino (2), du haut de la tour du chateau du comte qui repond au fossé. Ce chanoine avoit son arquebuse chargée et preste à tirer, et, croyant que ceux qui sortoient fussent des ennemis, lacha le coup et visa justement dans l'estomac de Jean Mauran, au dessous du tetin gauche, et le porta mort à la renverse. Les autres passerent outre et se sauverent.

(1) Arnaud de Lacroix, habitant de Tarbes, est mentionné dans un acte d'obligation souscrite envers Fritz de Palatz, Domenge de Meiloc et lui, en date du 9 avril 1558 (« Protocols des actes retenus par moy Ougier Faur, notaire, « de l'année mil cinq cens cinquante huict, comenceant le premier de l'an à « l'Incarnation Nostre Seigneur Jesus Christ, » étude de M. Duguet). Arnaud et Dominique de Lacroix, frères, s'accordent sur les biens délaissés par leurs père et mère, 17 février 1559, v. st. (reg. de B. Dufourc, aux arch. des Hautes-Pyrénées, E. f° 56).

(2) Honorable homme maître Jean Possino, héritier universel de maître Jean de Possino, chanoine de Tarbes, son oncle, 24 décembre 1559 (Jean de Lassalle, f° 32 verso). On donne le titre de *noble* à l'oncle dans l'enquête Castelbajac, 26 octobre 1547 (*Glanage*, II, n° 5), ce qui porte à croire que ces Possino appartenaient à la famille des Possin, seigneurs de Marsas, près Bagnères-de-Bigorre. Le meurtrier involontaire de Jean Mauran figure aussi dans l'enquête précitée et avait 42 ans, le 24 octobre 1547.

Les ennemis ayant eu moyen d'aborder la muraille, qui n'etoit plus deffendue, la sapperent près la porte de l'Horloge (1) et, avant le jour, eurent fait ouverture suffisante pour y entrer et, au point dudit jour, ils furent dans la ville. Ils prirent prisonniers le capitaine Forgues et sa femme et tous les autres qui etoient demeurés. Mrs de Gamaches (2), juge d'appaux; Balestrade (3), sindic du pays de Bigorre, et quelqu'autres qui ne faisoient profession d'armes, furent mis à rançon; et est croyable qu'aussi bon marché en eussent eu ceux qui sortirent, mais ils se doutoient qu'on revancheroit sur eux le dommage qu'ils avoient fait aux assiegeans à leur arrivée. Quand Mr de Montamat eut donné la curée du pillage de la ville à ses gens et qu'il eut pris la rançon desdits sieurs juge et sindic et des autres qu'il avoit en son pouvoir, il les congedia, et renvoya le capitaine Forgues en sa maison, sans aucun dommage, et lui se retira avec ses troupes en son gouvernement.

Or il fut question d'ensevelir le corps de Jean de Mauran, que l'on trouva nud sur l'echarpe du fossé, ayant eté depouillé par les ennemis, lesquels luy prirent aussy cinq chevaux qu'il avoit

---

(1) Cette porte se trouvait au nord-ouest du Bourg-Vieux, et était surmontée de la tour de l'Horloge.

(2) Noble Barthélemy du Lac, seigneur d'Urac (commune de Bordères, canton de Tarbes-nord), fils du seigneur d'Urac et de noble Antonia Morgaty, décédés, déclara dans son testament du 22 août 1558 que « par ci devant « mariage a eté traité entre maître Thibault Gamache, licentié ez droits, « habitant de Tarbe, et feue d^{lle} Jeanne du Lac, sœur dudit testateur, et qu'il a « donné audit Gamache, en payement de la dot, une sienne maison assise au « Bourg Vieulx de Tarbe » (J. Abeuxis, ét. Duguet). Thibaut, veuf, épousa Éléonore de Castelbajac-Lagarde (*Les Huguenots en Bigorre*, p. 94).

(3) Honorable homme maître Nicolas Balestrade, bachelier ès droits, avocat à l'auditoire de M^r le sénéchal de Bigorre et syndic du pays, épousa demoiselle Jacme de Bayo, fille de Peyrot de Bayo, marchand de Saint-Pé de Génerès, et d'honnête femme Anglaise d'Ibos — le père et la mère d'Anglaise étaient Jean d'Ibos et Sibylle d'Abbadie; son frère s'appelait Guillaume et fut père de François d'Ibos, marchand en 1560, plus tard noble, tige des seigneurs de Lagarde et de Talazac. — La femme de Balestrade, jeune encore et malade, testa le 20 novembre 1557; elle ordonna que son corps fut inhumé dans l'église des frères Carmes de Tarbes, devant l'autel de Saint-Roch; légua à son mari 200 livres tournois sur les 400 qu'elle lui avait portées en dot et désigna sa mère comme héritière universelle (reg. de B. Dufourc, f°s 78 et 320, aux arch. des Hautes-Pyrénées, série E). Nicolas Balestrade était premier consul de Tarbes le 3 août 1562 (Jean de Lassalle, not., f° 185 recto, ét. Duguet. Voir aussi arch. des Basses-Pyrénées, E. 1998).

à l'etable; mais il n'y eut moyen de trouver aucun prestre pour dire les obseques. Neantmoins la veuve dudit Mauran procura la sepulture le plus honorablement qu'il luy fut possible, etant assistée de quelques voisins et voisines, et le corps fut mis dans la chapelle de Lautrec en l'eglise Saint François où depuis leurs descendans ont retenu la sepulture.

Et parce que Mr de Montamat quitta la ville le mesme jour qu'il la prit et après le pillage, sans y laisser aucune garnison, elle fut un long temps presque deserte et les habitans epars çà et là : d'autant qu'ils n'osoient retourner à leur maison de peur d'estre tués par les huguenots de Benac qui venoient tous les jours à Tarbe et enlevoient les reliques que les Bearnois avoient laissé. Mesme l'on dit qu'ils prirent les fondations des prebendes et autres documents et titres de l'eglise Saint Jean, qui n'ont depuis eté vus. Et de là est venue la perte de plusieurs revenus de laditte eglise, et elle en a eté et est encore à present mal servie.

Pendant que ces courses se faisoient de Benac à Tarbe, les capitaines Bonnasse (1), Podens surnommé le Grec (2), et Garra-

---

(1) La maison noble de Bonasse, d'Arette, était un des six fiefs de la vallée de Barétous (arrondissement d'Oloron, Basses-Pyrénées), donnant à leurs possesseurs le droit d'entrer aux états de Béarn (J.-B.-E. de Jaurgain, *Nobiliaire de Béarn*, p. 9, Paris, Charles Blot, 1879). M. Raymond a omis ce fief dans le *Dict. topog. des Basses-Pyrénées*. M. l'abbé Menjoulet l'avait déjà signalé dans sa *Chronique d'Oloron*, p. 127, note *a*. On sait que le capitaine Bonasse s'appelait François de Béarn. Voir sur sa veuve Marie de Sacaze, dame d'Arette, et Henri de Béarn, son fils, ainsi que sur les Béarn-Bonasse, les archives des Basses-Pyrénées, E. 1168 à 1194, 1665 et 2022.

(2) François de Poudenx, seigneur de Poudenx, chevalier de l'ordre du roi (baron de Cauna, *Armorial des Landes*, t. III, pp. 352 et 376). — « Remis à
« M. le baron de Poudenx, le 13 mars 1777, une attestation originale portant
« que devant le bailly de Bloys, nobles hommes Bernard de Sainte-Colombe,
« écuyer d'écurie ordinaire du roy ; Jean de Fleur de Lys, commissaire ordinaire
« des guerres; Jean de Poysegur, gentilhomme de la maison de Sa Majesté,
« seigneur et baron de Mondaut en Chalosse, senechaussée de Lannes, pays
« de Gascogne; et René d'Espalanie, homme d'armes de la compagnie de M^r,
« frere du roy, et capitaine entretenu de S. M. ; agés de 40 et 44 ans, et plus
« de 32, etant à Blois; lesquels ont dit et declaré qu'il y a deux ans environ
« que les compagnies des gendarmes de guerre de messeigneurs les Princes,
« desquelles etant le comte de Montgommery, par ledit pays de Gascogne, au
« retour de Bearn, passerent par les villages de Poudenx, Souslens, Castetner,
« Bozeries, en Chalosse, senechaussée de Lanes, Saint Sever, brulerent, pillerent

baque (1), echappés du siege de Navarreins, tenoient la ville de Lourde et, d'illec avant, couroient la Riviere du Gave (2) et entroient dans le Bearn. Mesme un jour, ils surprirent le bourg de Coarraze et son chateau, appartenant à Mr de Miossens (3), où ils etoient pour faire du desordre sans que le Grec de Poudens s'y opposa et ne permit qu'aucune action mauvaise y fut faitte *(sic)*.

Les habitans de Tarbe, fâchés d'estre si longuement absens de leurs maisons, pratiquerent le capitaine Bonasse et les autres qui tenoient la ville de Lourde, pour se venir loger dans Tarbe, sous l'esperance qu'ils avoient d'empecher les courses de ceux de Benac et de vivre chez eux en asseurance. Bonnasse fut bien aise de changer le sejour de Lourde, environné de rochers, avec celuy de Tarbe, qui a ses fondements posés au milieu d'une large et fertile campagne, et vint quant et quant avec les sieurs de Podens et Garrabaque et autres capitaines et soldats jusqu'au nombre de 7 à 8 cent hommes departis en sept compagnies.

Mr de Montamat, averti des affaires de Bigorre, fit avancer les compagnies de Bearn vers la frontiere, en attendant qu'il eut les pieces de canon qu'il faisoit venir de Navarreins pour assieger Tarbe. De quoy Bonasse eut avis et se resolut de soutenir le siege. Mais parce que la longueur de la ville requerroit plus grand nombre de soldats qu'il n'avoit avec soy pour la deffendre, car

---

« les terres... dudit seigneur de Poudenx, et massacrerent, tuerent grand nom-
« bre de personnes desdits villages. Ledit seigneur de Poudenx perdit entiere-
« ment ses biens, ne pouvant plus se relever ayant eu plusieurs enfans, et
« disant avoir vu lesdits brulemens et devastation faits à Louis de Poudens,
« fils dudit seigneur, present. Fait à Blois, le 15 mars 1572, en presence de
« noble Jean d'Amour; Jean de Lamothe, suivant la Cour; et Jean de Partin-
« beau, de St Sever. Lesdits seigneurs signés; Raouland, notaire, signé, et
« scellé du sceau royal. Parchemin » (note de l'abbé de Vergès, v° *Poudenx*).

(1) Jacques de Sainte-Colomme, seigneur d'Esgoarrabaque (fief, commune de Monein, Basses-Pyrénées), fils aîné de Jacques et de Catherine de Montbrun. Il était frère de Tristan de Sainte-Colomme, abbé de Sauvelade, qui fut tué comme lui à Tarbes. — Voir *Histoire de Béarn et Navarre*, par Bordenave, p. 303; — abbé Menjoulet, *Chronique d'Oloron*, II, 87-88; — *Les Huguenots dans le Béarn et la Navarre*, p. 31.

(2) Dénomination qui s'appliquait à la plaine traversée par le Gave.

(3) Henri Ier d'Albret, baron de Coarraze et de Miossens, fils de Jean et de Suzanne de Bourbon, et mari d'Antoinette, dame de Pons.

il n'avoit en tout plus de 800 hommes, il se retrancha dans le Bourg Vieil et Neuf, et mit le feu au Maubourguet et au Bourg Crabé (1), qui etoient aux extremités.

Cependant Mr de Montamat logea son camp et les canons à l'opposite des ruines du Maubourguet et commença la batterie contre les murailles du Vieil Bourg, au coin septentrional plus proche desdittes ruines et, dans deux jours, il eut fait breche suffisante pour venir à l'assaut. Ayant reconnu laditte breche et remarqué que le fossé etoit presque à sec et comblé des ruines de la muraille, il disposa ses gens pour aller à l'assaut et les exhorta se porter vaillament, leur remontrant qu'ils avoient à combattre avec des gens proscrits et fuyards qui venoient d'estre battus au siege de Navarreins et qui s'etoient refugiés à Tarbe, non pour y faire exploits de guerre, mais pour y piller et derober, et qu'etants de telle sorte, ils n'auroient le courage de se deffendre.

Bonnasse, d'autre part, representoit aux siens l'extremité en laquelle ils etoient, et qu'il n'y avoit autre remede pour s'en exempter que de se bien deffendre; qu'il leur seroit plus honorable de mourir en soutenant l'assaut, que de tomber vivans à la discretion de leurs ennemis, lesquels etoient resolus de n'epargner non plus le couard que le magnanime, mais les faire passer egalement par le tranchant de l'epée.

La resolution des assiegeans fut grande pour venir à l'assaut, mais celle des assiegés ne fut pas moindre à le soutenir; et fut tué grand nombre de soldats d'une part et d'autre, mais plus du coté des assiegeans, lesquels furent si brusquement repoussés qu'il leur convint tourner arriere.

Pour cela Mr de Montamat ne perdit courage, mais il se delibera de presser l'ennemy sans lui donner aucun relache. Il fit choix d'autres capitaines et soldats pour donner un second assaut ce mesme jour et, les ayant exhorté à faire mieux leur devoir que les premiers, les envoya droit à la breche. Ils desiroient bien faire et le temoignerent par leur exploit, car ils donnerent furieusement, la teste baissée, contre les assiegés, et sembloit à leur demarche que rien ne pouvoit resister devant eux. Neamoins les assiegés

---

(1) Voir *supra*, p. 71, note 1.

soutinrent le choc avec une si obstinée resolution, que les assaillants eurent du pire. En ce conflit moururent les meilleurs soldats de Bonasse et en grand nombre, et jaçoit qu'ils eussent fait grand carnage de ceux qui etoient venus à l'assaut, neamoins Bonasse commença d'entrer en deffiance de ses forces et jugeoit qu'il luy seroit malaisé de soutenir deux autres assauts; et, après avoir consulté avec Podens, Garrabaque et autres capitaines qui restoient, fut resolu qu'ils sortiroient la nuit suivante par la porte de Nolibos, qui regarde vers le midy (1), et se sauveroient vers la ville de Lourde.

Mais tandis qu'ils s'appretoient pour executer ce dessein, un lieutenant capituloit avec les ennemis pour les mettre dans la ville, et dejà il en avoit introduit plusieurs par une basse fenestre, qui repond au fossé, près la porte du Bourg Neuf. Ce lieutenant courut à Bonasse pour le detourner de ce dessein, luy figurant mille reproches et mille blasmes qu'on luy donneroit, s'il abandonnoit la deffance de la ville après avoir bravé l'ennemy, voire battu et tellement affoibli qu'il est au desespoir de plus combattre et ne songe qu'à sa retraite.

Bonnasse, piqué du point d'honneur, se laissa facilement persuader et s'attendit à faire bon guet et à disposer les affaires et tenir ses gens prests pour accueillir de mesme façon qu'auparavant les ennemis, s'ils y retournoient davantage.

Mr de Montamat aussy, à la faveur du lieutenant de Bonasse qui luy tenoit la main dans la ville, s'appresta pour envoyer à l'assaut le lendemain, dès aussitot que la lumiere du jour seroit eparse.

Ayant donc l'aurore guidé sur l'horizon le fatal et triste jour qui devoit faire de la ville de Tarbe le cimetiere de tant de vaillants soldats et capitaines, grossir et rougir les ruisseaux de sang humain, tapisser les rues d'herbes vertes, comme un pré durant la saison printaniere, voicy que Mr de Montamat se presente à l'assaut, asseuré d'estre secouru de ceux qu'il avoit jetté

---

(1) D'après cette indication, la porte de Nolibo ou de Nolibos (voir *suprà*, p. 61, note 1), appelée depuis *la Portete* (notes historiques placées en tête du terrier de Tarbes de 1782, p. XXI), devait être vers l'endroit où la rue de la Mairie débouche dans celle des Grands-Fossés.

dans la ville. Bonasse, d'autre part, et ses gens se trouverent à la breche, bien armés et mieux encouragés pour se bien deffendre. Comme ils sont venus aux mains et que d'une guerriere audace chacun tache d'abbatre ce qu'il y a devant, ceux qui etoient entrés par la fenestre sortent à la rue et accourent furieusement envelopper les gens de Bonasse par derriere. Les assiegés se voyants attaqués par deux endroits et ne sachant ce que ce pouvoit estre, furent bien etonnés et combattirent en confusion et desordre, jusqu'à ce qu'etants foulés et oppressés de la multitude, ils n'eurent plus aucun moyen de se deffendre, mais furent taillés en pieces ou faits prisonniers de guerre.

Bonasse mourut en combattant, après avoir vu deffaire sa compagnie, et les autres capitaines, excepté le Grec de Podens auquel, par exprès commandement de Mr de Montamat, les soldats sauverent la vie, l'ayant reconnu à la marque qui leur avoit eté baillé de son habillement de satin jaune.

Il restoit encore le sieur de Garrebaque, lequel s'etoit sauvé dans la tour du Bolevart, et trente hommes des habitans de la ville, qui etoient cachés dans la maison de François de Palats (1), à cause que durant le siege ils avoient capitulé avec le capitaine

(1) Cette maison était située dans la rue du Bourg-Vieux : « Guilhamot de « Palatz, tesorer de Begorre et recibedor de diners de gens d'armas..., » père de François, « tien foec et lar en sa mayso, plassa et cere, contigu ab mayso « et plassa de Margalida de Bayet, » d'une part, « et de Maumus, per l'aute « part. » A côté de la maison Maumus était celle de Douce de Palatz. Le même Guillamot « plus tien, dessus lo portau de Nolibo, una mayso et casau mur- « railhat » (terrier de Tarbes du XVIe siècle, f° 13 recto). Cf. Appendice II, p. LXII, *suprà*.

J'ignore s'il existait quelque lien de parenté entre les Palatz, de Tarbes, et l'évêque Arnaud-Raymond de Palatz, que Larcher dit originaire du village de Soulom, en Lavedan, où il y avait, en effet, un *casal de Palats*, appartenant à Auger d'Arras, du chef de Marguerite d'Arras, sa femme (*Censier de Bigorre* de 1429). Je ne sais pas davantage s'ils se rattachaient aux Palatz, de Comminges. Je me borne à grouper ici très succinctement ce que j'ai recueilli à leur sujet :

Providus vir François de Palatz, trésorier du roi de Navarre au comté de Bigorre, 1530 (*Glanage*, I, p. 299, n° 135), fut père de : 1° Guillem ou Guillamot, qui suit ; — 2° Jean, docteur ès lois, syndic du pays de Bigorre, âgé de 37 ans le 26 octobre 1547. Il épousa demoiselle Gabrielle de Saint-Paul et mourut avant le 14 novembre 1552, jour où les états élurent un syndic à suite de son décès. Sa veuve était remariée le 6 juin 1556 avec noble Bernard de la Barthe (*Glanage*, II, n° 5, enquête Castelbajac ; XI, p. 155 ; précis des délibérations des

Vidau (1), leur concitoyen, tenant le party des assiegeants, que si la ville etoit prise, il leur feroit sauver la vie pourvu qu'ils se rendissent dans la maison de Palats.

états de Bigorre, 1552) ; — 3° Fritz, sur lequel Mauran nous fournira bientôt l'occasion de revenir.

Honorable Guillamot de Palatz, trésorier de Bigorre, procureur fondé de Jean de Palatz, docteur ès lois, et de Fritz de Palatz, ses frères, rendit hommage pour Bastillac, composé de 54 arpents, devant l'évêque de Lescar, Jacques de Foix, le 8 octobre 1541. Cet acte d'hommage fut expédié en 1565, à la requête de François de Palatz, écuyer, sieur de Bastillac, fils dudit Guillamot (abbé de Vergès, v° *Bastillac*). Guillamot avait 44 ans le 26 octobre 1547. Son fils cadet, noble Jean de Palatz, seigneur de Puymirol, gouverneur de Campan, épousa demoiselle Anne de Hunaut, et d'eux naquit Jean-Marc, qui fit la branche de Peyraube par son mariage avec demoiselle Marguerite d'Aubarède. Voir *Glanage*, t. I, n°s 13, 14, 20, 22, 23 et 24 ; t. XIV, pp. 411-414, n° 238.

Sire François de Palatz, fils aîné de Guillamot, épousa en premières noces honnête femme Catherine de Bayla. Celle-ci testa le 4 août 1559, dans la maison de son mari, rue du Bourg-Vieux, et, n'ayant pas d'enfants, le fit son héritier ; elle légua à sa nièce Marguerite d'Asson « une robe noire double, de satin, et « trois anneaux d'or de ceux que feu Me Dominique Bayla, son père, lui avoit « baillés » (reg. de J. Abeuxis, notaire, 1559, ét. Duguet). François était consul de Tarbes en 1562 (reg. de J. de Lassalle, ét. Duguet), et remarié le 24 décembre 1570 avec demoiselle Marie de Mont, fille de noble Jean de Mont (*Glanage*, XI, n° 29).

« Par arret du conseil de la reine de Navarre, il fut defendu à Arnaud Casa, « juge mage, et Pierre Dufaur, procureur comtal de Bigorre, de continuer les « poursuites qu'ils faisoient contre François et Jean de Palatz, ecuyers, pour « la noblesse et pour la feodalité des terres de Bastillac, et il leur fut enjoint « de les laisser jouir de ladite qualité de noblesse sans aucune contradiction ; « et renvoïé pour ce qui concerne la feodalité des terres de Bastillac, lorsque « la reine tiendra son hommage au comté de Bigorre. Cet arret fut prononcé « le 17 juillet 1567. Il est à remarquer sur cette feodalité, qu'en 1541 le seigneur « de Viosac declara devant Jaques de Foix, evequo de Lescar, que ses prede- « cesseurs avoient vendu le terroir noble de Bastillac à Guillamot de Palatz, « tresorier de Bigorre, et il paroit par le denombrement fourni en 1600, devant « Mrs de Benac et Dupont, que Guillamot fut pere de François de Palatz, qui « fut son heritier ; que François eut pour fille et heritiere Quiteyre de Palatz, « femme de Jaques Ducasse, et mere de Guillaume Ducasse. Ce Guillaume fut « moine dans l'abbaïe de St Savin, et Jaques, son pere, acquit les droits du fils « par sa mort au monde » (Larcher, feuilles volantes, arch. des Hautes-Pyrénées).

Le rameau des Palatz, seigneurs de Lhez, plus ancien que les précédents, paraît avoir la même origine (Larcher, *loc. cit.*, et *Dict. hist.*, v° *Lhés*).

(1) Le 13 août 1591, Jean Vidau, maître couturier, de Tarbes, déclara au nom et comme curateur de Pierre Vidau, avoir reçu d'Arnaud Barrère, maître apothicaire, de Tarbes, qui avait été tuteur dudit Pierre : 1° le testament de feu Dominique Vidau, capitaine, père dudit Pierre, écrit sur parchemin, retenu et expédié par Me Laurent Cachalon, notaire de Pontacq, en date du 1er juin 1578

Or ce mot etoit de double intelligence, parce qu'il y avoit deux Palats, et les pauvres gens entendirent qu'il les falloit retirer chez François Palats, pour estre la maison d'iceluy plus renommée que celle de l'autre. Mais le capitaine Vidau s'expliqua depuis qu'il les avoit assigné chez Fris Palats (1). Tellement que ces miserables, ayant vu la perte de la ville, accoururent vers la maison de François Palats, leur azile pretendu, et illec attendoient l'arrivée du capitaine Vidau en la protection duquel ils se croyoient estre. Mais ils furent abusés, car les soldats qui alloient au pillage, les ayant trouvé en laditte maison, se jetterent sur eux comme lions affamés et un après l'autre les poignarderent sans en avoir aucune mercie, jaçoit que les pitoyables adieus qu'ils se disoient et les charitables embrassements qu'ils se donnoient sur le point qu'on les massacroit, eussent dû flechir à commiseration les courages des Scites et des plus felons hommes de la terre.

Quant au sieur de Garrebaque, il se maintint constament dans

— le dictionnaire de Larcher contient la note suivante, à la généalogie *Barrère*: « 1ᵉʳ juin 1578, devant Jean Dantures, jurat de Pontacq, remplaçant un notaire, « present maeste Pierre Jausiondy et maeste Pierre Brun, ministre de Pontacq, « testament de Domenges Vidau, de Tarbe, capitani, blessé d'un cop d'espade. « Il mentionne le capitaine Moret, d'Arrebastenx, deux filles procreées avec « Clariane de Barrera, sa femme, et Arnaud Barrera, de Tarbe, son beau « frere; » — 2º Un accord passé entre ledit capitaine Vidau et Jean Vidau, frères, à raison des chevaux qui appartenaient à feu Bernard Vidau, 2 mars 1577, Fossat, notaire de Pontacq; — 3º Une lettre missive du seigneur vicomte de Labatut-Rivière, écrite audit Vidau, en date du 29 décembre 1571; 4º Une requête présentée par ledit Vidau à la feue reine Jeanne pour obtenir le don de biens confisqués à Lupiac; — 5º Une obligation de la somme de 18 écus sol, dus par le capitaine Moret, de Rabastens, en date, à Bergerac, du 26 mai 1570; — 6º Un compte-rendu par Clarianne de Barrère, mère et tutrice des enfants dudit Vidau, etc. (minutes de Séb. Noguès, ét. Duguet). Le capitaine Vidau était, par sa femme, oncle de Blaise d'Amadis, l'avocat à qui l'on a attribué la *Sommaire description du païs et comté de Bigorre*.

(1) Il est dit « frere de sage homme Jean de Palatz, » dans un acte du 18 novembre 1558 (Dufaur, not. de Tarbes, ét. Duguet). Le 15 janvier 1559, dans la cité de Tarbes et dans la maison « du sieur Friz de Palatz, *hors les murs* « *d'icelle,* » — cf. Appendice II, *suprà*, p. LXII — eut lieu un échange entre noble Bernard de la Barthe, mari de demoiselle Gabrielle de Saint-Paul, habitant de Marseillan, et Mondette de Faderne, de Juillan (minutes de J. Abeuxis). Noble Fritz de Palatz, écuyer, vivait encore le 20 janvier 1588 (minutes de S. Noguès).

la tour du Bolevard, et ore que plusieurs vollées de canon fussent tirées contre la muraille, et que d'autre part on essayat de la saper, pourtant il ne se voulut rendre, et est probable qu'il eut conservé sa vie dans cette tour, à cause que l'on n'y pouvoit entrer qu'avec une longue echelle et par une porte assez etroitte, et que le camp ne se fut amusé là pour un seul homme. Pour lequel avoir, Mr de Montamat s'avisa qu'il y avoit en sa troupe un cousin dudit sieur de Garrebaque, lequel il emboucha pour parler audit sieur de Garrebaque et luy promettre de sa part la vie sauve, s'il se vouloit rendre. Ledit sieur de Garrebaque etant interpellé par son cousin qui luy donnoit toute asseurance de parlementer, ouvrit la porte de la tour et, comme il s'avançoit pour regarder en bas, il fut tué d'une arquebusade.

Ce coup fait, il n'y resta plus aucun de tous ceux qui avoient soutenu le siege, qui ne fut tué ou detenu prisonnier; et les prisonniers furent après massacrés de sang froid. Et demeura la ville de Tarbe pleine de corps morts, le nombre desquels et de ceux qui furent trouvés autour de la breche fut d'environ deux mil; et, pour les ensevelir, après que Mr de Montamat se fut retiré dans le Bearn et fait retirer les canons et les troupes du pays de Bigorre, les hommes et les femmes des prochains villages s'assemblerent et, ayant amassé les habits, armes, anneaux et autres choses que les Bearnois n'avoient eu loisir de prendre, car ils delogerent incontinent sur l'avis que Mr de la Valette (1), lieutenant pour le roy en la Haute Guienne s'approchoit pour les combattre, comblerent de corps morts les fossés et les puits et employerent environ 8 jours en ce funeste office.

Cecy fut environ la feste de Pasques de la susditte année 1570 (2).

Depuis en ça, la ville de Tarbe demeura sans habitans et l'herbe crut par les rues comme en un pré, qu'etoit chose fort

(1) Jean de Nogaret, chevalier, seigneur et baron de la Valette, de Cazaux et de Caumont, mort en 1575 (Louis de la Roque, *Armorial de la noblesse de Languedoc*, généralité de Toulouse, I, p. 254).

(2) L'*intendit* qui ouvre l'*Enquête sur les ravages faits par les huguenots dans le comté de Bigorre*, fixe le siège et la ruine de Tarbes au 15 avril 1570; les témoins se contentent de dire : « au mois d'avril, environ le moys d'avril » (*Les Huguenots en Bigorre*, pp. 160 et suiv.). Selon Nicolas de Bordenave,

deplorable à voir, et passerent trois ans entiers durant lesquels n'y eut aucune garnison. Aussy n'etoit elle deffensable, à cause des ruines que le canon y avoit faittes (1).

Pendant l'intervalle desdittes trois années fut traitté le mariage du roy de Navarre, comte de Bigorre, avec madame Margueritte de France (2); et cela fut cause que la reine de Navarre se rendit à Paris et, entre les appareils dudit mariage, elle mourut le 2ᵉ de juin 1572; duquel trepas les nouvelles etant apportées en Bearn et en Bigorre, le deuil en fut general par tout ledit pays, et n'y eut durant un an aucune danse publique.

CHAPITRE 21ᵉ.

D'HENRI, ROI DE NAVARRE ET DEPUIS ROI DE FRANCE, IVᵉ DU NOM, SURNOMMÉ LE GRAND, COMTE DE BIGORRE.

Henry second (3), fils legitime et naturel de Jeanne d'Albret, reine de Navarre, succeda tant audit royaume de Navarre qu'autres terres et seigneuries, qui avoient appartenu à sa ditte mere. Il epousa madame Margueritte, sœur du roy de France Charles neuf, et leur mariage fut celebré à Paris, en l'eglise Nostre Dame, le 18 aoust 1572, avec grande magnificence. En haine duquel mariage les huguenots conjurerent, tant contre la personne du roy de France et sa maison, que contre le roy de Navarre, mais leurs desseins etants decouverts leur tournerent à ruine, car la pluspart en perdirent la vie, le dimanche 24 dudit mois d'aoust, feste de saint Barthelemy l'apostre. Il ne fit plus long sejour à Paris, mais s'en vint en son gouvernement de Guyenne avec la reine sa femme, et tous deux firent leur entrée dans la ville de

Hist. de Béarn et Navarre, pp. 302-303, les troupes protestantes partirent du Béarn le 10 avril, arrivèrent devant Tarbes le 12, et pratiquèrent le même jour une brêche suffisante dans les murs, à l'aide de deux couleuvrines. L'assaut, suivi de la prise de la ville, ne fut donné que le lendemain 13 avril. La fête de Pâques, dont parle Mauran, était tombée cette année le dimanche 26 mars précédent.

(1) Passage publié par M. Davezac-Macaya (t. II, p. 188, note 3), depuis : « M. de Montamat averti des affaires de Bigorre... »

(2) Marguerite de Valois, troisième fille de Henri II et de Catherine de Médicis, née le 14 mai 1552, morte à Paris le 27 avril 1615.

(3) Henri III de Navarre.

Nerac (1), qui est la premiere du duché d'Albret, et là furent accueillies leurs Majestés par les (2) trois nimfes que le poete de Bartas, natif de Gascogne, avoit embouchées du poeme qui se trouve imprimé parmi ses œuvres (3).

Durant laditte année 1572, il sembloit que les affaires de la guerre eussent quelque calme en Bigorre; mais l'année suivante 1573, les huguenots de Bearn, d'une part, infesterent les villes de Senpé et de Lourde (4), et Mr de Sarlabous aussi, d'autre part, mit en peur les habitans qui s'etoient retirés dans la ville de Tarbe. Car au mois d'avril, icelui sieur de Sarlabous entreprit de venir tuer dans laditte ville de Tarbe le sieur de Casa, juge mage de Bigorre (5), parce qu'il etoit de la religion pretendue

(1) Chef-lieu d'arrondissement, Lot-et-Garonne.
(2) Ce qui suit, jusqu'à la fin, est de l'écriture de Larcher (voir *supra*, p. 22, note 4).
(3) On a du seigneur du Bartas d'autres ouvrages que le commentaire sur la semaine de la création du monde. « Le plus singulier est un petit poëme, dressé « pour l'accueil de la reine de Navarre, faisant son entrée à Nérac. Ce sont « trois nymphes qui se disputent l'honneur de saluer Sa Majesté. La première « débite ses platitudes en vers latins, la deuxième en vers françois, et la « troisieme en vers gascons » (*Nouveau Dictionnaire historique*, Caen, G. le Roy, 1786).
(4) Voir à la fin de ce volume (additions et corrections), des extraits d'une enquête de l'année 1581, relatifs aux événements de Lourdes.
(5) Arnaud de « la Casa, » conseiller du roi de Navarre, fut institué patron de la chapellenie de Comet, fondée dans l'église Saint-Jean de Tarbes, par « mossen » Guillem Comet, prêtre, natif de Marsous, suivant testament de ce dernier fait au monastère de Saint-Savin, le 3 octobre 1554, « en la crampa ond « fray Johan Casa, monge deudit monester, fe sa residentia, » et Me Arnaud de la Casa, de Marsous, clerc, neveu de Comet et frère cadet du conseiller, fut nommé par le même acte premier prébendier de cette chapellenie (reg. de Corbeille, notaire, 1592, ét. Duguet). « Honorable homme M^r maître Arnaud « de Casa, » licencié ès droits, conseiller de la reine de Navarre et maître des requêtes de son hôtel, habitant de Tarbes en 1562, remplaça comme juge mage de Bigorre Mr Me Dominique de Saint-Aubin (Larcher, *Calendrier du diocèse*, p. 70). Il épousa Jacmette Dufaur dont il eut, entre autres enfants : 1° Jourdan, qui vivait en 1585 et était mort avant 1587; 2° Pascal, qui se qualifiait noble et bourgeois de Tarbes, marié avec demoiselle Claude d'Izauguier, sœur de Manaud, seigneur de Dours. Pascal se dit neveu du capitaine Casabant, dans son testament passé à Tarbes, le 6 mars 1587; 3° Jacme, femme de Mr Me Jean de Boeil, conseiller du roi en son conseil souverain de Béarn; 4° Jeanne; 5° autre Jacme, fille (S. Noguès, reg. de 1585 et 1587). Le père était décédé avant 1585.

« Les memoires de Lavedan portent que les peuples de ce païs là, au bruit

reformée, et bailla la conduite de l'entreprise à Dominique d'Abadie (1), gendarme de sa compagnie, qui etoit natif de Tarbe, et auquel il se fioit pour l'avoir experimenté bon homme de guerre en plusieurs occasions. Aussi etoit il homme de grande force et courage, roux de poil, gras et large d'epaules, feignant

« d'une nouvelle religion, protesterent de faire main basse sur celui qui oseroit
« leur en faire l'ouverture. Sur quoi la reine Jeanne les declara rebelles, leur
« deffendit le commerce avec les Bearnois et fit boucher le passage de Lourde
« pour leur couper les vivres, et ensuite y envoya de l'infanterie, par le village
« d'Azun, qui fut defaite à l'endroit apelé Caidausa. Elle envoya aussi de la
« cavalerie, par Lourde, qui fut defaite entre cette ville et le Pont Neuf, et
« dans le combat fut fait prisonnier Arnaud Casa, son juge civil et criminel
« de Tarbe, qui pour conserver son etat s'etoit fait heretique. Il fut mené avec
« *Pierre* Casa, son fils, dans le chateau de Beaucen, par Bartelemi Domec, apelé
« le capitaine Palats de Sansan. Aprez les avoir tenus prisonniers seize jours,
« il composa et donna la liberté audit juge, à condition que dans dix sept jours
« il obtiendroit sauf conduit de la rebellion pretendue, avec permission de
« trafiquer et assurance que les troupes de la reine n'entreroient point dans
« le païs. Il (le juge) donna pour otages *Jean*, son fils, et Fortané de Casa,
« les sieurs Guillaume de Casa, son neveu, Pierre de Comet, son cousin, Jean
« de Comet et Pellet de Cortade, ses neveux. L'acte de tout ceci fut passé le
« 12ᵉ octobre 1569, par Bartelemi de Mata, notaire d'Arras. L'original est entre
« les mains de Noalis, notaire d'Aucun... On dit par tradition que le juge etant
« revenu et s'etant allé rejouir à Marsous, d'où il etoit natif, il passa à Vidalos,
« il tomba malade chez Begarie, son parent; qu'etant à l'extremité de vie, il
« demanda un pretre pour faire abjuration de son heresie, mais qu'il fut privé
« de cette grace; qu'on l'enterra en cachete dans une chapelle de ladite maison,
« laquelle fut depuis fermée et close, et est à present ruinée aussi bien que
« la maison » (*Glanage*, XVI, p. 428, nº 150).

(1) Dominique d'Abbadie — il signait : *d'Abbaye* — était fils de noble Arnaud-Guillem d'Abbadie et de demoiselle Marie *alias* Guirautete de Comes. Pierre d'Abbadie, son grand-père, avait vendu une partie du fief d'Hugues (commune de Pujo, Hautes-Pyrénées) à Jean de Comes, frère de la mère de notre homme d'armes. Sa sœur Catherine épousa Jean d'Aureilhan, de Tarbes.

Dominique se maria : 1º avec Anne d'Antin, du lieu de Bonnefont, fille naturelle du sénéchal Arnaud d'Antin. Le contrat fut retenu par Pierre Motta, notaire de Lapeyre, le 4 décembre 1574. Anne testa à Pujo, le 10 septembre 1590, devant Guiraud Hébrard, notaire comtal, habitant d'Andrest, et mourut peu après (min. de Dufaur, reg. de 1558, fº 82, ét. Duguet; — *Glanage*, XVI, pp. 10 et suiv; — *Dict. hist.* de Larcher, vº *Hugues*); — 2º avec demoiselle Jamme *alias* Jeanne de Mont d'Uzer, sœur puînée de Jeanne de Mont d'Uzer, femme d'Arnaud d'Abbadie, sieur de Clarac de Marsac. Le contrat entre Dominique et Jamme fut passé par Dabat, notaire de Bagnères, le 6 novembre 1594. De ce deuxième mariage naquirent : Arnaud, qui hérita du sieur de Clarac et épousa, par contrat du 17 février 1625, devant Pierre Marque, notaire de Tournay, demoiselle Catherine de Sarraméa-Lanespède, sœur de François (reg. des insinuations, 1625-1627); Jean, mort, sans alliance, vers 1640 (Jean

et dissimulant tout ce qu'il desiroit, et fort prompt et adroit à piquer chevaux et manier les armes. Il se rendit à la porte du Bourg Neuf environ la minuit, et feignant venir de Toulouse et avoir hate d'entrer dans le bourg, il se fit introduire par un homme qui couchoit sur ladite porte; laquelle etant ouverte et le pont levis abatu, ledit Abadie, qui etoit à cheval, s'avança sur le pont en disant au portier qu'il s'attendit un peu, car le valet de pied, nommé Raimond etoit encore derriere. Et à meme temps, Abadie se print à crier tant qu'il put : *Raimond! Raimond!* qui etoit le mot du guet et le propre nom de Mr de Sarlabous. A ce cri, ledit sieur de Sarlabous et ses gens, lesquels n'etoient guere loin, s'avancerent et entrerent dans la ville sans aucune resistance. Le bruit que les chevaux firent en marchant sur le pavé de la rue reveilla les habitans, qui tous effrayés sortirent aux fenetres et, voïant que la ville etoit prise et la rue pleine de cavalerie, n'oserent sortir pour se joindre, ains demeurerent coys dans leurs domaines. Ledit sieur juge mage aïant ouï que Mr de Sarlabous etoit là, reconnut que c'etoit pour lui qu'on preparoit la fete. Voilà pourquoi tout incontinent il sauta du lit où il etoit couché et, sans avoir aucun soin de s'habiller, gagna les fossés de la ville par la galerie de sa maison et courut en chemise jusqu'au lieu de Gajan (1), distant d'une lieue, et là il s'habilla, et de là se rendit dans la ville de Pau où il passa le reste de ses jours sans plus retourner à Tarbe. Mr de Sarlabous aïant reconnu que le juge mage s'etoit sauvé, sejourna dans la ville de Tarbe jusques à ce que l'aube du jour commença à poindre et, durant ce tems, la maison du juge mage fut fouillée et quelques autres forcées et pillées par ses gendarmes.

Mauran, notaire, 1638-1642); Jamme, femme de noble Guillaume de Perres, ainsi désignée dans le testament de sa mère, fait à Marsac le 8 avril 1641.

Celle-ci voulut être inhumée dans l'église de Pujo et dans la chapelle de Notre-Dame de Pitié, fondée par les prédécesseurs de son mari. Elle signa : *Jamma de Monduzer* (reg. de Jean de Mue, notaire de la baronnie de Bazillac, 1641-1644, ét. de M. Theil).

Dominique d'Abbadie résidait à Pujo, le 27 octobre 1603 (*Glanage*, XII, p. 101, n° 20). Il fut témoin dans l'enquête de 1575 et avait alors 36 ans environ (*Les Huguenots en Bigorre*, p. 188).

(1) Gayan, canton de Tarbes (nord).

Le lendemain courut un bruit que le juge mage soulevoit le Bearn pour venir saccager Tarbe, en revanche de l'affront qu'il y avoit reçu; et le second ou troisieme jour aprez, un habitant de la ville de Tarbe donna l'allarme que les Bearnois etoient à l'entrée du faubourg, resolus de mettre à feu et à sang la ville et les habitans d'icelle. Il etoit vrai que M^r le baron d'Arros (1) avoit des compagnies en pied et pretendoit venir en Bigorre, comme il fit au mois de juin suivant; mais à cette heure là, l'allarme etoit suposée. Neantmoins elle donna tel effroi, que les plus assurés prirent la fuite; tout le peuple jusques aux femmes et enfans, à qui mieux mieux, se chargerent de meubles pour les garantir, les uns dans le chateau de Semeac, les autres en divers endroits des prochains villages, où ils se tenoient la nuit, et le jour ils venoient à la ville et vequirent en cette peur jusques à ce que Mr de la Valette, lieutenant pour le roi en la Haute Guyenne, envoya M^r le baron de la Peire (2) avec la compagnie

---

(1) Bernard, baron d'Arros (canton de Nay, Basses-Pyrénées). Voir *Les Huguenots dans le Béarn et la Navarre*, p. 143, note 1.

(2) « Lou tres de juin 1574, per Moss. de Casà, Lons, Lamote, Tisnees, Gilot,
« Casenave, Gassion, Pons et Bailher, crampes assembladas, fon vistes las
« informations secretes feites par M. Arnaud deu Four, procuraire general deu
« rey, suus las invasions, incursions, vees de feit, forces, violences, meurtres,
« raps, batements, empresonnements deus sujets deu rey, rançonnemens, pille-
« ries, sacadjemens feits et commetuts, lou 18 deu mees de juillet darre passat,
« per lo sieur de Gramon, cap. et conductou de l'armade, invasion et incursion
« susd. et autres gens de sa suite, tant natius, habitans deu pays, que autres
« loqs estrangers, ensemble aussi autre information feite par Me Pierre Garros,
« advocat general deu rey, deu darre de juin 1573, autre deu 21 de mai 1573,
« feite per lou medix de Garros, et attendude l'importance et gravitat deusd.
« exces, circonstances et dependances dequets et deus autres despuis abengutz,
« et cependen seran pres au corps en quoauque loc et endret que poderan estar
« apprehendutz en lou present pays : Antoni sg^r de Gramon ; Philibert de
« Gramon, comte de Guixe, son filh ; *Sabarit d'Aure, baron de Lapeyre*, lou
« sieur d'Oson ;... Assibat de Caseban, dit lou capitaine Casaban ; lou capitaine
« Peyraube ;... lou sieur de Fontenilles ; Antoni de Ribere, lou viscomte de
« Labatut ; lou capitaine Pontac ;... lous capitaines Arros, Us et Bergoignes ;
« Domenge de Goulard, Guilhem de Forber et Bertrand de Pochon de Lourde ;...
« lo sieur de Mun ; l'abbat de Viguier ;... lou capitaine Montastruc ; Ramon
« de Puyoü de Vic Bigorre ;... lous deux Estibaires, de Pontac ; Guixarnaud
« dit lou capitaine Pontac ;... Actum a Pau en conseil ledit jour et an »
(M. Soulice, *Documents pour l'histoire du protestantisme en Béarn*, extrait du bulletin de la *Société des sciences, lettres et arts de Pau*, IIe série, t. 4e, pp. 109-111). Voir la notice sur Savary d'Aure, *suprà*, p. 47, note 2.

de Mr de Gramont, duquel ledit sieur baron etoit lieutenant, pour se tenir en garnison dans la ville de Tarbe et faire que les habitans d'icelle et le reste du païs fussent en assurance. Mr de Montesquieu (1) et Mr de Larboust (2) y menerent aussi leurs compagnies pour tenir en cervelle les Bearnois qui etoient en armes en nombre de 3,000, conduits par ledit sieur baron d'Arros.

(1) Fabien de Monluc, seigneur de Montesquiou, tué en septembre 1573 à la barricade de Nogaro (*Mémoires de Jean d'Antras*, pp. 132, note 68, et 137, note 81).

(2) Jean d'Aure, seigneur de Mont-d'Astarac, deuxième fils de Jean et de Marie de Savignac (*suprà*, p. 47, note 2), mari d'Obriette de Lortet, fille de Corbeyran, sénéchal d'Aure et de Magnoac, et d'Isabeau de Rivière-Labatut; ou plutôt son frère consanguin Adrien d'Aure, issu du troisième mariage de Jean, contracté le 18 août 1542, dans l'église de Franquevielle, en Nébouzan, avec ladite Isabeau de Rivière, veuve du seigneur de Lortet.

Adrien sera mentionné par Mauran à l'occasion des troubles de la Ligue en Bigorre et nous est connu aussi par le rôle qu'il a joué en Comminges pendant les mêmes troubles : lorsque le seigneur de Sus s'empara de la ville de Saint-Bertrand, le 17 avril 1586, — on lisait cependant au dos d'un vieux manuscrit du chapitre de Comminges : « En l'an 1586, feust prinse la ville de Saint-« Bertrand par Sus, baron huguenaut, et *le 22 apvril,* » le vicomte et le baron de Larboust (Jacques d'Aure, baron de Larroque, Montégut, etc., frère d'Adrien) en firent le siège du côté du Mont et de Saint-Martin, et la reprirent le 8 juin. Ils rachetèrent les archives du chapitre tombées entre les mains de Sus, en donnant à celui-ci deux chevaux d'Espagne, et payèrent l'argent nécessaire à la rançon des prisonniers; mais, d'un autre côté, ils ne se firent pas scrupule de prendre dans le trésor de la basilique l'anneau du « benoit saint Bertrand » et une très belle corne de licorne, joyau d'un prix inestimable, « preuve certaine, « dit Larcher, que les catholiques ne firent pas moins de tort aux églises que « les religionnaires et que chaque parti ne cherchoit qu'à piller et à s'enrichir. » Un accord intervint au sujet de ces soustractions, le 17 mai 1587, devant J. de Gardes, notaire, entre les chanoines de Saint-Bertrand et les deux frères de Larboust; on donna, moyennant restitution des objets dérobés, 4,500 liv. tournois à Adrien d'Aure et 1,650 à Jacques. Là ne se bornèrent pas les vexations que notre vicomte, guerroyant tantôt sous l'étendard de la Ligue, tantôt sous la bannière de Henri IV, fit éprouver aux catholiques : Géraud de Gémit, seigneur de Luscan, à la tête d'un parti de ligueurs, s'était rendu maître de Saint-Bertrand sur les royalistes commandés par le vicomte de Larboust. Charles de Monluc reprit la ville et la plaça, aux termes d'une capitulation rédigée au camp de Saint-Loup, le 15 juillet 1594, et signée « Monluc, Terride, Montestruc, « Larran, senechal d'Aure, Gensac, Larboust, Montbartier, Puygaillard, Castera, « Castetz de Ste Gemme, » chefs de l'armée victorieuse, sous la protection et sauvegarde du roi. Géraud de Gémit, ayant promis obéissance à Henri IV, fut maintenu comme gouverneur. Mais le vicomte de Larboust, quoiqu'il eût apposé sa signature au bas de la capitulation, jaloux peut-être des prérogatives du seigneur de Luscan, profita du peu de surveillance exercée depuis le traité et pénétra dans Saint-Bertrand le 20 novembre 1594, entre 4 et 5 heures du matin,

Neantmoins cela n'empecha pas l'entrée des Bearnois en Bigorre; car au mois de juin de ladite année 1573, ils assiegerent la ville et chateau de Lourde, cuidans les emporter facilement, mais ils y trouverent force resistance, principalement au chateau, dans lequel ils n'entrerent pas; mais bien ils prindrent la ville par assaut le 8ᵉ dudit mois de juin, tuant tout ce qu'ils rencontrerent sur l'entrée. Ils brulerent aussi plus d'une vingtaine de maisons et pillerent les autres. Ils firent quelques habitans de Lourde prisonniers et les menerent en la ville de Pau et, aprez en avoir tiré la rançon qu'ils purent, les congedierent.

Le siege de la ville de Lourde avoit allarmé toutes les vallées du païs de Lavedan, qui croïoient que Lourde etant prise, les Bearnois passeroient outre vers les montagnes sur l'embouchure desquelles ladite ville est située; et, tant pour empecher que cela n'arrivat, que pour donner secours à leurs voisins, les habitans desdites vallées vinrent fermer le passage du Pont Neuf, où ils logerent mille soldats et en envoyerent une bonne troupe dans le

---

suivi de trois ou quatre cents huguenots ou croquants venus de l'Isle-Jourdain, de Vic-Fezensac et des environs. « Ils reduisirent les habitans à une si grande « extremité que, s'ils y eussent sejourné huit jours davantage, la cité auroit « été totalement ruinée. Les chanoines mirent tout en œuvre pour faire sortir « les heretiques qui les empechoient de faire le service divin avec la decence « requise et convinrent avec leurs chefs — Corbeyran d'Aure, neveu du vicomte, « l'avait aidé dans cette entreprise — de leur donner mil ecus sol, » que François de Saint-Paul, seigneur de Vidaussan, prêta au chapitre. Adrien s'était saisi de nouveau de la corne de licorne, mais il la restitua plus tard, suivant acte du 5 mars 1601 : « Messire Adrian d'Aure, seigneur vicomte de « Larboust, chevalier de l'ordre du roi, capitaine de 50 hommes d'armes de ses « ordonnances, » expose aux chanoines « qu'à la prinse de la presente ville de « Sᵗ Bertrand, faite par lui au tems des derniers troubles, il auroit trouvé une « corne d'alicorne dans l'eglise d'icelle et dernier le grand autel, et craignant « qu'elle fut prinse et egarée par les gens de guerre qui etoient avec lui..., il « l'auroit prise et retirée, desirant la conserver pour le seul zele et affection « qu'il a eu toujours en son ame d'aimer l'Eglise et tout ce qui en depend, le « clergé et habitués d'icelle, comme leur prie de croire qu'il desire demeurer « leur bon ami et voisin, et que ledit alicorne eut eté brisé et mis en pieces sur « le gast, etant en proye quand prindrent lad. ville, sans led. sʳ vicomte...; « pour ces considerations et volontairement il est venu et a porté ledit alicorne, « lequel il redonne presentement, de sa devotion et bonne volonté, à Mʳ Sᵗ « Bertrand et à son eglise, chapitre et au païs... » (Larcher, *Glanage*, XVI, p. 456 et suiv.; XIX, p. 150; *Dict.*, vⁱˢ *Comenge, Gelais (saint), Gemit;* feuilles volantes de ses manuscrits, titres Rivière).

chateau de Lourde. Les sieurs d'Estivaire (1) et capitaines Casavant (2), Orout (3) et Pontac (4) furent aussi de la partie,

(1) « Lous deux Estibaires, de Pontac » (*suprà*, p. 144, note 2) étaient: 1º noble Roger d'Estibayre, écuyer, capitaine de 50 arquebusiers, qui contracta mariage, le 16 novembre 1538, devant Gratien de Saint-Pé, clerc, notaire de Tarbes, avec Jeanne d'Omex, fille de noble Antoine d'Omex, habitant dudit lieu dans la vallée de Batsurguère ; 2º son fils aîné Jean, capitaine, marié avec demoiselle Jeanne de Vidalos, fille de Louis de Domy, seigneur de Doat et de Vidalos, et de demoiselle Antonia de Majourau, dame de Vieuzac (Larcher, *Dict.*, vº *Estivaire*; — J. Abeuxis, feuille détachée de ses registres, 1578, ét. Duguet).

(2) « Assibat de Caseban, dit lou capitaine Casaban » (*suprà*, p. 144, note 2). La similitude des nom et prénom me fait croire qu'il s'agit du capitaine huguenot « Assibat de la Badie de Cassabant dit le capitaine Casanabe, seigneur « de Cassabant en Lavedan et d'Espalungue en Ossau » (*Les Huguenots dans le Béarn*, p. 74, note 1), dénommé aussi « Assibat de Casanabe dit le capitaine « Casabant » (arch. des Basses-Pyrénées, E. 2004), probablement passé dans les rangs de l'armée catholique. Il s'était marié, par contrat du 9 août 1562, avec Catherine de Béarn-Bescat, dame d'Espalungue (J.-B.-E. de Jaurgain, *Nobiliaire de Béarn*, Paris, Ch. Blot, 1879, pp. 47 et 205). — Le 17 mars 1555 (v. st.), Jean de Casabant était abbé laïque de l'Abbaye-Debat de Marsous (arch. des Hautes-Pyrénées, titres du chapitre cath. de Tarbes).

(3) Germain d'Antin, devenu seigneur de Domec d'Ourout par son mariage avec Louise de Majourau, fille d'Antoine et de Jeanne de Lavedan-Horgues. Une enquête de l'année 1582 sur la filiation des Castelnau-Laloubère et Mauvissière, où il fut entendu comme témoin, lui donne 28 ans à cette date (*Glanage*, XXV, pp. 104 et 112); il n'aurait eu dès lors que 19 ans au moment des événements de Lourdes. Les généalogistes de la maison d'Antin, notamment Chérin (preuves de noblesse pour monter dans les carrosses du roi, arch. des Hautes-Pyrénées, série E), disent que François-Henri d'Antin, *alias* François, *alias* Henri, fils de Jean, baron d'Antin, sénéchal de Bigorre, et d'Anne de Roquefeuil, fut père du capitaine Germain, seigneur d'Ourout. Or, dans le testament de Jean d'Antin, chevalier, mari de dame Anne de Roquefeuil, conservé dans l'étude de M. Duguet, et retenu le 6 octobre 1525 par J. de Aberano, notaire de Tarbes (reg. de 1519-1535, fᵒˢ 100 et suiv.), où sont fidèlement énumérés les enfants de ce seigneur appelés à recueillir la baronnie d'Antin, par droit d'aînesse ou par substitution, ne figure point François-Henri. Voici la série des mâles : Arnaud, *primogenitus*; — François, religieux profès de l'Ordre de Saint-Benoît, exclu pour ce motif de cette série, figure ailleurs dans le même acte comme légataire particulier; — Antoine, *terciogenitus;* — Jean, *quartogenitus;* — Gaston, *quintogenitus*; — Gabriel, *sextogenitus*. Arnaud, l'aîné, eut un fils nommé François, dont la mort prématurée rendit sa sœur consanguine Jeanne, dame de Montespan, héritière universelle. François fut abbé régulier du monastère de Saint-Pé de Générès en Bigorre. Jean devint protonotaire du Saint-Siège, chanoine de Tarbes et archidiacre des Angles. Antoine, Gaston et Gabriel moururent sans avoir contracté d'alliances (arch. des Hautes-Pyrénées, G. 246). Je ne puis donc accepter, à moins de preuve nouvelle, l'assertion des généalogistes.

(4) Voir *suprà*, p. 144, note 2.

et ayant attiré les Bearnois à l'escarmouche hors la ville, peu s'en fallut que le capitaine Orout, homme fort et courageux si autre de son temps, n'y demeurat engagé, lui ayant eté tué son cheval entre ses jambes.

Aprez que Mr le baron d'Arros et les Bearnois se furent retirés en leur païs, les soldats des vallées de Lavedan s'en retournerent aussi vers leurs maisons, et le chateau de Lourde fut gardé, tant la nuit que le jour, par les habitans de ladite ville, commandés par les capitaines Manas (1), Estivaire et Caubote (2).

En ce mesme mois de juin, Mr le vicomte de Labatut fut installé senechal de Bigorre (3).

L'année suivante 1574, au commencement du mois de mars, le bruit courut que les huguenots prenoient les armes, laquelle nouvelle mit en peur les habitans de Tarbe, parce qu'ils etoient en partie catoliques, en partie religionnaires, et cette diversité les mettoit en defiance les uns des autres. Les catoliques eurent recours à Mr de Grammont, lieutenant general du roi de Navarre, lequel etoit pour lors dans son chateau de Semeac (4) avec sa famille; et, à leur priere, il s'achemina vers la ville de Tarbe et, ayant fait assembler les habitans d'un parti et d'autre, il les exhorta de vivre en bonne paix et ne s'elever aucunement les uns contre les autres, en attendant la volonté du roi, laquelle on sauroit en brief par les lettres patentes qui seroient expediées sur la pacification du trouble. Chacun desdits habitans s'offrit et temoigna fort obeissant à faire la volonté de Mr de Grammont, et se donnerent la foi respectivement de se proteger et deffendre et vivre unanimement sous l'obeissance du roi. Et non contens

---

(1) D'une famille bourgeoise de Lourdes (reg. des délibérations de la ville de Lourdes, 1598; — arch. des Hautes-Pyrénées, G. 310 et 311).

(2) Il appartenait, comme le capitaine Manas, à une famille bourgeoise de Lourdes, dont une branche, celle de Caubotte-Vizens, s'est fondue dans Dembarrère; et une autre branche, celle de Caubotte-Miramont, dans d'Espourrin (arch. des Hautes-Pyrénées, reg. des insinuations, 1628-1630, *passim*).

(3) Antoine de Rivière, chevalier, seigneur et vicomte de Labatut, mari de dame Henrie d'Ossun. Il eut une querelle avec le seigneur de Saint-Lanne, et tous deux s'entre-tuèrent à Ardenx (Gers). — *Glanage*, XI, n° 75; — *Mémoires d'Antras*, p. 141, note 90.

(4) Séméac fut vendu au seigneur de Gramont par Bernard, baron de Castelbajac, vers 1539 (*Glanage*, II, n°s 4 et 5, enquête Castelbajac).

d'avoir oté l'occasion des seditions et emotions civiles dans la ville, ils voulurent aussi pourvoir à l'assurance de tout le païs de Bigorre, et empecher qu'il ne reçut aucune secousse du coté de Bearn.

C'est pourquoi du consentement de Mr de Grammont, ils prierent Mrs de Benac, de Castelbajac (1) et de Laons d'aller traitter quelque cessation d'armes entre les habitans de Bearn et Bigorre avec M^r le baron d'Arros ; et ces M^{rs} raporterent qu'il n'etoit besoin que les Bigourdains prissent les armes ni ne se missent en defense de peur des Bearnois, car ceux de Bearn ne demandoient que vivre en paix avec leurs voisins, et que si les Bigordains en vouloient une declaration par ecrit, leur seroit baillée.

Les habitans de Tarbe, pour mieux s'assurer, voulurent retirer ladite ecriture et, à ces fins, envoyerent Odet de Baget (2), un

---

(1) Jacques de Durfort, baron de Castelbajac, Montastruc, etc.

(2) D'une maison bourgeoise de Tarbes. Bertrand de Baget était notaire de Tarbes, le 7 février 1493, et « providus vir » Guillamolo de Baget, marchand, 6 mai 1494 (reg. de Baget et de Manso, not., ét. Duguet). « Mons. Odet de Bayet, » fils de Guillamolo, est mentionné comme chef de maison, dans le terrier de Tarbes du XVIe siècle. Domengine de Vielborut, probablement femme de cet Odet, fut mère de Bertrand de Baget et d'Odet, qui fait l'objet de la présente note.

Le 27 août 1553, Odet de Baget, cohéritier de feu Jean de Moles, son oncle, était sous la tutelle *quoad lites* de Me Dominique Casa, conseiller à l'auditoire de la cour de M^r le sénéchal de Bigorre, qui afferma pour le mineur le moulin dit de Pendet, sis au Marcadieu, près du *batan* (reg. de Dufaur, 1553, ét. Duguet). Il épousa : 1° par contrat du 5 mai 1560 (Bertrand Dufourc, not. de Tarbes, reg. aux arch. des Hautes-Pyrénées, f° 124), et « suivant l'ordonnance « et constitution de Sainte Mère Esglise, » Clarianne de Caparroy, fille de Pierre, marchand de Tarbes — les Caparroy portèrent le surnom de Gascor et devinrent seigneurs du fief de Baliron, sis à Camalès ; — 2° Astrugue de Loyard, fille de sire Daniel Loyard, auditeur des comptes de la reine, plus tard seigneur d'Uzos et conseiller du roi à la chambre des comptes de Pau, et de Franche de Sarrabère, suivant contrat du 20 janvier 1568 (v. st.), où on lit que « lo maridadge sera celebrat en la gleyse chrestianne refformade. » Ce contrat fut ratifié par les époux, le 1er avril suivant 1569 (arch. des Basses-Pyrénées, E. 2000); de ce mariage naquirent Jeanne et Astrugue de Baget (S. Noguès, reg. de 1595, f° 114) ; — 3° demoiselle Jeanne de Lavedan, nièce du capitaine Forgues, suivant contrat du 13 janvier 1585, retenu par Pierre de Pouts, notaire. Jeanne était veuve de noble Gabriel des Vignaux, sieur de Beaulieu. De cette union vinrent : Dominique, marié par contrat du 8 janvier 1623, devant Henri de Bayo, notaire de Saint-Pé, avec demoiselle Suzanne de

des plus aparens du parti des religionnaires ; lequel, etant arrivé en Bearn, ecrivit aux consuls de Tarbe qu'il avoit obtenu des Bearnois ladite declaration et assurance de paix fort ample, avec toute liberté de trafic et commerce entre les pays de Bearn et Bigorre. Sur cette assurance, les habitans de Tarbe negligerent la garde de leur ville, laquelle dès le lendemain fut surprise.

Il y avoit un capitaine vulgairement nommé Lysier. Son vrai nom et cognom etoit Jean Parisot, natif de la ville de Montauban, fils d'un graisseux ou mangonier (1), lequel avoit eté chatelain du roi de Navarre en la baronie de Barbasan Dessus et, aprez l'ouverture des troubles, etant de la religion pretendue reformée, s'etoit rangé auprez de M^r le baron d'Arros, sous l'autorité duquel il avoit dressé une compagnie d'arquebusiers à pied, et avec icelle il commença ses exploits militaires par la prise de la ville de Saint Sever de Rostang (2), où il fit bruler le couvent des religieux de l'ordre de Saint Benoit et presque toute la ville ; et, ayant pillé tout ce qui etoit de bon et de precieux, derechef il se mit aux champs, et fut redouté du menu peuple comme un grand chef d'armée, jaçoit que sa fortune fut basse, sa structure petite et sa corpulence maigre et deliée.

Ce fut à ce capitaine Lysier que la charge fut baillée de surprendre la ville de Tarbe ou, comme plusieurs ont cru, de la

---

Bonnecase, fille de Pierre et de Marie de La Motte ; Pierre, curé de Saint-Jean de Tarbes ; Marie, femme de Me Jean d'Aguerre. docteur et avocat au parlement de Pau. Jeanne de Lavedan, veuve d'Odet, testa le 27 juin 1598 (reg. de Jean Mauran, ét. de M. Theil ; — reg. de Bayo, ét. de M. Mathurin, not. de Saint-Pé).

Les états de Bigorre tinrent souvent leurs séances dans la maison d'Odet de Baget. C'est là que « les Carmes du couvent de Notre Dame de Tarbe, « demanderent *le 6 mai 1585, aux heritiers d'Odet de Baget dit Molles*, « la somme de 470 livres pour de l'argenterie qui leur avoit eté prise, à compte « de laquelle ils avoient reçu 200 livres, comme ils declarent dans l'assemblée » (Larcher, précis des délib. des états de Bigorre, 1585). « Oudet de Baiget dit « de Moles, » bourgeois de Tarbes, vend, *le 29 septembre* 1590, à Guillaume Carrère, une pièce de terre contenant sept journaux, endroit appelé *à l'Escarnade* (S. Noguès, reg. 1590). Ce n'est donc pas aux héritiers d'Odet, puisqu'il vivait en 1585, que s'adressait la réclamation des Carmes, mais vraisemblablement aux héritiers de son frère aîné Bertrand, duquel je dois m'occuper dans une prochaine notice.

(1) Charcutier.
(2) 10 mars 1573 (*Les Huguenots en Bigorre*, pp. 133 et suiv.).

prendre par intelligence; à quoi il s'offrit, moyennant que sa compagnie des gens de pied seroit soutenue de quelques troupes de cavalerie.

Etant donc arrivé le 12ᵉ dudit mois de mars (1), un peu avant l'aube, maîtres Barthelemi de Casa (2) et Jean Abeauxis, avocats, Bertrand de Moles (3) et autres habitans catoliques dudit Tarbe, qui etoient en garde sous la porte de l'Horloge, voyant que le jour aprochoit et ne se doutant de rien, convinrent entre eux que les avocats iroient se reposer à leurs maisons, et que Moles avec les autres demeureroient au corps de garde. Comme le jour

(1) 12 mars 1574 (*Les Huguenots en Bigorre*, pp. 165 et suiv.).

(2) Honorable homme maître Barthélemy de Casa, licencié ès droits, avocat à l'auditoire de M. le sénéchal de Bigorre, habitait au Bourg-Vieux, paroisse Saint-Jean. Il est souvent mentionné dans les registres de Bertrand Dufourc, du 4 octobre 1564 au 25 novembre 1580 (étude de M. Duguet).

(3) Bertrand de Baget, frère aîné d'Odet, désigné plus souvent que ce dernier sous le nom de Moles, parce qu'il hérita du petit fief de Moles, compris dans le territoire de Bastillac, près de Tarbes. Les deux frères prennent successivement dans les actes qui les intéressent les qualifications de *marchands, sires, bourgeois, nobles, écuyers*, 1553 à 1590 (ét. de M. Duguet). Bertrand se maria : 1° vers 1556, avec demoiselle Anne de Castelbajac, fille de Jeannot, seigneur de Lagarde, veuve de noble Bernard de Marrenx (*Glanage*, XI, n° 37; XII, n° 25); — 2° avant 1564, avec Anne de Bayla, demoiselle, fille de Mʳ Mᵉ Dominique de Bayla, conseiller du roi de Navarre, avocat comtal, et sœur de Catherine de Bayla, femme de François de Palatz (reg. de Bertrand Dufourc, 1563-1567, f° 152 v°). Anne de Bayla était remariée en 1587 à Mᵉ Jean Laborie, avocat, de Tarbes (Bertrand Dufourc, 1585-1587, f° 171 recto).

Mauran considère Bertrand de Moles comme catholique, après avoir dit cependant que « plusieurs ont cru » que la ville de Tarbes avait été prise par intelligence. Je ne serais pas éloigné de partager cette croyance et même d'attribuer la trahison à Moles, qui avait pu s'entendre avec son frère en mission dans le Béarn. Voici, en effet, une pièce qui prouve qu'il avait été huguenot :
« Comme differend ayt esté et procès pendant et decis par jugement de la cour
« de Mʳ le senechal de Bigorre entre Mᵉ Pierre de Noguerio, pretre et recteur
« de l'eglise de Saint Jean de Tarbe, et les ouvriers de lad. eglise d'une part ;
« Et Pierre Baget dit de Moles, heritier... de feu Bertrand de Baiget dict
« Molles..., d'autre, pour raison de certaine argenterie, sçavoir cinq calises,
« une croix, une custodie, un ensensoir, le tout d'argent, demandés aud. Baget
« par lesd. recteur et ouvriers, par lequel jugement icelui de Baiget auroit été
« condamné à rendre lad. argenterie..., duquel jugement icelui Molles... se
« seroyt appelé..., accord... ce jourd'huy 7ᵉ du mois de septembre 1590...
« Moles promet payer dans un an 460 liv. tournois, faisant 153 escus sol, vingt
« sols tournois » (S. Noguès, reg. de 1590). Plus bas, dans cet acte, Pierre de Baget est dit «*fils* et heritier de feu noble Bertrand de Baiget dit de Moles » (S. Noguès, 7 août 1590, f° 125 recto).

parut, Moles ouvrit la porte et dez aussitot qu'il eut abatu le pont levis, six ou sept soldats, deguisés en païsans et affublés de capirons (1), se presenterent, ayant chacun une coignée sur l'epaule et soi disans estre charpentiers loués pour travailler en la maison de Manaud de Prat (2); et, ayant reconnu la foiblesse du corps de garde, tirerent les pistolets qu'ils avoient cachés dans leurs manches et, s'etant saisis du pont levis et de la porte et tué un soldat qui voulut faire resistance, contraignirent Moles et les autres de gagner au pied.

Incontinent l'un desdits soldats deguisés accourut vers l'eglise de Saint Jean et sonna la grande cloche pour signal de leur entrée, auquel aprocherent le capitaine Lysier et le reste de sa compagnie et, aprez eux, Mr de Basian et autres gens de cheval. Et, ayant pris logis dans le Bourg Vieil et disposé le corps de garde pour la deffense de la ville, ils s'acheminerent vers la Cité pour prendre l'eglise catedrale et faire prisonniers les chanoines, qui s'etoient retirés dans icelle, aïant ouis la surprise de la ville.

Lysier entra facilement dans l'eglise, mais pour arriver à la voute d'icelle, où lesdits chanoines etoient, il falloit monter un degré fort etroit et long jusqu'à une [porte] posée presque au milieu d'une

---

(1) Chaperons.
(2) Voir *suprà*, p. 129, note 2. — Manaud de Prat, bourgeois de Tarbes, était fils de Guillaume de Prat, marchand, et d'honnête femme Jeanne de Chambret, 12 mai 1565 (B. Dufourc, reg. 1563-1567, f° 212 recto). Il épousa : 1° Jeanne, fille de Bertrand de Frexe et de Catherine d'Asson. Jeanne vivait en 1576 (Larcher, *Dict. hist.*, v° *Freixou*). De ce mariage naquit Jean-Jacques de Prat ; — 2° demoiselle Doucine de Mont, belle-sœur de Guillaume Mauran (voir *suprà*, p. 80, note 2), dont il eut : Gabrielle, Jeanne, Jean, autre Jeanne et Marie. Il mourut avant le 27 février 1599 (reg. de Jean Mauran, 1599, ét. Theil).

A l'assemblée des états de Bigorre du 15 octobre 1596, « le seigneur de « Begole avoit apporté de la Cour la confirmation des privilèges du païs par « le roi regnant, et demandoit 2,400 liv. pour ses depenses. On le chargea « d'aller à Bourdeaux pour la faire verifier devant les tresoriers generaux de « France, dans le mois, et on lui promit 1,800 livres. Martin, un desdits treso- « riers, avoit assuré au s^r de Begole que, pourvu que le païs nommat quatre « ou cinq *des plus riches et opulens de Bigorre*, lesquels s'obligeroient de faire « remettre tous les ans l'argent des lances à Bordeaux, il se faisoit fort d'obtenir « la verification des privileges. On choisit *Menaud de Prat* et Arnaud Coture, « bourgeois de Tarbe ; Pierre de Mont d'User et Arnaud de Mont, bourgeois « de Bagneres; François d'Escoubès, de Rabastenx ; Bartelemi de Sabiac, mar- « chand de Lourde; et Jean Puyol, bourgeois de Vic » (Larcher, précis des délib. des états de Bigorre, 1596).

muraille bien haut de terre, auquel degré repondoit un machecol qui deffendoit l'entrée de ladite porte. Lysier, etant armé de morion et de cuirasse, voulut entreprendre de monter ce degré; mais le chanoine Galopiau (1), qui etoit official aussi, jetta par le manchecol une piece de bois, les autres disent une tuile, et frapa Lysier sur le morion et le porta par terre. Ce coup joint à la chute fut cause que Lysier se trouvant blessé en la tete se retira pour se desarmer et faire panser sa plaie. Neantmoins il envoya sommer les chanoines de se rendre, leur promettant la vie sauve. Ils entrerent en consideration qu'en bref ils seroient affamés et pris, n'ayant vivres pour se nourrir ni armes pour se deffendre, et que c'etoit un bonheur pour eux d'avoir pu ranger l'ennemi victorieux à rechercher les conditions qui leur etoient si avantageuses. C'est pourquoi ils le prirent au mot et se rendirent, aprez avoir reçu l'assurance de leur vie. Ils descendirent du haut de l'eglise et furent conduits vers le logis du capitaine Lysier, assez eloigné, marchant deux à deux le long des rues de la Sede, Carrere Longue, Maubourguet et Bourg Vieil jusqu'à la maison de Prat où etoit logé ledit capitaine, qui les mit à rançon et aprez les envoya sans autre dommage.

(1) Vénérable homme maître François Galaupio *alias* Galaup, de Saint-Savin en Lavedan, docteur ès droits, chanoine, archidiacre, official et vicaire général de Tarbes (Jean de Lassalle, not., 1555-1567, f° 185 recto; — Larcher, *Dict.*, v° *Majorau-Viusac*, requête du 25 mai 1577). Il n'était que licencié ès droits en 1553 et posa, le 28 août de cette année, devant M° Guillaume de Gellas dit de Léberon, vicaire général, *sede vacante*, sa candidature à un bénéfice ecclésiastique « advenant le cas de vacation » (Lassalle, 1551-1563, f° 167 recto). Un de ses oncles, M° Arnaud de Galaup, prêtre, bachelier ès droits, et prébendier de l'église cathédrale de Tarbes, l'avait chargé, par testament en date du 9 février 1559, retenu par Dominique du Prat, notaire d'Aurensan, de fonder une prébende ou chapellenie dans l'église Saint-Jean de Saint-Savin, sous l'invocation de Notre-Dame de Pitié; mais « causant les trobles des guerres, « ne a peu icelle funder, ains en auroit chargé à... M° Jehan Seguus, son « nepveu, prebtre et chanoine en lad. eglise, son heritier, comme appert par « son testament retenu par M° Jehan Corbeille, notaire de Tarbe, le vingt « neufviesme du mois de octobre mil cinq cens septante sept. Et par les decès « des susdits feus M° Arnauld de Galaup et François de Galaup, Jehan de « Galaup, dudit lieu de St Sabin, tant en son nom que comme pere et legitime « administrateur de la personne et biens de François de Galaup, soubztitué « dud. feu M° François, et ledit Jehan, heritier de la susd. maison de Galaup..., » fonde ladite chapellenie, par acte du 20 février 1600, » inséré dans un registre d'insinuations ecclésiastiques, 1617-1618, en ma possession.

Il n'y auroit pas eu de meurtres plus avant, n'eut eté l'inimitié que le fils ainé du juge mage Casa portoit à deux honnetes hommes de la ville, savoir est au sieur de Frexe (1), bourgeois de Tarbe, lequel fut poignardé, et audit Abeauxis, avocat, lequel aprez avoir eté rançonné, fut inhumainement tué dans une etable.

Mᵉ Bartelemi Casa, l'avocat qui peu de tems auparavant s'etoit retiré du corps de garde, ayant oui la prise de la ville, ouvrit la fenetre pour voir quels gens c'etoient, et il reconnut le capitaine Lysier pour le chatelain de Barbasan que souvent, en tems de paix, il avoit vu dans la ville de Tarbe, et le sachant huguenot, il n'osa se fier à lui. C'est pourquoi il gagna le quartier de sa maison appuyé sur la muraille de la ville, et se laissa couler par une guerite et se sauva.

Mᵉ Thomas Meylogan (2), avocat, ne bougea de son etude, tenant la porte de sa maison close, jusques à ce que le capitaine Lysier se presenta pour l'enfoncer. Alors ledit Meylogan sortit, l'epée nue à la main, et se fit donner la foi qu'il auroit la vie sauve moyennant certaine rançon; en attenuation de laquelle il bailla quelques reales d'Espagne et fit cedule du reste, et sous cette promesse par ecrit, il obtint la liberté d'aller en sa maison, au lieu de Sales en Lavedan, chercher argent pour faire le compte; mais, avant qu'il retournat, le creancier fut decedé, et par succession de tems la cedule fut prescrite.

Mᵉ Guillaume Abadie (3) mourut depuis, et plusieurs autres

---

(1) Bertrand de Frexe, beau-père de Manaud de Prat (voir *suprà*, p. 152, note 2).

(2) Voir *suprà*, p. 15, note 3.

(3) Les minutes des notaires de Tarbes, que j'ai pu consulter, ne font mention que d'un Guillaume Abbadie, licencié ès droits, avocat au sénéchal, mais il n'est pas mort pendant l'occupation de Tarbes par les troupes de Lysier.

Mᵉ Guillaume « Abbaye, » licencié ès droits et avocat, représenta les habitants de Bordères, le 14 avril 1553, jour où ils prêtèrent serment de fidélité à François de Doucet de Massaguel, chevalier de Saint-Jean de Rhodes, commandeur de Bordères (Lassalle, 1551-1553, f° 168 verso); fut témoin d'une vente dans la maison d'honorable homme Arnaud-Guillem « Abbaye, » licencié ès droits, 21 avril 1558 (reg. d'Abeuxis); épousa : 1° avant le 28 juin 1552, Marie Faur, sœur d'Antoine Faur, bourgeois de Tarbes (*ibidem*), et en eut Pierre, qui suit, Marguerite et Gervasie; 2° demoiselle Jeanne de Sos, sœur de noble Arnaud de Sos, seigneur de Peyrun (*Glanage*, XI, n° 29), d'où Marie et Jeanne. Il testa le 23 octobre 1576 (Bertrand Dufourc, 1568-1577, f° 5 verso). —

quitterent leurs maisons et sortirent de la ville par dessus les murailles.

Mr de Grammont fut piqué de la prise de Tarbe, pour avoir eté faite contre la promesse immediatement precedente et en un païs où il avoit du commandement et à la porte de sa maison, joint qu'il n'aimoit pas M^r d'Arros, qui etoit tenu l'auteur de ladite entreprise. C'est pourquoi il desira d'en avoir la revanche. Doncques, aprez avoir imploré le secours et l'autorité de Mr de la Valette (1), lieutenant general pour le roi en la Haute Guienne, il dressa son camp et fit venir deux pieces de canon pour assieger et battre la ville de Tarbe, forcer les huguenots qui etoient dedans et les faire passer par le trenchant de l'epée. Il commanda la garde du chateau de Lourde à Mr de Vieusac (2), nonobstant que

M° Pierre d'Abbadie, lieutenant particulier à la sénéchaussée, héritier de Guillaume, fit son testament le 11 août 1588, et décéda ainsi que sa femme, demoiselle Jeanne de Galosse, avant le 28 décembre 1590. Il possédait la métairie noble de Cantillac, sise à Bordères, et fut la tige des Abbadie, seigneurs de ce fief (S. Noguès, 1590). — Je me contente de signaler leur fils aîné, Bertrand d'Abbadie, docteur et avocat, mari de demoiselle Anne de Mauran (voir *suprà*, appendice I, p. LV).

A l'époque où vivaient à Tarbes « maître Guillaume Abadie, » mentionné par Mauran, et « maître Guillaume Abbadie ou Abbaye, licencié ès droits, avocat au « sénéchal, » dont je viens de m'occuper, vivait aussi à Tarbes « monsieur « Guillaume Abbaye, licencié ès droits, lieutenant principal en la cour de « M^r le seneschal de Bigorre, » qui dirigea l'enquête de 1575 sur les ravages faits par les huguenots dans le comté de Bigorre (*Les Huguenots en Bigorre*, pp. 160 et suiv.). Ces trois personnages n'en feraient-ils qu'un seul ?

(1) Je lis dans un acte d'Oger Casallet, notaire de Bénac (feuille détachée du registre de 1578, ét. de M. Lacadé, not. de Lourdes), « que durant les trobles, « puis l'année 1573 durant 74..., le seigneur de Benac — Philippe de Montaut « — auroit esté constraint, pour raison desd. trobles, se retirer en la bille de « Nay, au païs de Bearn, pour la garnison que monseigneur la Ballete, lhors « lieutenant du roy, mist au chasteau de Benac. »

(2) Noble Pierre de Majourau dit de Barèges, seigneur de Vieuzac, et demoiselle Jeanne de Villepinte, fille de Raymond-Arnaud, seigneur d'Avillac et de Lescurry, mariés suivant contrat du 14 décembre 1523 (*Glanage*, XI, n° 37; abbé de Vergès, v° *Majourau*), eurent trois filles : 1° Jeanne, femme de noble François de Lavedan, frère du capitaine Forgues ; 2° Antonia, femme de noble Louis de Domy, seigneur de Doat et de Vidalos ; 3° Marie, femme de noble Raymond d'Armagnac, seigneur d'Oléac-Debat. Pierre de Majourau vivait encore en 1563 (Larcher, *Dict.*, v° *Majorau-Viusac*). Après sa mort, François de Lavedan fut seigneur de Vieuzac et c'est de ce dernier qu'il s'agit ici : « Lo 24 de octobre 1577, estan jour de dityaus, M^r d'Arras — Barthélemy de « Majourau, sieur d'Arcizans et abbé lay d'Arras — me enprompte si lo boly

le capitaine Mont (1) y etoit, et les habitants de la ville de Senpé et de toute la vallée de Batsurguere furent cotisés à l'entretien des soldats mis extraordinairement et de crue pour la garde dudit chateau, et payerent icelle solde, tandis que les soldats huguenots occuperent la ville de Tarbe. Il distribuoit les compagnies à mesure qu'elles arrivoient par les villes et chateaux et les faisoit nourrir par etapes; et meme il mit dans sa maison de Semeac les capitaines Forgues et Livrasse (2), et posa garnison dans ses autres chateaux d'Asté et de la Fitole. Mr de Basillac en reçut aussi dans son chateau de Tostat (3) et Mr de Villepinte dans son

---

« accompagnar d'aqui à Tarba; partim lodit jorn, passem à Viusac, et noble « Françoys de Labedan, s^r deud. Biusac, madamoyselle sa femme sortin de la « mayson, » pour faire bon accueil aux voyageurs. C'est Barthélemy du Matha, notaire d'Arras, en Lavedan, qui s'exprime en ces termes. M. d'Arras et lui allèrent, à petites journées, jusqu'au château du baron d'Antin, à Bonnefont; ils y couchèrent, et repartirent le lendemain « penultieme dudit mois. » Le 31 octobre, « vrespade de Toutz Sanctz, tournem d'Arcizac à Tarba et y disnem, « et apres nous en retournem couchar à Viusac, plagne lo doo à Madamoyselle, « per causa que M^r son marit, s^r deudit Biusac, mory se digmenge dabant, que « hera lo 27e deud. mes de octobre, d'ung flux de sang per la bouca et per lo « bax. *Requiescat in pace, Amen* » (note de Matha, en tête de son registre de l'année 1577, arch. des Hautes-Pyrénées, série E). Louis de Domy et Antonia de Majourau étaient seigneur et dame de Vieuzac le 25 mars 1594 (*Glanage*, VIII, n° 143).

(1) Ne pouvant pas établir l'identité de ce capitaine, je signale : 1° Jean de Mont, guidon, puis enseigne de la compagnie de Monluc (*Mémoires d'Antras*, pp. 46, 136 et 137); 2° Jean de Martres, seigneur de Mont, capitaine de 200 hommes d'armes des ordonnances du roi, marié avec Catherine de Gestas, fille de Gaillardet, seigneur de Floran et de Montmaurin, et de Jeanne de la Tour (Larcher, *Dict.*, v° *Gestas*); 3° noble Pierre, seigneur de Mont et de Cohitte en Bigorre, marié, suivant contrat du 26 avril 1580, passé à Nay par Fortaner de Lavie, notaire, avec demoiselle Marie de Domy, fille de demoiselle Jeanne de Domy et sœur de noble Jean de Domy, seigneur en sa partie de Saint-Abit. Parmi les témoins figurent : noble Jean du Bordiu dit le capitaine Poqueron, seigneur de la maison abbatiale d'Asson; noble Antoine d'Incamps, d'Igon; noble Bernard, seigneur de Viger (arch. des Basses-Pyrénées, E. 1743, f° 174 verso).

(2) M. Davezac-Macaya (*Essais sur le Bigorre*, t. II, p. 206, note 4), écrit *Lisseruce*. Le fief de Licerasse était situé dans la commune de Saint-Étienne-de-Baïgorry, où il y a encore un château de ce nom (*Dict. topog. des Basses-Pyrénées*). En 1594, Henri IV acheta un cheval à Pierre de Licerasse (arch. des Basses-Pyrénées, B. 3176). Le nom basque est Lizarrazu (l'abbé P. Haristoy, *loc. cit.*, t. 1er, p. 389).

(3) Canton de Rabastens, Hautes-Pyrénées.

chateau de Lescurry (1). Mr de Baudean (2) etoit gouverneur de la ville de Baigneres et avoit une garnison entretenue.

Mr de Grammont alla prendre logis chez Me Dominique la Sere, recteur de Soues, comme etant un lieu propre pour y recevoir les compagnies et y dresser le camp, à cause qu'il est voisin de Semeac et posé sur la riviere de l'Adour, en belle commodité d'avoir foins et pailles, ayant auprez de soy les villages de Sales, Allier, Bernacs, Arcizac, Viele (3) et plusieurs autres en l'etendue d'une petite lieue (4).

Or tandis que Mr de Gramont amassoit le camp et faisoit contribuer tous les villages de Bigorre pour l'entretien d'icelui, le capitaine Lysier se fortifioit dans la ville de Tarbe, faisoit curer et aprofondir les fossés, les combler d'eau et reparer les murailles et, afin d'avoir pieces de baterie, il inventa de faire porter les cloches des villages destitués de garnison, à dessein de les fondre; lesquels villages il faisoit contribuer à l'entretien de sa compagnie.

Il commanda plusieurs fois aux consuls et habitans du lieu de Trebons (5) qu'ils lui envoyassent hommes et vivres, tant pour la deffense de la ville de Tarbe que pour l'entretien de la garnison d'icelle; et, pour la derniere, il les menaça qu'à faute d'obeir, il

(1) Canton de Rabastens, Hautes-Pyrénées. — Villepinte était un fief situé près de Lacassagne et de Rabastens (*Glanage*, VII, pp. 256-258, n° 96). Cependant la maison d'Avillac de Villepinte possédait aussi le village de Viellepinte en Béarn (abbé de Vergès, v^is *Fosseries de Gonès*). — En 1574, M. de Villepinte était : Jean-Gabriel d'Avillac, seigneur de Villepinte et de Lescurry, fils de noble Jean d'Avillac, seigneur desdits lieux et baron de Gayrosse en Béarn, et de demoiselle Jeanne de Louvie (*Ibidem*, v° *Florence*). Il fournit le dénombrement de ses terres en 1600 et 1612 (Larcher, *Dict.* v° *Bigorre*, hommages devant d'Iharse). Sa veuve, demoiselle Jacmine de Sainte-Colomme institua héritier, par testament du 7 janvier 1613, son frère Jean-Jacques de Montesquiou, seigneur de Sainte-Colomme, Morlanne, Izeste, Aydic, Faget, etc., lieutenant-colonel du régiment des gardes du roi, et mourut avant le 26 août 1614. — Larcher, *Dict.*, v° *Colombe* ou *Colome* (S^te); S. Noguès, reg. de 1614, f° 113.

(2) Antoine, seigneur de Baudéan (voir *Mémoires d'Antras*, pp. 55, 144, 146; — *Les Huguenots en Bigorre*, p. 16, note 1).

(3) Salles-Adour, Allier, Bernac-Dessus et Bernac-Debat, Arcizac-Adour, Vielle-Adour, canton de Tarbes (sud), Hautes-Pyrénées.

(4) Publié par M. Davezac-Macaya (*Essais*, t. II, p. 206, note 4), depuis : « Il distribuoit les compagnies... »

(5) Canton de Bagnères, Hautes-Pyrénées.

mettroit les maisons et les habitans à feu et à sang. De quoi lesdits consuls donnerent avis à Mr de Baudean, gouverneur de Baigneres, qui leur deffendit d'obeir au commandement de Lysier, sur peine d'estre punis comme rebelles et desobeissans au roi, et ils accomplirent la volonté dudit sieur de Baudean, mais ce fut à leur grand dommage.

Car le capitaine Lysier etant averti de ce refus et ayant sçu que les soldats de la garnison de Baigneres, qui etoient la plus grande partie du village de Campan, s'etoient retirés à leurs maisons, et que dans la ville de Baigneres il n'y avoit plus que les habitans d'icelle commandés par ledit sieur de Baudean, il se figura d'attirer ledit sieur de Baudean au combat, hors la ville, et de le prendre par artifice pour aprez s'emparer de ladite ville. Et à ces fins, il partit un matin, avant le jour, de la ville de Tarbe, aucuns disent que c'etoit le 23 d'avril, avec une troupe d'arquebusiers, et s'alla rendre sur le chemin de Baigneres, entre le village de Posac (1) et ladite ville. Il logea ses arquebusiers au couvert des murailles d'un batiment ruineux, situé sur le bord du chemin, et sous les aubieres (2) qui sont en la prairie que le ruisseau de l'Ano arrose; et lui, bien armé et bien monté, couvert d'une cape, s'en alla droit à la ville.

Ce matin, Mr de Baudean attendoit pour diner Mr de Saint Martin (3) et s'etoit avancé, hors la ville, par le grand chemin de Posac, voir si ledit sieur de Saint Martin arriveroit, etant armé d'epée seulement et assisté de deux habitans de Baigneres, armés de meme. Et, aïant avisé de loin le capitaine Lysier, crut que

---

(1) Pouzac, canton de Bagnères, Hautes-Pyrénées.
(2) Bois blancs.
(3) Manaud de la Roque, seigneur de Salles-Adour et de Saint-Martin-Adour, syndic de la noblesse de Bigorre, âgé de 70 ans en 1582, mourut avant le 18 mai 1586. Il était fils de Pierre-Arnaud et petit-fils de Barthélemy, maître d'hôtel du roi de Navarre. Gaston, comte de Foix et de Bigorre, céda, le 8 janvier 1467, la terre et gentillesse de Saint-Martin en Bigorre à Bernard de Figuères, de la ville d'Ibos, son roy d'armes du royaume de Navarre, pour la somme de 1,000 écus. Ce dernier la vendit à Barthélemy de la Roque, qui en rendit hommage à Madelaine de France, princesse de Viane, en 1480. Manaud se maria : 1° avec N...; 2° avec Anne de la Barthe, fille de Paul, seigneur de Giscaro. Du premier lit, il eut Gaston (min. de J. de Lassalle, 1555-1567, f° 331 recto), décédé sans alliance, et Marie, femme de noble Gabriel

c'etoit Mr de Saint Martin, à cause que souvent il lui avoit vu porter une semblable cape, et alla plus avant pour l'accueillir. Mais se voyant trompé et reconnoissant son erreur, il s'arreta tout court sur le bord du chemin et tourna sa vue devers la ville, comme desirant faire sa retraite s'il lui eut eté possible; mais il en etoit trop loin et l'ennemi, qui le pressoit avec trop d'avantage, ne lui permit de rebrousser chemin, mais s'adressant à lui fort rudement, profera ces paroles : *Rends toi, Baudean!* Mr de Baudean, sans s'etonner, mit l'epée à la main pour se deffendre, croyant estre secouru de ceux qui l'accompagnoient. Mais ces chetives creatures se prirent à fuir, et abandonnerent leur capitaine, et donnerent à Lysier assez de temps et de loisir d'asseurer un coup de pistolet sur Mr de Baudean et, d'icelui, le porta mort à terre.

Il n'eut pas sitot fait le coup, que, piqué du remors de la conscience, il s'ecria : *Ah! je me suis tué moi meme.* Et sans avoir soin de suivre les deux hommes qui se sauvoient en fuyant vers la ville, il tourna bride et piqua si vitement son cheval, qu'il se rendit à ses gens avant que ceux de Baigneres fussent en campagne.

Au retour vers la ville de Tarbe, il lui convenoit passer par le village de Trebons, et y etant arrivé, il se souvint du refus de la contribution, et, agité des furies du precedent malefice, commis sur la personne de l'auteur dudit refus, il se prit à forcener contre les complices. Donc, il commença par le meurtre de Guilhem de Peré (1), consul, et continua l'execution en batant et frapant à outrance tous les autres habitans qui furent trouvés, sans epargner les femmes. L'eglise et environ 60 maisons y furent brulées avec les meubles qui etoient leans, et le pauvre village

---

de la Rivière, écuyer, seigneur de Mauzac au diocèse de Rieux. Du second lit, naquit Jeanne de la Roque, mariée, suivant contrat du 19 avril 1588, retenu par Pierre Seignourau, notaire de Bagnères, avec noble Jean de Majourau, seigneur de Soréac. Les terres de Saint-Martin et de Salles furent vendues en 1593 à la maison de Monet (Larcher, *Dict.*, v° *Roca (la)*; — abbé de Vergès, v{is} *Monet* et *Saint-Martin*).

(1) Eloi de Prat, du lieu d'Ordizan, reconnut tenir en gazaille de Guillem de Péré, du lieu de Trébons, 24 brebis, 5 décembre 1572 (Vivé, not. de Trébons, reg. 1572, ét. Duguet).

tellement desolé, que la plus grande partie des habitans furent contraints d'aller mandier par les portes.

Or le meurtre de Mr de Baudean occasionna la mort de Lysier avant que la huitaine fut passée; car les parents du defunt, justement irrités contre le meurtrier, firent prompte recherche des moyens pour en avoir la revanche, lesquels se presenterent bien à propos le 28e jour du mois d'avril.

L'armée de Mr de Grammont etant dejà fort complette, les habitans de Boulin (1) etoient à terme de payer la contribution et en faisoient refus, à cause de quelques agneaux que les soldats de Lysier leur avoient pris peu de jours auparavant, et disoient que lesdits agneaux leur devoient estre tenus en compte sur ladite contribution. Au contraire, Lysier desavouoit ladite prise d'agneaux et demandoit la contribution entiere.

Mrs de Mun (2) et de Lubret (3), parens dudit sieur de Baudean, eurent avis de cette controverse et firent parler aux consuls de Boulin qu'ils fussent fermes à refuser ledit payement, esperant par ce moyen attirer Lysier hors la ville de Tarbe pour aller faire payer ladite contribution et lui faire payer ainsi à lui la folle enchere de ses demerites. L'affaire succeda fort heureusement, et les consuls de Boulin ayant refusé payer la contribution au capitaine Lysier, il se mit au champ pour les y contraindre, sans considerer si son entreprise etoit temeraire de s'exposer à la vue de l'ennemi qui le tenoit bloqué de si prez qu'il ne pouvoit desormais echaper de quitter la ville ou perdre la vie. Et il ne fut pas sitot à la campagne, qu'un sentinelle, mis exprez à l'arbre

---

(1) Canton de Pouyastruc, Hautes-Pyrénées.

(2) Barthélemy de Mun, seigneur de Mun, syndic de la noblesse de Bigorre en 1588 (Larcher, précis des délib. des états), mari de Paule de la Pène (Larcher, *Dict.*, v° *Mun*; — *Monsieur le comte de Mun*, par M. Cazauran; — *Mémoires d'Antras*, p. 146; — *Les Huguenots en Bigorre*, p. 187, note 1).

(3) Arnaud de Chelle, seigneur de Lubret, fils de Pierre et d'Anne de Castelbajac, héritière de la terre de Lubret. Bélesgard de Castelbajac, sœur cadette d'Anne, avait épousé Roger de Villepinte de Montignac, fils de Lancelot, seigneur de Montignac. Le contrat de mariage, daté du 25 janvier 1531, fut reçu par Jean d'Aberano, not. de Tarbes (ét. de M. Duguet). Arnaud vivait en 1580. Son fils Bernard était seigneur de Lubret en 1598 (Larcher, *Dict.*, v° *Lubret*). Voir sur ce seigneur *Mémoires d'Antras*, p. 146; — *Les Huguenots en Bigorre*, pp. 187 et 226.

de Soyeaux (1), qui est un lieu fort elevé par dessus les autres coteaux qui ceignent la plaine, le decouvrit. Lequel, haussant une toile sur un levier, donna le signe auxdits sieurs de Mun et de Lubret, qui etoient cachés dans un vallon prez le village de Boulin, que la proye etoit hors du gite. Ils s'avancerent avec leurs gens de cheval et de pied vers un taillis qui est sur le chemin que Lysier devoit tenir, et sur la rencontre il y eut une furieuse charge. Lysier etoit le plus foible de gens; neantmoins il combattit comme en desespoir, et, tant lui que les siens, à mesure qu'on leur pretoit, tachoient de rendre la pareille. Ils tuerent le cheval du sieur d'Asson, de Baigneres (2), blesseant le capitaine la Barthe, de Castetnau de Maignoac (3), et plusieurs autres. Mais aussi ledit Lysier fut blessé d'une pistolade par le genou gauche, et se sentant incommodé de cette blessure et voyant tailler ses gens en pieces par lesdits sieurs de Mun et de Lubret, assistés du capitaine Orout et autres gens de cheval, outre 80 arquebusiers logés dans ledit taillis et ceux qui etoient venus au secours, du chateau de Semeac avant, mit son esperance derniere en la vitesse de son cheval et, se tirant de la melée, courut vers

(1) Souyaux, canton de Pouyastruc, Hautes-Pyrénées.

(2) Pierre d'Asson dénombra en 1541, devant Jacques de Foix, évêque de Lescar, pour la seigneurie d'Argelès lès Bagnères et les maisons nobles de Barèges et d'Arras, sises à Bagnères. Il siégea aux états de Bigorre, à raison de ces fiefs, pendant les années 1586, 1594 et 1596 (Larcher, *Dict. hist.*, v° *Bigorre*, hommages devant d'Iharse). Noble Germain d'Asson, seigneur desdits lieux et de Chelle, probablement fils du précédent, est probablement aussi celui qui contribua à la mort de Lysier. Il épousa, suivant contrat du 9 février 1575, demoiselle Gabrielle de Maigné de Sallenave, fille de Bernard et de Catherine de Labarthe-Lartigolle (abbé de Vergès, v¹ˢ *Maigné de Sallenave*). De ce mariage vinrent : 1° Jean, qui fut reçu aux états de Bigorre, comme seigneur d'Argelès, le 8 mai 1606 (délib. des états, résumé de Larcher) et épousa demoiselle Françoise de Somolon, belle-sœur de Manaud de Massencomme, seigneur de Lacassagne (*Glanage*, IV, p. 435, n° 71); 2° François, chanoine de Tarbes, mort avant le 11 avril 1619 (S. Noguès, f° 86); 3° Louise, qui se maria, le 18 janvier 1596, avec Bernard de Darré, seigneur de Sarraméa, Lanespède et Escots (abbé de Vergès, v° *Sarraméa*); 4° Françoise, femme de noble Carbon de Barèges, seigneur de Lutillous (*Glanage*, XII, p. 99, n° 18); 5° Anne, née le 10 août 1588 (état civ. de Bagnères), mariée à François d'Antin, fils de Germain d'Antin, dit le capitaine Ourout (M. de Carsalade du Pont, *Petits mémoires de Germain d'Antin*).

(3) Voir *Les Huguenots en Bigorre*, p. 187, note 2.

la metairie de Mr de Dours (1), où il serra sa plaie avec quelques linges. Mais parce que le batiment etoit couvert de paille, il eut peur d'y etre brulé et sortit pour gagner le chemin de Tarbe et se sauver à course. Son malheur porta qu'entre la metairie et le chemin, y avoit un pré, lequel falloit traverser, et comme le cheval alloit d'une extreme vitesse, ayant rencontré quelque endroit marecageux il demeura pris par les jambes dans le marecage.

Cependant Mrs de Mun et de Lubret arriverent avec le capitaine Orout, auxquels Lysier demanda la vie. Ils lui repondirent qu'il se souvint de Mr de Baudean et le tuerent. Tot aprez arriverent aussi les soldats du capitaine Forgues, et ceux de Trebons enleverent les oreilles à Lysier et un soldat des Angles emporta la perruque; et, aprez avoir tué le cheval, l'ensevelirent dans une meme fosse avec le maitre.

De tous ceux qui etoient partis de Tarbe avec Lysier, il n'en echapa pas un pour raporter les nouvelles à la ville (2). Mais quelques païsans, qui avoient vu l'attaque de l'escarmouche, dirent au capitaine Brun que son chef etoit en affaires. C'est pourquoi Brun, lieutenant, partit en diligence pour secourir Lysier et fit suivre 50 arquebusiers à pied, commandés par la Roche (3). Etant en chemin, il vit arriver les catoliques, qui venoient victorieux du combat, et fit sa retraite en diligence et fut talonné de près par la Roche et ses arquebusiers, lesquels sans doute eussent eté defaits et y eut eu hazard de reprendre la ville, si les catoliques eussent pressé les fuyards. Mais ils eurent plus soin d'aller trouver Mr de Grammont à Semeac et lui raconter le succez de l'affaire.

De quoi Mr de Gramont fut bien aise et prit ce premier exploit pour une bonne augure de la reprise de la ville de Tarbe; laquelle il se hata d'assieger et retira les compagnies des garnisons, les

---

(1) Voir *suprà*, p. 66, note 3.

(2) Publié par M. Davezac-Macaya (t. II, p. 208, note 6), depuis : «... il ne « fut pas sitot à la campagne...»

(3) Cornélis de la Roche, marié à Gabrielle de Harambure (arch. des Basses-Pyrénées, E. 1736, 1738, 2001 et 2002). Il portait au siège de Tarbes soutenu par Bonasse, l'enseigne du capitaine Poqueron, et y fut blessé (N. de Bordenave, *Hist. de Béarn et Navarre*. p. 303).

faisant aprocher vers les villages voisins de ladite ville, ayant baillé le soin de leur entretien à Menaut de Prat et Arnaud Guillem de Darré (1) qu'il etablit commissaires des vivres.

Mr le vicomte de Larboust avec sa compagnie de chevaux legers eut son quartier au lieu de la Loubere. Mrs de Fontanilles (2), de Mun et Baron Jaques furent logés à Borderes avec leurs compagnies de cavalerie. Mr de Massès (3) avec 120 chevaux, à Odos. Mrs d'Aussat (4) et de Sent Pau avec une compagnie d'argolets (5), au village d'Aureilhan, auquel lieu les 80 soldats, qui etoient venus du coté de Tournay et Bordes, avoient eté logés,

---

(1) Les habitants de Tarbes, « appelés par besiau, estans de la republique de « toute ladite cité de Tarbe, » s'assemblèrent, le 20 novembre 1553, dans la basse cour de la maison d'habitation de discret homme Arnaud-Guillem de Darré, *congarde* en son quartier au Portal d'Avant, et le lendemain, dans la maison commune du Bourg-Neuf « joinct le pourtal de Notre Dame, chapelle « d'icelluy, » à l'effet de créer un syndic pour les affaires de la ville. Cet Arnaud-Guillem était marchand et avait un frère nommé Pey (minutes de Dufaur, ét. Duguet). Notre Arnaud-Guillem, aussi marchand, et probablement fils de l'un des Darré qui précèdent, n'avait que 40 ans en 1575, lorsqu'il fit sa déposition dans l'enquête sur les ravages des huguenots en Bigorre (*Les Huguenots en Bigorre*, p. 176).

(2) Philippe de la Roche, seigneur de Fontenilles, Larroque-Magnoac, Barthe-Magnoac, Cabanac, Pouyastruc, etc., fils de Manaud de la Roche, seigneur du Castéra-Lectourois, de Fontenilles, etc., et de Catherine de Benque, épousa : 1° par contrat, retenu en 1555, par Jean de Nasse, not. de Montignac, et Guillaume Bacquilly, not. du Castéra-Lectourois, Françoise, fille de Blaise de Monluc, maréchal de France ; 2° Paule de Viguier, dite *la belle Paule*, fille de N... de Viguier, et de Jacquette de Lancefox, sa troisième femme. Paule était veuve d'un magistrat, nommé Baynaguet ; elle mourut vers 1610, après son second mari, et n'en eut point d'enfants.
Philippe de Fontenilles fut fait chevalier de l'ordre par le roi Charles IX, le 7 février 1568 ; le brevet lui donne le titre de gentilhomme de la chambre. Le 24 janvier 1569, sur la démission du maréchal, son beau-père, il devint capitaine de 50 hommes d'armes des ordonnances ; le seigneur de Noé était son lieutenant et le seigneur de Benque, son guidon. Le duc d'Anjou, frère du roi, souverain de Cambrai et duc de Brabant, lui envoya le 31 mai 1583 la commission de capitaine de chevau-légers et l'invita à aller au secours de Cambrai. — Larcher, *Dict.*, v° *Roche (la)*. — Cf. *Mémoires d'Antras*, p. 153, note 111.

(3) Pierre de Béon, seigneur du Massez (Gers), fils d'Emeric ou Méric, et de Marguerite de Castelbajac-Rouède (*Dict.* de Larcher, v° *Béon* ; — *Mémoires d'Antras*, p. 147, note 103).

(4) Béraut de Monlezun, seigneur d'Aussat (fief, commune d'Aux, canton de Miélan, Gers), a pu être le capitaine désigné par Mauran. Voir *Mémoires d'Antras*, p. 165, note 135.

(5) Corps de cavalerie légère. On les appelait aussi *stradiots* ou *estradiots*.

prez la deffaite de Lysier. Le capitaine Moret, au lieu d'Azereix. Le capitaine Caubote, en la ville d'Ibos. Le capitaine Vieusac, frere du capitaine Forgues, vint accompagné de 500 arquebusiers choisis en Lavedan, et eut pour son quartier le Marcadieu de Tarbe. Le capitaine Fontan (1) avoit 150 arquebusiers; et les capitaines Uz (2) et Tilhouse, 300; lesquels joints avec ceux qui vinrent de Semeac et ceux que les capitaines Moret, Caubotte,

---

(1) Noble Anne de Saignes, du lieu de Bordères, procureur de noble François Ditié, sieur de Magret, et de demoiselle Jeanne de Fontan, mariés, et Arnaud-Guillem de Villepinte, sieur de Montignac, agissant comme curateur de demoiselle Jeanne de Fontan, lesdites Jeanne de Fontan, filles et cohéritières de Thomas de Fontan et de demoiselle Jeanne d'Antin, quand vivaient mariés, habitants au lieu d'Ours (Oursbelille), présentèrent, le 12 janvier 1594, une requête au sénéchal de Bigorre pour être autorisés à vendre aux enchères publiques une maison couverte d'ardoise, murailles d'une borde, parc, jardin et vigne ruinés, de contenance de trois journaux, que les demoiselles de Fontan possédaient par indivis audit Ours. On exposa dans la requête que la moitié du prix serait employée à payer la dot de Jeanne, fille aînée, femme du sieur de Magret, et que l'autre moitié serait colloquée au profit de Jeanne, puînée, jusqu'à ce qu'elle eût trouvé « party de mariage. » Ces conclusions furent acceptées par Ducasse, lieutenant particulier, et l'achat de « la maison et « courral » de feu Thomas de Fontan dit *le capitaine Bartraès*, fut fait le 6 août suivant, au château de Barbazan-Debat, par le capitaine Gabriel d'Antin (reg. de S. Noguès, 1593-1594, f° 95). Jeanne, cadette, n'était pas encore mariée le 1er juin 1607 (reg. de Pierre Bayo, not. de Saint-Pé, 1605-1611, ét. Mathurin).

(2) La seigneurie d'Uz, village du canton d'Argelès, Hautes-Pyrénées, appartenait le 29 juin 1593 et le 8 juillet 1594, à noble Bertrand de Menvielle, mari de demoiselle Françoise de Vergeron; celle-ci était veuve et héritière universelle de noble Pierre de la Motte, prévôt de Viella au bas comté d'Armagnac (*Glanage*, VIII, n° 131, et XI, n° 30). Cette indication de Larcher, rapprochée de trois lettres de Henri IV (Berger de Xivrey, *Recueil des lettres missives de Henri IV*, t. I, pp. 642 et 650, et t. II, p. 6) recommandant un procès « que Françoise Bergeron, femme du cappitaine Us, de ma comté de Bigorre, « a... contre Fortis de la Forcade et aultres, pour raison des biens et heredité « de feu Pierre de la Motte, anciennement appellé le prevost de Vielar, en son « vivant mary de ladicte Vergeron..., » établit l'identité de notre capitaine.

Noble Pierre de Menvielle, probablement fils de Bertrand, était seigneur d'Anclades (section de la commune de Lourdes), 18 juillet 1605; seigneur d'Uz et consul de Lourdes, 14 juin et 26 août 1612 (min. de Jean Mauran, 1596-1607; *Dict.* de Larcher, v° *Bigorre*, hommages devant d'Iharse; — délib. des états, 1612).

Uz devint plus tard la propriété de Pierre Bernac, procureur au sénéchal de Tarbes, et, ensuite, d'Arnaud Dumestre, procureur du roi au même siège.

Mont de Buros (1), Ossau et Pimeron (2) conduisoient, faisoient le nombre de 1500 arquebusiers, et les gens de cheval etoient environ 800 hommes.

Avec ces forces et deux pieces de canon, l'une desquelles Mr de Gramont avoit fait venir de Marsiac et l'autre du chateau de Lourde, la ville de Tarbe fut assiégée le 8e jour du mois de may. Et ce meme jour, aprez que Mr de Casaux (3) eut fait le departement de la corde, plomb et poudres necessaires aux 650 soldats des capitaines Vieusac et Fontan, ils donnèrent les premiers contre l'eglise et couvent des Carmes et l'emporterent facilement.

La nuit suivante, ils prirent le Bourg Neuf et contraignirent les assiégés de se retrancher dans le Bourg Vieil où ils se maintinrent à la faveur des fossés qui l'environnoient. Mr de Gramont commit le sieur de Gargant pour faire batir mantelets, à quoi il

---

(1) Pierre de Mont, écuyer, seigneur de Buros et de Saint-Sernin, capitaine, gouverneur de Bagnères par commission du marquis de Villars en date du 8 décembre 1592, marié avec demoiselle Anne de Darré, fille de Jean, seigneur de Sarraméa, et de demoiselle Marguerite de Possin (abbé de Vergès, v° *Mont*). Le contrat de mariage de son père et de sa mère « honeste home sire Jehan de « Mont, marchant de la ville de Baigneres, » et noble Jeanne d'Angos, demoiselle, sœur d'Arnaud-Guillaume, fut reçu le 4 janvier 1536 (v. s.), dans la maison de Villenave, par Jean de Aberano, not. de Tarbes (reg. 1519-1536, f° 171, recto). Voir le jugement de maintenue de cette famille, rendu par l'intendant Pellot, le 1er juin 1667 (Larcher, *Dict.*, v° *Mont*).

(2) M. Davezac Macaya écrit *Arimeron* (*Essais*, t. II, p. 210, note 7). Je crois qu'il faut lire : *Préneron*. Jean-Thomas de Baulat, seigneur et baron de Préneron, est inscrit sur les rôles des gens de guerre commandés par Philippe de la Roche (M. de Fontenilles, *suprà*), en 1595. D'un autre côté, Barthélemy de Baulat servait sous les ordres de la Valette, en 1583 (J. Noulens, *Maisons hist. de Gascogne*, t. II, pp. 73 et suiv.). Cf. M. de Carsalade du Pont, *Revue de Gascogne*, t. XX, p. 240.

(3) Assibat de Lasseran, seigneur de Cazaux-d'Anglès (Gers), Sanous et Castelnau, acquit, le 10 mai 1574, le bois de Combas, juridiction de Belmont. Il était fils de Frison et frère de Jean et d'Antoinette, celle-ci femme du capitaine Forgues (Larcher, *Dict.*, v° *Lasseran*). On admettrait difficilement qu'il ait pu se trouver à Tarbes, du 8 mai 1574 à la nuit du 9 au 10, absorbé par les préoccupations du siège, et se rendre, le lendemain 10, à Belmont, pour une affaire personnelle ; c'est cependant, s'il s'agissait ici de lui, ce qui ressortirait des détails fournis par Mauran. Il y a lieu de penser que Mr de Cazaux était : noble Jean de Béon du Massez, auteur du rameau de Béon-Cazaux, frère puîné d'Emeric de Béon, seigneur du Massez (M. J. de Bourrousse de Lafforc, *Nobiliaire de Guienne et de Gascogne*, t. III, pp. 322 et 323)..

fut travaillé par six fustiers dont les deux furent blessés en abordant la porte des Repenties. Le capitaine Jegun (1), commissaire de l'artillerie, Jean et Bertrand d'Adourrets (2), canoniers de Campan, preparoient la baterie qui devoit commencer le 10e jour dudit mois de may.

A quoi le capitaine Brun et ses gens prirent garde et jugerent qu'ils n'avoient moyen d'y resister. Par quoi, dez la nuit du 9e jour dudit mois de may, ils quitterent la ville et firent leur retraite en Bearn, passant par le village de Borderes, sans que personne les suivit; d'où plusieurs eurent opinion qu'on leur avoit cedé le passage.

Le lendemain Mr de Gramont entra dans le Bourg Vieux de la ville de Tarbe et y mit en garnison les compagnies des capitaines Uz et Tilhouse, reduites à 140 soldats, outre les lieutenants et enseignes (3), et aprez il s'achemina vers les troupes pour faire deloger les Sarraziets (4) et le capitaine Senpé du chateau de Cachon (5), d'où avant ils avoient brulé une partie dudit village de Cachon et fait une infinité de maux ez villages circonvoisins.

Mais etant arrivé à Vic, il fut prié de soulager le peuple des fraix d'un siege et le capitaine Raimond Pujo (6) se chargea

---

(1) Peut-être le « cappitaine Poy, lès la ville de Jegun. » Voir *Revue de Gascogne*, t. XXV, p. 177, documents inédits sur les troubles du XVIe siècle en Gascogne, publiés par M. le côlmte Odet de la Hitte.

(2) Jean Adorret est mentionné parmi les habitants de Campan, réunis pour constituer un syndicat, 4 juin 1600 (min. de Lucia, 1600, fo 42 recto, ét. Duguet).

(3) Publié par M. Davezac-Macaya, *loc. cit.*, II, p. 210, note 7, depuis : « ... et retira les compagnies des garnisons... »

(4) Sarraziet, village des Landes, canton de Saint-Sever, avec titre de baronnie. Voir baron de Cauna, *Armorial des Landes*, t. II, p. 480, et t. III, p. 186 ; — *Les Huguenots en Bigorre*, p. 174, note 2.

(5) Caixon, canton de Vic-Bigorre, Hautes-Pyrénées.

(6) « Honneste personne Me Jehan Puyol, » de Vic-Bigorre, marchand, bourgeois, en dernier lieu trésorier de Bigorre, et demoiselle Anne de Labarrière, sa femme, sont très souvent cités dans les registres de Mota, notaire d'Aurensan, 1588-1590 (ét. Duguet). Leur contrat de mariage, d'après le relaxe de l'intendant de Bezons, est de l'année 1550 (*Glanage*, XVI, pp. 63 et 64). Ils eurent entre autres enfants : Pierre-Jean, auteur des seigneurs de Lafitole ; Raymond, que d'Antras appelle « le capitene Puyo de Vic Bygorre, » mort au siège de Mirande en 1577 (*Mémoires*, pp. 61 et 154) ; Clarmontine ; Guirautine, mère de Me Jean

de denicher ces gens là dudit chateau de Cachon et, aprez le depart de Mr de Gramont, il y surveilla si bien, qu'en bref il se rendit maitre de ladite place.

Or il etoit question de payer les garnisons de Tarbe et de Baigneres, ayant M^r d'Ozon (1) succedé au gouvernement de feu Mr de Baudean; mais le peuple, qui avoit pati grandement pour nourrir le camp, durant le siege de Tarbe, ne pouvoit si promptement fournir les deniers necessaires. Et pour trouver quelque expedient, furent convoqués les etats du païs de Bigorre dans la ville de Baigneres, les 26 et 27e jours dudit mois de may, où fut avisé de lever la somme de 3,000 livres, par forme d'emprunt, sur les villes de Bigorre et leurs quarterons, et que la recette en seroit faite par les consuls de chacune ville, en force de la contrainte que Mr de Gramont leur fit expedier par son secretaire. Par ce moyen furent levées 1,339 liv., 4 sous, 2 deniers en la ville et carteron de Tarbe, et departies par Dominique Sentaigne,

---

de Monde, docteur et avocat à la sénéchaussée de Bigorre; Bernard; Jean, juge-mage de Bigorre; autre Raymond; Jeanne et Charlotte, celle-ci femme de M. Me Jean de Mua, juge criminel à la sénéchaussée de Bigorre (minutes de Jean Mauran, not., reg. 1623-1627 et 1638-1642, ét. Theil; — *Glanage*, II, p. 269, n° 41).

Cet aperçu généalogique prouve que Raymond Pujo, victime de l'accident arrivé à Mirande, n'est pas le capitaine Raymond Pujo qui chassa les protestants de Caixon et fut appelé comme témoin dans l'enquête de 1575 (*Les Huguenots en Bigorre*, p. 214). En effet, le premier avait 23 ou 24 ans à peine, en 1577, lorsque l'éclat d'une pièce de canon le blessa mortellement; le second, 32 ans environ, en 1575, au moment de sa déposition. Celui-ci, comme le dit Larcher contrairement au contenu du relaxe de l'intendant Bezons, était fils de Manaud de Pujo, marchand de Vic (voir *Glanage*, XX, n° 141, et registres précités de Mota).

(1) Noble Jean Ier de Cardaillac, seigneur d'Ozon, fils d'Arnaud de Cardaillac, puîné de la maison de Lomné, et de demoiselle Jeanne d'Ozon, héritière de la terre d'Ozon. J'ignore le nom de sa femme, dont il eut : Jean II, seigneur d'Ozon, marié avec Catherine de Montesquiou; et Jeanne, femme, suivant contrat du 2 juillet 1591 de noble Bernard de Déoux, seigneur de « Sentaralhe » en Comminges. Jean Ier ne vivait plus au moment du mariage de sa fille. Son frère cadet, le capitaine Jacques de Cardaillac d'Ozon, avait acquis la seigneurie de Bours de l'abbé et des moines de l'Escaledieu, lors de l'aliénation du temporel des églises. Bours revint plus tard à l'Escaledieu, auquel il appartenait depuis longtemps *(antiquitùs)*. Jacques laissa deux filles naturelles (Mota, not. d'Aurensan, 1588; — S. Noguès, 1621, f° 42; — Larcher, *Glanage*, I, n°^s 31 et 34; — *Dict.*, v° *Bigorre*, hommages devant d'Iharse; — abbé de Vergès, v° *Ozon*).

premier consul de ladite ville (1), aux soldats des capitaines Uz et Tilhouse.

Il y eut une autre assemblée d'etats en ladite ville de Baigneres, au mois de juin dudit an 1574, depuis le 5ᵉ jusqu'au 10ᵉ jour dudit mois inclusivement, en laquelle furent calculées les depenses dudit siege de Tarbe et trouvé monter 29,000 livres. Là fut aussi parlé de continuer l'entretien des garnisons et, à la suplication de Jacques Voisin, sindic dudit païs (2), Mʳ de Grammont permit de lever, par forme d'emprunt, sur les plus aisés dudit païs de Bigorre, la somme de 4,500 livres, en attendant qu'il y fut autrement pourvu par Mʳ de la Valette, lieutenant general pour le roi en la Haute Guienne, vers lequel furent deputés Regio, sindic, et Abeuxis, greffier des etats de Bigorre, pour faire confirmer ladite imposition. Et pour en faire la recepte, furent creés sindics exprez : Arnaud d'Aure (3); Cardé, de Lorde; Bernard de Montmoraut, de Baigneres; et Jean Munda, de Vic Bigorre.

En ladite assemblée des etats, Mʳ de Mansan fut reçu pour gouverneur de Tarbe, jaçoit que les compagnies des capitaines Uz

---

(1) Mᵉ Dominique Sentaigne, licencié et avocat à la cour de Tarbes, avait épousé demoiselle Marguerite d'Asson, de Bagnères. Deux actes, l'un de Vivé, notaire de Trébons, 2 mai 1572, et l'autre de B. Dufourc, notaire de Tarbes, 1ᵉʳ juillet 1578, font mention de lui (ét. Duguet). Sa femme testa, le 26 décembre 1577, devant le même Dufourc, notaire, institua héritiers ses deux fils Bertrand et Anne de Sentaigne, fit des legs à ses filles Madelaine et Jeanne, et nomma exécuteur testamentaire noble Bertrand de Baget, seigneur de Moles.

(2) Mᵉ Jacques Voysins, bachelier ès droits, avocat à l'auditoire de la cour de Mʳ le sénéchal de Bigorre, était syndic de la ville de Tarbes, le 30 juillet 1562. MM. François de Palatz, Jean de Darré, Jean du Poutz, Jean d'Isac, consuls de Tarbes, et ledit Voysins remontrèrent ce jour-là « à messire Gentien « d'Amboyse, eveque de Tarbe, comme la volonté du Roy, notre seigneur, estoit « entr'autres choses par luy ordonnées aux estats generaulx, assemblés en la « ville d'Orleans, de pourvoir à l'entretenement des colleges et escolles, affin « que la jeunesse puisse estre bien instruite et morigenée. » Ils requirent en conséquence l'évêque « de vouloir entendre promptement à l'election et exami- « nation des regens qui se presentent, sçavoir est : Mᵉˢ Nicolas Carron et « Bertrand Furcata. » Mgr accepta ces régents, se réservant toutefois de consulter le chapitre, etc. (J. de Lassalle, reg. de 1556-1567, fᵒ 185, recto; — B. Dufourc, reg. aux arch. des Hautes-Pyrénées, fᵒ 71 verso).

(3) D'une famille bourgeoise de Lourdes. Pierre Daure était consul de Lourdes en 1594 (reg. des délibérations du conseil de ville). Pierre et Jean Daure, père et fils, marchands, figurent dans l'*Inventaire des archives des Hautes-Pyrénées* (G. 309, 1615-1616).

et Tilhouse y fussent, lesquelles y demeurerent encore jusques au 4ᵉ jour du suivant mois de juillet.

Au mois de septembre, le capitaine Jerome de Laval, sieur de la Brousse, fut installé gouverneur dans la ville de Baigneres, avec une compagnie de 200 soldats, par Mʳ de la Valette.

Le 3ᵉ d'octobre, le capitaine Forgues, avec douze soldats stipendiés par le païs de Bigorre, fut mis en garnison dans le chateau de Benac et y demeura trois mois (1).

Au mois de decembre, là garnison de Tarbe, composée de 25 gendarmes et cent arquebusiers, fut reduite à 50 arquebusiers sous Mʳ de Mansan, gouverneur de ladite ville.

L'année suivante 1575, Mʳ de Miossens ecrivit en Bigorre pour moyenner la paix et entretenir le commerce entre les habitans dudit païs et ceux de Bearn, et en bailler assurance de part et d'autre. Sa lettre fut lue dans le conseil de Tarbe, le 7ᵉ du mois de mars, et diversement opiné sur icelle. Mais la plus grande voix tendoit à prier Mʳ le senechal de Bigorre qu'il lui plut prendre la peine de traiter ledit accord et que cependant la garnison de Tarbe fut entretenue.

Presque tout le mois de mars fut employé à tenir assemblées d'etats pour deliberer sur les moyens de pacification, et à faire voyages tantot vers Mʳ de Miossens, ore devers Mʳ de la Valette. Auxdits etats presidoit Mʳ de Horgues (2), lieutenant de robe

---

(1) Voir *suprà*, p. 155, note 1.

(2) Bernard de Lavedan, qui fut apanagé de Horgues, Ayné, Gayon, etc., par sentence arbitrale du 4 septembre 1478 — c'est la date donnée par Mauran (p. 28, *suprà*); Pierre Dufourc, notaire de Tarbes (reg. de 1620, fº 81, ét. Duguet), dit que la sentence est des 26 mai et 26 août 1478, — eut d'Anne de Tuzaguet-Saint-Lanne, entre autres enfants : 1º Pierre, aîné, seigneur de Horgues après son père ; 2º Bernard, capitaine des gardes de Catherine, reine de Navarre ; 3º Arnaud, maître d'hôtel de la même princesse, qui épousa, le 15 juin 1511, demoiselle Marguerite de Nargassie, de Meillon en Béarn (Larcher, *Glanage*, XXII, p. 60, nº 20 ; — *Dict.*, vº *Horgues*) ; 4º Lionne, femme, par contrat du 3 février 1498, de noble Arnaud-Guillem de Besaudun, seigneur de Besaudun dans le Maransin (*Glan.*, XII, nº 38).

Pierre, *alias* Pierris de Lavedan, seigneur de Horgues, 1495 à 1533, marié suivant contrat du 3 juillet 1508, retenu par Gileti, notaire de Tarbes, avec demoiselle Françoise de Castelnau, fille de Lancelot, seigneur de Laloubère (*Glanage*, XX, p. 50, et *Dict.*, vº *Castelnau*), en eut : Antoine, aîné, fiancé à Jacquette de Lacassagne, mort en Italie au service du roi ; 2º Raymond-

courte de M^r le senechal de Bigorre. Et tout au commencement d'iceux fut deliberé de creer sindics, et Mr de Bazillac, etant prié d'accepter la charge de sindic de la noblesse, s'en excusa et la defera à Mr de Mansan, qui l'accepta. Cairet (1) fut fait sindic du tiers etat en compagnie de Regio et le vieil sindic Balestrade leur fut baillé pour conseil. Beauxis eut pour adjoint Hebrard (2) en l'office de greffier des etats.

Le sieur d'Asson succeda à la Brousse au gouvernement de Bagneres.

Au mois d'aout deceda Mr de Mansan, et eut pour successeur au gouvernement de Tarbe, M^r d'Arcizac, son frere.

Au mois de mai de l'année suivante 1576, Mr de la Roque (3)

Arnaud, qui suit ; 3° Bernard, qui épousa, après le 15 août 1548, Jeanne de Soréac, dame d'Arcizac-Adour (J. de Lassalle, notaire, 1555-1567, f° 331 recto) ; 4° Jean, dernier-né, qui se maria avec la fiancée de son frère Antoine, et mourut quelque temps après (*Glanage*, II, p. 216, n° 21).

Raymond-Arnaud de Lavedan, seigneur de Horgues, épousa demoiselle Isabeau d'Izauguier. Enfants : 1° Jean ; 2° Anne, mariée par contrat du 14 octobre 1566, devant Abbadie, notaire de Tillac, avec noble Samson d'Abbadie, habitant de Pontacq, gentilhomme et homme d'armes de la compagnie de M. de Jarnac (J. de Lassalle, 1555-1567, f° 316 verso) ; elle était veuve le 8 décembre 1592 (Mota, not., 1592, feuilles volantes, ét. Duguet) ; 3° Arnolle, morte sans alliance (*Glanage*, XXII, p. 281).

Jean de Lavedan, seigneur de Horgues, n'avait pas 25 ans au 31 août 1567 (Jean de Lassalle, *ibidem*) ; il eut de Françoise d'Antras, sa femme (M. de Carsalade du Pont, *Mémoires d'Antras*, p. 221), Gabrielle de Lavedan, héritière de Horgues, qui se maria en premières noces avec noble Jérôme de Montsorieu, d'où vint un fils, nommé Jérôme comme son père ; et en deuxièmes noces, suivant contrat passé devant Peyrade, notaire de Valentine, le 12 novembre 1593, avec Gaston d'Armagnac, fils puîné de noble Raymond d'Armagnac, seigneur d'Oléac-Debat (Larcher, *Dict.*, v° *Oléac-Debat*). Gaston est celui que Mauran appelle *Mr de Horgues;* il fit la branche d'Armagnac-Horgues.

(1) Me Guillaume de Cayret, licencié et avocat en cour de Bigorre, mentionné dans les registres de Jean de Lassalle, 1559, et dans ceux d'Abeuxis, 11 octobre 1578 (ét. Duguet).

(2) Antoine Hébrard et non *Gébrard* (voir *Les Huguenots en Bigorre*, p. 168), notaire comtal, habitant de Tarbes. J'ai vérifié l'orthographe du nom sur des actes retenus par lui et conservés aux archives des Hautes-Pyrénées (C. 224, n° 1).

(3) Jean-Marc de Montaut, baron de Bénac, et Madelaine d'Andoins, dame et baronne de Navailles, eurent entre autres enfants : 1° Jean-Paul, seigneur et baron de Bénac, qui fut atteint d'aliénation mentale ; — 2° Philippe, seigneur de Beaumont-Lezadois, curateur de son frère aîné, baron de Bénac après la mort de celui-ci, sénéchal de Bigorre, décédé sans postérité (*supra*, p. 46, note 2) ; — 3° Bernard, qui suivra ; — 4° Jacques, qui obtint la seigneurie de Lanne

s'empara de la ville de Vic et du chateau de Lescurry. Et pour le faire sortir, Mr de Sarlabous et Mr de Labatut, senechal de Bigorre, dresserent un camp et assiegerent ladite ville de Vic et, aprez trois jours, la prirent par composition et recouvrerent aussi le chateau de Lescurry. Cela fut fait au mois de juin et

pour sa légitime et la vendit ensuite à sire François d'Ibos, marchand de la ville de Saint-Pé de Générès (Casallet, reg. de 1573, ét. Lacadé, à Lourdes) ; — 5º Jean, seigneur de Barros, « lequel estant sur son partement pour s'en aller à la guerre, » testa en 1567, fit son héritier universel noble Philippe de Montaut, son frère, légua 600 livres tournois à chacun de ses frères Jacques et Bernard ; et, « d'autant que despuis, au masacqre que feust fait à Paris, le
« 24º d'agoust dernier, en la personne de monsieur l'amirailh et autres, led.
« seigneur de Barros se trouvant en dangier de estre admurtry, auroit promis
« à maistre (le nom manque), talheur de lad. ville de Paris, qui lui sauba la
« vie, quelque somme d'argent, de laquelle pour ne l'avoir point lors comptante,
« il en fit codicille et recoignoissance à cause de ce, à present led. seigneur de
« Barros, codicillant, a dict et declaré qu'il demeure en même volonté...; » il ratifie son testament par acte du 7 février 1573 et prie Philippe de payer au tailleur l'argent qu'il a légué à ce dernier (Casallet, reg. de 1573, fº 26 recto) ; — 6º Jeanne, mariée suivant contrat du 28 novembre 1559, passé à Bénac par Bertrand Dufourc, notaire de Tarbes, avec noble Gabriel-Antoine de Sus, écuyer, seigneur dudit lieu, près Navarrenx (reg. de 1558-1563, fº 106 recto, aux arch. des Hautes-Pyrénées, série E). De cette union naquit Jacques de Sus, qualifié seigneur de Sus le 11 septembre 1588 dans un acte qui rappelle *lo defunt noble Antony, senhor de Sus, pay deud. noble Jacques* (arch. des Basses-Pyrénées, E. 1639, fº 351). Olhagaray fait l'éloge de Jacques, capitaine huguenot « autant courageux qu'autre de son temps, comme tesmoignent
« S. Bertrand, Poymaurin, Samatan et autres lieux au chemin de Tholose »
(*Hist. de Foix, Bearn et Navarre*, éd. de 1609, p. 697). Saint-Bertrand de Comminges tomba au pouvoir de Sus le 17 ou le 22 avril 1586, Larcher, *Dict.*, vº *Gelais (saint)*; Samatan, dans la nuit du 20 octobre 1589, Monlezun, *Hist. de la Gascogne*, t. v, p. 457. Jacques étant décédé avant le 8 août 1594, son frère cadet Philippe, *alias* Pierre-Philippe, devint seigneur de Sus (arch. des Basses-Pyrénées, E. 1648, fº 328 vº, et 1652, fº 182 vº) ; — 7º Madelaine, mentionnée dans deux actes des 26 février 1576 et 13 janvier 1585 (Casallet, 1576-1578, et Larcher, *Dict. hist.*, vº *Montaut*) ; — 8º N..., dame de Baulat.

Je reviens à Bernard de Montaut. C'est lui que Mauran appelle « M^r de la
« Roque, » parce qu'il était alors seigneur de Larroque (canton de Castelnau-Magnoac, Hautes-Pyrénées). Le 2 mai 1578, au château de Bénac, Philippe, baron de Bénac « confesse devoir... à noble Gabriel Antoine Dessus, seigneur
« dudit lieu... la somme de mil huictante huit escus sol et tiers d'escu...,
« laquelle somme led. seigneur de Sus a baillée et delivrée à monsieur de la
« Rocque, frere dudit seigneur Philippes, pour payer sa rançon au seigneur
« de Mont. » Le 11 juin suivant, le seigneur de Larroque « estant en esperance
« et trait de soy marier avec damoyselle Thabita de Bassilhon, » demanda à Philippe de lui faire donation de la baronnie de Navailles, située au pays de Béarn, « aux fins de pouvoir obtenir ledit parti de mariage ; » Philippe y

en cette levée, le païs de Bigorre souffrit depense de 7711 livres tournois (1).

Le 4ᵉ juillet, Mʳ de Miossens prit possession du chateau de Lourde et reçut les clefs d'icelui par les mains de Mʳ de Saint Martin, sindic de la noblesse de Bigorre, et y laissa le capitaine Incamps (2) pour commander en son absence.

---

consentit à condition que Bernard s'engageât à payer pour lui 1,200 livres tournois aux enfants de feu « damoiselle de Beulat, » leur sœur, et à rendre la baronnie de Navailles, « si leur frere aisné revenoit et retournoit en son bon « sens et raison. » Cette convention fut ratifiée par acte du 6 juillet suivant (Casallet, reg. de 1576-1578). Bernard épousa, en effet, Tabita de Bassillon, fille de Bertrand de Gabaston, baron de Bassillon, gouverneur de Navarrenx, et de Jeanne de Cauna, continua la descendance des Montaut-Bénac et fut grand-père du maréchal duc de Navailles (Larcher, *Dict. hist.*, v° *Montaut*).

(1) Le 4 juin 1576, maîtres Guillaume Cayret, licencié, syndic du pays de Bigorre ; Pascal Lacontre, licencié, premier consul ; Arnaud-Guillem de Darré, député de Tarbes ; noble Jean de Mont, consul ; Arnaud Arqué, député de Bagnères ; Guicharnaud de Vergès, député de Lourdes ; Guillem Baudelle, consul de Saint-Pé ; Jean Baloy, député de Rabastens ; Arnauton Coture, député de Campan, réunis à Tarbes par ordre du sénéchal et agissant au nom des habitants de la Bigorre, donnèrent pouvoir à maîtres Manaud de Prat et Marc Troiscens, receveurs du pays, d'emprunter la somme de 2,000 livres tournois « pour icelle « estre employée aux garnisons ordonnées audict païs pour la conservation, « deffence et tuytion d'icelluy, à cause de l'occupation et priuse faicte de la « ville de Vic, chasteau de Lescurry, et reprimer ceulx qui tiennent les champs. » Manaud de Prat emprunta 1,000 liv., le 9 juin suivant, à « noble Dominicque « de Lavedan, escuier, dict le cappittaine Forgues, habitant dudit lieu. » Les autres 1,000 livres furent prêtées par le seigneur de Boucarrès (arch. des Hautes-Pyrénées, C. 224, n° 1, acte d'Antoine Hébrard).

(2) Antoine de Molo, appelé aussi du Bordiu, capitaine, seigneur d'Incamps d'Igon et d'Abère d'Asson, était fils aîné de noble Gaillard de Molo, « senhor « adventicy en la mayson de Incamps de Ygon » (arch. des Basses-Pyrénées, E. 1733, f° 137), et non de Bernard, ancien seigneur d'Incamps et de Sainte-Marie d'Igon, trésorier général de Henri II, roi de Navarre (arch. des Hautes-Pyrénées, série E, généal. Incamps). Il épousa, par contrat du 18 décembre 1564, devant Fortaner de Lavie, notaire de Nay, « Agneta » d'Espalungue, fille de Bertrand et de Catherine de Casaus, seigneur et dame de la maison de Casaus d'Alet, de Louvie-Juzon en Ossau. Des grattages et des macules, faits sur la minute pour cacher les vrais noms des parents d'Antoine dont la noblesse avait sans doute le tort de ne pas se perdre dans la nuit des temps, n'ont pu triompher des mots « Molo..., losdits de Molo de Incamps, » qui se détachent assez nettement en encre jaune ancienne et protestent contre la fraude. Les enfants de ce mariage furent : 1° Henri, sieur de Louvie et d'Espoey, gouverneur de Nay et de la vallée d'Ossau, sur la résignation de son père, par commission du 2 mai 1600 ; marié suivant contrat du 11 mars 1608 avec dame Marie de la Chaussade de Calonges, sœur du feu sieur baron de Calonges en Agenais ;

Depuis en ça, les affaires de la guerre furent calmes en Bigorre par le soin que le roi de Navarre, lieutenant general pour le roi en Guienne, et madame la princesse de Navarre, sa sœur, eurent dudit païs, qu'expressement ils prirent sous leur protection et sauvegarde, et y constituerent gouverneur particulier Mʳ le vicomte de Labatut, senechal, lequel ota les garnisons des villes.

Et Mʳ de Labatut etant decedé, Mʳ le baron de Benac fut continué en l'office de senechal dudit païs, et eut en singuliere recommendation l'entretien de la paix entre les habitans des païs de Bearn et Bigorre (1).

Au mois d'avril de l'année 1585, le parti de la Ligue prit les armes et tout aussitot la garnison fut installée dans la ville de

2° Jeanne, femme de noble Jean de Saint-Abit, par contrat de l'année 1588, devant Cazarré, notaire de Nay; 3° Antoinette, femme, par contrat du même notaire, du 15 août 1594, de Pierre du Soulé, abbé d'Eslourenties (Larcher, *Dict.*, vº Incamps). Du second mariage d'Antoine, contracté avec Andrée de Bazillac, sœur de Paul, sénéchal de Nébouzan, le 3 octobre 1593, devant un notaire de Tarbes (minutes de Lucia, 1604, ét. Duguet), naquirent : 1° Jacques d'Incamps, sieur de Gardères; 2° Françoise (reg. de Noguès, 1617). — Antoine d'Incamps acquit de Henry d'Espalungue, le 16 mai 1598, le château d'Arudy et la terre de Sévignac (Larcher, *loc. cit.*), et d'Etienne de Coarraze-Castelnau, seigneur de Laloubère, le 14 novembre 1603, les villages et seigneuries de Gardères, Séron, Luquet et Oroix en Bigorre, et d'Aast en Béarn (Lucia, 1603). Il testa le 24 août 1614 et mourut avant le 23 avril 1615, jour où fut fait l'inventaire de ses biens, à la requête d'Andrée de Bazillac, sa veuve, devant Jean la Clotte, notaire de Vic. Cet inventaire fut vérifié, le 21 décembre 1617, par S. Noguès, notaire de Tarbes. Parmi les objets laissés par Antoine d'Incamps, figurent : « une espée damasquinée, avec son forreau ; un pistolet avec son
« forreau, garni de rouet et clefs; trois clefs d'arquebuse à rouet; un poignard
« damasquiné; la garniture d'un autre poignard doré; une paire de bottines de
« marroquin d'Espagne; trois bas de soye; un pourpoint de camelot noir à fil
« retors; un chapeau de castor gris avec le cordon de soye noir garny de fillet
« d'or; un petit espieu garny de houpes de soye et fil d'or; neufs mords de
« bride; un pair de Pseaumes; le *Fors et Costumes de Bearn*; six chenestes de
« cuir blanc pour chevaux; trois cropieres neufves pour cheval; deux garnitures
« de cuir pour bride de cheval; dix sept paires sangles neufves non garnies;
« un paquet de cordes d'arquebuse; trois pair d'esperons non garnis; huit charges
« de mosquet, de fer blanc; un pair d'estrieuf; un fillé aux tourtres; un grand
« cheval bay clair, aagé de sept à huict ans; un cheval noir de legiere taille;
« trois autres chevaux; plus les harnois desdits chevaux, selles et brides, lesdites
« selles de peau de moton, sans garniture, sauf les estrivierres... » (étude de
M. Duguet). — Voir sur ce capitaine : Olhagaray, p. 693; — *Les Huguenots en Bigorre*, pp. 233 et 234.

(1) Publié par Davezac-Macaya, II, p. 216, note 9, depuis : « Le 4ᵉ juillet... ».

Tarbe, sous le capitaine Forgues, que les etats du païs prirent pour gouverneur (1).

Mʳ de Castetnau de Chalosse se saisit du chateau de Rabastenx et fit composition avec les habitans de Vic, à 1,200 livres ; de quoi Mʳ de Benac, senechal de Bigorre, temoignoit avoir du deplaisir par diverses lettres ecrites au sindic du tiers etat, imputant l'occasion de ladite prise et composition à l'avarice et desir d'acquiter ses dettes aux depens d'autrui. Il dissuadoit à ceux de Vic le payement des 1,200 livres et, pour mieux l'empecher, il en ecrivit au roi de Navarre, comte de Bigorre, qui etoit lors au Mont de Marsan ; et, par sa lettre, le roi de Navarre, repondant à Mʳ de Benac, deffendit aux consuls de payer ladite somme. Neantmoins les consuls de Vic furent contraints de payer lesdites 1,200 livres ; et tout le païs de Bigorre, pour recouvrer la ville de Rabastenx, promettre 15,000 livres (2).

Si ceux qui suivoient le parti du roi de Navarre faisoient peu etat de ses inhibitions et deffenses, ceux de la Ligue en faisoient moins de compte. Et de fait, ore que le roi de Navarre eut mis la Bigorre en sa protection et sauvegarde, il ne sçut empecher

---

(1) « Le 12 novembre suivant (1585), M. l'eveque et les consuls de Tarbe,
« de Bagneres, de Rabastenx et de Vic furent assemblés à cause des menaces
« qu'on faisoit de s'emparer de Tarbe et de Bagneres. On resolut d'entretenir
« dans ces deux places des soldats aux depens du païs ; le *seigneur de Horgues*
« fut prié de les commander en l'absence de Mʳ le senechal » (Larcher, délibérations des états).

(2) « Le 20 septembre de la même année (1585), sur les lettres de la Case,
« sindic, Mʳ l'eveque, un consul de Tarbe, de Bagneres, de Lourde, de Rabastenx,
« de Vic, de Sen Pé et d'Ibos s'assemblerent à Tarbe. On representa devant
« le senechal que le regiment de Mʳ de Castelnau etoit arrivé à Vic, et vouloit
« se cantonner dans le païs, sur quoi on auroit fait marché avec le capitaine
« Aulin et autres conducteurs que, moyennant la somme de 1,380 liv., ils
« sortiroient du païs. On leur avoit payé 180 liv., et l'on avoit convenu de leur
« payer dans cinq jours les 1,200 liv. restantes. L'eveque de Tarbe opina qu'il
« falloit ecrire au roi de Navarre pour eviter le payement de cette somme et,
« qu'en cas qu'on ne put pas l'empecher, il falloit se resoudre à payer. Les
« consuls de Tarbe se rangerent à cet avis. Ceux de Lourde penserent de meme,
« mais ils ne furent point du sentiment d'imposer la somme, vu que le corps
« des etats n'etoit pas complet. Ceux de Bagneres demanderent que les habitans
« de Vic devoient avancer la somme. Les deputés d'Ibos et de Monfaucon
« opinerent conformement à Lourde et ceux de Sᵗ Pé furent d'avis de payer »
(Larcher, délibérations des états). Voir *suprà*, p. 84, note 1.

l'entrée des compagnies de Mrs de Larboust et de Tarbe (1), lesquels vindrent loger à Bordes.

Mr de Benac, senechal, pensoit y remedier avec ambassades, et les menaçoit par lettres que, s'ils ne delogeoient promptement, il armeroit la noblesse de Bigorre et le peuple pour les y contraindre.

Mr de la Palu (2) menoit un regiment pour le parti de la Ligue et, aprez avoir picoré dans le Bearn, se vint reposer en Bigorre, mais il fut poursuivi des Bearnois, qui surent prendre la revanche des picoreurs, les allant assieger et forcer dans leurs maisons, en Riviere Basse.

Mr de Sarlabous prit l'allarme de la saillie des Bearnois et, ayant ouï comme ils avoient pris d'assaut la tour de Saint Aunis (3), crut qu'ils monteroient vers la Bigorre. C'est pourquoi il envoya offrir secours aux villes dudit païs de Bigorre, lesquelles l'en remercierent sur l'assurance que Mr de Benac leur bailla que les Bearnois n'avoient aucun dessein sur ledit pays de Bigorre.

Ce tems pendant, le capitaine Forgues etoit dans la ville de Tarbe et deffendoit icelle contre toute maniere de gens qui s'en voudroient saisir, n'ayant autre visée que de conserver en paix le païs de Bigorre avec celui de Bearn, mais il ne sçut si bien faire qu'il ne trouva la guerre dans la ville meme. Car etant il pressé de la gravelle, il etoit pressé de se retirer souvent dans sa maison, au village de Forgues, et laissoit en sa place le

---

(1) Théophile de Gramont jouissait d'une partie des revenus de l'évêché de Tarbes, depuis la mort de son frère aîné Philibert, qui avait lui-même profité des droits que leur père commun Antoine Ier de Gramont avait usurpés sur l'Eglise, sans doute avec la permission du roi. On l'appela pour ce motif *Monsieur de Tarbes* (*Glanage*, XXII, p. 51). Après Théophile, Antoine II de Gramont dit Antonin continua à percevoir les mêmes revenus, ainsi qu'il résulte de deux quittances des 1er août et 6 septembre 1597, consenties par ce seigneur à Salvat Ier d'Iharse, évêque de Tarbes (S. Noguès, reg. de 1597, f°s 126 et 127).

(2) Pierre de Béon, sieur et baron d'Armentieu et de la Palu, mari de demoiselle Marguerite de Noé, enseigne de la compagnie de gendarmes du maréchal de Bellegarde, son oncle, en 1583, ne vivait plus le 29 juillet 1590 (*Nobil. de Guienne et de Gascogne*, t. III, p. 289 ; — *Mémoires d'Antras*, p. 142, note 91).

(3) Saint-Aunix, village réuni à Lengros, canton de Plaisance, Gers.

capitaine Casaux, du lieu d'Ours (1). Il y eut de la contestation entre le capitaine Casaux et Menaut de Prat, consul de Tarbe, sur l'ouverture et fermeture des portes, chacun d'eux se voulant attribuer de tenir les clefs et l'autorité d'ouvrir et fermer lesdites portes. De quoi le capitaine Forgues eut avis et, ne pouvant faire departir ledit de Prat de ses pretentions, il etoit sur le point de quitter le gouvernement pour n'emouvoir aucun trouble dans la ville. Mr le senechal, informé du fait, ecrivit aux consuls de Tarbe qu'ils se departissent des affaires de la garde et en laissassent la charge au capitaine Forgues, puisque le païs de Bigorre l'avoit mis dans la ville de Tarbe pour y tenir rang de gouverneur avec toutes les autorités apartenantes à cette charge, l'une desquelles est de tenir les clefs de la ville, fermer et ouvrir les portes d'icelle.

(1) Noble Antoine de Casaux, mari de demoiselle Louise d'Antin. Il hérita de noble Antoine d'Ozon, devint ainsi propriétaire de la maison noble de Peyre, sise à Oursbelille, la vendit, conjointement avec demoiselle Marie de Castelbajac, veuve dudit d'Ozon et femme en secondes noces de noble Jean de Laur, par acte en date du 23 février 1553 et pour la somme de 380 liv. tournois, à Me Jean d'Antin, protonotaire du Saint-Siège et chanoine de Tarbes, et racheta au même prix ladite maison, le 21 mars 1559 (B. Dufourc, reg. aux arch. des Hautes-Pyrénées, f° 183). Ses filles, demoiselle Jeanne de Casaux, femme de noble François de Lanusse, seigneur de Meillon (Basses-Pyrénées), et demoiselle Isabeau de Casaux, femme de noble Barthélemy de Vidalos (Domy), seigneur de Doat en Béarn, et de la maison abbatiale de Vidalos en Bigorre, représentées par leurs maris, s'accordèrent, le 12 décembre 1593, à Tarbes, au sujet de la succession délaissée par leur père. Une sentence arbitrale, réglant leurs droits respectifs, fut prononcée le lendemain 13 décembre en présence de Nicolas de Lort et de noble Gabriel d'Antin, capitaine, habitant à Ours (J. d'Aberano, reg. 1519-1535; — S. Noguès, reg. 1593, f° 50). C'est probablement le même « noble « Anthoine de Casaulx, d'Argellès, lors absent du... pays de Bigorre pour le « service du Roy, » qui est mentionné dans les minutes de Lassalle (1568, f° 12 verso), à propos d'un procès qu'il avait soutenu avec Bernard de Casaux dit de Monaix et Marie de Castillon, contre demoiselle Isabe d'Andoins, veuve de Barthélemy de Casaux. Il s'agissait de la succession de Guillaumette de Casaux, fille de ces derniers. Ce qui prouve encore que le capitaine Casaux, d'Oursbelille, était originaire d'Argelès, c'est que sa fille Jeanne, femme de « noble *Jean* de Lanusse, sieur de Meilhon, » était patronne d'une prébende ou chapellenie fondée dans l'église paroissiale du lieu d'Argelès, sous l'invocation de sainte Catherine, 23 août 1618 (reg. d'insinuations ecclésiastiques, en ma possession, 1617-1618, f° 691).

Il y avait à cette époque en Bigorre un autre capitaine Casaux, qui était de Vielle-Adour. Il ne faut pas le confondre avec celui que je viens d'identifier. « Mathieu de Cazaulx, quand vivoit cappitaine, habitant au lieu de Vielle, »

Le decez du capitaine Forgues fit vaquer le gouvernement de Tarbe, lequel fut deferé à M{^r} de Lespoey (1), qui venoit tout fraichement de l'armée de M{^r} le duc de Mayenne (2), et fut soupçonné par les Bearnois de tenir le parti de la Ligue. C'est pourquoi ils rompirent le traité de paix et entreprirent sur la ville de Tarbe; les habitans de laquelle ne se fussent oncques deffiés de cet endroit, vu que le roi de Navarre, comte de Bigorre, aspirant à la couronne de France, avoit laissé madame la princesse, sa sœur unique, pour gouvernante de toutes ses terres, et les Bigourdains s'etudioient à contenter de tout leur possible Madame, de laquelle ils esperoient et attendoient une singuliere faveur, protection et assistance (3). Mais ils se trouverent frustrés de leur espoir, se voyant attaqués par un tel artifice.

Il y avoit dans la ville de Tarbe un bearnois nommé Jaudet, natif du lieu de Bruges (4), lequel fut employé par M{^r} de Sainte Colome (5) ou ses gens, pour sonder la hauteur des fossés de

---

lit son testament le 25 septembre 1592 devant M° Guillaume Fourcade, notaire, et ordonna que « Jeanne Dupont, sa femme, sa vie durant, soit ususfructuairesse « de ses biens, et aprez le decès d'icelle, Domengea de Casaulx, sa fille unique, « à la charge toutesfois de nourrir et entretenir Pierre, Mathieu, Jean et Bernard « d'Abadie, ses riere filz, » etc. Il mourut avant le 29 octobre 1595. Le 1{^er} mari « de Domengea de Casaux s'appelait Domenge d'Abadie. Leur fils cadet Mathieu « fut l'auteur des Abadie, seigneurs de Nodrest et de Montignac (S. Nogués, reg. de 1595, f° 123, et de 1604, f° 89; abbé de Vergés, v° *Abbadie-Nodrest*).

(1) Noble Arnaud-Guillaume de Saint-Paul, seigneur de Lespouey, présenta le dénombrement de ses biens, le 5 janvier 1553 (Larcher, *Dict.*, v° *Bigorre*, dénomb. devant d'Iharse), vivait le 3 mars 1596 (S. Nogués, f° 33) et mourut âgé d'environ *six vingt ans* (*Glanage*, xxv, p. 280). Malgré la verte vieillesse de ce gentilhomme, je présume qu'il s'agit ici de son fils aîné, Lancelot, âgé de 42 ans à l'époque qui nous occupe, et qui épousa l'année suivante 1588, demoiselle Hilaire d'Antist, fille du seigneur de Mansan (Nogués, 1602, f° 164; *Glan.*, xii, p. 82, n° 8). Son autre fils, Jean de Saint-Paul, sieur de Lespouey, se maria avec Jeanne du Soulé, fille de noble Jacques du Soulé et de Jeannette d'Abbadie, abbés lais d'Oroix, le 3 mars 1596 (S. Nogués 1596).

(2) Charles de Lorraine, marquis puis duc de Mayenne, deuxième fils de François de Lorraine, duc de Guise, né le 26 mars 1554, mort à Soissons le 3 ou le 4 octobre 1611.

(3) Publié par M. Davezac-Macaya (*Essais*, ii, p. 217, note 10), depuis : « ... le roi de Navarre... »

(4) Canton de Nay, Basses-Pyrénées.

(5) Joseph de Montesquiou, chevalier, seigneur de Sainte-Colomme, Izeste, etc., sénéchal de Béarn, fils d'Antoine, massacré à Navarrenx, et d'Anne de Mondenart *alias* Montalmart (arch. des Basses-Pyrénées. E. 1276, 1875, etc.),

ladite ville de Tarbe. Le traitre, pensant avoir rencontré le lieu plus commode et plus gueable par le coté de septentrion, où la muraille interrompue faisoit voir entre le Bourg Vieil et le Bourg Neuf, donna l'avis que l'entreprise s'executeroit mieux par cet endroit là que par nul autre. Il y avoit une pauvre femme dite *la Bossude*, qui habitoit en une maison joignant le fossé par lequel etoit marqué le passage, à laquelle Jandet se decouvrit de ses menées, et la suborna, moyennant quelques promesses avantageuses, pour lui tenir la main et introduire secretement les petards que l'on devoit attacher à la porte de la salle comtale.

Ayant ainsi disposé les affaires, il assigna les Bearnois pour la nuit du 25ᵉ jour du mois de may, qu'etoit en l'année 1587, et lui meme sortit de la ville de Tarbe pour leur aller au devant et etre leur guide. Etant arrivés au bord du fossé, ils entrerent dans l'eau, laquelle ils croïoient n'etre plus haute que du genou, mais la sonde ayant eté faite sur le bord les trompa, et se trouverent enfoncés jusqu'à la barbe, et ne purent garantir leurs armes à feu d'etre bien trempées et leur poudre mouillée.

Etant arrivés dans la ville, ils trouverent un marchand nommé Jean Paul, autrement Saint Sevé (1), habitant au Bourg Neuf, faisant la ronde, sur lequel ils coururent et lui baillerent quelques

---

épousa Marguerite de Béon-Sère (Larcher, *Dict.*, vᵒ *Béon*). « Le 23 janvier 1589, « au lieu de Tostat, paroisse Sᵗ Martin, au chasteau de noble Paul de Bazilhac, « seigneur dudit lieu et autres, gentilhomme ordinaire de la chambre du roi, « senechal de Nebozan et baron de Sadornin, au comté de Bigorre..., ledit sieur « de Basillac a dict et confessé avoir prins et receu des mains de Jean de « Bordeux, du lieu d'Aizeste (Izeste) en Bearn, pour et au nom de noble « Joseph de Saincte Colome, seigneur dudit lieu et autres dudit Bearn,... « 24 pieces d'instrumens en parchemin, contenant en partie documens de la « ville de Tornay, cottés chacun au dos, par lettre, depuis la lettre A jusques « à la lettre Z, avecques un petit sacquet de toile de lin où y a aussi certains « petits papiers ; plus 26 autres pieces d'autres instrumens, sans etre cottés, et « un fardol de papiers escripts sans etre cottés... » Un bordereau des pièces est annexé au registre. La somme payée pour le rachat fut de 100 écus sol, plus les intérêts à 8 % (Mota, not. d'Aurensan, 1589, ét. Duguet). Voir *Les Huguenots en Bigorre*, p. 237.

(1) Jean Paul dit Saint-Sever, marchand de Tarbes, acheta le 8 juin 1578, à Bernard Salefranque, maître apothicaire, une maison sise au Bourg-Neuf. Il était marié avec Jeanne de Saint-Pastous, laquelle avait pour frère utérin maître François d'Arras (Bertrand Dufourc, reg. de 1578, et reg. de 1585, fᵒ 284 verso, ét. Duguet).

coups de hallebardes. D'illec, ils allerent en diligence attacher le petard à la porte de la salle comtale, mais etant decouverts, ils quitterent ce dessein et allerent attaquer le corps de garde, où le capitaine Charles d'Antin (1) veilloit, Mʳ de Lespoey s'etant allé reposer un peu auparavant. Ledit capitaine Charles fit deux diligences bien à point : c'est qu'il envoya vers Mʳ de Lespouey lui donner avis de la surprise, et lui, avec la pique à la main, suivi des soldats du corps de garde, recueillit les ennemis en pleine rue et les pressa tellement qu'il leur fit prendre le chemin par lequel ils etoient venus, ayant tué le sergent qui les conduisoit, sous la porte des Repenties. Mʳ de Lespoey survint à propos avec la plus grande partie des soldats de la garnison, et tous ensemble poursuivirent les fuyards jusques à ce qu'ils les eurent fait sortir entierement de toute la ville.

Le lendemain, le traitre fut decouvert et questionné, et, aprez, exposé à la mercy des soldats qui le percerent d'arquebusades.

Depuis ce tems là, il ne fut fait aucun exploit de guerre dans le païs de Bigorre jusques en l'année 1592, environ la mi octobre, que les gens de la Ligue furent introduits dans l'eglise d'Ibos par un prebendier ; et Mʳ de Galosse (2), qui commandoit ceans,

---

(1) Charles d'*Antist* et non d'Antin. Le 28 mars 1587, Lancelot de Saint-Paul, écuyer, seigneur de Lespoucy, vendit à noble Charles d'Antist une vigne, située sur le territoire de Mansan. Charles est dit habitant de Tarbes au 10 avril suivant. Un an après, le 7 février 1588, la *vesiau* de Tarbes, réunie « par trompette et serviteurs... et à son de cloche à la maniere acostumée, » ne pouvant s'imposer davantage, « à cause de la pauvreté des habitants et sterilité « du temps, » résolut d'aliéner certaines pièces de terre, les moins utiles à la ville, pour payer au *capitaine Charles d'Antist* la somme de 800 livres, qui lui avait été empruntée « et jà employée aux reparations des tours et murs de la « ville, et en autres affaires, frais et munition de guerre » (S. Noguès, 1587-1588).

(2) Noble et honorable personne maître Gaillard de Galosse, licencié ès droits, juge-mage de Bigorre, seigneur de Salles-Adour, était fils et héritier universel de feu sire Bernard de Galosse dit Basco, en son vivant marchand et bourgeois de Tarbes; il était patron de la chapellenie de *Las Cinq Plagas*, fondée par son père dans l'église Saint-Jean du Bourg-Vieux et desservie par Mᵉ Gaillard de Galosse, clerc, qui résigna en faveur de Mᵉ Arnaud de Galosse, clerc du diocèse de Dax (reg. de Sebada (?), not. de Tarbes, 1546-1548, cahier de collations de bénéfices ecclésiastiques, fᵒ 181; Jean de Cedonibus, not. de Tarbes, 24 août 1527; Jean de Lassalle, 1556-1567, ét. Duguet). — Enfants de Gaillard : 1ᵒ Bertrand,

sous l'autorité de Mr de Basillac (1), gouverneur de Bigorre, en fut tiré et renvoyé vers la ville de Tarbe. La garnison se fortifia dans ladite eglise et, au moyen des courses qu'elle faisoit dans le païs de Bearn, attira peu à peu le parti de la Ligue dans le païs de Bigorre.

Le depart de madame la princesse de Navarre du païs de Bearn, fut aussi cause que M^r le marquis de Villars (2) entreprit de venir en Bigorre, pretendant mettre et retablir dans le païs de Bearn l'exercice de la 5e messe (3). Aucuns disent que sa venue pouvoit etre arretée avec de l'argent et donnerent le blame aux officiers du païs de ce qu'ils n'exploiterent assez accortement pour detourner cet orage.

Quoi que soit, le peuple de Comenges jusques au quitte païsan, assemblé en un tourbillon, vint fondre sur la plaine de Bigorre et y fit tel desordre qu'il n'en avoit eté vu de pareil, depuis le commencement des guerres, quant au pillage. Car il y avoit un capitaine qui avoit son bagage assorti de 500 moutons; l'autre, d'une troupe de jumens; l'autre, de vaches, et generalement capitaines et soldats, valets et volontaires etoient si chargés de meubles, que la charge leur en etoit ennuyeuse. Aussi aprez le brigandage, les païsans de Bigorre abandonnerent la culture des terres par manque de betail, et la plus grande partie d'iceux prit la route d'Espagne (4).

mari de demoiselle Marguerite d'Abbadie, sœur de Pierre d'Abbadie, lieutenant particulier à la sénéchaussée de Bigorre (voir *suprà*, p. 154, note 3). Il figure dans des actes de 1582, 1585 et 1591 (Dominique Catau; S. Noguès); — 2° Félix; — 3° Jeanne, femme dudit Pierre d'Abbadie, lieutenant particulier; — 4° Geneviève. — Bertrand ou Félix est le « Mr de Galosse, » de Mauran.

(1) Paul, baron de Bazillac (voir p. 66, note 2, *suprà*).

(2) Emmanuel de Savoie, marquis de Villars, chevalier de l'ordre du Saint-Esprit, lieutenant général au duché de Guienne, mort en 1626 (voir *Glanage*, 1, p. 12, n° 7).

(3) « La cinquieme messe que Mr de Villars veut retablir en Bearn, est sans « doute celle qui est en usage en France, selon le rit romain, et dans la Castille « depuis quelque temps; mais à Tolede et à Salamanque, on retient encore la « messe gotique, qui etoit en usage dans la Navarre » (*Glanage*, t. IX, p. 281, extrait d'un ms. sur la Bigorre). Cf. M. l'abbé F. Duffau, *Souvenir de la Bigorre*, t. IV, p. 550, note 2.

(4) Publié par M. Davezac-Macaya, depuis : « Quoi que soit, le peuple de « Comenges... » (*Essais sur le Bigorre*, II, p. 231, note 15).

Or Mr de la Loubere (1) fut le premier des capitaines de l'armée de M^r le marquis, qui vint investir la ville de Tarbe ; et logea dans Carrere Longue avec sa cavalerie, aïant mis au Portal Devant les capitaines Domairon (2) et Palosse (3) et leurs compagnies de gens de pied. Mais à la faveur de deux cent Bearnois que Mr de Basillac fit entrer de nuit au Bourg Vieux, Mr de la Loubere fut contraint d'abandonner le sejour de Carrere Longue ; et les capitaines du Portal Devant, leurs barricades.

C'etoit un heureux commencement et un bon prejugé de resis-

(1) Messire Étienne de Castelnau-Coarraze, seigneur de Laloubère, Juillan, Adé, Julos, Paréac, etc., marié avec dame Jeanne de Bazillac, nièce du baron Paul de Bazillac, suivant contrat retenu par M° Menaud de Lucia, en date du 27 avril 1598 (S. Noguès, 1601, acte du 8 juillet rappelant le contrat de mariage).

(2) « Arnauld Domayron, capitaine, natifz de Tolose, » se dit « domestique » de messire Paul de Bazillac, sénéchal de Nébouzan, dans un acte intéressant ce seigneur et passé au château de Tostat, le 29 mars 1604 (S. Noguès). Henri IV lui donna la charge de capitaine de la salle comtale de Tarbes, sur la démission de Guixarnaud de Lanusse, par lettres du 23 mars 1607 (*Glan.*, XIII, n° 113) ; il exerça cette charge jusqu'à sa mort : par lettres patentes du dernier jour du mois de février 1626, le roi accorda « l'office de capitaine et chastelain de la « maison et salle comtale de Tarbe, vacant par la mort d'Arnaud Domairon, à « Pierre Sescaup » (reg. des insinuations, 1625-1627, B). Il était décédé avant le 22 septembre 1625, car cette date est celle du contrat de mariage de sa veuve, demoiselle Gabrielle d'Hugues, fille de François de Comes, seigneur d'Hugues, et de demoiselle Antonia de Casteras, avec noble Olivier d'Abadie, abbé laïque de Montaner (Larcher, *Dict.*, v° *Hugues*). Voici l'abrégé d'un testament mystique que notre capitaine remit à Jean Mauran, not. de Tarbes (étude Theil) : « Cejourd'huy onzieme du mois de mai 1614..., Arnaud Domayron, cappitaine « au chasteau royal..., sain Dieu mercy de son corps et entandement, considerant « le miserable siecle où nous somes, tant des menasces de la guerre que maladies « subites quy courent..., a fait le signe de la Croix..., a recommandé son ame « à Dieu et à la glorieuse Vierge Marie..., a dit etre marié avec dam^lle Gabrielle « de Ugues, à laquelle a esté promis par noble Aymeric de Ugues, son frere, « la somme de 500 livres, de laquelle il n'a esté encore payé..., institue sadite « femme heritiere de ce qu'il aura en Bigorre au moment de son deces, » et donne le reste à son frère François Domayron, habitant à Toulouse. — *Signé* : DOMAYRON. — Si ce n'est lui, c'est probablement quelqu'un des siens qui a commis le livre suivant : « DOMAYRON (A.), Tholozain. *Histoire du siège des Muses, où parmi le chaste amour est traicté de plusieurs belles et curieuses sciences divine, morale et naturelle, architecture, alchymie, peinture et autres.* Lion, Sim. Rigaud, 1610, in-8, joli front. gr., vél. (note extraite des *Arch. du bibliophile*, librairie de A. Claudin, catalogue d'avril 1884, p. 293, n° 77,561).

(3) Gaillard de Palosse figure parmi les notables de Bordères, 14 avril 1553 et 28 janvier 1592 ; Noël de Palosse, 7 octobre 1635 (reg. de Lassalle, Corbeille et Dufourc, ét. Duguet) ; ce qui me porte à croire que le capitaine Palosse était de ce village.

tance contre les forces de M^r le marquis, s'il y eut eu de la perseverance. Mais ce malheur a eté de tout tems attaché à la ville de Tarbe, que ses gouverneurs ont eu de la defiance de la pouvoir deffendre contre un siege. Ainsi en advint en l'année 1569, lorsque M^r le chevalier de Willembitz la deffendoit; ainsi en l'année 1570, quand on persuadoit au capitaine Bonasse de l'abandonner; ainsi au capitaine Brun, aprez la mort de Lysier, en 1574.

A suite de tous ces exemples, Mr de Basillac assembla tous les habitans de la ville de Tarbe devant l'eglise de Saint Jean et leur proposa la difficulté qu'il faisoit de soutenir le siege, les exhortant de quitter la ville et mettre le feu aux portes.

Cette parole fut trouvée si dure aux oreilles des habitans de Tarbe, que l'un d'iceux et le principau en richesses et en autorité, nommé Menaud de Prat, ne put se tenir d'y repondre avec un accent et un discours qui exprimoit naïvement les effets de la juste douleur entremelée de colere; et, sans user d'aucun respect, fit reproche à Mr de Basillac de ce qu'il abandonnoit les habitans et exposoit la ville au pillage; que c'etoit un temoignage de couardise que de rompre le dessein et la resolution prise de se bien deffendre.

Mr de Frexe (1), beau frere dudit de Prat, et lieutenant de Mr de Basillac, faisoit le possible à retenir Mr de Basillac. Mais toutes ces complaintes, quelque aparence de raison qu'elles pussent avoir, ne detournerent les resolutions bien conçues; ains il falut s'en tenir à demeurer dans la ville à la merci des gens de la Ligue, ou sortir dehors et prendre parti en quelqu'autre ville, chateau ou village.

---

(1) Sire Arnaud-Guillem de Frexo ou du Frexe (Fréchou), marchand de Tarbes, mentionné dans les registres de Duffaur, notaire, 31 juillet 1558 (ét. Duguet), eut pour enfants : 1° sire Bertrand de Frexo, fils aîné, marié avec Alamane de Galosse, sœur de Gaillard de Galosse, juge-mage de Bigorre (voir *suprà*, p. 79, note 2), l'un et l'autre décédés sans postérité avant le 17 janvier 1561; 2° sire Bertrand de Frexo, puîné, qui suit; 3° Brune de Frexo, femme de noble Jacmet de Salles, bourgeois de Tarbes, veuve le 24 novembre 1564 (Bertrand Dufourc, reg. 1563-1567, f° 131). — Bertrand, héritier universel de son père (J. de Lassalle, 1556-1567, f° 119 v°), fut tué par les soldats de Lysier (*suprà*, p. 154, note 1). Il avait épousé Catherine d'Asson et de leur mariage naquirent : 1° Jean de Frexo, qui fait l'objet de cette note et qui suit; 2° Jeanne, première femme de Manaud de Prat, bourgeois de Tarbes (*suprà*, p. 152, note 2);

Aprez le depart de Mr de Basillac et de la garnison, les portes de la ville de Tarbe, qui avoient eté epargnées du feu, furent ouvertes aux gens de Mr le marquis, et Mr de Dours fut le premier qui entra dedans; et, comme voisin, assembla les habitans qui etoient restés en petit nombre, et leur promit qu'on ne leur feroit aucun outrage.

Aprez lui, vint Mr de Roquepine (1) et consequemment le gros de l'armée, conduisant une seule piece de canon avec laquelle on n'eut sçu faire breche dans quinze jours, pour venir à l'assaut; et cependant la rigueur de l'hiver, car c'etoit au mois de decembre, eut combattu les assiegeans, si les assiegés eussent eu ferme resolution de se deffendre.

Mr le marquis de Villars ne sejourna pas beaucoup dans la ville de Tarbe, mais passa outre vers le païs de Bearn jusqu'à la ville de Pontac (2), d'où le mauvais tems le chassa, et fut contraint de retourner en Bigorre.

3º Marie, morte en bas âge (Larcher, *Dict.*, vº *Freixou*). — Jean de Frexo, que Mauran appelle « Mr de Frexe, » se maria avec Domengine de Prat, sœur de Manaud, acheta la seigneurie de Camalès en 1598 et, en qualité de possesseur de ce fief, assista dans le corps de la noblesse aux états de Bigorre, le 13 août 1612 (Larcher, délibérations des états). Quelques années auparavant, en 1596, « le sr « du Freixo et sa femme avoient en depot la somme de 700 liv., laquelle appar- « tenoit au païs; leur maison fut brulée. Ils jurerent devant les commissaires « nommés par les etats que la somme etoit perie dans l'incendie; ils en furent « dechargés » *(ibidem)*. Leurs enfants furent : 1º noble Jean-Jacques *alias* Jacques de Frexe, seigneur de Camalès, qui de demoiselle Isabeau d'Antist, sa femme, eut une fille unique, Eléonor. Celle-ci porta Camalès en mariage à noble Michel de Casaubon (Duboé, not. de Tarbes, ét. Duguet; *Glan.*, XII, nºˢ 33 et 36); 2º Gabrielle de Frexe, femme de noble Marguerit de Sos, seigneur de Peyrun (J. Mauran, 1623-1627, ét. Theil).

(1) Bernard du Bouzet, seigneur de Roquépine, chevalier de l'ordre de Saint-Michel, avait épousé, le 5 juin 1575, Anne de Biran, mourut le 8 novembre 1599 (Noulens, *Maisons historiques*, t. I, p. 143).

(2) Le livre de ville de Pontac est chargé de cest acte :

« L'an mille cinq cens nabante deux, et lou ters deu mees de decembre, esté « assiegade la present ville de Pontac, per lou marquis de Villars, acompagnat « de grand nombre de cauallerie, et deux gros canons et un courtaut, la on fon « bruslades lo nombre de cent sinquante quoate maisons, et demura en la « presente ville hoeyt iours. Et perso que las forces deu present païs qui eren « en la ville de Nay et aux vilatges de l'entour nou viengon per nous secourir, « ny tans soulement lous bailla une alarma, so que vedens et craignons fossen « trompats, nos em sortim la nocyt sixiesme apres deu dit mees. Estans aixi « soreits lou dit marquis et sa Ligue entran en la place et fort dequere, ont y

Mr de la Loubere fut installé gouverneur dans la ville de Tarbe pour la tenir, avec seure garnison, à la devotion du parti de la Ligue; et les habitans plus affectionnés au service du roy abandonnerent leurs maisons et se retirerent au village et chateau de Semeac et autres endroits du pays de Bigorre. Ceux qui avoient déjà suivi Mr de Basillac se saisirent du chateau de Rabastenx et, d'illec avant, firent la guerre contre la garnison de Tarbe. Il y eut entr'eux quelques rencontres et quelques legeres escarmouches, en l'une desquelles mourut le fils ainé de Mr de Marsas (1); les autres furent peu sanglantes.

Neantmoins etoit une grande misere et un regret extreme de voir commander dans la ville de Tarbe les plus proches voisins d'icelle, sans que les habitans y fussent en assurance. Mais les uns etoient contraints subir un exil volontaire pour garder la

« fen beaucoup de violemens, et forcamens a toutes las fames quy y trouuan,
« tant à las vielles adiudes de plus de quoate vingts ans, que a las iouenes
« mendres de douze ans, que aussy lou plus grand pilladge que iames sie estat
« en place du monde, senhs y lechar rens que la terre, et apres en la ditte ville
« y viengou une grande maladie de la contagion que los dit marquis et sas gens
« y lecha, talemens que de la ditte contagion y mori tres cens personnes, et si
« bien lo dit marquis y perdo deux cens hommes : et aussi los locqs de Ger et
« Espoey esten fort mau tractats et pillats, et non autre deu pays. Et lou present
« acte es estat enregistrat au libe de la ville. » (Olhagaray, *Hist. de Foix, Bearn
et Navarre*, éd. de 1609, p. 695.)

(1) Larcher a copié sur une « *Histoire de Bigorre*, p. 172 » (c'est la cote qu'il met en marge du *Glanage*, t. XI, p. 29, n° 21), deux épisodes de la Ligue qui trouvent leur place à cet endroit :

« Le 7e de juin 1593, entre une et deux heures aprez minuit, la ville de Tarbe
« fut presque surprise par aucuns ennemis, lors les gens etant sans armes, et
« faisoient conduire deux charretées de echelles et une saucisse dans deux
« barriques. Et voyant ne avoir pu mettre à execution leur mauvaise entreprise,
« se acheminarent vers Julhan, et y commirent plusieurs meurtres, brulerent
« des maisons. Ils en avoient fait de même à la maison de la Gentiana, aux
« bordalats de la Sede.

« Le 18e de juin 1594, à deux heures de nuit, le seigneur de la Loubere,
« gouverneur en la cité de Tarbe, et lieutenant de monseigneur le marquis,
« venant de Bonefont visiter monseigneur de Gondrin, à son retour et sur le
« chemin prez le lieu de Semeac, fut assailhi par une grande troupe; toutefois
« evada d'icelle. Toutefois le fils du seigneur de Marsas fut tué et maltraité,
« aïant plusieurs coups en sa personne, et le lendemain dimanche ensepeli au
« conbant Sainct Françoys. »

Le jeune homme dont Mauran et la citation de Larcher font connaître la fin prématurée, avait probablement pour père, noble François de Possin, sieur de

fidelité naturelle qu'ils devoient à leur prince et seigneur; les autres tachoient de recouvrer par armes ce qu'on leur detenoit; et les autres etoient captifs dans la ville, et faisoient la guerre contre leur volonté à leurs voisins et concitoyens; et tous egalement avoient cette incommodité qu'ils n'etoient libres ny assurés dans leur propre patrie.

C'est pourquoi dez aussitot que l'accez fut baillé aux uns et aux autres pour se voir en une assemblée d'etats, convoqués en la ville de Lourde, ils chanterent unanimement : *Vive le Roi!* Et se departirent des factions de la Ligue, desirant jouir d'un mutuel repos dans leurs maisons, et se rendre les offices de societé et d'amitié qu'ils pratiquoient avant qu'ils fussent separés par la civile discorde. Ce qu'ils obtinrent en l'année 1594, aprez la capitulation de Mr de la Force (1) et de Mr de la Loubere sur la reduction de la ville de Tarbe au service du roi; ayant la garnison eté congediée et les habitans reintegrés de leurs possessions et domiciles.

Depuis en ça, Mr de Benac, senechal dudit pays, avoit ordonné quelques soldats entretenus dans les tours du Bourg Vieil pour soutenir les fortifications que Mr de la Loubere avoit faites, et

---

Marsas (canton de Bagnères), qui fut choisi, le 8 mars 1579, comme exécuteur testamentaire, par demoiselle Marguerite de Possin, femme de noble Jean de Darré, sieur de Sarraméa (*Glanage*, xiv, n° 235), et, pour frère, noble Raymond Possin, sieur de Marsas, fils et héritier de feu demoiselle Marie de Menvielle, dame quand vivait dudit lieu de Marsas, qui figure dans un acte de Vivé, notaire de Trébons, en date du 1er avril 1612 (ét. Duguet). Raymond épousa demoiselle Catherine de Barèges (Larcher, feuilles volantes, aux arch. des Hautes-Pyrénées). Je crois qu'Olhagaray a voulu désigner Marsas, père, dans ce passage de l'*Histoire de Foix, Bearn et Navarre* (p. 693), relatif à l'arrivée du marquis de Villars, pendant l'année 1592 : « Estant donc en Bigorre, « tout luy cede, Bassillac quitte Tarbe, sans voir l'ennemy, le sieur de Sus aussi « se retira en Bearn, et les soldats du capitaine Incamps reprindrent leur « quartier. Il ne restoit donc au marquis rien que Lourde, qui estoit un morceau « de dure digestion, pour se dire maistre de tout le comté. Il despecha vers le « gouverneur et capitaine de la ville, Marsac de Bagneres pour luy persuader « par toutes les voyes du monde, promesses, esperances, de luy mettre la place « entre ses mains, mais il trouva avec qui parler ; car il le renvoya si estonné, « qu'il n'eust depuis envie de prendre une telle commission, pour laquelle, sans « reproche quelconque, il pouvoit et devoit estre justement pendu. » On sait qu'Incamps était le gouverneur de Lourdes.

(1) Voir *suprà*, p. 85, note 1.

empecher qu'elles ne fussent cause d'y attirer quelques mutins et seditieux. Mais lesdites fortifications et remparts de gazon ayant eté abatus, les soldats furent aussi congediés en l'année 1595, et ne se parla plus de faire garde, ni de porter armes.

Durant la belle et heureuse paix qui commença de paroitre audit an 1594 et se manifesta comme en son parfait et accompli rond en l'année 1598, les murailles et batimens publics de la ville de Tarbe croulerent en divers endroits et ont donné grosses depenses aux habitans pour les reparer; lesquelles reparations ont eté fort avancées au mois de may 1610, lorsque Dieu a fait aller de ce monde en l'autre le très grand, très auguste et très victorieux prince Henri IVᵉ, roi de France et de Navarre, comte de Bigorre.

FIN DU LIVRE SECOND.

ADDITIONS.

[Page 5, note 4.]

Voici sous une autre forme la légende du « vieil Arises. » Nous l'empruntons aux récits des missions prêchées dans les Pyrénées par les Pères Jésuites des collèges d'Auch et de Toulouse, de 1630 à 1650. Ces récits, écrits par les missionnaires, sont conservés aux archives départementales du Gers, série D, fonds du collège d'Auch. Celui qui nous fournit la curieuse légende que l'on va lire a pour titre : « Prosecutio narrationis missionis ad montes Pyreneos, anno 1637 « et 1638... vallis Lavedani. »

« Claudo itaque priorem hujus narrationis partem, commemorata mirabili
« duorum, quæ in hac valle videre licet, virtute. Quadrato quodam sesquipedali
« lapide in flumen injecto, quantumvis serenum fuerit cœlum, continuo nubibus
« obduci, intraque horam pluviam effundere, eo vehementiorem quo majore
« minoreve impetu fluvius datum lapidem preterlabitur. Hujusmodi lapis in
« Arbustensi (1) templo conservatur, virtutisque hujus periculum a se ipso
« factum fuisse antistes Tarbiensis affirmavit. — Virtus altera huic non
« absimilis, herbæ quam Gentianam nuncupant (haud ejusdem omnino figuræ,
« ejusdem licet nominis, cum nostra vulgari) ingenita est : quam si extraxeris,
« imber commistus grandini consequatur, eo quidem majori aut minori vi et
« copia quo plures vel pauciores id genus plantas extraxeris. Quapropter apud
« indigenos hanc herbam attingere pro non levi periculo habetur. »

[Page 141, note 4.]

Copie des passages relatifs aux guerres de religion, extraits d'une « Enqueste de « la partie du scindic des consuls, manans et habitans de la ville de Lorde, sur « les articles du denombrement general, baillé » devant Mr de Marca, commissaire réformateur, en 1581 (archives de la mairie de Lourdes, original, cahier de 48 feuillets, papier, écrits de la main de J. Abeuxis, notaire, contenant les dépositions de dix-neuf témoins) :

x^e témoin. Lourdes, 25 novembre 1581. « George de Coudet, trafficqueur, natif « et habitant du lieu de Omex en Balsoriguere, d'aige de 45 ans..., dict que

---

(1) Probablement Arbouix, canton d'Argelès.

« despuys dix ans, durant ses troubles passés et guerres civiles, lad. ville de
« Lorde a esté tout jour en trouble et avec garde et garnison, à cause de la
« forteresse du chasteau que tant ceulx de l'ung party que de l'aultre c'est
« voleu saisir, de sorte que par deux ou troys foys lad. ville a esté surprinze ou
« forcée par ceulx de la nobelle oppinion, avec grand meurtre des habitans et
« aultres ravaige et pillaige des biens et meubles d'iceulx et bruslement de
« plusieurs maisons, ainsi que a veu; et, la derniere foys, que le seigneur d'Arros,
« guoverneur de Bearn, la print à force, et comme les compaignies la quicterent
« deux jours après, il deppossant arriva en lad. ville pour veoir le grand desordre
« que y avoyent faict et veyd les rues comme semées de papiers et instrumens,
« livres et documens rompuz, et ouyd plaindre les officiers et habitans, entre
« aultres choses, de plusieurs papiers et documens comuns qu'en avoyent esté
« emportés et rompuz ou bruslés, jaçoyt qu'il ne s'occupa pas à les regarder et
« lire... G. DE CODET. »

XIe témoin. « Me Arnauld d'Abbadie, natif du lieu de Poutz en la baronie des
« Angles, regent des escolles en la ville de Lorde, d'aige de 40 ans..., dict
« oultre que depuis dix ou douze ans que les troubles et guerres civiles se sont
« eslevez au present pays, lad. ville de Lorde, à cause de la forteresse du
« chasteau, a esté en grandz troubles et despences de guardes et guarnisons,
« chascun parti voulant tenir led. chasteau à sa main et devotion, de sorte que
« par deux ou troys foys la ville a esté prinze par ceulx de la nobelle relligion,
« benus du pays de Biar en hors, y ayant chascune foys faict murdres, ravaiges,
« pilleries et incendes de maisons, temples et portalz, et ayant rompu, brisé et
« jecté les papiers tant comuns que des particulliers, que purent trouver, ainsi
« qu'il veyd, mesmes lhors que le seigneur d'Arros y mena le camp et la print
« à force, estant il deppossant retiré dans le chasteau, qui ne fust poinct prinz;
« et comme les trouppes s'en feurent retirées, il, estant descendu du chasteau,
« veid les rues semées de papiers et instrumens et la plus part rompuz, de quoy
« chascun qui vouloit retiroit les pieces ou ce que bon luy sembloit; et despuys
« a veu plusieurs pieces desd. documens et livres comuns estre portés à l'escolle,
« devant luy deppossant, par les enfans pour aprendre à lire, et entre aultres
« y a veu certaine procedure en pieces d'entre lesd. de Lorde et ceulx de
« la Marca pour le terroir et forest de Mosle et aultres terroirs... ARNAULD
« ABBADIE. »

XIIe témoin. 26 novembre 1581. « Jean d'Azabant, laboreur, natif du lieu de
« Roquefort aux Angles, et habitant en iceluy, d'aige de 45 ans..., aussi dict
« que despuis ses troubles, lad. ville de Lorde a esté deux foys et plus invahie,
« pillée et saccaigée par les Uguenaulx, y ayant tué plusieurs habitans et
« aultres, bruslé maisons et pillé et emporté les biens meubles; et la derniere
« foys que le seigneur d'Arros y fust avec son camp, incontinent que les trouppes
« s'en feurent parties, il depposant y fust, et veyd les rues semées de papiers,
« livres, instrumens rompuz et jectés à la disposition de chascun qui en vouloit
« prendre et retirer, et a ouy dire plusieurs foys que lhors les documens publi-
« ques en avoyent esté en partie portés... »

XIIIe témoin. « Dominicque Beguarie, baille du lieu de Juncalas au vicomté
« de Labedan, d'aige de 30 ans et plus, fils de famille..., dict que durant les
« troubles et guerres civiles puys douze ans, lad. ville de Lorde a esté en
« continuelles vexations causant le chasteau duquel chascun parti c'est voleu
« saisir et emparer, de faisson que lesd. habitans en ont esté fort mollestés par
« deux foys que lad. ville a esté prinse, rabaigée et pillée avec meurdre des

« habitans et bruslement des maisons, et, entre aultres, la derniere foys, que le
« seigneur de Arros y fust la prendre à force, n'ayant peu prendre le chasteau,
« en mena plusieurs prisoniers et pilha et ruyna la ville et la quicta, où il
« depposant fust incontinent après lad. vuidange et trouva la maison de
« Barthelemy de Batiat, son beau frere, qui avoyt esté mené prisonier à Pau,
« toute vuyde et desbalisée de tous meubles, sauf le cramail qui estoit demoré;
« et le semblable veyd en d'aultres maisons de ses amys où il entra; et veyd les
« rues plaines et semées de papiers, livres et instrumens rompuz et dilasserés,
« et a ouy dire à plusieurs des habitans que une bonne et principalle partie des
« instrumens et documens de la ville avoient esté perduz... D. BEGARYE. »

XIVᵉ témoin. « Mᵉ Pierre Beguarie, notaire de Biguier (Viger) de la vicomté
« de Labedan, habitant du lieu de Juncalas, d'aige de 85 ans..., dict que a veu
« durant les derniers troubles et guerres civiles, lad. ville en grande action et
« affaires, à cause des gardes et guarnisons, et que une foys et aultre estoient
« mizes au chasteau, duquel chascun des deux partis c'est voleu rendre et tenir
« maistre, à cause de quoy lad. ville par deux foys a esté prize et rabaigée et
« pillée des meubles et aultres choses qu'en ont peu porter, plusieurs habitans
« et aultres tués et menés prisoniers, maisons bruslées et ruinées; et il a entendu
« par plusieurs des habitans comme la plus part des documens et thresor de lad.
« ville en avoyent esté portés... PIERRE BEGUERIE, tesmoing. »

XVᵉ témoin. « Peyrolo de Carassus, laboureur, natif du lieu d'Hoste (Ousté) en
« Labedan, et habitant marié à la maison de Corade, des granges de Sainct
« Poly, despuis dix ans, d'aige de 40 ans... » dit que les gens de guerre avaient
emporté l'horloge, « que durant la guerre civile qui a esté en la probince de
« Guascoigne et ailleurs despuis doze ans et plus, la forteresse du chasteau dud.
« Lorde a esté prinz par troys foys ou plus, astuce d'ung party et tantost de
« l'aultre, à cause de quoy lad. ville a esté fort mollestée et troublée, beaucoup
« de gens mors, maisons bruslées et ruynées; et, la derniere foys, que le seigneur
« d'Arros, lieutenent en Biar, vint prendre lad. ville sans avoir peu s'emparer
« du chasteau, la quicta dans deux ou troys jours, et despuys que lesd. com-
« paignies en feurent sorties, il depposant vint en lad. ville et veyd force de
« corps morts par les rues et maisons, les maisons pillées et desbalisées des
« meubles, et beaucoup bruslées, et les papiers et instrumens par les rues semés
« et lasserés; ne sçayt si entre eux y estoient les papiers comuns ou si en feurent
« portés... PEYROLO DE CARASUS DIT DE LAQUORADA. »

XVIᵉ témoin. Mercredi, 29. « Guaixiot de Loubie, bouchier, natif et habitant
« du lieu d'Adé, d'aige de 50 ans..., dict que durant les troubles et guerres der-
« nieres, lad. ville de Lorde a esté fort mollestée à cause de la forteresse du
« chasteau dont chascun parti vouloit s'emparer; et, la derniere foys, comme
« le seigneur de Arros y mena le camp de Biar, ayant prinz à force lad. ville,
« y tuarent plusieurs perssonnes et pillerent la ville, n'ayant peu avoir ledit
« chasteau s'en partirent; après lequel partiment il depposant fust en lad. ville
« et veyd que les rues estoyent semées de papiers et instrumens rompuz, mays
« pource que ne sçayt lire, ne sçauroyt dire si c'estoyent des papiers comuns.
« Bien a ouy lesd. consuls se plaindre de lad. perte des papiers et documens
« publicques... »

XVIIᵉ témoin. « Bernard de Lamnet, tisseran, natif et habitant du lieu d'Adé,
« d'aige de 50 ans..., a dict... que les murailles et tours de lad. ville ont esté
« fort rompues et lesd. tours bruslées par ceste derniere guerre...; que durant
« ceste guerre civile despuys douze ans, lad. ville a esté fort mollestée par les

« gens d'armes et guarnisons de l'ung parti et de l'aultre et, le plus fort, par
« ceulx de la nobelle relligion, lesquels, n'a que cinq ans ou environ, conduitz
« par le seigneur de Arros, guoverneur de Biar, prindrent lad. ville, avec
« massacre de plusieurs gens, et, ne pouvant prendre le chasteau, la pillerent et
« desbalisarent des meubles que peurent avoir, et bruslarent plusieurs maisons
« et la quictarent; et comme s'en feurent partis, il alla incontinent en lad. ville
« et veyd le desordre et les rues semées de papiers, instrumens et livres, la plus
« part rompuz et dilasserés, et a ouy dire à plusieurs habitans que beaucop des
« documens de la ville c'estoyent lhors perdus... » Cf. *Les Huguenots en Bigorre*,
p. 163 et *passim*.

CORRECTIONS.

Page XI, ligne 13, *supprimer :* en 1598.
— XXXIX, — 8, *au lieu de :* Domenge Liloye, *lire :* Domenge Jouanollou, veuve d'Aurore, dite Liloye.
— — — 31, *au lieu de :* à l'endroit appelé depuis lors la Montjoie de Mourelle, *lire :* à l'endroit appelé la Montjoie de Moreau.
— XLI, — 14, *au lieu de :* au pied desquels arbres y a deux ou trois seps de vigne, *lire :* au pied desquels y a deux ou trois seps de vigne.
— — — 21, *au lieu de :* les arbres et les vignes sont couppés, *lire :* les arbres et les vignes des vergers sont couppés.
— LII, — 17, *au lieu de :* Philippe de Castelnau de Coarraze, marquis de Laloubère, *lire :* Henri-Philippe de Castelnau, seigneur de Liac.
— — note 10, *remplacer cette note par celle-ci :* Larcher, *Dict. hist. et généal.*, v° *Castelnau.*
— 5, — 1, *au lieu de :* « villa Civitatis de Navarest, » ou « villa « Civitatis, » *lire :* « communitas ville Civitatis de « Navarest, » ou « ville Civitatis. »
— 6, — 4, *au lieu de :* Ceux qui ont consulté les titres anciens savent, en effet, que les mots *dessus, sus, à parte superiori*, signifient nord ; *debat, de ius* ou *de jus, à parte inferiori*, signifient sud, *lire :* Ceux qui ont consulté les titres anciens de la Bigorre, notamment le *Censier de Bigorre*, de l'année 1429 (arch. des Basses-Pyrénées, E. 377), savent que les mots *dessus, sus, à parte superiori*, signifient sud ; *debat, de ius* ou *de jus, à parte inferiori*, signifient nord (en Béarn, la signification de ces mots est la même. Voir MM. Lespy et Raymond, *Dictionnaire béarnais*, v^{is} *Debat* et *Dessus*).
— 23, ligne 2, *aux mots :* Bassieux de Navailles, *mettre en note :* Le copiste a écrit Bassieux pour N'Assieux.
— 24, — 2, *au lieu de :* cet Arnaud de Lavedan achepta la seigneurie de Cucuron, *lire :* cet Arnaud de Lavedan achepta la seigneurie de Siarroy des mains de Bernard de Cucuron.

CORRECTIONS.

Page 54, note 2, *au lieu de :* Mauléon-Magnoac, *lire :* Monléon-Magnoac.
— 67, — 1, *au lieu de :* la rue de la Scierie, *lire :* le quai de la Scierie.
— 72, — 2, *au lieu de :* On pouvait à la rigueur, à propos de ce passage, ignorer qu'il s'agissait de dégât *(tale)* causé par le bétail dans les toiles ou filets *(fenas)* des fenêtres, *lire :* On pouvait à la rigueur, à propos de ce passage, ignorer qu'il s'agissait de dégât *(tale)* causé par le bétail aux pelouses *(fenas)* des fenêtres — une expédition de la donation de Trescrouts, que j'ai trouvée chez moi, faite le 16 mai 1675 par Henri de Bayo, not. de Saint-Pé, porte avec plus de raison : « *tale de fears ne de fenestres,* » ce qu'il faut traduire par : « dégât aux prairies ou pelouses et aux chasses » (voir F. Mistral, *Dict. provençal-français*, v° *Fenas*, et V. Lespy, *loc. cit.*, v^{is} *Fear, Heaa, Hiaa, Feaa*).
— 108, — 2, *au lieu de :* Charles III d'Albret, lire : Charles Ier d'Albret.

FAC-SIMILÉS
DE SIGNATURES

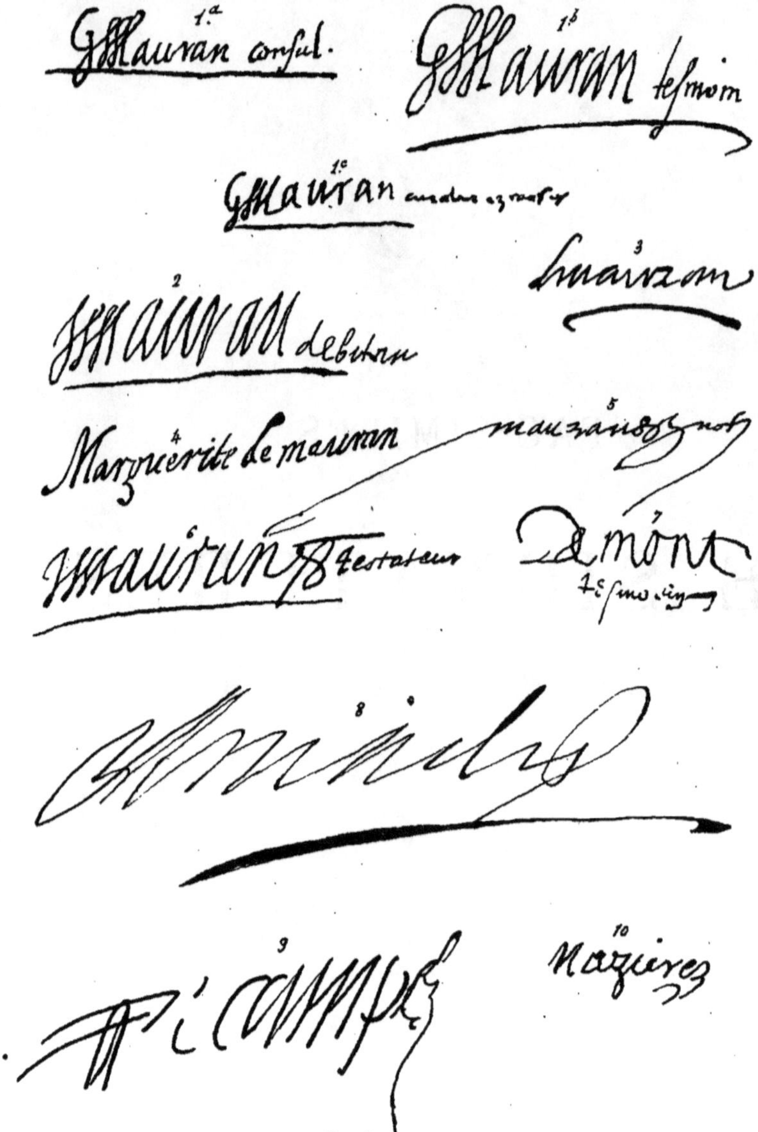

FAC-SIMILÉS DE SIGNATURES

[Planche de fac-similés de signatures numérotées 1a, 1b, 1c, 2, 3, 4, 5, 6, 7, 8, 9, 10 — signatures Mauran, Marguerite de mauran, Mazières, etc.]

Pl. I.

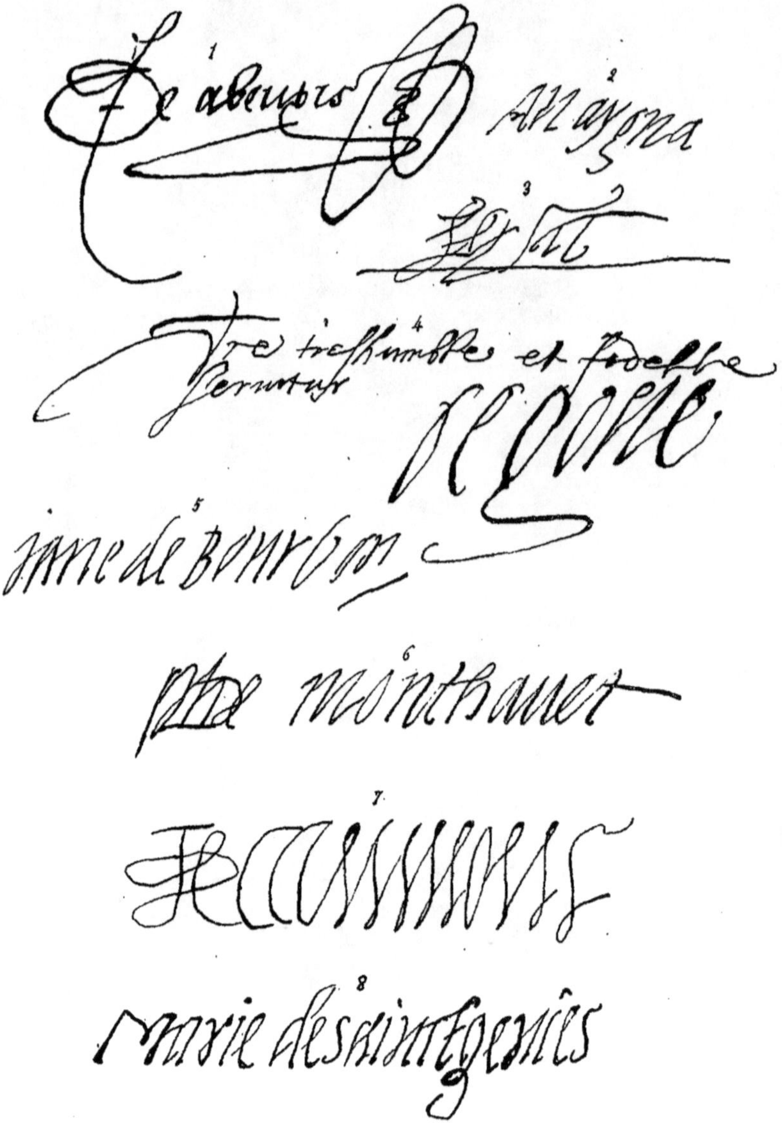

1. *De aboupis*
2. *an ayona*
3. *[illegible]*
4. *tre treshumble et fidelle serviteur de Conte*
5. *janne de Bourbon*
6. *phe monthauer*
7. *[illegible]*
8. *marie de saintegenies*

Pl. II.

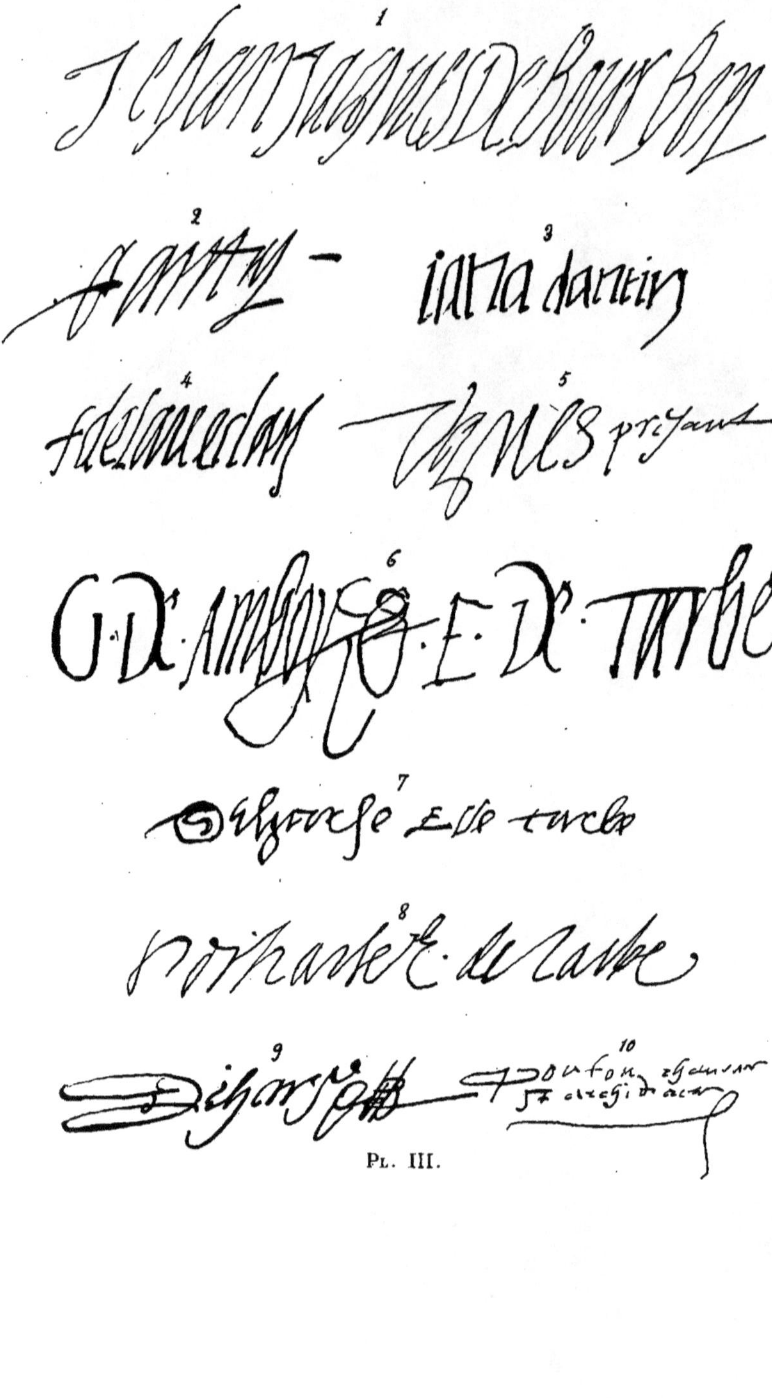

FAC-SIMILÉS DE SIGNATURES

PL. III.

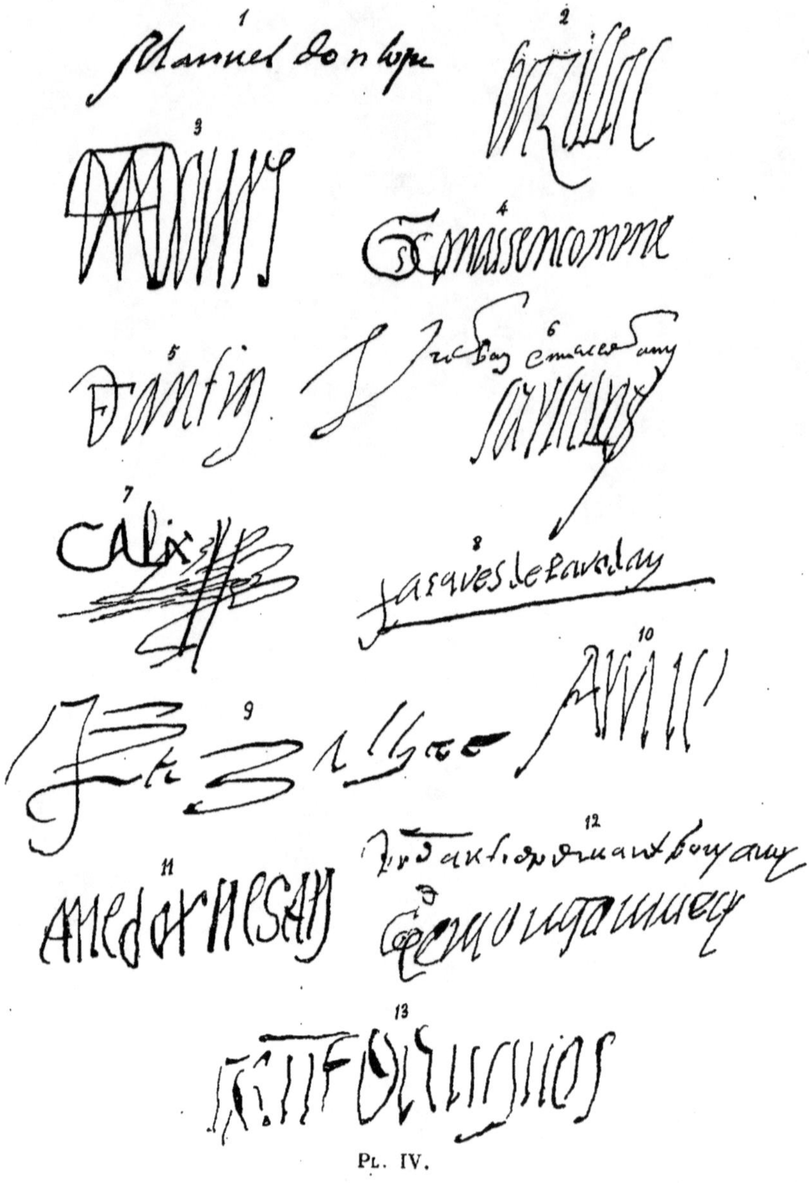

FAC-SIMILÉS DE SIGNATURES

Pl. IV.

FAC-SIMILÉS DE SIGNATURES.

[Plate V — facsimiles of signatures]

PL. VI.

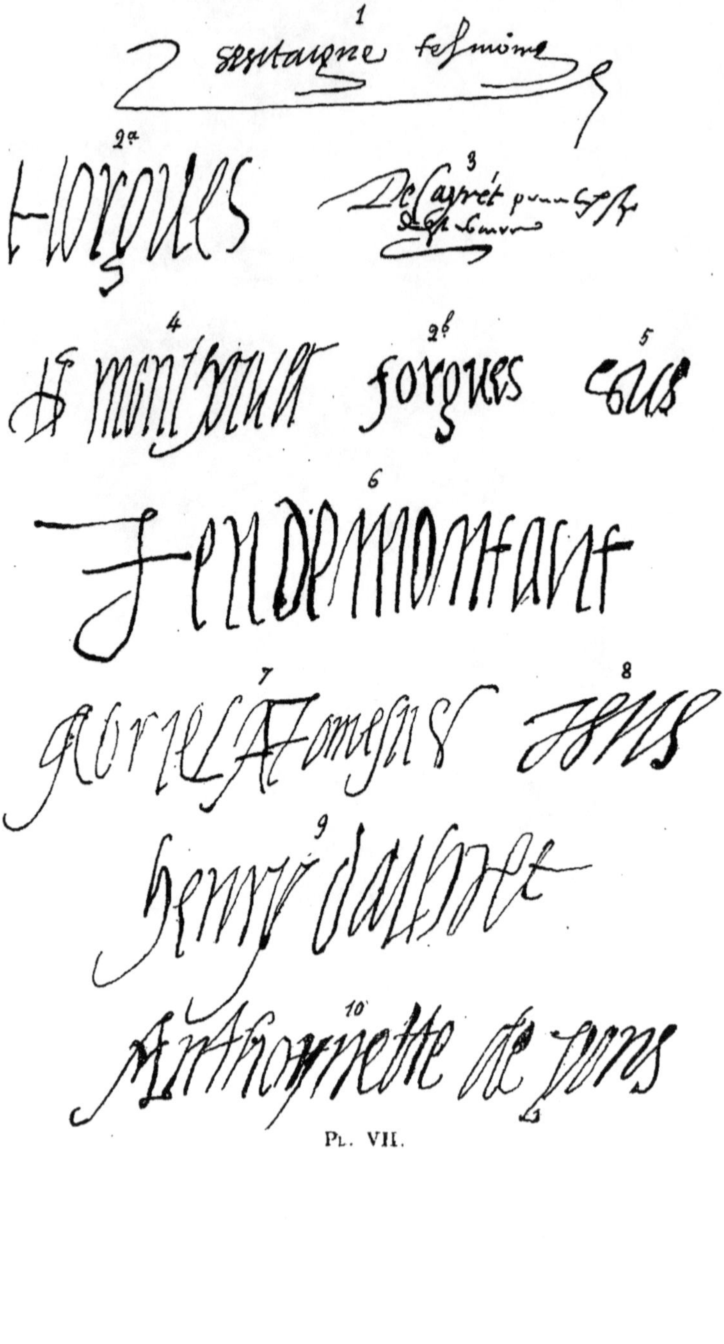

FAC-SIMILÉS DE SIGNATURES.

1. sestaigne tesmoing
2a. Forgues
3. De Cayret
4. de montjouat
2b. forgues
5. esus
6. Jen de montfaut
7. gabriel tomesus
8. Jesus
9. henry dauret
10. Anthoynette de pons

Pl. VII.

FAC-SIMILÉS DE SIGNATURES.

TABLE DES MATIÈRES.

Introduction I
Appendice I XLIX
Appendice II LX

LIVRE PREMIER.

Chapitre 1er. — Du pais et comté de Bigorre. 1
Chapitre 2e. — Des montagnes et vallée de Campan. 4
Chapitre 3e. — Des montagnes et vallée de Barege 6
Chapitre 4e. — Des montagnes et lieu de Cauterez. 11
Chapitre 5e. — Des montagnes et valée d'Azun 11
Chapitre 6e. — Des montagnes et vallée de Sales 12
Chapitre 7e. — Des montagnes et vallée de Valsoriguere et montagnes de Senpé. 15
Chapitre 8e. — De la vallée de Lavedan et maison des vicomtes de Lavedan. 16
Chapitre 9e. — Des singularités qui se trouvent ez montagnes de Bigorre. 56
Chapitre 10e. — Des coteaux et de la plaine de Bigorre. 58
Chapitre 11e. — Des villes de Bigorre et premierement de la ville et cité de Tarbe. 60
Chapitre 12e. — De la ville de Bagneres. 71
Chapitre 13e. — De la riviere de l'Adour 75
Chapitre 14e. — De la ville de Lourde. 77
Chapitre 15e. — De la riviere du Gave 78
Chapitre 16e. — De la ville de Vic. 79
Chapitre 17e. — De la riviere de l'Echez 81
Chapitre 18e. — De la ville de Rabastenx. 82
Chapitre 19e. — De la ville de Saint-Pé. 85
Chapitre 20e. — De la ville d'Ibos 88

LIVRE SECOND.

Chapitre 1er. — Que le defaut d'ecrivain nous ote la connoissance des antiquités de Bigorre et de l'origine des comtes. 91
Chapitre 2e. — D'Arnaud Gassie, comte de Bigorre 92
Chapitre 3e. — D'Inigo, comte de Bigorre. 94
Chapitre 4e. — De Centot, comte de Bigorre 94
Chapitre 5e. — De Pierre de Marsan et Beatrix, comte et comtesse de Bigorre 95
Chapitre 6e. — De Booz et Peyrone, comte et comtesse de Bigorre. . . . 96
Chapitre 7e. — D'Assinat de Chavanez, comte de Bigorre. 96
Chapitre 8e. — De Gaston de Moncade, vicomte de Marsan et Bearn, comte de Bigorre. 97
Chapitre 9e. — De Bernard Rogier et Margueritte, comte et comtesse de Bigorre. 98
Chapitre 10e. — De Gaston, comte de Foix et de Bigorre 100
Chapitre 11e. — De Gaston XIe, comte de Foix et de Bigorre 103
Chapitre 12e. — De Gaston Febus, comte de Foix et de Bigorre 104
Chapitre 13e. — De Mathieu, comte de Foix et de Bigorre 106
Chapitre 14e. — D'Archimbaut et Isabeau, comte et comtesse de Bigorre. 107
Chapitre 15e. — De Jean, comte de Foix et de Bigorre 108
Chapitre 16e. — De Gaston, comte de Foix et de Bigorre 109
Chapitre 17e. — De François Febus, roi de Navarre, comte de Bigorre. 111
Chapitre 18e. — De Jean et Catherine, roi et reine de Navarre, comte et comtesse de Bigorre 111
Chapitre 19e. — D'Henri, roi de Navarre, comte de Bigorre 112
Chapitre 20e. — D'Antoine et Jeanne, roi et reine de Navarre, comte et comtesse de Bigorre. 113
Chapitre 21e. — D'Henri, roi de Navarre et depuis roi de France, IVe du nom, surnommé le Grand, comte de Bigorre. 140

Additions 187
Corrections. 191
Fac-similés de signatures. 193

TABLE ANALYTIQUE

A

ABADIE (Guillaume) : sa mort; note, 154.

ABBADIE (Dominique d'), gendarme de la compagnie de M. de Sarlabous : détails sur sa personne; note, 142. — Son entreprise contre Casa, juge mage de Bigorre, 143.

ABEAUXIS. — Voir Abeuxis.

ABEAUXIS (Jean), avocat, est de garde à la porte de l'Horloge du Bourg-Vieux, 151. — Est tué dans une étable, 154.

ABEUXIS (Jacques), notaire, secrétaire des états de Bigorre, 120. — Retient l'acte de vente des Quatre-Vallées; note, 46. — Est député vers M. de la Valette, 168. — On lui donne Hébrard comme greffier-adjoint des états, 170.

ABZAC (Gabriel d'), sieur de Ladouze, 43.

ABZAC (Jeanne d'), femme d'Anne de Bourbon, vicomte de Lavedan, gagne son mari au protestantisme; meurt à Juncalas, 43, 49.

ABZAC (Pierre d'), sieur de Ladouze, 43.

Adé (forêt d'), 59.

Adé (les habitants d') passent un compromis avec ceux de Broto, 10.

ADOUE (le sieur de l') s'empare du château de Rabastens, 83.

Adour (l'), fleuve : 3, 58, 60, 71, 79, 80, 81, 82. — Sa source; lieux qu'il arrose; poissons qu'il renferme, 75, 76.

Adour (ponts sur l'), à Tarbes, 67. — A Montgaillard, 124.

ADOURRETS (Jean et Bertrand d'), catholiques, canonniers de Campan, disposent une batterie au siège de Tarbes, 166.

Adourrette (canal de l'); note, 67.

Aire (Tristan d'Aure, évêque d'), assiste au deuxième paréage de Saint-Pé, 87.

Aire (ville d'), 76, 125.

AIX (Jeanne de Chalons, dame d'), femme du sieur de la Chambre, 35.

ALBRET (Alain d'), surnommé le Grand, fils de Jean, vicomte de Tartas, et de Catherine de Rohan, 34. — Fournit des soldats à Catherine de Foix, reine de Navarre, pour lutter contre le vicomte de Narbonne, 111. — Fit l'éducation militaire de son petit-fils Henri II, roi de Navarre, 112.

ALBRET (Charles Ier, sire d'), connétable de France, beau-père de Jean Ier, comte de Foix et de Bigorre, combat les Anglais en Limosin, 107, 108.

ALBRET (Charles II, sire d'), mari d'Anne d'Armagnac, 34. — Est en procès avec Gaston du Lion au sujet du comté d'Armagnac, 33, 35.

Albret (duché d'), 141. — Les Anglais en sont chassés, 110.

ALBRET (Henri d'), roi de Navarre, comte de Bigorre. — Voir Henri d'Albret.

ALBRET (Jean d'), roi de Navarre, comte de Bigorre. — Voir Jean d'Albret.

ALBRET (Jean d'), vicomte de Tartas, fils de Charles II, 34.

ALBRET (Jeanne d'), femme de Jean Ier, comte de Foix et de Bigorre, 108.

ALBRET (Jeanne d'), reine de Navarre, comtesse de Bigorre. — Voir Jeanne d'Albret.

ALENÇON (Jean, duc d'), en procès avec Gaston du Lion au sujet du comté d'Armagnac, 33. — Avait épousé Marie d'Armagnac, 34, 35. — Suit le parti du duc de Bourgogne; est jugé par les pairs de France, 110.

ALFONSE VII, roi d'Espagne, 20, 95.

ALGER (le fils du roi d'), tué en duel par Gaston II, comte de Foix, 104.

ALLEMANDS (un grand nombre d') se joignent aux huguenots, 114.

Allier (village d'), 157.

AMBOISE. — Voir Amboyse.

Amboise (le tumulte d') ouvre la série des troubles religieux, 113.

AMBOYSE (Gentien d'), évêque de Tarbes, 64. — Assiste aux états de Bigorre, 118.

AMIEL, bourgeois de Toulouse, 36.

Andalousie (l'), 104.

Andrest (château d'), 18, 23, 31, 43, 45, 51, 53, 82. — Sa chapelle, 54.

Andrest (église d'), 54.

Andrest (lieu et village d'), 22, 29, 30.

Andrest (seigneurie d'), cédée, à titre d'échange, par le comte de Bigorre au vicomte de Lavedan, 6, 7, 18. — Vendue au sieur de Bégolle, 45. — Rachetée par le vicomte de Lavedan, 47.

ANGLAIS (les), 54. — Ont ruiné le château de Geu, 49. — Ont occupé le château de Lourdes, 77. — Ont probablement fortifié la ville d'Ibos, 89. — Ont occupé Tartas, 103. — Maîtres du comté de Bigorre, 105. — Sont combattus en Limosin; chassés du château de Lourdes; de Touget, 108. — Perdent les Landes et la Soule, 109, 110.

ANGLES (Arnaud des), *pleige* ou caution du comte de Bigorre, 22.

Angles (baronnie des); note, 60, 81.

Angles (un soldat des) emporte la perruque du capitaine Lysier, 162.

ANGLETERRE (connétable d'Aquitaine pour le roi d'), 89.

ANGLETERRE (Edouard d'), prince d'Aquitaine et de Galles, duc de Cornwal, comte de Chester, dit le Prince Noir : Gaston Phœbus lui envoie trois figues peintes en signe de défi, 104. — Confirme les privilèges de la ville de Tarbes, 105.

ANGLETERRE (le roi d'), 10. — Est tenu de rendre hommage au roi de France pour le duché de Guyenne, 103. — La Bigorre lui est cédée par le traité de Brétigny, et ses habitants lui prêtent serment de fidélité, 105.

Anglia, Angleterre, 105.

ANGOSSE (Guillaume Destornés, abbé laïque d'), assiste aux états de Bigorre; note, 119.

Angoulême, ville, 105.

ANJOU (Antoinette d'), femme de Jean de Bourbon, vicomte de Lavedan, 42, 56.

Annales de Foix (les), 92.

Ano (l'). — Voir Anou.

Anou (l'), ruisseau, 72, 158.

ANTIN (Arnaud, baron d'), sénéchal de Bigorre, est nommé gouverneur de ce pays en vue des guerres de religion; note, 120. — Mesures prises par lui pour la défense, 122.

ANTIN (Charles d'), capitaine. — Voir Antist.

ANTIN (François d'), fils du capitaine Gabriel d'Antin : sa querelle avec Jean-Jacques de Bourbon, vicomte de Lavedan; il tue en duel le cadet de Sus; son mariage avec la veuve du sieur de Sauveterre; sa mort, 51, 52, 53.

Antin (Gabriel d'), capitaine, du lieu d'Oursbelille; note, 51.

Antin (maison d'), alliée aux vicomtes de Lavedan, 55.

Antin (Pierre d'), *pleige* ou caution du comte de Bigorre, 22.

Antist (Charles d') et non d'Antin, capitaine, repousse les ligueurs béarnais qui avaient pénétré dans Tarbes; note, 179.

Antoine de Bourbon, deuxième duc de Vendômois, roi de Navarre, comte de Bigorre, épouse Jeanne d'Albret, 113. — Est fait lieutenant général du royaume; assiège Rouen et y est blessé mortellement, 114.

Antoisse, pour Alfonse, roi d'Espagne. — Voir Alfonse.

Anville (le maréchal d'). — Voir Damville.

Apsac. — Voir Abzac.

Aquitaine (connétable d'). — Voir Grailly.

Aquitaine (Edouard d'Angleterre, prince d'), 105.

Aragon (Béatrix d'), pour Clermont. — Voir Clermont.

Aragon (Isabeau d'), 106.

Aragon (Jayme II, roi d'), est accusé par le comte d'Armagnac d'avoir voulu empoisonner Philippe le Bel, 98.

Aragon (Jeanne d'), femme de Mathieu, comte de Foix et de Bigorre, 106.

Aragon (montagnes d'), 2, 9, 11.

Aragon (Pierre, fils du roi d'), comte de Rivegorse, 102.

Aragon (Pierre IV le Cérémonieux, roi d'), 104.

Aragonais (les) ont fait des incursions dans la Bigorre, 9.

Arbois. — Voir Arbouix.

Arbouix (Manzlance, vicomte d'), 20, 95.

Arbouix (village d'), 20.

Arcizac (Bertrand d'Antist, seigneur d'), assiste aux états de Bigorre; note, 118. — Est nommé gouverneur de Tarbes après la mort de M. de Mansan, son frère, 170.

Arcizac-Adour (village d'), 157.

Arcizans-Dessus (village d'), 11.

Areste. — Voir Eneco-Arista.

Argelès (village d'), en Lavedan : troubles sur le marché, 49.

Ariège (l'), rivière, est traversée par les troupes de Mongomery, 123.

Arises (le tombeau du vieil); note, 5 (voir aux *Additions*).

Armagnac (Aliénor d'), fille de Jean IV, mariée au prince d'Orange, 34.

Armagnac (Anne d'), fille de Bernard VII, mariée à Charles II, sire d'Albret, 34.

Armagnac (Bernard VI, comte d'), 33. — Est en procès avec Roger-Bernard III, comte de Foix, son beau-frère, au sujet du comté de Bigorre, 98. — La querelle continue avec Gaston, successeur de Roger-Bernard, 101, 102.

Armagnac (Bernard VII, comte d'), connétable de France, épousa Bonne de Berry, 34. — Est appelé en duel par Jean Ier de Foix-Grailly, comte de Foix et de Bigorre, 109.

Armagnac (Bernard d'), fils de Bernard VI, mort jeune, 33.

Armagnac (Bernard d'), fils de Jean II, comte d'Armagnac, et de Jeanne de Périgord, 33, 34.

Armagnac (Bernard d'), comte de Pardiac, fils de Bernard VII et de Bonne de Berry, 34.

Armagnac (Bonne d'), fille de Bernard VII, mariée au duc Charles d'Orléans, 34.

Armagnac (Bonsom d'), évêque de Tarbes, 25, 64.

Armagnac (Charles d'), fils de Jean IV, comte d'Armagnac, 34. — Meurt insensé, 35.

Armagnac (Charles d'), vicomte de Fezenzaguet, 45.

Armagnac (Charlotte d'), fille de Jacques, duc de Nemours, 34.

TABLE ANALYTIQUE.

Armagnac (comté d'), 19, 32, 34, 42, 76. — Est uni au comté de Rhodez, 33. — Demeure sous la main du roi, sauf les terres adjugées à la vicomtesse de Lavedan, 37, 38.

Armagnac (les comtes d') furent en procès avec les comtes de Bigorre au sujet de la succession du comté de Bigorre, 86.

Armagnac (généalogie des comtes d'), tirée du château de Beaucens, 33, 34, 35.

Armagnac (Géraud V, comte d'), issu de la maison d'Espagne, 33. — Refuse de secourir contre le roi de Navarre, Gaston VII de Moncade, vicomte de Béarn, son beau-père, et est déshérité par ce dernier, ainsi que Mathe de Béarn, sa femme, 97, 98.

Armagnac (Isabeau d'), fille de Jean IV, 45, 46. — Devient comtesse d'Armagnac et cède ses droits à Gaston du Lion, 32, 35. — Possédait les Quatre-Vallées, 37.

Armagnac (Jacques d'), duc de Nemours, exécuté à Paris, 34.

Armagnac (Jean Ier, comte d'), 33, 34.

Armagnac (Jean II, comte d'), 33. — Épousa Jeanne de Périgord, 34.

Armagnac (Jean III, comte d'), dit le Gras, meurt en Lombardie, 33, 34.

Armagnac (Jean IV, comte d'), fils de Bernard VII, 34, 35, 45.

Armagnac (Jean V, comte d'), fils de Jean IV, 32, 34, 45.

Armagnac (Jean d'), fils de Jacques, duc de Nemours, mourut sans postérité, 34.

Armagnac (Jeanne d'), fille de Jean Ier, comte d'Armagnac, mariée à Jean de France, duc de Berry, 33.

Armagnac (Jeanne d'), fille de Jean III, dit le Gras, mariée au seigneur de Lesparre, 34.

Armagnac (Louis d'), fils du duc de Nemours, 34.

Armagnac (Marguerite d'), fille de Jean III, dit le Gras, mariée au vicomte de Narbonne, 34.

Armagnac (Marguerite d'), fille du duc de Nemours, 34.

Armagnac (Marie d'), fille de Bernard VII, 34.

Armagnac (Marie d'), fille de Jean IV, épousa Jean, duc d'Alençon, 34.

Armagnac (Marthe d'), fille de Jean Ier, fut femme de Jean II, duc de Gironde, 33.

Armaignac. — Voir Armagnac.

Arnaud Ier, évêque de Tarbes. — Voir Coarraze.

Arnaud II, évêque de Tarbes. — Voir Palatz.

Arnaud-Gassie, comte de Bigorre. — Voir Garcie-Arnaud II.

Arnaute, femme d'Arnaud de Lavedan, seigneur de Beaucens, 22.

Arné (François de Devèze, seigneur d'), 123.

Arostan (l'). — Voir Rustan.

Arragon. — Voir Aragon.

Arrens (village d'), 11.

Arros (Bernard, baron d'), a le dessein d'entrer en Bigorre, 144. — Y pénètre avec 3,000 Béarnais; assiège et prend Lourdes; ne peut réussir à s'emparer du château; se retire en Béarn, 145, 146, 149. — Trompe les Bigorrais en les assurant des intentions pacifiques des Béarnais, 149. — Sa duplicité livre Tarbes à Lysier, 155.

Arros (l'), rivière, 76. — Sa source; lieux qu'il arrose; étymologie de son nom, 58.

Arrost (l'). — Voir Arros (l').

Arrostan (l'). — Voir Rustan.

Artagnan (Jean de Montesquiou, seigneur d'); note, 47.

Arzans (Thomas de Meylogan, seigneur d'). — Voir Meylogan.

Aspe (vallée d'), 79.

Asson (Germain d'), de Bagnères, contribue à la mort de Lysier; note, 161. — Succède à la Brousse comme gouverneur de Bagnères, 170.

Asson (les habitants d') sont battus par ceux de Salles, sur la montagne des Bergons, 13, 14. — Inquiètent ceux de Saint-Pé au sujet des mon-

TABLE ANALYTIQUE.

tagnes, 16. — Leurs droits sur la forêt de Trescrouts et leurs procès avec Saint-Pé, 86.

Asson (montagnes d'), 12.

ASTARAC (Marthe d'), troisième femme d'Arnaud IV, vicomte de Lavedan, 27.

ASTARAC (Philippe de Comminges, comtesse d'), 27.

Asté (château d') : M. de Gramont y met une garnison, 156.

ASTÉ (le seigneur d'), du pays de Bigorre, sert le roi de France contre l'Angleterre, 103.

Asté (montagnes d'), 5.

Asté (vicomté d'), 75.

ASTER, Aster. — Voir Asté.

AUBARÈDE (Bertrand, seigneur d'), assiste aux états de Bigorre ; note, 118.

Aubarède (village d'), 58.

Auch (la cité d'), 64.

Auch (Guillaume, archevêque d'), fait la dédicace de l'église de Saint-Pé, 86.

Auch (Léonard de Trapes, archevêque d'), préside à la translation des reliques de saint Orens, 64-70.

Aucun (village d'), 11.

AUGUSTI (numen), 74.

Augustins (église des), à Paris, 102.

AURE (Arnaud d'), de Lourdes, est chargé par les états de Bigorre de percevoir des impôts, 168.

Aure (baronnie d'), 19, 37, 40, 53. — Vente de l'usufruit de cette terre au roi de Navarre, 45, 46.

AURE (Manaud Ier d'), évêque de Tarbes, 64.

Aure (montagnes d'), 114.

Aure (vallée d'), 2, 4.

Aureilhan (village d'), occupé par MM. d'Aussat et de Saint-Paul, 163.

Auriège (l'), rivière. — Voir Ariège.

AUSSAT (M. d') occupe Aureilhan ; note, 163.

Aux. — Voir Auch.

AVERAEDE, Averede. — Voir Aubarède.

Ayné (village d'), 28.

Ayre. — Voir Aire.

Azereix (les habitants d') passent un compromis avec ceux de la vallée de Broto, 10.

Azereix (la Montjoie du chemin d'), 69.

Azereix (village d'), 82. — Est occupé par le capitaine Moret, 164.

Azerex. — Voir Azereix.

Azun (les fiefs d'), donnés au vicomte de Lavedan par le comte de Bigorre, 27.

Azun (les habitants de la vallée d') passent un compromis avec ceux de Broto, 9, 10. — Leur caractère, 12. — Prêtent serment de fidélité à Louise du Lion, vicomtesse de Lavedan, 36.

Azun (montagnes et vallée d'), 9, 12, 13, 17, 78. — Leur situation ; leurs limites ; nombre des villages qu'elles contiennent, 11.

B

Bagés. — Voir Bayés.

BAGET. — Voir Moles.

BAGET (Odet de), protestant, envoyé en mission dans le Béarn ; note, 149. — Donne de fausses assurances aux consuls de Tarbes, 150.

Bagnères (bains de), 3.

Bagnères (hôpital de), 54.

Bagnères (inscription romaine à), 74.

Bagnères (montagnes de), 5, 72.

Bagnères (porte Dessus de), 74.

Bagnères (ville de), 60. — Sa température est trop froide pour la vigne, 17. — Sa situation ; sa description ; son ancienneté ; ses chasses aux ramiers ; note (voir aussi aux Corrections) ; ses eaux thermales ; a été épargnée par les guerres ; vers du poète du Bartas, 71-75. — Est gouvernée par M. de Baudéan, 157. — A une garnison, 158, 167. — Les états de Bigorre y sont assemblés, 167, 168. — Est gouvernée par le s^r de la Brousse, 169 ; — par d'Asson, 170.

Baignères. — Voir Bagnères.

BALESTRADE (Nicolas), avocat, syndic du tiers état, est mis à rançon; note, 131. — Est donné pour conseil à Cayret et à Régio, nommés syndics du tiers état, 170.

Bapoey. — Voir Betpouey.

Baradgin (le pont), à Gavarnie, 8.

BARBAZAN (Arnaud-Guillaume de) est *pleige* ou caution du comte de Bigorre, 22.

Barbazan (fiefs de), 32.

BARBAZAN (le seigneur de), du pays de Bigorre, sert le roi de France contre l'Angleterre, 103.

Barbazan-Debat (château et seigneurie de), 18, 29, 30, 32, 37.

Barbazan-Dessus (baronnie de); note, 48. — Lysier y a été châtelain du roi de Navarre, 150, 154.

Bardoues (terroir de), 15.

Barège. — Voir Barèges.

Barèges (bains de), 3.

Barèges (les habitants de la vallée de) jouissent de la Rivière-de-Gavarnie; ont conclu, après plusieurs guerres, un traité de paix avec les habitants de Broto; note, 8-10.

Barèges (montagnes de), 6, 9, 11, 94.

Barèges (vallée de), 5, 9, 17, 21, 78. — Avait autrefois les vicomtes de Lavedan pour seigneurs; contient dix-sept villages, divisés en quatre vics, 6, 7, 18.

BARON JACQUES, capitaine, mis à Bordères avec sa compagnie de cavalerie, 163.

Barousse (terre et baronnie de), 19, 37, 40, 53. — Vente de l'usufruit de cette terre au roi de Navarre, 45, 46.

BARTAS (Guillaume de Saluste, seigneur du); note, 73. — Extraits de ses vers sur Bagnères, 73, 74. — Est né en Gascogne; compose un poème pour célébrer l'entrée du roi et de la reine de Navarre à Nérac, 141.

BARTÈRES. — Voir Barthère.

BARTHE (le capitaine la), de Castelnau-Magnoac, est blessé, 161.

BARTHÈRE (M. d'Antin, seigneur de), assiste aux états de Bigorre; note, 119.

Bartraés. — Voir Bartrés.

Bartrés (village de), 59.

BAS (Arnaud-Raymond de) et non de Bazet, cède au duc de Gascogne ses droits sur le lieu de Geyrés, 85.

BASIAN. — Voir Bazian.

BASILIAC, *Basiliac*. — Voir Bazillac.

Bastide-Clairence (la), ville, 82.

Bastillac, quartier de Tarbes; note, 82.

Batsoriguère. — Voir Batsurguère.

Batsurguère (les habitants de la vallée de) se livrent au trafic du blé, 16. — Contribuent à l'entretien de la garnison de Lourdes, 115, 156.

Batsurguère (montagnes de), 13, 16. — Leur description, 15.

Batsurguère (vallée de), 17. — Contient cinq villages; est très peuplée, 16.

BAUDÉAN (Antoine, seigneur de), gouverneur de Bagnères, 157, 162. — Défend aux habitants de Trébons d'envoyer des hommes et des vivres à Lysier, 158. — Est tué par ce dernier, 159. — Est remplacé comme gouverneur de Bagnères par M. d'Ozon, 167.

Bayés (lieu, village de), 18, 22.

Bayonne (ville de), 76, 79. — Les Anglais en sont chassés, 110.

BAZET, pour Bas. — Voir Bas.

BAZIAN (Gaston de Bourbon, seigneur de), 37.

BAZIAN (Jean de Bourbon, seigneur de), 42, 45, 50, 129. — Assiège Tarbes avec Montamat, 128. — Prie son cousin, le capitaine Forgues, de se rendre, 130. — Surprend Tarbes avec Lysier, 152.

BAZILIAC. — Voir Bazillac.

BAZILLAC (Jean, baron de), assiste aux états de Bigorre; note, 118. — Est nommé gouverneur de Bigorre en vue des troubles religieux, 121. — Prend des mesures pour la défense du pays; commande l'artillerie au siège de Navarrenx, 122. — Est fait prisonnier à Orthez et conduit à Pau, d'où il s'évade pendant la nuit, 125.

TABLE ANALYTIQUE.

Bazillac (Paul, baron de), assiste à la translation des reliques de saint Orens ; note, 66. — Reçoit une garnison à Tostat, 156. — Refuse les fonctions de syndic de la noblesse, 170. — Repousse les ligueurs à Tarbes, 181. — Abandonne Tarbes aux ligueurs, 182. — Se retire au château de Rabastens, 85, 184.

Bazillac (Raymond-Emeric et non Arnaud de), abbé de Saint-Pé, renouvelle le paréage de la ville, 87.

Bazillac (les seigneurs de) sont alliés aux vicomtes de Lavedan, 55. — Ont fondé le couvent des Carmes de Tarbes et y ont leur sépulture, 71.

Béarn (Catherine de Bourbon, princesse de), sœur de Henri IV, s'emploie à la pacification du pays, 173. — Gouverne les terres de son frère, 177. — Son départ du Béarn accroît l'audace des ligueurs, 180.

Béarn (les états de) approuvent l'exhérédation de Mathe de Moncade, 98.

Béarn (le for de), 93.

Béarn (Gaston IV, vicomte de), 20, 95. — Assiste à la dédicace de l'église de Saint-Pé, 86.

Béarn (les huguenots de) veulent s'emparer du château de Mauvezin, 115. — Quittent Tarbes après le massacre de ses habitants, 139. — Infestent Saint-Pé et Lourdes, 141. — S'emparent de la ville de Lourdes ; sont repoussés par les habitants du Lavedan, 145, 146.

Béarn (Jean de), seigneur de Casteljaloux, sénéchal de Bigorre et capitaine de Lourdes ; note, 10.

Béarn (la noblesse de) se joint à Terride, 122.

Béarn (pays de), 2, 12, 13, 16, 59, 79, 88, 104, 125, 133, etc. — Est limitrophe d'Ibos, 88. — Est donné par Charles Martel à une partie de ses soldats, 92, 93.

Béarn (la vicomté de), 100, 104. — Est unie à la vicomté de Marsan et au comté de Bigorre, 97.

Béarn (les vicomtes de) sont moins anciens que les comtes de Bigorre, 92. — Le premier fut bigorrais ; le deuxième, auvergnat, 93.

Béarnais (les), 13, 81, 146, etc. — Ont vécu en république, 92. — Ceux qui suivent Gaillardet Petit périssent avec celui-ci, 110. — Prennent d'assaut la tour de Saint-Aunix, 175. — Pénètrent dans Tarbes avec Jandet, 178.

Béarnois. — Voir Béarnais.

Béatrix, comtesse de Bigorre, femme de Pierre de Marsan, assiste à la dédicace de l'église de Saint-Pé, 86. — Est mentionnée au *Censier de Lavedan*, 95.

Beaucen. — Voir Beaucens.

Beaucens (château de), 33. — Est le séjour des vicomtes de Lavedan ; est pillé au commencement des troubles religieux, 18.

Beaucens (église de), 54.

Beaucens (le vic de), 6.

Beaussen. — Voir Beaucens.

Beauxis. — Voir Abeauxis et Abeuxis.

Bédat (le), montagne, a une grotte, 75.

Bégolle (Antoine, seigneur de), épouse Jeanne de Bourbon ; note, 44, 47. — Fait vendre en faveur du roi de Navarre l'usufruit des Quatre-Vallées, 45. — Reçoit pour la dot de sa femme la baronnie de Barbazan-Dessus, 48.

Bégolle (le sieur de), fils du précédent ; note, 52.

Bellegarde (Roger de Saint-Lary, seigneur de), 123.

Belloc, village, 79.

Belloy (Pierre du) : citation de son commentaire de l'édit d'union du domaine de Navarre à la couronne de France, 95.

Bénac (baronnie de) ; note, 60, 81.

Bénac (la borde de), sise aux faubourgs de Tarbes, 124.

Bénac (château de) : le capitaine Forgues y est mis en garnison, 169.

Bénac (les huguenots de) pillent Tarbes ; enlèvent des titres dans l'église Saint-Jean, 132.

Bénac (Philippe de Montaut, baron de), sénéchal de Bigorre, est procureur du roi de Navarre pour la vente des Quatre-Vallées; note, 46. — Son attitude au moment de l'arrivée en Bigorre de M. de Castelnau-Chalosse, 84, 174. — Déloge les ligueurs établis dans l'église d'Ibos et fait démolir les fortifications de cet édifice, 88. — Assiège Tarbes avec Montamat, 128. — Est chargé par les habitants de Tarbes de traiter avec Arros, 149. — Redevient sénéchal de Bigorre après la mort de M. de Labatut, 173. — Menace inutilement les ligueurs, 175. — Met des soldats au Bourg-Vieux, 185.

Bénac (Raymond de), *pleige* ou caution du comte de Bigorre, 22.

Bénac (Raymond-Guillaume de) cède au duc de Gascogne ses droits sur le lieu de Geyres, 85.

Benauge (vicomte de). — Voir Grailly.

Bergons (le), rivière, 78.

Bergons (les), montagne, 13.

Bernac-Debat, village, 157.

Bernac-Dessus, village, 157.

Bernacs. — Voir Bernac-Debat et Bernac-Dessus.

Bernard Ier (II), évêque de Tarbes, 63.

Bernard II (IV), Lobat de Montesquiou, évêque de Tarbes, 63.

Bernard III (VIII), évêque de Tarbes, 63.

Bernard IV (?), évêque de Tarbes, 64.

Berry (Bonne de), femme de Bernard VII, comte d'Armagnac, 34.

Berry (Jean de France, duc de), marié avec Jeanne d'Armagnac, 33.

Besaudun. — Voir Bezaudun.

Betpouey, village, 7.

Bezaudun (Gaston du Lion, seigneur de). — Voir Lion.

Bidouse (la). — Voir Bidouze.

Bidouze (la), rivière, 79.

Bigordains, Bigordans.—Voir Bigorre (les habitants de la).

Bigorre (les barons de) refusent de prendre les armes en faveur de Louis Hutin, leur comte; note, 101.

Bigorre (barreau de la sénéchaussée de) : l'auteur de la *Sommaire description* en fait partie depuis dix-huit ans, 62.

Bigorre (comté de), 2, 4, 115. — Ancienneté de son érection, 1 ; on en ignore la date, 91. — Est uni aux vicomtés de Béarn et de Marsan, 97. — Le roi de France le met en séquestre; le procès relatif à la succession de ce comté dure plus d'un siècle, 98. — Est cédé aux Anglais par le traité de Brétigny ; est reconquis sous Charles V, roi de France, 105. — Charles VII en accorde la mainlevée à Jean Ier, comte de Foix, 87, 109.

Bigorre (comtes de), 4. — Acquièrent par échange la vallée de Barèges, 6. — Perçoivent la ferme du lac de Lourdes, 77. — Leurs procès avec les comtes d'Armagnac au sujet de la succession de Bigorre, 86. — Les rois de France prennent le titre de comtes de Bigorre, 87. — Donnent de beaux privilèges à la ville d'Ibos, 88. — Leur ancienneté, 92. — Série de ces comtes; notes, 91-113, 140.

Bigorre (comtesses de Bigorre), 91-113, 140.

Bigorre (coteaux de) : leur description, 58, 59.

Bigorre (les états de) sont assemblés à Tarbes, 117. — Nomment MM. d'Antin et de Bazillac gouverneurs du pays, 120. — Sont réunis à Bagnères, 167, 168. — Veulent négocier la paix avec les Béarnais, 169. — Prennent pour gouverneur de Tarbes le capitaine Forgues, 174. — Se tiennent à Lourdes et mettent fin à la Ligue en acclamant le roi, 185.

Bigorre (gens de) faits prisonniers à Orthez, 125.

Bigorre (des gentilshommes de) se joignent à Terride, 122.

Bigorre (les habitants de la) font une incursion en Espagne et y perdent leur sénéchal, 9, 10. — Refusent de prendre les armes pour Louis Hutin, leur comte, 101. — Prêtent serment au roi d'Angleterre, 105.

Bigorre (juge mage de), 47, 141.

Bigorre (montagnes de), 5, 16, 56. — Séjour du bétail; faune; arbres; plantes médicinales; mines, 57, 58.

Bigorre (pays, terre de), 3, 4, 6, 13, 19, etc. — Sa situation; sa description; ses limites; son climat; ses productions, 1-4. — N'a eu encore aucun historien, 91. — Le protestantisme y fait des adeptes, 114. — Mongonmery l'épargne à son premier passage, 125.

Bigorre (Pic du Midi de), 56.

Bigorre (plaine de), 3, 76. — Sa description, 58-60.

Bigorre (le sénéchal de), 10, 46, 99, 101, 105, 148. — Conclut, à Rabastens, un paréage avec Saint-Pé, 87. — Est prié de traiter la paix entre la Bigorre et le Béarn, 169.

Bigorre (les villes et les villages de), 60. — Contribuent à l'entretien des troupes, 157, 167.

BIGOURDAINS. — Voir Bigorre (les habitants de la).

Blois (ville de), 42.

BOCCARÈS. — Voir Boucarrès.

Bolbone. — Voir Boulbonne.

Bolevart. — Voir Boulevard.

BONASSE (François de Béarn, seigneur de), capitaine catholique, 182. — Occupe Lourdes; se rend à Tarbes; note, 132, 133. — Met le feu au Maubourguet et au Bourg-Crabé et se retranche dans le Bourg-Vieux et le Bourg-Neuf, 134. — Perd ses meilleurs soldats; est trahi par un de ses lieutenants, 135. — Est défait et tué dans la mêlée, 136.

BONSOM, évêque de Tarbes. — Voir Armagnac.

Booz, comte de Bigorre. — Voir Maiestad.

Bordeaux (ville de) : les habitants de la Bigorre y prêtent serment de fidélité au roi d'Angleterre, 105.

Bordères (forêt de), 59.

Bordères (village de), 82. — Est occupé par des compagnies de cavalerie de M. de Gramont, 163. — Est traversé par le capitaine Brun et ses soldats, 166.

Borderet (église du), 54.

Bordes (village de), 58, 163. — Les compagnies de MM. de Larboust et de Tarbes y logent, 175.

BOSSUDE (la), femme de Tarbes, subornée par Jandet, seconde les desseins de ce dernier, 178.

Bostun (prairie du), 15, 16.

BOUCARRÈS (Christophe d'Angos, seigneur de), assiste aux états de Bigorre; note, 119.

Boulbonne (le couvent de), 104.

Boulevard (la tour du), à Tarbes, 136, 139.

Boulin (les habitants de) refusent de payer une contribution à Lysier, 160.

BOURBON (Anne de), vicomte de Lavedan, cède les Quatre-Vallées au roi de Navarre; soutient de gros procès contre ses proches, 42. — Se fait protestant; est atteint de paralysie; clauses de son contrat de mariage avec Jeanne d'Abzac; épouse en deuxièmes noces Catherine de Tersac; notes, 43. — Abjure le protestantisme; est enseveli dans l'église Saint-François de Tarbes, 49. — Est cousin du roi de Navarre, 56.

BOURBON (Antoine de), roi de Navarre. — Voir Antoine.

BOURBON (Catherine de), sœur de Henri IV. — Voir Béarn.

BOURBON (Charles, bâtard de), vicomte de Lavedan, 55, 56. — Rend hommage de ses terres à la reine de Navarre; épouse Louise du Lion; notes, 35.

BOURBON (Charles II, duc de), lutte contre François Ier, roi de France, 112.

BOURBON (ducs de), 56.

BOURBON (Gaston de), seigneur de Bazian, 37.

BOURBON (Henri IV de), roi de France. — Voir Henri de Bourbon.

BOURBON (Henri de), seigneur de

Malause et de Chaudes-Aygues, 42.
BOURBON (Jean de), vicomte de Lavedan ; note, 37, 56. — Épouse : 1º Antoinette d'Anjou ; 2º Françoise de Silly ; notes, 42.
BOURBON (Jean-Jacques de), vicomte de Lavedan, est empêché par les Salezans de rebâtir le château de Geu, 15, 49. — Prend pour conseil l'auteur de la *Sommaire description*, 17. — Est en Italie au moment de la mort de son père ; est un des meilleurs cavaliers de son temps ; fait la guerre aux ligueurs, 49. — Épouse : 1º Catherine de Bourbon-Bazian, sa cousine ; 2º Marie de Gontaut-Saint-Geniès ; note, 50, 51. — Est injurié par François d'Antin qu'il fait mettre à mort ; obtient sa grâce ; reçoit du roi les places de Villecomtal et Montégut en Pardiac ; note, 51-53. — Sa mort ; clauses de son testament ; ses obsèques, 54, 55. — Sa fidélité à la religion catholique à laquelle il convertit sa femme Marie de Goutaut, 51, 56.
BOURBON (Jeanne de), femme d'Antoine de Bégolle, 44.
BOURBON (Jeanne de), femme de Guillaume de Montvallat, 44.
BOURBON (Louis II dit le Bon, duc de), fait la guerre aux Maures, 106.
BOURBON (Madelaine de), femme de Jean-Louis de la Corne, dame de Siarrouy ; note, 44.
BOURBON (la maison de) compte quatre vicomtes de Lavedan, 55.
BOURBON (Manaud de), protonotaire apostolique ; note, 37, 42.
BOURBON-BAZIAN (Catherine de), vicomtesse de Lavedan ; note, 50.
BOURBON-BAZIAN (Jean de), père de la précédente. — Voir Bazian.
Bourbonnais (le), pays, 113.
BOURDEILLE (Jeanne de), dame de Ladouze, 43.
Bourg-Crabé (le), quartier de Tarbes : sa situation, 71. — Est brûlé par Bonasse, 134.
Bourg-Neuf (le), quartier de Tarbes, 70, 134, 178. — Sa description, 71. — Est pris d'assaut par l'armée catholique, 165.
Bourg-Neuf (la porte du), à Tarbes, 135, 143.
Bourgogne (Jean-Sans-Peur, duc de), lutte contre Charles VII, roi de France, 110.
Bourg-Vieil. — Voir Bourg-Vieux.
Bourg-Vieux (le), quartier de Tarbes, 128, 134, 152, 178. — Sa description, 70, 71. — Les huguenots en sont chassés, 165.
Bourg-Vieux (la rue du), 153.
Bourg-Vieux (les tours du), 185.
Brétigny (le traité de) donne la Bigorre au roi d'Angleterre, 105.
Broto (les habitants de la vallée de), en Espagne, font un traité de paix avec ceux de la vallée de Barèges, 8, 9. — S'accordent avec Jean de Béarn, sénéchal de Bigorre, 10.
BROUSSE (Jérôme de Laval, sieur de la), capitaine, est nommé gouverneur de Bagnères, 169. — Est remplacé par le sieur d'Asson, 170.
Bruges (lieu de), 177.
BRUN, capitaine protestant, lieutenant de Lysier, va inutilement au secours de ce dernier et se replie sur Tarbes, 162. — Quitte Tarbes et opère sa retraite en Béarn, 166.
BUCH (captal de). — Voir Grailly.
Bun, village, 11.
BUX. — Voir Buch.

C

Cabanac (village de), 58.
Cabane Fouilleuse ou la Louve, forêt, 100.
Cachon. — Voir Caixon.
Cadillac, pris sur les Anglais, 110.
CAIRET. — Voir Cayret.
Caixon (château de), au pouvoir du capitaine Saint-Pé, 166. — Est délivré, 167.

Caixon (village de), brûlé par les huguenots, 166.

CALIS. — Voir Calix.

CALIX (Jean de), vicaire général, assiste aux états de Bigorre, 118.

Campan (montagnes de), 6, 75. — Leur étendue, 4. — Ont un chemin qui conduit à Barèges, 5.

Campan (vallée de), 75. — Est riche en bétail à laine et en beurre, 5. — Est trop froide pour la vigne, 17.

Campan (lieu, village de), 17, 158, 166. — Note, 4.

Cap de la Seuve de Morgat (le), 8.

CARDÉ, bourgeois de Lourdes, est chargé par les états de Bigorre de lever des impôts, 168.

CARMES (couvent et église des), à Tarbes ; note, 65, 67. — Fondés par les seigneurs de Bazillac, 71. — Brûlés par les soldats de Mongonmery, 127. — Pris d'assaut par les capitaines Vieuzac et Fontan, 165.

Carrère-Longue (le bourg de), à Tarbes, 61, 128. — Sa description, 70. — M. de Laloubère, ligueur, y met sa cavalerie, 181.

Carrère-Longue (rue de), 129, 153.

CASA (Arnaud de), huguenot, juge mage de Bigorre, s'enfuit à Pau ; sa maison est pillée ; note, 141-143.

CASA (Barthélemy de), avocat, est de garde à la porte de l'Horloge, 151. — Prend la fuite à la vue de Lysier, 154.

CASA (le fils aîné du juge mage) occasionne la mort du sieur de Frexe et de Jean Abeauxis, 154.

CASAUX (Antoine de), capitaine, du lieu d'Oursbelille, chargé de gouverner Tarbes en l'absence du capitaine Forgues, a une contestation avec Manaud de Prat ; note, 176.

CASAUX (M^r de) distribue des munitions aux soldats catholiques qui assiègent Tarbes ; note, 165.

CASAVANT (le capitaine), catholique, combat les Béarnais à Lourdes ; note, 147, 148.

CASTELBAJAC (Catherine de Lavedan, dame de) ; note, 30.

CASTELBAJAC (Jacques de Durfort, baron de), assure les habitants de Tarbes des intentions pacifiques des Béarnais, 149.

CASTELBAJAC (maison de), alliée à celle de Lavedan, 55.

CASTELBAYAC. — Voir Castelbajac.

CASTELBON. — Voir Foix.

CASTELJALOUX (Jean de Béarn, seigneur de). — Voir Béarn.

Casteljaloux (seigneurie de), 10, 29.

CASTELLOBON, 106. — Voir Castelbon.

CASTELLOBON, *Castellobon*. — Voir Castelloubon.

CASTELLOUBON (Arnaud-Raymond de), ou plutôt de Castelbajac, caution du comte de Bigorre, 22.

Castelloubon (baronnie et extrême de), 29.

Castelloubon (château de), 18.

Castelloubon (montagnes de), 81.

Castelloubon (vicomté de) ; note, 6, 79, 81.

CASTELNAU DE CHALOSSE (Jacques, baron de), s'empare du château de Rabastens ; notes, 84, 174.

Castelnau-Magnoac (église Sainte-Anne de), 54.

Castelnau-Magnoac, ville, 161.

CASTELNAU-TURSAN (Antoine de), évêque de Tarbes, 64.

CASTELNAU-TURSAN (Louis de), évêque de Tarbes, 64.

Castetgeloux. — Voir Casteljaloux.

Castetlobon. — Voir Castelloubon.

CASTETNAU. — Voir Castelnau.

Castetnau de Maignoac. — Voir Castelnau-Magnoac.

CASTILLE (Alfonse XI, roi de), 104.

Castillon (lieu de), 32.

Castres (ville de) : Mongonmery y lève des troupes, 123.

CATHERINE DE FOIX-GRAILLY, reine de Navarre, comtesse de Bigorre, 109. — Est inquiétée par le vicomte de Narbonne, son oncle, 111. — Epouse Jean d'Albret ; est couronnée avec lui, 112.

CATHERINE DE MÉDICIS, reine de

France, gouverne le royaume pendant la minorité de son fils, 114.
CAUBOTTE (le capitaine), catholique, garde le château de Lourdes, 148. — Est envoyé à Ibos, 164.
Cauterets (bains de), 3, 11.
Cauterets (montagnes de), 78. — Leur situation, 11.
Cauterets (vallée de), 17.
Cauterets (village de), 11.
Cauterez. — Voir Cauterets.
CAYRET (Guillaume de), syndic de Bigorre ; note, 170.
CENTOT II, comte de Bigorre, 9, 20, 94, 97, 98. — Donne des privilèges à la Bigorre ; est appelé aussi Centouil, en latin *Centulus*, 95.
CENTOUIL. — Voir Centot.
CENTULLE-GASTON dit le Jeune, vicomte de Béarn, assiste à la fondation de l'abbaye de Saint-Pé, 92, 93.
CENTULUS. — Voir Centot et Centulle.
CÉSAR (Jules), 74.
Cesaraugusta. — Voir Saragosse.
CESTRIÆ *(comes).* — Voir Chester.
CETTULUS. — Voir Centot.
CHABANAIS (Esquivat de), comte de Bigorre, 21, 22. — Confirme les privilèges que Centot avait accordés à la Bigorre ; esquisse biographique ; note, 96, 97.
CHABANAIS (Marthe de), fille d'Esquivat, comtesse de Bigorre, 96, 97, 98.
CHALONS (Jeanne de), dame d'Aix, 35.
Chalosse (la), pays, 76.
CHAMBRE (Louis de Seyssel, comte de la), 35.
CHARLES IV dit le Bel, comte de la Marche et de Bigorre, fils de Philippe le Bel, 87, 102.
CHARLES V, roi de France, comte de Bigorre, 87. — Reprend la Bigorre aux Anglais, 105.
CHARLES VI, roi de France, comte de Bigorre, 25, 87, 105. — Envoie le connétable Sancerre pour s'emparer de la succession de Mathieu, comte de Foix, 107.
CHARLES VIII, roi de France, comte de Bigorre, 87. — Accorde la mainlevée du comté de Bigorre, 109. — Nomme pair de France Gaston, comte de Foix et de Bigorre, pour juger le duc d'Alençon, 110.
CHARLES IX, roi de France, 140. — Est sous la tutelle de Catherine de Médicis, sa mère, 114.
CHARLES MARTEL, maire du palais, défait les Sarrazins, 92. — Donne le Béarn à une partie de ses soldats, 92, 93.
Chartres (la paix de) rompue par les huguenots, 116.
Châtelet (le) de Paris, 104.
Chaudes-Aygues (baronnie de), 19.
CHAUDES-AYGUES (Henri de Bourbon, seigneur de), 42.
CHAVANEZ. — Voir Chabanais.
CHESTER (Édouard d'Angleterre, comte de), 105.
Chèze (village de), détruit par une avalanche de neige, 7, 8.
CHILPÉRIC II, roi de France, 92.
CHRÉTIEN, évêque de Tarbes, 63.
Cieutat (village de) ; note, 5.
Cité (la), quartier de Tarbes où se trouve l'église cathédrale, 152.
Clarens (la bastide de). — Voir Bastide-Clairence.
CLERMONT (Béatrix de), femme de Jean Ier, comte d'Armagnac, 33.
COARRAZE (Arnaud-Raymond Ier de), évêque de Tarbes, 63.
Coarraze (bourg, château, lieu de), 66, 69, 79. — Surpris par les capitaines catholiques qui occupaient Lourdes, 133.
COARRAZE (Civilie de), première femme d'Arnaud IV, vicomte de Lavedan, 25.
COARRAZE (Gaillard de), évêque de Tarbes, 63.
COARRAZE (Raymond-Arnaud de), évêque de Tarbes, 63.
Cohitte (la maison de) ; note, 20.
Coignac, quartier de Tarbes ; note, 82.
COLIGNY (Gaspard de), amiral de France, commande les huguenots, 122.
COLOMÈS, famille, 52.

Comenges (le peuple de). — Voir Comminges.

Comminges (Bernard VI, comte de), 103.

Comminges (Bernard VII, comte de), se joint au comte d'Armagnac pour combattre le comte de Foix, 102.

Comminges (Éléonor de), femme de Gaston, comte de Foix et de Bigorre, 103, 104.

Comminges (Mathieu de Foix-Grailly, comte de), 108. — Est secouru par son neveu Gaston, comte de Foix et de Bigorre, 109.

Comminges (le peuple de) fond sur la Bigorre et y exerce des brigandages, 180.

Comminges (Philippe de), comtesse d'Astarac, 27.

Comtat-Venaissin (le) est sous la dépendance du pape Martin, 109.

Condé (Louis Ier, prince de), tué à Jarnac, 122.

Condé (Henri Ier, prince de), fils du précédent, 123.

Condom (la route de), 125.

Cordeliers (couvent des), de Tarbes, fondé par les seigneurs de Lavedan, 70. — Brûlé par les huguenots, 127.

Cordeliers (église des), de Tarbes, 54. — Lieu de sépulture des vicomtes de Lavedan; note, 49, 55. — Brûlée par les huguenots, 127. — Lieu de sépulture de la famille Mauran, 132.

Corlens. — Voir Courlens.

Corne (Jean-Louis de la), mari de Madelaine de Bourbon, 44.

Cornwal (Edouard d'Angleterre, duc de), 105.

Cornubiæ *(dux)*. — Voir Cornwal.

Courlens, famille, 52.

Coserans. — Voir Couserans.

Couserans (Jean de Lomagne, vicomte de), seigneur de Fimarcon, 31.

Cucuron (Bernard de) vend la seigneurie de Siarrouy à Arnaud III, vicomte de Lavedan, 24 (voir aux *Corrections*).

Curton (Catherine de), mère de la vicomtesse de Lavedan, 31.

D

Damville (Henri de Montmorency, seigneur de), maréchal de France, 123, 126. — Contraint Mongonmery à séjourner en Béarn, 125.

Darré (Arnaud-Guillem de), catholique, est établi commissaire des vivres de l'armée de Gramont; note, 163.

Davantaygue (vallée, vic de); note (voir aux *Corrections*), 6, 17.

Dax (Bernard, évêque de), assiste à la dédicace de l'église de Saint-Pé, 86.

Dax (ville de), 76. — Les Anglais en sont chassés, 109.

Devant Aigues. — Voir Davantaygue.

Domayron (Arnaud), capitaine ligueur, occupe le Portail-Davant, à Tarbes; en est chassé; note, 181.

Don-Lope (Emmanuel), espagnol réfugié, accompagne les reliques de saint Orens, 66, 67, 69.

Douce (la). — Voir Douze.

Doucet (Géraud du), et non de Lustet, évêque de Tarbes, 63.

Dourette (la). — Voir Adourrette.

Dours (Manaud d'Izauguier, seigneur de), assiste à la translation des reliques de saint Orens; note, 66. — Est ligueur et entre dans Tarbes, 183.

Dours (métairie de M. de): Lysier, blessé, s'y réfugie, 162.

Douze (la), rivière, 76.

E

Echez (l'), rivière, 3, 76, 80. — Sa source; lieux qu'il arrose, 81, 82.

Eléonore, fille de Jean II, reine de Navarre, femme de Gaston IV, comte de Foix, 109, 110, 111.

ENECO-ARISTA, comte de Bigorre, chasse les Sarrasins de la Navarre; devient roi de cette province; son courage lui vaut le surnom d'*Areste;* note, 94.

ENECUS. — Voir Eneco-Arista.

Engolesma. — Voir Angoulême.

Escaledieu (abbaye de l'), 58. — Tombe au pouvoir de Jean-Guillem, 115.

ESGOARRABAQUE (Jacques de Sainte-Colomme, seigneur d'), capitaine catholique, est à Lourdes; note, 132, 133. — Suit Bonasse à Tarbes; est d'avis d'abandonner Tarbes, assiégée par Montamat et de fuir vers Lourdes, 135. — Refuse de se rendre après la prise de Tarbes et meurt dans la tour du Boulevard, victime d'un indigne stratagème, 139.

Espagne (l'), 8, 11, 17, 20, 38, 87, 95. — Plusieurs paysans de Bigorre s'y réfugient, 180.

Espagne (cheval genet d'), 12.

ESPAGNE (maison d'), 33.

ESPAGNE (les rois d') confirment les « ligues et pacheries » entre la vallée de Broto et celle de Barèges, 10.

ESPAGNOLS (les), 12.

ESPARROS (Béatrix d'), femme d'Arnaud II de Lavedan, seigneur de Castelloubon, 22, 23, 24.

Esquièze (village d'), 7.

Esterre (village d'), 7.

ESTIBAYRE (Roger et Jean d'), capitaines catholiques, combattent les Béarnais à Lourdes; note 147. — L'un d'eux garde le château de Lourdes, 148.

ESTIVAIRE. — Voir Estibayre.

EUDES, roi de Gascogne; notes, 91, 92.

F

FASENSAGUET. — Voir Fezensaguet.

FAUST (saint), évêque de Bigorre, 63.

FERDINAND V le Catholique, roi d'Espagne et d'Aragon, dispose les Navarrais à recevoir François-Phœbus comme leur prince légitime; s'empare de la couronne de Navarre, 111, 112.

FEZENSAGUET (Charles d'Armagnac, vicomte de), 45.

FIEUMARCON. — Voir Fimarcon.

FIMARCON (Jean de Lomagne, seigneur de), 31.

Fitole (la). — Voir Lafitole.

FLANDRE (Robert, comte de), fait la guerre à Philippe le Bel, 102.

Foix (Les Annales de), chronique, 92.

FOIX (Blanche de), femme de Jean de Grailly, 107.

Foix (le collège de), fondé à Toulouse par le cardinal Pierre de Foix-Grailly, 108.

Foix (le comté de), 100, 111.

FOIX (Gaston Ier de), vicomte de Béarn, comte de Bigorre, fils de Roger-Bernard III, 103, 107. — Le séquestre du comté de Bigorre continue sous lui, 100. — Poursuit la lutte de son père contre le comte d'Armagnac, 101. — Suit le roi de France dans l'expédition dirigée contre Robert, comte de Flandre; tourne ses armes contre l'Espagne; sa mort, 102.

FOIX (Gaston II de), vicomte de Béarn, comte de Bigorre, fils du précédent; prince vaillant; sert le roi de France contre les Anglais; soutient le siège de Tournay en Picardie; assiège Tartas; obtient en récompense de ses services la vicomté de Lautrec, 103. — Conduit l'armée française en Andalousie; y est tué par les Maures; est enseveli au couvent de Boulbonne, 104.

FOIX (Gaston III Phœbus, comte de), vicomte de Béarn, comte de Bigorre, fils du précédent, fait la guerre aux Sarrasins d'Espagne; taille en pièces les Jacquets, au marché de Meaux; est emprisonné au Châtelet, pour refus d'hommage du Béarn au roi de

France; envoie trois figues peintes au prince de Galles, en signe de défi; épouse Agnès de Navarre; sa mort, 104, 105, 106.

Foix (Histoire des comtes de), par Hélie de Pamiers, 94.

Foix (Isabeau de), femme d'Archambaut de Grailly, comtesse de Bigorre, 107, 108.

Foix (Jeanne de), femme de Pierre, comte de Rivegorse; note, 102.

Foix (Mathieu, comte de) et de Bigorre, vicomte de Castelbon, lutte contre les Maures; est vaincu par Martin, roi d'Aragon; épouse Jeanne d'Aragon, 106.

Foix (les religionnaires de) cherchent à s'emparer du château de Mauvezin, 115.

Foix (Roger-Bernard III de), comte de Bigorre, soutient le vicomte de Béarn, son beau-père, contre le roi de Navarre; combat le comte d'Armagnac, son beau-frère, 98.

Foix (Thomas de), évêque de Tarbes, 64.

Foix-Castelbon (Roger Ier de), évêque de Tarbes, 64.

Foix-Grailly (Archambaut de), seigneur de Navailles, 108.

Foix-Grailly (Catherine de), reine de Navarre. — Voir Catherine de Foix.

Foix-Grailly (François-Phœbus de), roi de Navarre. — Voir François-Phœbus.

Foix-Grailly (Gaston de), captal de Buch, 108.

Foix-Grailly (Gaston IV de), comte de Bigorre, fils aîné de Jean Ier et de Jeanne d'Albret, 108, 111. — Renouvelle le paréage de Saint-Pé, 87. — Epouse Eléonor de Navarre; lutte contre les Anglais; est lieutenant pour le roi en Guyenne; est fait pair de France; sa mort, 109, 110.

Foix-Grailly (Gaston de), fils aîné du précédent, marié à Madelaine de France, sœur de Louis XI, 109.

Foix-Grailly (Jean Ier de), comte de Bigorre, donne les fiefs d'Azun au vicomte de Lavedan, 27. — Epouse: 1° Marie de Navarre; 2° Jeanne d'Albret; 3° Jeanne d'Urgel; chasse les Anglais du fort de Lourdes; leur prend Touget, 108. — Obtient la mainlevée du comté de Bigorre, 87, 109.

Foix-Grailly (Jean de), vicomte de Narbonne, inquiète Catherine de Foix, reine de Navarre, au sujet de ses possessions, 111.

Foix-Grailly (Mathieu de), comte de Comminges. — Voir Comminges.

Foix-Grailly (Pierre de), moine de l'ordre de Saint-François; est fait cardinal par le pape Martin; fonde le collège de Foix, à Toulouse, 108.

Foix-Grailly (Pierre de), vicomte de Lautrec et de Villemur, 108.

Foix-Grailly (Pierre de), dit le Jeune, évêque de Tarbes, cardinal, dispose les Navarrais à recevoir son neveu François-Phœbus pour leur prince légitime, 111.

Fontan (Thomas de), capitaine catholique, est au siège de Tarbes; note, 164. — S'empare du couvent des Carmes et du Bourg-Neuf, 165.

Fontenilles (Philippe de la Roche, seigneur de), occupe Bordères avec sa compagnie de cavalerie; note, 163.

Force (Jacques-Nompar de Caumont, marquis puis duc de la), retire la garnison de Tarbes, 85. — Remet Tarbes sous l'obéissance du roi, 185.

Forgues (Dominique de Lavedan, dit le capitaine), catholique, est fait prisonnier à Orthez; note, 125. — Est gouverneur de Tarbes et prend des mesures pour la défense de la ville, 128. — Est assiégé par Montamat, 130. — Est fait prisonnier avec sa femme, 131. — Est mis en garnison à Séméac, 156. — Ses soldats accourent sur le théâtre de la mort de Lysier, 162. — Est frère du capitaine Vieuzac, 164. —

Est mis en garnison au château de Bénac, 169. — Est nommé gouverneur de Tarbes pour s'opposer à la Ligue, 174. — Veille à la défense de la ville ; est atteint de la gravelle et meurt, 175, 177.

FORGUES (Antoinette de Lasseran, femme du capitaine), est prise avec son mari, par Montamat, 131.

Forgues. — Voir Horgues.

France (la), 38, 66, 87, 91. — Est occupée par les Anglais, 105. — Les troubles religieux commencent à Amboise, 113. — Sac de plusieurs villes, 114.

FRANCE (le roi de), 38, 86. — Confirme les « ligues et pacheries » entre les habitants de Broto et ceux de Barèges, 10. — Cède les Quatre-Vallées au roi de Navarre, 45. — Est parent des vicomtes de Lavedan, 56. — Est comte de Bigorre, 87. — Recouvre la Bigorre, 105. — Protège Venise, 112. — Charge Terride de rétablir la religion catholique en Béarn, 122.

France (le royaume de) échoit par succession à Henri III de Navarre, 113.

FRANÇOIS Ier, roi de France, combat le duc de Bourbon ; est fait prisonnier à Pavie, 112, 113.

FRANÇOIS II, roi de France : les guerres de religion commencent sous son règne, 113.

FRANÇOIS-PHŒBUS, roi de Navarre, comte de Bigorre, 30, 109. — Succède à son aïeule Éléonore, au royaume de Navarre ; éprouve des résistances et finit par être couronné à Pampelune ; meurt empoisonné, 111.

FREXE (Bertrand de), bourgeois de Tarbes, est poignardé, 154.

FREXE (Jean de), lieutenant de Bazillac, conseille en vain à ce dernier de résister aux ligueurs ; note, 182.

FROISSART, le chroniqueur, 58.

G

Gabardan (vicomté de), 103.

GABELLEURS (les) sont réprimés en Guyenne, 113.

Gaillac (ville de) : Mongonmery y lève des troupes, 123.

Gaillagos, village, 11.

GAILLARD Ier, évêque de Tarbes, 63.

GAILLARD II, évêque de Tarbes. — Voir Coarraze.

GAILLARDIE (Guillaume la), 124.

Gajan. — Voir Gayan.

GALAUPIO (François de), chanoine, blesse Lysier à l'assaut de la cathédrale ; note, 153.

Galice, province d'Espagne, 54.

GALLES (Édouard, prince de), 105.

GALOSSE (M^r de), officier opposé à la Ligue, est chassé d'Ibos ; note, 179, 180.

GAMACHES (Thibaut de), catholique, juge d'appeaux de Bigorre, est fait prisonnier et mis à rançon ; note, 131.

Garaison (chapelle de), 54.

Garasson. — Voir Garaison.

GARCIE-ARNAUD II, comte de Bigorre ; note, 92, 93.

GARGANT (le sieur de), capitaine catholique, est au siège de Tarbes, 165.

Garonne (la), rivière, est traversée par Mongonmery, 123.

GARREBAQUE. — Voir Esgoarrabaque.

Gascogne (la), province, 1, 141. — L'armée catholique l'occupe, 123.

Gascogne (gentilshommes de) servant le roi de France contre l'Angleterre, 103.

Gascogne (royaume de), 91.

GASCOGNE (Sanche-Guillaume, duc de). — Voir Sanche-Guillaume.

Gasost. — Voir Gazost.

GASTON VII, comte de Bigorre, vicomte de Béarn. — Voir Moncade.

Gaules (les), 74.

TABLE ANALYTIQUE.

Gavardan. — Voir Gabardan.

Gavarnie (hôpital, lieu de); note, 1, 9, 10.

Gave (le), rivière, 11, 17. — Ses sources; son cours, 78, 79.

Gave (le pont du), près de Saint-Sauveur, 11.

Gayan (lieu de), 143.

Gayon, village du canton de Lembeye, Basses-Pyrénées, 28, 32.

Gazost (village de) : mine de plomb et d'argent, 57.

Geau. — Voir Geu.

GENÉVOIS (les) font la guerre aux Maures, 106.

Génie (ruisseau de la), 15.

Ger (village de), occupé par Jean-Guillem, 115.

GERDEREST (Brunicende de), 2ᵉ femme d'Arnaud IV, vicomte de Lavedan, 25, 28.

Gers (le), montagne, 60.

Gés (village de), 15.

Geu (le château de), 18. — Ruiné par les Salezans, 15. — Par les Anglais, 49.

Geu (les habitants de) passent un compromis avec ceux de Broto, 10.

Geyrés, nom du lieu où fut bâtie l'abbaye de Saint-Pé, 85.

Geyrez. — Voir Geyrés.

GIRONDE (Jean II d'Aragon, duc de), 33.

Godon. — Voir Goudon.

Goesque. — Voir Huesca.

GONTAUT SAINT-GENIÈS (Arnaud de), 50.

GONTAUT SAINT-GENIÈS (Marie de), veuve de Philippe de Montaut-Bénac : ses richesses, ses mérites; est protestante; son mariage avec Jean-Jacques de Bourbon, vicomte de Lavedan; sa conversion, 50, 51, 56; note, 54.

Goudon, village, 58.

GRAILLY (Archambaut de), captal de Buch, vicomté de Benauges, comte de Bigorre, époux d'Isabeau de Foix, lutte contre Louis de Sancerre, connétable de France, 107. — Combat les Anglais après avoir été de leur parti, 108.

GRAILLY (Jean de), captal de Buch, connétable d'Aquitaine pour le roi d'Angleterre, confirme les privilèges d'Ibos, 89. — Épouse Blanche de Foix, 107.

GRAMONT (Antoine de), vicomte d'Asté, 123. — Sa compagnie se rend à Tarbes, sous la conduite du baron de la Peyre, 144, 145. — Exhorte les habitants de Tarbes à obéir au roi, 148. — Prend des mesures pour combattre Lysier, 155-157. — Apprend la mort de ce dernier; assiège Tarbes occupé par le lieutenant de Lysier, 162-165. — Pénètre dans le Bourg-Vieux sans coup férir et se dirige vers Caixon, 166. — Permet aux états de faire un emprunt, 168.

GRAMONT (Gabriel de), évêque de Tarbes, 64.

Grèce (la), 91.

GRELY, GRESLI, GRESLIE. — Voir Grailly.

Grenade, ville des Landes, 125.

Grust (village de), 7.

Guiche (village de), enlevé aux Anglais, 110.

Guienne. — Voir Guyenne.

GUILLAUME-FORT, vicomte de Luna et de Soule (?), 20, 95.

GUILLAUME HUNAUD, évêque de Tarbes. — Voir Hunaud de Lanta.

Guyenne (la), 110, 140. — Les gabelleurs y sont réprimés, 113.

Guyenne (duché de), 103.

H

Hargues, lieu-dit, 79.

Hastingues, enlevé aux Anglais, 110.

Haute-Guyenne (la), 168.

HÉBRARD (Antoine), greffier-adjoint des états de Bigorre; note, 170.

HÉLIE, de Pamiers, auteur de l'*Histoire des comtes de Foix*, 94.

Hénaut (Samson de), de Lourdes, commis à la garde du château de Rabastens, en est chassé par la garnison de Tarbes, 85.

Henri II d'Albret, roi de Navarre, comte de Bigorre, 112. — Est fait prisonnier à Pavie; épouse Marguerite, sœur de François Ier; est gouverneur de Guyenne, 113.

Henri de Bourbon, prince de Navarre, naît au château de Pau, 113. — Se retire à la Rochelle, 116. — Est chef des huguenots, après Condé, 122, 123. — Devient roi de Navarre; comte de Bigorre; épouse Marguerite de Valois, 140. — Fait son entrée à Nérac, 141. — Est à Mont-de-Marsan, 174. — Fait sa sœur Catherine gouvernante de ses terres, 177. — Est roi de France, 186.

Hontan (la). — Voir Lahontan.

Horgues (le capitaine). — Voir Forgues.

Horgues (Gaston d'Armagnac, seigneur de), lieutenant de robe courte du sénéchal de Bigorre, préside les états; note, 169.

Horgues (village, seigneurie de), 19, 22, 28, 29, 31, 96, 175. — Cédé à Raymond-Gassie IV, vicomte de Lavedan, 22.

Horguete. — Voir Hourquette.

Horloge (porte de l'), à Tarbes, 131, 151.

Hourquette (passage de la), 12.

Huesca (la cité de), 64-70.

Huguenots (les), prennent plusieurs villes de France, 114. — Se retirent à la Rochelle, 116. — Reconnaissent le prince de Navarre pour chef, 122. — Brûlent les églises de Tarbes, le palais épiscopal, les maisons des chanoines, 127. — Conspirent contre Charles IX et sont massacrés en partie le jour de Saint-Barthélemy, 140.

Hugues, famille, 52.

Hunaud de Lanta (Guillaume), évêque de Tarbes, 63.

I

Ibos (l'église d'), au pouvoir des ligueurs, est délivrée par M. de Bénac, 88, 179.

Ibos (les forêts d') ont des sangliers et des chevreuils, 88.

Ibos (ville d'), 46, 59, 81. — Les comtes de Bigorre lui accordent des privilèges, 88. — Les Anglais l'ont probablement fortifiée, 89. — Mongonmery y passe, 124. — Est occupée par le capitaine Caubotte, 164.

Igon (habitants d') : leurs droits sur les montagnes de Trescrouts; leurs procès avec Saint-Pé, 86.

Iharse (Salvat Ier d'), évêque de Tarbes, 64.

Iharse (Salvat II d'), évêque de Tarbes : son rôle dans la translation des reliques de saint Orens d'Auch, 64-69.

Iharse (Salvat d'), archidiacre de Bazillagués, assiste à la translation des reliques de saint Orens, 68.

Imbert (Antoine), bon arquebusier, tue un grand nombre de huguenots; note, 129.

Incamps (Antoine de Molo, seigneur d'), commande au château de Lourdes; note, 172.

Inigo, comte de Bigorre. — Voir Eneco-Arista.

Isavi. — Voir Ysaby.

Isle-en-Dodon (ville de l'), prise par Gaston IV de Foix-Grailly, 110.

Isotges. — Voir Izotges.

Italie (l'), 49.

Ivonet, bon arquebusier, tue un grand nombre de huguenots; note, 129.

Izotges, village, 58.

J

Jacquets (bande de), taillée en pièces au marché de Meaux, 104.

JANDET, béarnais, tente un coup de main sur Tarbes, 177, 178. — Échoue et meurt percé de coups d'arquebuse, 179.

Jarnac (bataille de), 122.

JEAN, évêque de Tarbes, 64.

JEAN II LE BON, roi de France, comte de Bigorre, 87. — Est fait prisonnier à Poitiers, 105.

JEAN II, roi de Navarre, 109. — Est dépossédé par son fils Charles et rétabli par le comte de Foix, son gendre, 110.

JEAN D'ALBRET, roi de Navarre, comte de Bigorre, 111. — Refuse de porter secours au pape Jules II ; perd la couronne de Navarre ; meurt à Monein, 112.

JEAN GUILHEM, bandolier. — Voir Linières.

JEANNE D'ALBRET, reine de Navarre, comtesse de Bigorre, 18. — Épouse Antoine de Bourbon, 113. — Interdit le culte catholique en Béarn, 114. — Se retire à la Rochelle, 116. — Se rend à Paris pour le mariage de son fils et y meurt, 140.

JÉGUN (le capitaine), catholique, commissaire de l'artillerie au siège de Tarbes, 166.

Juillan (lieu de) : le grand chemin de Tarbes à Lourdes y passe, 81.

JULES II, pape, fait perdre la couronne de Navarre à Jean d'Albret, 112.

Juncalas (église, village de), 43, 54.

L

LABARRIÈRE (Pierre de), juge mage de Bigorre ; note, 46.

LABARTHE (le seigneur de), propriétaire des Quatre-Vallées, 38.

Labarthe de Nestez (baronnie, terre de), 19, 37, 40, 53. — L'usufruit en est vendu au roi de Navarre, 45, 46.

Labatsus (vic de), 7, 11.

LABATUT (Antoine de Rivière, vicomte de), est nommé sénéchal de Bigorre ; note, 148. — Reprend Vic et Lescurry, 171. — Est fait gouverneur particulier de la Bigorre, 173.

LACOSTE, médecin de Tarbes, prétendait avoir découvert une mine d'or près d'Uz, 57, 58.

LACROIX, habitant de Tarbes ; note, 130.

Ladouze (château de), en Périgord, 43.

LADOUZE (Gabriel d'Abzac, sieur de), 43.

LADOUZE (Pierre d'Abzac, sieur de), 43.

Lafitole (château de), appelé *la lanterne de Bigorre*, 59. — Reçoit une garnison, 156.

Lafitole (village de), 59.

LAGARDE (Bernard de Castelbajac, seigneur de), assiste aux états de Bigorre ; note, 119.

Lagarde (lieu de), 59.

Lahontan, village, 79.

LALOUBÈRE (Étienne de Castelnau, seigneur de), capitaine ligueur, occupe Tarbes ; note, 181. — Est nommé gouverneur de cette ville, 184. — Remet Tarbes sous l'obéissance du roi, 185.

Laloubère (village de) : Mongommery y passe, 124. — M. de Larboust l'occupe, 163.

Lande-Morine (la), 60.

Landes (les), 76.

LANE (Arnaud). — Voir Lanne.

Languedoc (le), 109. — L'armée catholique l'occupe, 123.

LANNE (Arnaud), chanoine, assiste aux états de Bigorre ; note, 118.

LAONS. — Voir Lons.

LAPEYRE (Savary d'Aure, baron de), capitaine catholique ; note, 47. — Se rend à Tarbes avec la compagnie de Gramont dont il est lieutenant ; note, 144, 145.

LARBOUST (le vicomte de), catholique, conduit sa compagnie à Tarbes ; note, 145. — Occupe Laloubère avec ses chevau-légers, 163. — S'établit à Bordes, 175.

LARREULE (Ezius, abbé de); note, 95.
Larreule (village de), 1. — A une abbaye de l'ordre de Saint-Benoît, 59.
LARROQUE (Bernard de Montaut-Bénac, seigneur de), 50. — S'empare de Vic et de Lescurry; note, 170, 171.
LAUSUN. — Voir Lauzun.
Lautrec (chapelle de), dans l'église Saint-François de Tarbes: sépulture de la famille Mauran, 132.
LAUTREC (Jean de Foix-Grailly, vicomte de), donne son appui à Catherine de Foix, reine de Navarre, 111.
LAUTREC (Pierre de Foix-Grailly, vicomte de) et de Villemur, 108.
Lautrec (vicomté de), 103.
LAUZUN (Gabriel de Caumont, vicomte de), 123.
LAVAL (Jérôme de). — Voir Brousse (la).
LAVEDAN (Arnaud Ier, vicomte de); note, 20, 95.
LAVEDAN (Arnaud II, vicomte de); note, 22.
LAVEDAN (Arnaud III, vicomte de); note, 23. — Achète la seigneurie de Siarrouy à Bernard de Cucuron, 24 (voir aux *Corrections*).
LAVEDAN (Arnaud IV, vicomte de); notes, 24-27.
LAVEDAN (Arnaud V, vicomte de); note, 27, 29, 30.
LAVEDAN (Arnaud-Guillem de), 26.
LAVEDAN (Béatrix de), femme de n'Assieu de Navailles, 23.
LAVEDAN (Bernard de), seigneur de Horgues; note, 28, 31.
LAVEDAN (Bertrand de), seigneur de Sauveterre; note, 25, 26, 28.
LAVEDAN (Blanchefleur de), fille d'Arnaud IV, 26.
LAVEDAN (Catherine de), dame de Castelbajac; note, 30.
LAVEDAN (censier de la maison de), dit « Livre vert de Bénac, » 7, 17, 19, 20, 22, 94.
LAVEDAN (Comtesse de), dame d'Antin; note, 25.

LAVEDAN (Fortaner de), sieur de Beaucens, 24.
LAVEDAN (Galiane de), femme de Bernard de Rivière, sénéchal d'Armagnac, 26.
Lavedan (les habitants du) passent un compromis avec ceux de Broto, 10. — Empêchent la restauration du château de Geu, 49. — Repoussent, au Pont-Neuf de Lourdes, les huguenots de Béarn, 146-148.
LAVEDAN (Jacques de), prieur de Momères, vicaire général, poursuit à cheval les troupes de Mongonmery; note, 124.
LAVEDAN (Jean de), fils d'Arnaud IV, 26.
LAVEDAN (Jean de), sieur de Beaudéan, 26.
LAVEDAN (Jeanne de), femme de Gaston du Lion, 30. — Clauses de son contrat de mariage, 31, 32.
LAVEDAN (madame de) a la jouissance d'Andrest, 30.
LAVEDAN (Marguerite de), fille d'Arnaud IV, 26.
Lavedan (montagnes de), 78.
LAVEDAN (Pélégrin de), 22.
LAVEDAN (Pélégrin de), fils d'Arnaud IV, 26. — Est seigneur usufruitier de Siarrouy, 30.
LAVEDAN (Raymond de), frère d'Arnaud IV, 25. — Seigneur de Siarrouy, 30.
LAVEDAN (Raymond-Arnaud de), fils d'Arnaud IV; note, 25, 26, 31.
LAVEDAN (Raymond-Garcie Ier, vicomte de); note, 19, 20.
LAVEDAN (Raymond-Garcie III, vicomte de); note, 21.
LAVEDAN (Raymond-Garcie IV, vicomte de); note, 21, 22.
LAVEDAN (Raymond-Garcie V, vicomte de); note, 23.
LAVEDAN (Raymond-Garcie VI, vicomte de); note, 24.
LAVEDAN (Raymond-Garcie VII, vicomte de); note; épouse Bélesgard de Montesquiou; clauses du contrat, 28, 29, 30. — Dernier vicomte du

nom de Lavedan, 31. — Sa mort, 35.

Lavedan (Raymond-Garcie de), fils d'Arnaud IV, abbé de Saint-Savin ; note, 25.

Lavedan (vallée de), 12, 77, 146. — Sa description, 16, 17.

Lavedan (les vicomtes de) : généalogie, 16-56. — Ont fondé le couvent Saint-François, de Tarbes, 51, 70.

Lavelanet (le sieur de) s'empare de plusieurs places dans le pays de Foix, 111.

Laveranet. — Voir Lavelanet.

Lectoure, ville, 35.

Lescar (église cathédrale de) : François-Phœbus y est enseveli, 111.

Lescar (Sanche, évêque de), assiste à la dédicace de l'église de Saint-Pé, 86.

Lescurry (le château de) est défendu par Gramont, 157. — Occupé par Larroque ; repris par Sarlabous et Labatut, 171.

Lesparre (Guillaume-Amanieu de Madaillan, seigneur de), 34.

Lespouey (Lancelot de Saint-Paul, seigneur de), gouverneur de Tarbes ; note, 177. — Chasse de Tarbes un parti de Béarnais, 179.

Lestelle (les habitants de) fatiguent ceux de Saint-Pé au sujet des montagnes, 16. — Leurs droits sur Trescrouts ; leurs procès avec Saint-Pé, 86.

Lezer (saint), 63.

Libourne, ville, 109.

Licerasse, capitaine catholique, est envoyé à Séméac ; note, 156.

Ligueurs (les) prennent les armes ; occupent le fort de Villecomtal, 49, 173. — Sont poursuivis par les Béarnais, 175. — Entrent dans Tarbes, 177, 178. — Sont introduits dans l'église d'Ibos, 88, 179. — Se soumettent au roi, 185.

Limosin (le), 108.

Linières (Jean-Guillaume de), capitaine protestant, descend des montagnes d'Aure ; note, 114. — Se cantonne à Ger ; s'empare de l'Escaledieu, 115. — Est fait prisonnier et conduit à Toulouse, 116.

Lion (Gaston du), seigneur de Bezaudun, 19, 33, 35, 45, 46. — Épouse Jeanne, héritière de la vicomté de Lavedan, 31, 32. — Recueille les droits de la comtesse Isabeau d'Armagnac ; son procès, à ce sujet, avec le duc d'Alençon, le sire d'Albret et le duc de Vendôme, 33, 35.

Lion (Hispan du), sieur de Vielleségure et abbé d'Orthez, 31.

Lion (Louise du), 19, 45, 46. — Est mariée à Charles, bâtard de Bourbon, 35. — Reçoit le serment de fidélité des habitants d'Azun, 36. — Obtient les Quatre-Vallées par arrêt du parlement de Paris, 37. — Les syndics de ces vallées forment opposition à l'arrêt ; note, 37, 38. — Elle transige avec le roi et reste usufruitière, 39-42.

Livrasse. — Voir Licerasse.

Lomagne (Jean de), vicomte de Couserans, seigneur de Fimarcon, 31.

Lomagne (Jean de), fils du précédent, 31.

Lombardie (la), 34.

Lons (Jean, seigneur de), cap. protestant, assiège Tarbes avec Montamat, 128. — Assure les habitants de Tarbes des intentions pacifiques des Béarnais, 149.

Lorde. — Voir Lourdes.

Loubère (la), *Loubère* (la). — Voir Laloubère.

Louis X Hutin, roi de France et de Navarre, comte de Bigorre ; notes, 100-102.

Louis XI, roi de France, 109.

Louis XII, roi de France, 39.

Loupès (Emmanuel). — Voir Don-Lope.

Lourdes (château de), 77, 78. — Les Anglais en sont chassés, 108. — Est occupé par Bonasse, 133. — Est gardé par les capitaines Manas, Estibayre et Caubotte, 148. — MM. de Vieuzac et de Mont y commandent, 155, 156. — Fournit un canon pour le siège de Tarbes, 165. — M. de Miossens y met le capitaine Incamps, 172.

Lourdes (hôpital de), 54.

Lourdes (Pont-Neuf de), 78, 146.

Lourdes (Pont-Vieux de), 78.

Lourdes (ville de), 6, 16, 17, 60, 79, 135. — Passe un compromis avec la vallée de Broto, 10. — Sa situation ; son lac abondant en brochets; son terroir; ses foires et marchés; mœurs et caractère de ses habitants, 77, 78. — Est prise par le baron d'Arros ; note, 141 (voir aux *Additions*), 146. — Les états de Bigorre y sont assemblés, 185.

Louve (la) ou *Cabane Fouilleuse*, forêt, 100.

Lubret (Arnaud de Chelle, seigneur de); note, 160. — Donne la mort à Lysier, 162.

Luby (coteau de), 58.

Luno. — Voir Guillaume-Fort.

Luquet (lieu de), 2.

Lus. — Voir Luz.

Lustet, pour Doucet. — Voir Doucet.

Luz (le bourg de), 7, 18.

Lysier (Jean Parisot dit le capitaine), protestant, 164. — Prend Saint-Sever de Rustan, 150. — S'empare de Tarbes, 151, 152. — Est blessé par le chanoine Galopiau, 153. — Se fortifie dans Tarbes et lève des impôts, 157. — Tue M. de Baudéan ; brûle Trébons, 159. — Est surpris et blessé par MM. de Mun et de Lubret, 160, 161. — Est mis à mort quelques instants après, 162.

M

Madelaine de France, mère de François-Phœbus, 30, 109.

Magnoac (terre de), 19, 37, 40, 53. — Le roi de Navarre en achète l'usufruit, 45, 46.

Maiestad (Booz ou Bozom de), comte de Bigorre, vicomte de Marsan, 96.

Malause (baronnie de), 19.

Malause (Henri de Bourbon, seigneur de) et de Chaudes-Aygues, 42.

Manas (le capitaine) garde le château de Lourdes, 148.

Manhoac. — Voir Magnoac.

Mansan (Jean d'Antist, seigneur de), assiste aux états de Bigorre; note, 118. — Est gouverneur de Tarbes, 168. — Sa compagnie est diminuée, 169. — Est élu syndic de la noblesse; meurt et est remplacé, comme gouverneur de Tarbes, par M. d'Arcizac, son frère, 170.

Manzlance, vicomte d'Arbouix, 20, 95.

Marcadieu (le), quartier de Tarbes, 67. — Les grands marchés et les foires s'y tiennent, 71. — Est occupé par le capitaine Vieuzac et ses arquebusiers, 164.

Marcadieu (la porte du), 67.

Marciac (la ville de) fournit un canon pour le siège de Tarbes, 165.

Marguerite d'Angoulême, sœur de François Ier, reine de Navarre, 113.

Marguerite de France, sœur de Charles IX, reine de Navarre, 140, 141.

Marmajou (le), forêt, 80.

Marsan (Pierre de), comte de Bigorre, 95.

Marsan (vicomté de), 104. — Unie à la vicomté de Béarn et au comté de Bigorre, 97.

Marsas (le fils aîné de M. de) périt dans une escarmouche; note, 184.

Marseille, ville, assiégée par le duc de Bourbon, 112.

Marsiac. — Voir Marciac.

Marsous (village de), 11.

Martin, pape, 108, 109.

Martin, roi d'Aragon, repousse l'attaque de Mathieu, comte de Foix, 106.

Martorio (Manaud de), évêque de Tarbes, 64.

Maslance. — Voir Manzlance.

Massez (Pierre de Béon, seigneur du), est établi à Odos avec cent vingt chevaux; note, 163.

Mateloup, faubourg de Tarbes, 69.

Maubourguet, quartier de Tarbes, 70, 128. — Est brûlé par Bonasse, 134.

Maubourguet (rue du), à Tarbes, 153.

Maubourguet (ville de), 76, 82. — Mongonmery y séjourne, 125, 126.

Mauléon de Soule (la ville de) est enlevée aux Anglais, 110.

Maumula, montagne, 13.

MAURAN (Guillaume), auteur de la *Sommaire description*, assiste à la translation des reliques de saint Orens, 64.

MAURAN (Jean), receveur des décimes au diocèse de Tarbes, quitte sa maison, sise en Carrère-Longue, et suit le capitaine Forgues au Bourg-Vieux, 128. — Le chanoine Possino le tue par méprise, 130. — Ses obsèques, 131, 132.

MAURAN (la veuve de Jean) fait ensevelir son mari dans l'église Saint-François, 132.

MAURES (les), 104. — Combattus par les Genévois, 106.

Mauvezin (château de), en Nébouzan, 115.

MAYENNE (Charles de Lorraine, duc de), 177.

Mazères, au pays de Foix, 109, 111.

Meaux (le marché de) : les Jacquets y sont taillés en pièces, 104.

Médous (la fontaine de); note, 75.

MENAUT Iᵉʳ, évêque de Tarbes. — Voir Aure.

MENAUT II, évêque de Tarbes. — Voir Martorio.

MEYLOGAN D'ARZANS (Thomas de), avocat, du lieu de Salles en Lavedan, conseille aux Salezans d'empêcher la reconstruction du château de Geu; note, 15. — Est mis à rançon par Lysier, 154.

Milanais (le) : expédition dans cette province, 113.

MIOSSENS (Henri Iᵉʳ d'Albret, baron de), seigneur de Coarraze, 133. — Négocie la paix entre la Bigorre et le Béarn, 169. — Met au château de Lourdes son lieutenant Incamps, 172.

MOLES (Bertrand de Baget, dit), est de garde à la porte de l'Horloge du Bourg-Vieux; note, 151. — Au moment où il ouvre cette porte, les soldats de Lysier pénètrent dans Tarbes, 152.

Momères (le prieur de), 124.

Momères (les religieuses du couvent de) reçoivent le don de quelques fiefs; note, 96.

Momula. — Voir Maumula.

MONBALAT. — Voir Montvallat.

MONCADE (Constance de), fille aînée de Gaston VII, vicomte de Béarn; note, 97. — Confirme les privilèges de la Bigorre, 98.

MONCADE (Gaston VII de), vicomte de Béarn et de Marsan, comte de Bigorre; note, 93, 97. — Donne à Saint-Pé le territoire de Trescrouts, 86. — Lutte contre le roi de Navarre; fait son héritière universelle la comtesse de Foix, sa fille, 98.

MONCADE (Marguerite de), fille du précédent, mariée à Roger-Bernard III, comte de Foix, recueille la succession de ses parents, 98.

MONCADE (Mathe de), sœur de la précédente, comtesse d'Armagnac, est déshéritée par ses parents, 98.

MONCERIÉ. — Voir Montsérié.

MONCORNEIL (Jean de Labarthe, baron de), capitaine protestant, assiège Tarbes avec Montamat; note, 128, 129.

MONDA (Jean), de Vic-Bigorre, est chargé par les états de lever des impôts, 168.

Monein (ville de) : Jean d'Albret, roi de Navarre, y meurt, 112.

MONEINS (Tristan II de), tué par les Gabelleurs; note, 113.

Monens. — Voir Monein.

MONGONMERY (Gabriel de Lorges, comte de), traverse l'Ariège et la Garonne, 123. — Passe à Montgaillard, Laloubère, Ibos, 124. — Entre en Béarn; défait Terride à Orthez; sort du Béarn par le Vicbilh, 125, 126. — Entre dans Tarbes sans coup férir; y séjourne trois semaines, 127.

MONLUC (Blaise de Massencomme, seigneur de), 123, 126. — Assiège Rabastens; y est blessé; s'en empare, 83, 84. — Contraint Mongonmery à séjourner en Béarn, 125.

Monmers. — Voir Momères.

MONT (le capitaine), catholique, commande au château de Lourdes; note, 156.

MONT (Jean de), lieutenant principal à la sénéchaussée de Bigorre, cultiva avec fruit des mûriers blancs, à Tarbes; note, 80.

Montagut. — Voir Montégut-Arros.

MONTAMAT (Guillaume d'Astarac-Fontrailles, baron de), lieutenant-général en Béarn, protestant, s'empare de Tarbes, 128-131. — Assiège de nouveau cette ville, que la trahison d'un lieutenant de Bonasse lui livre, 133-139.

Montastruc (lieu de), 2.

Montauban (ville de), patrie de Lysier, 150.

Montaut (les habitants de) fatiguent ceux de Saint-Pé au sujet des montagnes, 16.

MONTAUT (Philippe de), baron de Bénac. — Voir Bénac.

MONTBRUN (Pierre-Raymond de), évêque de Tarbes, 63.

MONT DE BUROS (Pierre de), capitaine catholique, est au siège de Tarbes; note, 165.

Mont-de-Marsan, ville, 174.

Montégut-Arros (village de), 53.

MONTESQUIEU. — Voir Montesquiou.

MONTESQUIOU (Assieu, seigneur de), 29, 30.

MONTESQUIOU (Bélesgard de), vicomtesse de Lavedan, 28-31.

MONTESQUIOU (Fabien de Monluc, seigneur de), catholique, conduit sa compagnie à Tarbes, 145.

Montgaillard (pont de) : sa solidité, 76. — Mongonmery y passe avec ses troupes, 124.

Montgaillard (village de), 72, 124. — Dépend de la baronnie de Barbazan-Dessus; est vendu au vicomte de Lavedan; note, 48.

MONTGOMMERY. — Voir Mongonmery.

MONTMAURAUT (Bernard de), de Bagnères, est chargé par les états de faire une levée d'impôts, 168.

Montsarrat. — Voir Mont-Serrat.

MONTSÉRIÉ (Géraud de), capitaine catholique, saisit Jean-Guillem à l'Escaledieu et le conduit à Toulouse; note, 115.

Mont-Serrat (église du), en Espagne, 54.

MONTVALLAT (Guillaume de) épouse Jeanne de Bourbon; note, 44, 50.

MORET (Jean de), capitaine catholique, est au siège de Rabastens; introduit les soldats de Monluc dans le château; ne peut empêcher le massacre; note, 83, 84. — Occupe Azereix, 163.

Morine (la lande). — Voir Lande-Morine.

Mosle. — Voir Mourle.

Moulins (ville de) : le mariage de Jeanne d'Albret avec Antoine de Bourbon y est célébré, 113.

Mourle (la forêt de); note, 57, 59.

MUN (Barthélemy, seigneur de), surprend Lysier et le tue; note, 160-162. — Occupe Bordères avec sa compagnie de cavalerie, 163.

MUNDA (Jean). — Voir Monda.

N

NARBONNE (Guillaume III, vicomte de), 34.

NARBONNE (Jean de Foix-Grailly, vicomte de), 111.

NAVAILLES (Archambaut de Foix-Grailly, seigneur de), 108.

NAVAILLES (n'Assieu et non Lassieux de), 23.

NAVARRAIS (les) ont fait des incursions dans la Bigorre, 9. — Reconnaissent François-Phœbus pour leur prince légitime, 111.

NAVARRE (Agnès de), femme de Gaston-Phœbus, 104, 106.
NAVARRE (Catherine, princesse de), sœur de Henri IV. — Voir Béarn.
NAVARRE (Catherine, reine de). — Voir Catherine de Foix-Grailly.
NAVARRE (Charles le Mauvais, roi de), 104.
NAVARRE (Charles, fils de Jean II, roi de), enleva pendant quelque temps la couronne à son père, 110.
NAVARRE (Charles III le Noble, roi de), 108.
NAVARRE (Eléonore, reine de). — Voir Eléonore.
NAVARRE (Marie de), femme de Jean Ier, comte de Foix, 108.
NAVARRE (le roi de Navarre), 42. — Achète l'usufruit des Quatre-Vallées, 45, 46. — Dispute à Gaston de Moncade un de ses châteaux, 98.
Navarre (royaume de), repris sur les Sarrasins, 94. — Le roi d'Aragon s'en empare, 112.
Navarrenx (ville de), 123, 126, 133, 134. — Est assiégée par M. de Terride, 122.
Nay (ville de), 79.
Nébouzan (vicomté de), 2, 115.
Nébouzan (les vigueries de), 58.
Neez. — Voir Nez.
Nérac (ville de), 45. — Est la capitale du duché d'Albret, 141.
Nestez (terre de). — Voir Labarthe.
Nez (le), rivière, 79.
Nil (le), fleuve, 72.
Nolibos (porte de), à Tarbes ; note, 135.
Normandie (duché de), 114.
Notre-Dame, église de Paris, 140.

O

Océan (l'), 75, 76, 79.
Océane (la mer). — Voir Océan.
ODON II, abbé de Saint-Pé et évêque d'Oloron ; note, 86.
Odos (le village d') est occupé par la compagnie de M. du Massez, 163.
Oeillet. — Voir Oueillet.

OLÉAC (Raymond d'Armagnac, seigneur d'), assiste aux états de Bigorre ; note, 119.
Oloron (Odon II, évêque d'), assiste à la dédicace de l'église de Saint-Pé, 86.
Oloron (Garcie de la Motte, évêque d'), assiste au deuxième paréage de Saint-Pé, 87.
Oloron (le gave d'), 79.
ORANGE (Louis de Chalons, prince d'), 34. — Est chassé du Languedoc, 109.
OREILLE (Louis d'), conseiller au parlement de Paris, 38.
ORENS (saint), évêque d'Auch : récit de la translation de ses reliques ; notes, 64-70.
ORLÉANS (Charles, duc d'), 34.
Orléans (états convoqués à), 114.
Orleix (lieu d'), 53.
OROUT. — Voir Ourout.
ORTHEZ (Ispan du Lion, abbé laïque d'), 31.
Orthez (ville d'), 79. — Prise par Mongonmery, 125.
OSON, Oson. — Voir Ozon.
OSSAU (le capitaine), catholique, est au siège de Tarbes, 165.
Ossau (montagnes, vallée d'), 11, 79.
Ossun (forêt d'), 59.
Ossun-ez-Angles, village, 28.
Oueillet, montagne, 14.
OUROUT (Antoine de Majourau, seigneur d'), capitaine catholique, saisit Jean Guillem à l'Escaledieu et le mène à Toulouse ; note, 116. — Assiste aux états de Bigorre, 119.
OUROUT (Germain d'Antin, seigneur d'), capitaine catholique, lutte contre les Béarnais, à Lourdes ; note, 147, 148. — Donne la mort à Lysier, 161, 162. [Ces faits doivent être attribués peut-être à Antoine de Majourau, qui précède.]
Ours, village. — Voir Oursbelille.
Oursbelille (village d'), 51, 82, 176.
OZON (Jean de Cardaillac, seigneur d'), catholique, est gouverneur de Bagnères après Baudéan ; note, 167.
Ozon (village d'), 58.

P

PALATZ (Arnaud-Raymond II de), évêque de Tarbes, 64. — Assiste au second paréage de Saint-Pé, 87.

PALATZ (maison de François de), à Tarbes; note, 136, 137. — Trente habitants de Tarbes y sont poignardés par les huguenots, 138.

PALATZ (maison de Fritz de); note, 138.

Palcon (la montagne de) renferme le tombeau du vieil Arises, 5.

PALOSSE, capitaine ligueur, occupe le Portail-Davant, de Tarbes, et en est chassé, 181.

PALU (Pierre de Béon, sieur de la), ligueur, entre en Bigorre; est poursuivi par les Béarnais; note, 175.

Pamiers, ville, 94.

Pamiers (Barthélemy Ier d'Artiguelouve, évêque de), assiste au second paréage de Saint-Pé, 87.

Pampelune, ville, 94.

Pampelune (église de) : François-Phœbus y est sacré roi de Navarre, 111.

Panticosa, village d'Espagne, 11.

Pantigouse. — Voir Panticosa.

PARDAILLAN (Hugues de), évêque de Tarbes, 63.

Pardiac (comté de), 2, 49, 53, 82.

Paris, 34, 35, 42, 102, 104, 140.

PARISOT (Jean). — Voir Lysier.

Pavie (siège de), 113.

Pau (château de), 45. — Henri IV y est né, 113.

Pau (ville de), 79, 143, 146.

PAUL (Jean) dit Saint-Sevé, marchand de Tarbes, reçoit quelques coups de hallebardes; note, 178.

Pénéan (vallon) ou de Tempé, 74.

PÉRÉ (Guillem de), consul de Trébons, est tué par Lysier, 159.

PÉRIGORD (Jeanne de) et non Périgueux, comtesse d'Armagnac, 33.

Périgord, province, 43.

PÉRIGUEUX (Jeanne de). — Voir Périgord.

PETIT (Gaillardet), capitaine au service de l'Angleterre, est défait et a la tête tranchée; note, 110.

PÉTRONILLE, comtesse de Bigorre, est bienfaitrice des religieuses de Momères, 96.

PEYRE (la). — Voir Lapeyre.

Peyrehorade; ville, 79.

PEYRONE. — Voir Pétronille.

PHILIPPE IV LE BEL, roi de France, comte de Bigorre, 87. — Accorde des privilèges à la ville d'Ibos, 88. — Met la Bigorre en séquestre; confirme les privilèges du pays, notamment ceux de Tarbes; notes, 98-101.

PHILIPPE V LE LONG, roi de France et de Navarre, succède à Louis Hutin, 102.

PHILIPPE VI DE VALOIS, roi de France, comte de Bigorre, 87, 103.

Picardie (la), 103.

Pic du Midi de Bigorre, 56.

PIERRE, évêque de Tarbes. — Voir Montbrun.

PIMERON. — Voir Préneron.

Pintac (village de), 59. — Jean Guillem y pille la maison d'un prêtre, 115.

PODENS. — Voir Poudenx.

Poitiers (bataille de) : le roi Jean y est fait prisonnier, 105.

Pontac. — Voir Pontacq.

PONTAC (le capitaine), catholique, combat le baron d'Arros, à Lourdes; note, 147.

Pontacq (ville de), 51. — Est occupée par Villars; note, 183.

Pont des Arches (le), 102.

Portail-Davant (le), quartier de Tarbes, est occupé par les ligueurs, 181.

Portal Devant. — Voir Portail-Davant.

Posac. — Voir Pouzac.

POSSINO (Jean), chanoine, meurtrier involontaire de Jean Mauran; note, 130.

POTON. — Voir Pouton.

POUDENX (François, seigneur de), dit le Grec, capitaine catholique, est à

Lourdes; note; soutient le siège de Tarbes avec Bonasse, 132, 133. — Est d'avis de fuir vers Lourdes, 135. — Doit la vie à Montamat, 136.

Pouey (le), montagne, 75.

Pouton (Michel), chanoine, prononce le panégyrique de saint Orens d'Auch, 69.

Pouy. — Voir Pouey.

Pouzac, village, 158.

Prat (maison de), à Tarbes; note, 129, 152. — Lysier y loge, 153.

Prat (Manaud de), bourgeois de Tarbes, catholique; note, 152. — Est commissaire des vivres de l'armée de Gramont, 163. — A une contestation avec le capitaine Casaux, d'Oursbelille, 176. — Reproche durement à M. de Bazillac de ne pas résister aux ligueurs, 182.

Préchac (la borde de) est vendue au vicomte de Lavedan, 48.

Préchac (village de), 19, 22.

Préneron (le capitaine), catholique, est au siège de Tarbes; note, 165.

Provence (expédition en), 112.

Pujo (coteau, lieu de), 59, 82.

Pujo (Raymond), de Vic-Bigorre, capitaine catholique, chasse les huguenots de Caixon; note, 166, 167.

Pyrénées (les), montagnes, 3, 4.

R

Rabastens (le château de) est livré au sieur de l'Adoue, 83. — Est pris par Monluc, 83, 84. — Est démoli, 82, 85. — Est occupé par M. de Castelnau-Chalosse, 84, 174. — Est occupé par M. de Bazillac, 85, 184.

Rabastens (le consul de) se fait huguenot, 83.

Rabastens (le juge de), 83.

Rabastens (ville de), 59, 100, 115. — Sa description, 82. — Est ruinée par la guerre et la peste, 83-85. — Foires et marchés, 85. — Le paréage de Saint-Pé y est conclu, 87.

Regio, syndic du tiers état, est député vers M. de la Valette, 168, 170.

Reitres (des) se joignent aux huguenots, 114.

Reole (la). — Voir Larreule.

Repenties (porte des), à Tarbes, 166, 179.

Rhodez (Cécile de), comtesse d'Armagnac, 33.

Rhodez (comté de), uni à celui d'Armagnac, 33, 34.

Rhodez (Henri II, comte de), 33.

Ricaud, village, 58.

Riscle, ville, 76.

Rivegorse (don Pierre, comte de), 102.

Rivière (Bernard de), sénéchal d'Armagnac, 26.

Rivière-Basse (terre de), 2, 76, 82, 125, 175.

Rivière-de-Gavarnie (la), 8.

Rivière-de-Saint-Savin (la), 17.

Rivière-du-Gave (la), 133.

Rivière-Ousse (la); note, 9, 59.

Rivière-Ousse (les habitants de) passent un compromis avec ceux de Broto, 10.

Rivière-Verdun (terre de), 2.

Roche (Cornélis de la), capitaine protestant, va inutilement au secours de Lysier et se replie sur Tarbes; note, 162.

Rochefort, ville, 101.

Rochelle (la) : les huguenots s'y retirent, 116.

Roger Ier, évêque de Tarbes. — Voir Foix-Castelbon.

Roger II (?), évêque de Tarbes, 64.

Rohan (Catherine de), vicomtesse de Tartas, 34.

Roncavaux. — Voir Ronceveaux.

Ronceveaux : Gaston IV, comte de Foix, y meurt, 110.

Roque (M. de la). — Voir Larroque.

Roquépine (Bernard du Bouzet, seigneur de), ligueur, entre dans Tarbes, 183.

Rostan. — Voir Rustan.

Rouen (ville de), assiégée par l'armée royale, 114.

Rustan (vallée du) : sa description, 58, 59.

S

Saint-Aunix (la tour de), en Rivière-Basse, est prise d'assaut par les Béarnais, 175.
SAINT-BARTHÉLEMY (la) : cause de ce massacre, 140.
SAINT-BARTHÉLEMY, fête patronale d'Andrest, 53.
SAINT-BENOIT (moines de), établis à Larreule, 59. — A Saint-Pé, 87. — A Saint-Sever de Rustan, 150.
SAINTE-COLOMME (Joseph de Montesquiou, seigneur de), emploie Jandet pour tenter un coup de main sur Tarbes ; note, 177.
Saint-François (couvent, église). — Voir Cordeliers.
SAINT-FRANÇOIS (ordre de), 108.
SAINT-GENIÈS. — Voir Gontaut.
Saint-Georges (place), à Toulouse : on dit que Jean-Guillem y fut exécuté, 116.
Saint-Jacques (église de), en Galice, 54.
Saint-Jean (église) de Tarbes, 51, 70, 97, 130, 152. — Est brûlée par les soldats de Mongonmery, 127. — Les huguenots de Bénac enlèvent ses titres et documents, 132.
Saint-Jean (place), à Tarbes : on y tient les petits marchés, 70.
SAINT-JEAN DE JÉRUSALEM (ordre de), 26.
Saint-Lézer (lieu et monastère de), 59.
Saint-Lézer (le vignoble de) est le meilleur de Bigorre, 59, 80.
Saint-Martin (église) de Bagnères, 74.
Saint-Martin (église et village de), en Barèges, détruits par une avalanche de neige, 7, 8.
SAINT-MARTIN (Manaud de la Roque, seigneur de), syndic de la noblesse de Bigorre ; note, 158. — Remet les clés du château de Lourdes à M. de Miossens, 172.
Saintonge (sénéchal de), 31.

Saint-Orens (le lac), 78.
Saint-Orens (le prieuré de) en Lavedan, 78.
Saint-Orens d'Auch (des religieux de) assistent à la translation des reliques de saint Orens, 66.
SAINT-PAUL (M. de) occupe avec une compagnie d'argolets le village d'Aureilhan, 163.
SAINT-PÉ (le capitaine), protestant, est chassé de Caixon, 166, 167.
Saint-Pé (abbaye de), fondée par Sanche-Guillaume, duc de Gascogne, 85. — La date de la charte de fondation est douteuse, 93.
Saint-Pé (église de) : est consacrée aux apôtres saint Pierre et saint Paul, 85. — Cérémonie de la dédicace, 86.
Saint-Pé (les habitants de) passent un compromis avec ceux de Broto, 10. — Sont inquiétés par les habitants de Salles, Montaut, Asson, Lestelle, au sujet des montagnes, 14, 16. — Contribuent à l'entretien de la garnison de Lourdes, 156.
Saint-Pé (montagnes de), 12, 15. — Leur situation, leur étendue, 16.
Saint-Pé (terroir, ville de), 59, 79. — A un climat trop froid pour la vigne, 17. — S'appelait autrefois Geyrès, 85. — Son paréage ; renouvellement de ce paréage ; fabrication de peignes de buis, 87. — Est infestée par les huguenots de Béarn, 141.
Saint-Sauveur (chapelle), 11.
Saint-Savin (abbaye de), 11, 17.
SAINT-SEVÉ. — Voir Paul.
Saint-Sever de Gascogne (ville de), 76. — Les Anglais en sont chassés, 109.
Saint-Sever de Rustan (abbaye de), prise et incendiée par Lysier, 150.
Saint-Sever de Rustan (ville de), 28, 64. — Brûlée par Lysier, 150.
Saint-Sevin. — Voir Saint-Savin.
Sales. — Voir Salles.
SALEZANS (les) passent un compromis avec les habitants de Broto, 10. — Repoussent une attaque des Assonois, 13, 14. — Ont des procès avec

Saint-Pé à propos des montagnes; démolissent les cabanes de Gés; détruisent le château de Geu, 15.
Saligos (le village de) subit une avalanche de neige, 7.
Salles (les habitants de). — Voir Salezans.
Salles (montagnes de), 11, 12, 13.
Salles (vallée de), 17, 78. — Ses limites; son étendue, 12, 13. — A huit villages, 14.
Salles (village de) en Lavedan, 154.
Salles-Adour (village de), 157.
SANCERRE (Louis de), connétable de France, lutte contre Archambaut de Grailly, 107.
SANCHE-GUILLAUME, duc de Gascogne, fondateur de l'abbaye de Saint-Pé, 85, 92, 93.
SANCIUS. — Voir Sanche-Guillaume.
Saragosse (la cité de), 20, 95.
SARLABOUS (Raymond de Cardaillac, seigneur de), capitaine catholique, 123. — Convoque les états de Bigorre en vue de la défense religieuse; son discours; note, 116-121. — Son entreprise contre Casa, juge mage, 141-143. — Reprend Vic et Lescurry, 171. — Offre du secours aux villes du pays, 175.
SARRASINS (les) sont défaits par Charles Martel, 91, 92. — Sont en Espagne, 104. — Voir Maures.
SARRAZIETS (les), protestants, dévastent Caixon et les environs, 166. — Sont chassés par le capitaine Pujo, 167.
Sarrecaute. — Voir Serrecaute.
Sarroïlles. — Voir Sarrouilles.
Sarrouilles (coteaux de), 58, 59.
Sassis, village, 7.
SAUVETERRE (Henrie de Rivière, veuve du sieur de), épouse François d'Antin, 52. — Poursuit la réparation du meurtre de son mari, 53.
SAUVETERRE (François d'Antin, seigneur de). — Voir Antin.
SAUVETERRE (François de Lavedan, seigneur de); note, 52.
SAVIGNAC (le seigneur de); note, 123.

Sazos, village, 7.
SECUNDUS, fils de Sembedo, 74.
Sède (bourg de la), à Tarbes; note, 61, 124, 128.
Sède (église cathédrale de la), à Tarbes, 51, 64, 69. — Est consacrée à la Vierge; son vieux bréviaire, 61, 63. — Brûlée par les huguenots, 127. — Lysier y est blessé, 152.
Sède (rue de la), 153.
SEISSEL. — Voir Seyssel.
SEMBEDO, père de Secundus, 74.
Séméac (château de), 144, 161. — Appartient à M. de Gramont, 148. — Des habitants de Tarbes s'y réfugient, 144, 184.
Séméac (village de), 164.
SENPÉ, *Senpé*. — Voir Saint-Pé.
SENTAIGNE (Dominique), consul, fournit des subsides aux compagnies des capitaines Uz et Tilhouse; note, 167, 168.
SENT PAU. — Voir Saint-Paul.
Sère, village, 7.
SÈRE (Dominique la), curé de Soues, loge M. de Gramont, 157.
Serrecaute (coteau de), 58, 59. — Les troupes de Montamat le descendent, 128.
Serrecave, pour Serrecaute. — Voir Serrecaute.
Sers, village, 7.
SÉVIGNAC. — Voir Savignac.
SEYSSEL (François-Philibert de), 35.
Siarrouy (village de), 24, 29, 30, 31, 44, 82. — Racheté par le vicomte de Lavedan, 47.
SILLY (Françoise de), vicomtesse de Lavedan; note, 42, 43.
Sireix, village, 11.
SOCRATE, 91.
SOLE. — Voir Soule.
SORÉAC (Gaston de Majourau, seigneur de), assiste aux états de Bigorre; note, 118.
Soues (village de), 28, 29, 30, 76. — M. de Gramont y établit son camp, 157.
SOULE (Guillaume-Fort, vicomte de), 20, 95.

Soule (vallée de), 79.

Souyaux (l'arbre de), sur une hauteur, permet à une sentinelle d'épier les mouvements de Lysier, 161.

Sus (le cadet de), 51. — Se querelle avec François d'Antin et est tué en duel par celui-ci, 52.

Syarroy. — Voir Siarrouy.

Sylly. — Voir Silly.

T

Talazac (Bernard de Majourau, seigneur de), assiste aux états de Bigorre ; note, 118.

Tarbe, *Tarbe.* — Voir Tarbes.

Tarbes (Arnaud-Raymond de Palatz, évêque de), assiste au paréage de Saint-Pé, 87.

Tarbes (Bernard, évêque de), assiste à la dédicace de l'église de Saint-Pé, 86.

Tarbes (chanoines de), jadis de l'ordre de Saint-Augustin, sont sécularisés, 61. — Mis à rançon par Lysier, 153.

Tarbes (château comtal ou salle comtale de), 178, 179. — Sert pour les audiences de la sénéchaussée et pour les prisons, 70. — A une tour, 130.

Tarbes (collège de), sis au bourg de Carrère-Longue, 70.

Tarbes (consuls de), 64, 67, 70. — Reçoivent la fausse assurance d'un traité de paix entre la Bigorre et le Béarn, 150.

Tarbes (évêques de) : catalogue incomplet ; liste plus complète en note, 62-64.

Tarbes (la garnison de), 85. — Tire quelques coups de mousquet sur les soldats de Mongonmery, 124. — Reçoit des subsides, 167, 168. — Est diminuée, 169.

Tarbes (les habitants de) ont l'usage de la forêt de la Louve *alias* Cabane Fouilleuse ; ne peuvent être mis en instance que devant les juges de Tarbes, 100. — Abandonnent leur ville à l'approche de Mongonmery, 127. — Appellent Bonasse, 133. — Prient MM. de Bénac, Castelbajac et Lons de traiter avec le baron d'Arros, 149. — Sont assemblés par M. de Bazillac et engagés par lui à abandonner la ville aux ligueurs, 182. — Légères escarmouches entre la garnison de Rabastens et les ligueurs de Tarbes ; on finit par s'entendre et se soumettre au roi, 184, 185.

Tarbes (hôpital de), 54.

Tarbes (*Livre des Troves* de) ; note, 97.

Tarbes (maison de ville de), 62, 105. — Sa situation, 70.

Tarbes (maison épiscopale et maisons des chanoines de), détruites par les soldats de Mongonmery, 127.

Tarbes (pont de), 67, 76.

Tarbes (les prisons de), 52.

Tarbes (Théophile de Gramont, dit M. de), s'établit à Bordes avec sa compagnie ; note, 175.

Tarbes (ville et cité de), 3, 5, 12, 16, 46, 49, 50, etc. — Capitale de la Bigorre ; situation ; description ; foires et marchés ; notes, 60, 61, 70, 71. — Ses privilèges sont confirmés par Philippe le Bel ; notes, 98, 99 ; par le prince de Galles, 105. — Les états du pays y sont assemblés, 117. — Est gardée par le chevalier de Villembits, 124. — A six bourgs, séparés par des fossés et des murailles, 126. — Est livrée sans résistance à Mongonmery, 127. — Est prise par Montamat, 128-131. — Assiégée de nouveau par Montamat, 134. — La trahison d'un lieutenant de Bonasse y introduit les huguenots, 135. — Massacre de ses habitants, 136-139. — Aspect désolé de la cité, 140. — Fausse alerte ; sauve-qui-peut général ; envoi de la compagnie de M. de Gramont, 144. — Les compagnies de MM. de Montesquiou et de Larboust s'y rendent, 145. — Tombe au pouvoir de Lysier, 151 et suiv. — Est assiégée par M. de Gramont, 165. — Abandonnée par Brun, lieutenant de Lysier et occupée par l'armée catholique, 166. — Des Béarnais, guidés par Jandet, essayent de s'en emparer et sont repoussés, 177, 178. — N'a jamais été considérée par ses gouverneurs comme propre à soutenir un siège, 182. — Est investie par M. de Laloubère, ligueur; après un commencement de défense, son gouverneur Bazillac la quitte et se retire à Rabastens, 181, 182. — Les murailles et bâtiments publics, ruinés par la guerre, croulent en divers endroits; la paix y est rétablie, 186.

TARTAS (Jean d'Albret, vicomte de), 34.

Tartas (la ville de) est reprise aux Anglais, 103, 109.

TERRIDE (Antoine de Lomagne, vicomte de), 123. — Assiège Navarrenx, 122. — Se retire à Orthez, où il est vaincu et fait prisonnier par Mongonmery, 125.

TERSAC (Catherine de), vicomtesse de Lavedan, 49.

Tèse. — Voir Thèze.

TESINS (les), aragonais, ont fait des incursions dans la Bigorre; note, 9.

THÉODORIC II, pour Chilpéric. — Voir Chilpéric.

Thèse, ville de Béarn, 52.

THOMAS, évêque de Tarbes. — Voir Foix.

TILHOUSE (Odet de Barèges, dit le capitaine), s'empare de Jean-Guillem, à l'Escaledieu, et le mène à Toulouse; note, 115. — Est au siège de Tarbes, 164. — Sa compagnie est en garnison à Tarbes et y reçoit des subsides, 166-169.

Tolines (maison de), à Juncalas : Jeanne d'Abzac, vicomtesse de Lavedan, y meurt, 43.

Tolose. — Voir Toulouse.

Toquet, pour Touget. — Voir Touget.

Tormalet. — Voir Tourmalet.

Tostat (le château de) reçoit une garnison, 156.

Touget est pris sur les Anglais, 108.

Toulouse (le parlement de) ordonne que la Bigorre soit gouvernée par deux gentilshommes et que quatre compagnies de gens de pied y soient levées pour lutter contre les huguenots, 116-122.

Toulouse (ville de) 5, 36, 108, 143.

Tourmalet (le), montagne, 75. — Appartient à Tarbes; a un chemin muletier conduisant à Barèges, 5.

Tournay (siège de), en Picardie, 103.

Tournay (ville de), en Bigorre, 163.

Trébons (les habitants de), sont menacés par Lysier, 157.

Trébons (des soldats de) enlèvent les oreilles à Lysier mort, 162.

Trébons (village de), brûlé par Lysier, 159.

Trescrouts (territoire de), donné à l'abbaye et à la ville de Saint-Pé; principales clauses de la donation, 86.

Troignan (le village de), 22. — Est abandonné et devient une métairie, 23.

Trois Croutz. — Voir Trescrouts.

Tudela (ville de) : Éléonore, reine de Navarre, y meurt, 110.

Tudelle. — Voir Tudela.

Tuilerie, lieu-dit, 55.

Tuilleries (les). — Voir Tuilerie.

U

Uballia. — Voir Wallia.

URGEIL. — Voir Urgel.

URGEL (Jacques II, comte d'), 108.

URGEL (Jeanne d'), fille du précédent, femme de Jean Ier, comte de Foix, 108.

Uz (Bertrand de Menvielle, seigneur d'), capitaine catholique, est au siège de Tarbes; note, 164. — Sa compagnie est en garnison à Tarbes et

y reçoit des subsides, 166, 168, 169.
Uz (village d'), 58.

V

VACQUERIE, habitant de Tarbes, 130.
VALETTE (Jean de Nogaret, baron de la), lieutenant général pour le roi en la Haute Guyenne, 168. — S'approche de Tarbes pour combattre les huguenots, 139. — Y envoie une garnison, 144. — Est prié par Gramont de venir au secours de cette ville, 155.
Valsoriguere. — Voir Batsurguère.
VENDOME (le duc de) est en procès avec Gaston du Lion, au sujet du comté d'Armagnac, 33, 35.
VENDOMOIS (duc de). — Voir Antoine de Bourbon.
Venessi (comté de). — Voir Comtat-Venaissin.
VÉNITIENS (les) luttent contre le pape Jules II, 112.
Vergons. — Voir Bergons.
VICANI AQUENSES, nom des habitants de Bagnères à l'époque gallo-romaine, 74.
Vic-Bigorre (ville de), 59, 71, 82, 99. — Son hôpital, 54. — Sa situation, ses hautains, ses foires et marchés, 79-81. — Est occupée par Larroque ; est reprise par Sarlabous et Labatut, 171. — Paye 1200 livres à Castelnau-Chalosse, 174.
Vicbilh (le) : Mongonmery sort du Béarn par ce pays, 125.
Vic-Debat (le), 7.
Vic-de-Darrè-l'Aygue (le), 7.
Vic-de-Labatsus (le), 7. — Possède une source qui guérit les plaies, 11.
Vic-du-Plan (le), 7.
Vic Vieil. — Voir Vicbilh.
VIDAU (Jean), capitaine protestant ; note, 137, 138.
Vieillecondau. — Voir Villecomtal.
Viela. — Voir Viella.
Viele. — Voir Vielle-Adour.
Viella, village, 7.
Vielle-Adour, village, 157.
Vielleségure (Ispan du Lion, sieur de), 31.
VIENNOIS (Louis Hutin, dauphin de), 100.
Vier, village, 18, 22.
VIEUZAC (François de Lavedan, seigneur de), capitaine catholique, commande à Lourdes ; note, 155. — Occupe le Marcadieu de Tarbes, 164. — S'empare du couvent des Carmes et du Bourg-Neuf de Tarbes, 165.
Viey, village, 7.
VILANDREAU. — Voir Villandrando.
VILENVIS. — Voir Villembits.
VILLANDRANDO (Rodrigo de), partisan du comte d'Armagnac, est vaincu par les comtes de Foix et de Comminges ; note, 110.
VILLARS (Emmanuel de Savoie, marquis de), ligueur, se dirige vers la Bigorre et le Béarn, 180. — Entre dans Tarbes ; va à Pontacq ; revient en Bigorre, 183.
Villecomtal (le fort de), en Pardiac, est au pouvoir des ligueurs, 49.
Villecomtal (seigneurie de), 53.
Villelongue, village, 6, 78.
VILLEMBITS (Raymond de Soréac dit le chevalier de), catholique, 182. — Garde Tarbes avec deux mille hommes ; note, 124. — Abandonne Tarbes à Mongonmery, 126, 127. [Le ms. cité dans l'*Introduction* de ce livre, p. IV, note 1, porte à la page 38 : « M[r] le chevalier de Vil-« lambis fut ensuite tué par les « huguenots, estant à la tette de « noblesse, devant l'abbaye de l'Es-« caladiu. »]
VILLEMUR (Pierre de Foix-Grailly, vicomte de) et de Lautrec, 108.
VILLENAVE (Arnaud-Guillaume d'Angos, seigneur de), assiste aux états de Bigorre ; note, 118.
Villenave, village, 7.
VILLENEUVE. — Voir Villenave.
VILLEPINTE (Jean-Gabriel d'Avillac,

seigneur de), catholique, 156. — Reçoit une garnison pour la défense de son château de Lescurry; note, 157.
Villeségure. — Voir Vielleségure.
Viscos, village, 7.
Viscos, village, 7.
Voysins (Jacques), syndic du pays de Bigorre, propose aux états de faire un emprunt; note, 168.

W

Wallia. — Voir Galles.

X

Xaintonge. — Voir Saintonge.

Y

Ynnigo (don). — Voir Enceo-Arista.
Ysaby (torrent d'), 78.

TABLE DES FAC-SIMILÉS.

Pages.

PLANCHE I. — 1ᵃ Guillaume Mauran, auteur de la *Sommaire description du païs et comté de Bigorre* (reg. de J. Mauran, 24 février 1598, ét. Theil). — 1ᵇ Le même *(ibidem,* 31 octobre 1605*)*. — 1ᶜ Le même *(ibidem,* 13 septembre 1640). — 2. Jean-Pierre Mauran, fils de Guillaume (reg. de Nicard, 5 décembre 1632, ét. Duguet). — 3. Louis Mauran, frère de Guillaume (reg. de Mota, 19 septembre 1595, ét. Duguet). — 4. Marguerite de Mauran, fille de J. Mauran, notaire, et femme de Jean Casenave (reg. de Nicard, 8 novembre 1637). — 5. Jean Mauran, notaire, frère de Guillaume (ses registres, ét. Theil). — 6. Jean ou Jean-Pierre Mauran, petit-fils de Guillaume (testament mystique du 17 octobre 1673, ét. Duguet). — 7. Jean de Mont, lieutenant principal au sénéchal de Tarbes (reg. de S. Noguès, 31 janvier 1602, ét. Duguet). — 8. Blaise Amadis, avocat (reg. de Pierre Dufourc, 8 janvier 1623, ét. Duguet). — 9. Marc-Antoine de Campels, sénéchal de Bigorre (reg. de J. Mauran, 24 janvier 1605). — 10. Jean Mazières, avocat (reg. de Dutilh, 8 septembre 1758, ét. Duguet).   193

PLANCHE II. — 1. Jacques de Abeuxis, notaire (ses registres, ét. Duguet). — 2. Jean de Montesquiou, seigneur d'Artagnan (reg. de S. Noguès, 25 janvier 1595). — 3. Catherine de Tersac, vicomtesse de Lavedan *(ibidem,* 3 mars 1593). — 4. Antoine de Bégolle (arch. municipales de Bagnères-de-Bigorre, recueil du Père Laspale, p. 123). — 5. Jeanne de Bourbon, femme du précédent (reg. de S. Noguès, 19 juillet 1596). — 6. Philippe de Montaut-Bénac, sénéchal de Bigorre *(ibidem,* 17 décembre 1594). — 7. Jeanne de Caumont, première femme du précédent (reg. de Casallet, 24 novembre 1577, ét. Lacadé, à Lourdes). — 8. Marie de Saint-Geniès, deuxième femme de Philippe de Montaut et ensuite de Jean-Jacques de Bourbon, vicomte de Lavedan (reg. de S. Noguès, 21 mai 1595).   195

PLANCHE III. — 1. Jean-Jacques de Bourbon, vicomte de Lavedan (reg. de S. Noguès, 3 mars 1593). — 2. Le capitaine Gabriel d'Antin, d'Oursbelille (*ibidem*, 18 novembre 1594). — 3. Jeanne d'Antin, femme du précédent (reg. de Mota, 15 janvier 1592). — 4. François de Lavedan, seigneur de Sauveterre (reg. de S. Noguès, 7 février 1603). — 5. Emeric d'Ugues (*ibidem*, 13 juillet 1604). — 6. Gentien d'Amboyse, évêque de Tarbes (arch. des Hautes-Pyrénées, G. 49, f° 173 v°, 5 février 1561). — 7. Salvat Ier d'Iharse, évêque de Tarbes (reg. de S. Noguès, 2 juin 1595). — 8. Salvat II d'Iharse, évêque de Tarbes (dénombrement de la vallée de Barèges, f° 106, 1er octobre 1619, arch. de M. le chanoine de Nodrest). — 9. Salvat d'Iharse, chanoine et archidiacre de l'église de Tarbes (reg. de S. Noguès, 28 décembre 1595). — 10. Michel Pouton, chanoine et archidiacre de l'église de Tarbes (*ibidem*, 1602) 197

PLANCHE IV. — 1. Manuel Don-Lope, bourgeois de Saragosse (arch. des Basses-Pyrénées, E. 1753, f° 45 recto, 15 décembre 1605). — 2. Paul, baron de Bazillac, sénéchal de Nébouzan (reg. de Mota, 11 mars 1588). — 3. Manaud d'Izauguier, seigneur de Dours (*ibidem*, 9 janvier 1588). — 4. Gabrielle de Massencomme, femme du précédent (*ibidem*, 19 juin 1588). — 5. Françoise d'Antin, femme de Paul, baron de Bazillac (*ibidem*, 26 octobre 1592). — 6. Raymond de Cardaillac, seigneur de Sarlabous (arch. des Hautes-Pyrénées, E. Numéro provisoire 852 : lettre aux consuls de Lannemezan, datée de Trie, le 19 mars 1577). — 7. Jean Calix, chanoine de Tarbes (*ibidem*, G. 49, f° 178, 5 février 1561). — 8. Jacques de Lavedan, prieur de Momères (*ibidem*, f° 197 recto, 6 avril 1569). — 9. Jean, baron de Bazillac (reg. de J. Abeuxis, 17 septembre 1571). — 10. François de Devèze, seigneur d'Arné (arch. mun. de Bagnères-de-Bigorre, recueil du Père Laspale, p. 118). — 11. Anne d'Ornezan, veuve du sénéchal Arnaud d'Antin (reg. de S. Noguès, 13 décembre 1593). — 12. Gabriel de Lorges, comte de Mongonmery (arch. mun. de Bagnères-de-Bigorre, recueil du Père Laspale, p. 125). — 13. Arnaud d'Angos, seigneur de Villenave (*ibidem*, cahier annexé au recueil du P. Laspale) 199

PLANCHE V. — 1. Antoine Ier de Gramont (arch. des Basses-Pyrénées, B. 2201, année 1573). — 2. Jean de Possino, chanoine de Tarbes (arch. des Hautes-Pyrénées, G. 49, f° 179 recto, 23 mars 1561). — 3. Hélène de Clermont, femme d'Antoine de Gramont (reg. de S. Noguès, 29 juillet 1588). — 4. Guillaume d'Astarac-Fontrailles, baron de Montamat (arch. des Basses-Pyrénées, B. 2159. Ordonnance scellée : *cartouche écartelé de quatre pleins, un écu en abime au lion*). — 5. Arnaud de la Croix, habitant de Tarbes (reg. de J. Abeuxis, 30 mars 1572). — 6. Jean, seigneur de Lons (arch. mun. de Bagnères-de-Bigorre, recueil du P. Laspale, p. 145). — 7. Nicolas Balestrade, avocat (reg. de Casallet, 11 juillet 1574). — 8. François de Palatz, seigneur de Bastillac (reg. de J. Abeuxis, 24 août 1571). — 9. François de Béarn, seigneur de Bonasse (arch. des Basses-Pyrénées, E. 1735, f° 314 recto, avril 1567). — 10. Fritz de Palatz (reg. de S. Noguès, 1588). — 11. Marguerite de Jussan, dame de Luc, femme de M. de Sarlabous et puis du sénéchal de Campels (*ibidem*, 8 mars 1597).

— 12. Dominique d'Abbadie, homme d'armes de la compagnie de M. de Sarlabous (*ibidem*, 9 juin 1587)............... 201

PLANCHE VI. — 1. Arnaud de Casa, conseiller de la reine de Navarre (arch. des Basses-Pyrénées, B. 2163, avril 1570). — 2ᵃ Germain d'Antin, seigneur d'Ourout (reg. de S. Noguès, 17 septembre 1594). — 2ᵇ Le même (reg. de Barthélemy du Matha, notaire d'Arras, f° 2, année 1577, aux archives des Hautes-Pyrénées, série E. [Est-ce Germain d'Antin ou bien son beau-père Antoine de Majourau que Mauran a voulu désigner sous le nom de « capitaine Orout? » En 1577, Germain n'est pas qualifié seigneur d'Ourout et, comme on le voit dans la planche VI, il ne signe pas encore *Ourot*, mais seulement *G. Antin*. Or, les événements racontés dans la *Sommaire description*, auxquels le capitaine Ourout prend part, ne sont pas postérieurs à 1574]). — 3. Bernard, baron d'Arros (arch. des Basses-Pyrénées, B. 2197, 10 juillet 1573. Pièce scellée : *sceau ovale, écartelé*, 1 *et* 4 *une roue*, 2 *et* 3 *trois chevrons.* Voir *ibidem*, B. 2212, 2158, etc.). — 4. Bertrand du Frexo, bourgeois de Tarbes (reg. de J. Abeuxis, 21 juillet 1573). — 5. Pascal de Casa, fils d'Arnaud (reg. de S. Noguès, 6 mars 1587). — 6. François Galaupio, chanoine (arch. des Hautes-Pyrénées, G. 49, f° 179). — 7. Thomas de Meylogan d'Arzans, avocat (reg. de B. du Matha, f° 2). — 8. Odet de Baget dit de Moles (reg. de S. Noguès, 29 septembre 1590). — 9. Manaud de Prat (*ibidem*, 9 juillet 1596). — 10. Barthélemy, seigneur de Mun (*ibidem*, 16 juillet 1588, feuille volante, hommage du seigneur de Saint-Sivié à Philippe de Montaut-Bénac). — 11. Antoine, seigneur de Baudéan (arch. mun. de Bagnères-de-Bigorre, recueil du P. Laspale, 24 août 1569). — 12. Arnaud de Chelle, seigneur de Lubret (reg. de J. Mauran, 25 novembre 1598). — 13. Manaud de la Roque, seigneur de Saint-Martin (reg. de J. Abeuxis, 21 juillet 1573).......... 203

PLANCHE VII. — 1. Dominique Sentaigne (reg. de J. Abeuxis, 5 février 1572). — 2ᵃ Gaston d'Armagnac, seigneur de Horgues (reg. de Pierre Dufourc, 13 avril 1612, ét. Duguet). — 2ᵇ Le même (reg. de S. Noguès, 17 septembre 1594). — 3. Guillaume de Cayret, avocat (reg. de J. Abeuxis, 11 octobre 1578). — 4. Bernard de Montaut-Bénac, seigneur de Larroque (reg. de Casallet, 6 juillet 1578). — 5. Jacques de Sus, capitaine huguenot (*ibidem*, quittance du 17 février 1589, en marge d'un acte du 2 mai 1578). — 6. Jean de Montaut-Bénac, seigneur de Barros (*ibidem*, 7 février 1573). — 7. Gabriel-Antoine, seigneur de Sus (*ibidem*, 19 décembre 1575). — 8. Philippe *alias* Pierre-Philippe de Sus (reg. de J. Mauran, 4 février 1605). — 9. Henri d'Albret, baron de Miossens et de Coarraze (arch. des Basses-Pyrénées, E. 1735, f° 227 verso, 6 février 1565). — 10. Antoinette de Pons, veuve du précédent (*ibidem*, E. 1753, f° 45 recto, 15 décembre 1605)....... 205

PLANCHE VIII. — 1. Jacques de Castelnau-Chalosse (reg. de S. Noguès, 2 juillet 1592). — 2. Antoine de Molo, seigneur d'Incamps (reg. de Manaud de Lucia, 14 novembre 1603, ét. Duguet). — 3. Jean du Frexo (reg. de S. Noguès, 6 janvier 1597). — 4. Andrée de Bazillac, femme d'Antoine d'Incamps (reg. de Mota, 12 septembre 1595). — 5. Lancelot de Saint-Paul, seigneur de Lespouey (reg. de J. Mauran, 6 mai 1602). — 6. Charles d'Antist, capitaine (S. Noguès, feuille volante, 10 avril 1587). — 7. Bertrand de Galosse, bourgeois de Tarbes (reg. de S. Noguès, 13 juillet 1595). — 8. Félix de Galosse, frère du précédent (*ibidem*, 28 juillet 1595). — 9. Étienne de Castelnau, seigneur de Laloubère (*ibidem*, 17 septembre 1594). — 10. Jeanne de Bazillac, femme du précédent (*ibidem*, 8 juillet 1601). — 11. Arnaud Domayron, capitaine (testament mystique du 11 mai 1614, ét. Theil). — 12. Sébastien Noguès, notaire de Tarbes (ses registres, ét. Duguet).   207

www.ingramcontent.com/pod-product-compliance
Lightning Source LLC
Chambersburg PA
CBHW071503160426
43196CB00010B/1401